深圳市哲学社会科学"十一五"重点规划课题成果

SHENZHEN SHEHUI KEXUE WENKU

深圳社会科学文库

第5辑

Quanqiu Shengchan Fangshi Yanbian

Xia De Shenzhen Chanye Zhuanxing

全球生产方式演变下的深圳产业转型

王蒲生 杨君游 李 平 著

人民出版社

总　序

　　经过30年的文化播种,如今的深圳已呈现出洋洋大观的文化气象。30年来,深圳文化生态的成长始终得力于深圳的文化自觉、文化自强和文化理想。在特区建立之初,当时的财政还十分困难,深圳就开始筹划包括深圳图书馆在内的八大文化设施建设;在90年代,深圳不断增加对文化建设的投入,在兴建深圳书城等大型文化设施的同时,培育各类文化机构,加大对文化人才的引进和培养力度,进一步夯实深圳文化的发展基础;进入21世纪以来,政府对文化的投资热情更是有增无减,文化设施建设全面展开,文化节庆活动如火如茶,文化精品层出不穷,文化产业发展方兴未艾,尤其值得注意的是,政府的文化自觉和文化自强思维已升华为城市文化发展理念和发展战略的创新——"公民文化权利"理论的确立、"高品位文化城市"的定位、"文化立市"战略的制定和实施、"两城一都一基地"的提出和规划,"文化强市"目标的确立,打造创新型、智慧型、力量型城市主流文化的落实,不断推动着深圳文化植被的全面覆盖,培育了文博会、关爱行动、深圳读书月、市民文化大讲堂、社科普及周、学术年会、创意十二月等一批有广泛影响力的文化品牌,产生了华强文化科技集团、腾讯、网域、雅图、A8音乐、华侨城等一批充满生机和活力的创意企业,实现了深圳文化的崛起和腾飞,促进了城市文化环境的改善和优化,"文化深圳"正日渐成为深圳人的理想。

事实上,深圳如此执著于文化、守望着文化,并不只是起因于所谓"文化沙漠"的倒逼,更主要的是着眼于文化底蕴的无限价值和无比威力。在开发和增厚文化底蕴的艰辛探索中,深圳痛感两大暗伤:一是历史积淀不深,这个现实是特区无法改变的;二是学术文化尤其是哲学社会科学积累不厚,这个现实却是特区的学术界在文化觉醒中一直力图改变的。

哲学社会科学是文化底蕴的基座,是思想厚度的标尺,是文化星空的顶点。胡锦涛总书记曾强调指出:"哲学社会科学的发展水平和繁荣程度,是一个民族的综合素质和文化力量的重要体现和标志。"[①]哲学社会科学探索和揭示着社会发展规律,在本质层面塑造着人的思维习惯和行为方式,引导着时代的价值取向,指引着社会发展的方向,深刻影响着社会生活和制度安排,推动着社会变革和观念更新,提升着人们认识和改造世界、推动自身发展的能力,对国家的盛衰和民族的兴亡会产生巨大而深远的影响。历史表明,一个伟大的时代必定要以伟大的学术文化做根基。然而,工业革命以来的工具理性的胜利却不断推升着技术思维倾向,终于造成了人们重技巧而轻思想、重自然科学而轻哲学社会科学的片面倾斜,尽管人们都清楚地知道,工业革命以及工业文明本身也是思想发展的产物,离不开哲学社

---

① 胡锦涛:《在国家社会科学基金项目优秀成果奖大会上的讲话》,《光明日报》1999年9月25日第2版。

会科学的思想基础,正如恩格斯所指出的,文艺复兴时期的那些思想家是"给现代资产阶级统治打下基础的人物"①。自然科学与社会科学从来就是相互促进、相互交融的,自然科学的伟大成果只有在优秀的文化底蕴和思想熏陶中才能培育出来。这里不妨以德国为例略说一二。从 19 世纪的下半叶到 20 世纪的上半叶,德国逐渐成为世界的科学中心。在数学上有希尔伯特,他在 1900 年的巴黎数学家大会上提出 23 道数学难题,对 20 世纪数学的发展起到了重大作用,因而被公认为是上个世纪最伟大的数学家之一;在物理学上,爱因斯坦发明了相对论,普朗克创立了量子力学,而相对论和量子力学被公认是现代物理学的两大基础;在技术上,有大名鼎鼎的冯·布劳恩,他先后为著名的 V—1、V—2 火箭的诞生,美国第一颗卫星的发射成功,以及第一艘载人飞船登上月球作出突出贡献(不过,他在政治上站错了队,曾是纳粹的御用技术工具)。在德国的科学天空里,之所以群星灿烂,光辉耀人,就是因为德国是一个学术理论高度发达的国度,有深厚的哲学文化底蕴。德国这个国家在近现代拥有众多的顶级哲学家。这些哲学家有德国古典哲学的奠基人康德,康德哲学被认为是现代哲学的一个重要源头。在康德以后有费希特、谢林以及德国古典哲学的集大成者黑格尔,有辩证唯物主义奠基人马克思、恩格斯,有唯意志主义的代表叔本华、尼采,有现象学学派的开创者胡塞尔,有存在主义大师海德格尔、雅斯贝尔斯,解释学的泰斗伽达默尔等等,不胜枚举。毫无疑义,德国学术文化的繁荣提升了其国民的理论素养和科学探索精神。在这里,人们可以领悟到以学术文化为核心的文化底蕴

---

① 《马克思恩格斯全集》第 20 卷,人民出版社 1971 年版,第 361 页。

对一个国家和民族来说具有怎样的价值和力量。

加强学术文化建设，增厚城市文化底蕴，是深圳文化建设的一项战略任务，是深圳城市建设的一项系统工程。从学术文化自身发展来讲，最有分量的表达是培育和建立"深圳学派"，学派是以学说为核心和基础的，是学术文化发展的高级形态，是文化底蕴不断积淀和增厚的重要标志。要进一步突出学术文化在城市文化建设中的战略地位，加大投入，创新体制，推进深圳原创性学说的产生和形成，对具有独到见解的理论成果加大开发和扶持力度，增强学术生产和传播的活力，提高深圳的学术文化声誉，使学术成果成为衡量国际化现代化先进城市建设的重要指标。从学术文化外部氛围来讲，根本之计是建设和完善社会主义社会制度，社会主义所尊崇的独立人格、自由争论、公共参与、公正导向、安定生活等环境元素都是学人培养、学术耕耘、学说生成所必需的，是增厚城市文化底蕴的一个必要的外部条件。要注意营造有利于学术文化发展的社会环境，克服重工具轻人文、重技巧轻学术、重表象轻本质的片面心理以及移民城市的各种不良习气，鼓励人们对真理的追求，增加市民的思想厚度，推动创新型、智慧型、力量型主流城市文化的发展。

在以上的战略思维背景下，深圳市委宣传部和深圳市社科联组织出版《深圳社会科学文库》，无疑是一件很有意义的事。自 1999 年以来，《深圳社会科学文库》已出版四辑，今年将出版第五辑。本辑《文库》5 部著作都是经过各单位慎重推荐和评委会认真评选而确定的，内容涉及哲学、经济、政法、文史等多个学科，是深圳哲学社会科学成果的一个展示。

从长远发展看，深圳的哲学社会科学还需要一个大跨越。深圳学者的历史使命是重大而光荣的。记得德国哲学家费希特在其《论学者的使命》中,论述了作为一个学者对人类承担的任务。他提出一个问题:"学者的使命是什么? 学者同整个人类及其他各个阶层的关系怎样? 他们用什么手段才能稳妥地完成自己崇高的使命?"①他明确回答,"每个人都必须真正运用自己的文化来造福社会。谁也没有权利单纯为自己过得舒适而工作,没有权利与自己的同胞隔绝,没有权利使用自己的文化于他们无益;因为他们正是靠社会的工作才能使自己获得文化,从一定意义上说,文化就是社会产物,社会所有物;如果他不愿由此给社会带来利益,他就是从社会攫取了社会所有物。"②——我想,特区学者的胸怀也应如此坦荡和宽广。

(作者系中共深圳市委常委、宣传部部长)

2010 年 12 月于深圳

---

① 费希特:《论学者的使命》,商务印书馆 1984 年版,第 5 页。
② 费希特:《论学者的使命》,商务印书馆 1984 年版,第 33 页。

目　录

序

蔡德麟

　　一部人类社会发展史,就是通过劳动和生产将天然物转化为人工物,人工物社会化进而导致产业生成和发展的过程。产业是整个社会发展的基础,产业发展的状况,反映一个国家和地区的经济水平,制约其经济发展的速度。通过产业的升级和转型,促进产业的发展,谋求发挥后发优势,赶上发达国家,是不少发展中国家和地区经济发展上的一个共同目标。深圳市作为我国改革开放的"试验场",是我国产业升级和转型最快的地方,在短短30年时间里,从一个边陲小镇成长为一个拥有千万人口的现代化大都市,创造了世界城市发展史上的一个奇迹。

　　深圳市的产业发展变化,以及由此引起的社会形态的巨大变革,引发了人们的深思。其中,如何在宏观层面把握产业发展的内在规律和基本趋势,从而更好地引导产业升级、转型,这一问题,引起了清华大学深圳研究生院一批学者的深切关注。

　　作为经国家批准的清华大学唯一的异地办学机构,清华大学深圳研究生院坚持"根系清华,立足深圳"的办学理念,把服务深圳市的经济和社会发展,作为办学的重要目标之一,充分发挥多学科综合优势,既致力于科学技术前沿领域的探索,又密切关注和研究深圳市鲜活的实践进程,针对产业与社会发展的重大理论问题和实际问题,开展战略研究、规划研究和政策研究,注重软科学的学科建设与探索。继 2005 年在全国自然辩证法研究会上,提出要从产业哲学的高度来研究产业与社会发展规律之后,经学校批准,清华大学深圳研究生院从 2006 年开始,率先面向全国招收以产业与社会、产业论和产业哲学为研究方向的硕士生、博士生和博士后。与此同时,清华大学科学技术与社会研究中心的学科带头人和一批怀抱学术理想与社会责任的学者,也迅速从国内外会聚到深圳特区这块热土上来,在这一新的领域探索耕耘。他们把清华大学严谨求实的学风和深圳市开拓创新的精神结合起来,主动适应并融入深圳市的环境,迅速转变角色,从单纯的清华教师转变为研究深圳市的专家。在研究方式上,他们一改传统文科个体研究的模式,摈弃了"面向故纸、背对现实"的学究作风,团结协作,发挥各自的学术优长,深入实际,调查研究,在实践中学习,虚心向深圳市的专家学者请教,团队集体攻关,在短短几年时间里,承担了深圳市高新技术产业、文化产业、住宅产业、装备制造业以及人口与社会发展等一系列研究课题,形成了一批有影响的成果。学术论著《全球生产方式演变下的深圳产业转型》,正是他们承担深圳市研究课题成果的汇集,也是他们从事软科学学科建设、进行实证研究和理论研究的初步成果。

本书作为研究深圳市产业与社会发展的一项理论成果,却并不拘泥于深圳市具体产业领域的问题,而是将深圳市的产业转型,置于全球生产方式的演变及产业转型所呈现的全球化、知识化、服务化和生态化的大背景进行考察,这使得有关深圳市产业发展的研究具有了广阔的全球视野和国家战略意义。

本书颇具新意之处,或者说创新之处,是作者试图通过透视福特制、丰田制和温特制等全球生产方式的演化与变革,来探求生产方式与产业转型的相互关系。此前很多研究者认为,产业转型的核心是产业结构的调整和升级;而本书则强调指出,产业的高级化不仅仅表现为各产业、各部门比例结构的变化,更重要的在于产业生产方式的进步与否,即生产过程中如何利用劳动资料和利用什么样的劳动资料、劳动力状况和技术水平、生产的组织与管理模式以及产业价值链的构造方式等,这些都是产业转型的内在动力。马克思说得好,"各种经济时代的区别,不在于生产什么,而在于怎样生产,用什么劳动资料生产"①。同样地,判断一个产业体系,不仅要看作为生产结果的产品,更要看到在产业发展和产业体系中的深层动力——怎样生产,即生产方式的演进和变革。经济发展方式的转变、经济结构的调整以及现代产业体系的建设,无不与生产方式的演进和变革紧密相关。20 世纪以来,全球生产方式的演进和变革越来越快,越来越多样化和复杂化,并且与 20 世纪大国的崛起,新型工业国家和地区的崛起,内在地联系在一起。胡锦涛总书记明确指出,当前面临转变经济发展方式要求更为迫切的压力。2009 年 12 月5 日召开的中央经济工作会议进一步提出,转变经济发展方式已刻不容缓,要更加注重推动经济发展方式转变和经济结构调整。这就警示我们,要深刻地认识生产方式的变革、经济发展方式的转变对于产业和社会发展的重要作用,准确把握全球生产方式的演进和产业转型的趋势,自觉地促进深圳市经济发展方式的转变、经济结构的调整与产业的合理转型。从这个意义上说,本书采用的研究视角,符合中央经济工作会议的精神和深圳

---

① 　马克思:《资本论》第 1 卷,人民出版社 2004 年版,第 210 页。

市的实际,反映了作者对于产业发展内在逻辑的深度理论思考。

　　诚然,本书作为一部研究产业的论著,在内容和体例的完整性上,尚有一定缺憾,对深圳市产业的微观层面,仍需做更进一步的了解和研究,所提出的一些论断和对策建议也有待实践的检验。对于产业论的学科建设,还只是一个可喜的开端,企盼今后有进一步的开掘和拓展。

　　多年来,深圳市委、市政府坚持"文化立市"的正确方针,大力促进深圳市高等教育的跨越式发展,不少高端人才从国内外著名高校、研究机构云集深圳市。他们深入实践,求真务实,迅速成为熟悉深圳市的专家。我作为一个长期在深圳市工作的老理论工作者和教育工作者,有幸与一些年轻学者朝夕相处,切磋琢磨,互相学习,受益良多。看到他们的学术成长和为深圳市所作的贡献,备感欣喜。这部出自清华学者的新著,经专家评审被列入深圳社科文库第五辑,由人民出版社公开出版,成为深圳市学术文化园地的一株奇葩,实是可喜可贺!

　　特此为序以共勉。

　　　　　　　　(作者系清华大学深圳研究生院教授,深圳市社会科学联合会顾
　　　　　　　　问,原深圳大学党委书记、校长、教授)

前　言

　　产业转型是产业结构和生产方式等发生显著变动的过程。近代经济发展史表明，一个国家或一个地区的经济发展史，实质上就是一部产业变革史；经济发展伴随着产业转型，产业转型贯穿在经济发展的整个过程。

　　产业转型是区域经济发展过程中必然要面对的重点和难点，也是当前深圳市经济发展所面临的主要问题。深圳市是我国改革开放的"试验场"，在短短30年时间里，这里的经济社会、产业结构以及生产方式发生了巨大转变，完成了城市化进程并进入工业化的中后期，创造了前所未有的世界奇迹，开辟了一条全新的发展道路。然而，在深圳市产业持续快速的发展过程中，所积累的问题也逐步暴露出来，主要表现在：现代服务业发展不足，与世界先进国家或城市有较大差距；关键核心技术对外依赖度较高，基础研究源头创新能力不足，劳动力总体层次较低等；尤其是，深圳市的经济增长方式仍具有粗放型特征，这种增长方式面临着土地空间有限、能源和水资源紧缺、人口膨胀、环境承载力减弱等瓶颈性制约，经济的高增长与资源的紧约束之间的矛盾日益凸显，因此必须通过产业转型来寻找出路。

　　当前，全球金融危机不断扩散蔓延，对实体经济的影响日益加深，加之减少温室气体排放的压力空前加大，世界各国都在制定应对措施,全球产业面临着新一轮的调整和转型。同时,深圳市产业发展也面临着一个难得的战略机遇。唯有审时度势,抓住时机,认定目标,开辟捷径,尽快建立现代产业体系,率先实现经济增长方式的转变,深圳市的发展才能迎来光明前景。

然而,深圳市的产业转型并不是一个孤立的区域经济现象,而是全球产业这一系统和整体中的有机组成部分。纵观全球转型的历史可以发现,产业发展并不遵守自然界削峰填谷、损有余而补不足的夷平规则,而是显现出损不足以补有余的优势积累效应。发达国家通过严格限制高技术流出、加大技术壁垒、向外转移低级产业和挖掘他国人才等手段,力图保持和强化自身的技术优势、速度优势、人才优势和对信息与技术发展的调控能力,实现由发达的"头脑"国家支配众多"躯干"国家的目的,拉大与发展中国家的差距。在日趋激烈的区域竞争和国际竞争中,追赶型的后发国家和地区犹如逆水行舟,不进则退。仅仅依靠跟踪与模仿,亦步亦趋,赶上和超越发达国家的希望将十分渺茫,必须另辟蹊径,实现赶超。

正是基于这种背景,本书力图将深圳市的产业转型,放置在国际产业转型的历史坐标和全球经纬中予以审视和定位。

探索全球生产方式演变在产业转型中的作用,是贯穿本书的一条主线。长期以来,众多研究者通常认为产业转型的核心是产业结构的调整和升级。这固然反映了产业转型的重要方面,却不能涵盖产业转型的全面内容。从产业发展的现实和历史来看,产业的高级化不仅仅表现在各产业、各部门的比例结构变化上,还表现在生产方式的进步与否,即生产过程中如何利用劳动资料和利用什么样的劳动资料、劳动力素质和技术水平的高低、生产规模的大小、生产的组织管理模式以及产业价值链的构造方式是否得当。基于此,本书首先对 20 世纪以来出现的福特制、丰田制和温特制等生产方式的缘起、特点和演变过程进行了研究,使得生产方式这一概念更加具体化,并作为分析深圳市产业状态与转型路径的一个有效工具。

本书还对全球产业转型的趋势进行了全面梳理,总结出产业转型的四大基本趋势,即以国际分工体系和价值链重构为基础的全球化,以高新技术产业和文化创意产业为中心的知识化,以生产性服务业为主导的服务化,以资源节约、环境友好、节能降耗为内容的生态化。无论是经济发达的美国、日本,经济快速成长的韩国、新加坡和中国香港,还是发展势头正盛的印度,其产业转型或多或少,或整体或局部,都基本反映了这一转型趋势。

在对全球生产方式演变和产业转型总体趋势系统总结的基础上,本书对深圳市产业发展和转型的历史与现状、科技创新能力,人口结构和产业结构的关系进行了具体分析,分别对高新技术产业、文化产业、住宅产业、传统产业和装备制造业的转型进行了实证研究,并提出深圳市产业转型的总体战略和思考。

本书在研究和写作过程中,力求方法的科学性、逻辑的一贯性、内容的系统性和写作的统一性,但囿于作者的视野范围和知识结构,最终成果距这一目标尚有较大偏差。譬如,因多人参与研究和写作,使语言风格和表述方式很难一致,甚至部分章节之间的论断不完全协调。再如,书稿最初曾试图纳入深圳市金融产业和物流产业的内容,但因研究不够深入,不能准确把握而忍痛割舍。另有很多本应涉及的问题,一书之微,难以尽数容括,有待今后做进一步的深入研究与探索。

第 一 章

全球生产方式的演变

在全球性的产业发展过程中,生产方式的演变既是推进产业转型的内容,也是产业转型的主要动因。生产方式的演化与变革,推动着全球范围内产业结构的调整、升级与转型。

生产方式是人类进行社会化生产的组织和实施方式,它包括在生产过程中如何利用劳动资料和利用什么样的劳动资料、劳动力状况和技术水平、生产规模的大小、生产的组织与管理模式以及产业价值链的构造方式。

生产方式是一个动态的历史演变过程。从最初级的手工生产开始,通过技术水平的提高和价值链的重构,生产方式不断由低级向高级发展和演变。特别是 20 世纪以后,随着科学技术的进步、组织管理理念的更新以及社会经济的发展,产业生产方式也发生了重大变革与进步,在发达的资本主义经济中次第出现了福特制(Fordism)、丰田制(Toyota Production System)、温特制(Wintelism)等影响深远的生产方式。

第一节 福特制:大规模生产方式

20 世纪初叶,汽车制造业成为世界最旺盛的行业,企业家、金融家和机械师等各路诸豪杰跻身其中,形成群雄逐鹿之势。才思灵动、性格倔强、有"底特律怪杰"之称的亨利·福特(H. Ford),独辟蹊径,力图通过扩大生产规模,为制造更廉价的大众汽车打开局面。他在生产中强调标准化,首先尝试使用移动总装线,并采用高度分工和一体化的生产及组织管理模式,从而在汽车业异军突起,一时无两。福特的巨大成功,使其生产方式很快在汽车制造业推广,并被运用到家用电器制造等其他产业,到20世纪20年代,已成为广泛盛行的生产方式。以福特公司为代表的建立在流水线作业和高度分工基础上的劳动组织方式和大批量生产方式,亦被冠以福特制(Fordism,也称做福特主义或福特生产方式)的称谓。

福特制的成功实施和推广,使美国在第二次世界大战期间成为世界政治经济领域中的魁首。第二次世界大战后,福特制逐步在西方发达资本主义国家扩散和蔓延,使得在20世纪30年代世界经济危机中一蹶不振的西方市场得以焕发生机,生产和消费之间的相互促进,令西方资本主义经历了一个长达20多年的繁荣时期,以至于西方学者通常把1945年至1974年(核心阶段为1950年至1967年)称做西方资本主义的"福特主义时代"。尽管福特制在各国存在差异,但仍表现出一种超越民族特点的统一特性,成为全球生产方式演进过程中具有代表性的一个阶段。

一、标准化与规范化

福特制的本质是大规模生产(mass production,也被译为大量生产)。在这种生产方式下,只有生产达到一定规模,才能达到最佳效果,即成本最低、利润最高。而实现大规模生产的关键,除了有大量廉价劳动力,还需要实行产品的标准化和生产的规范化。标准化的源头可以回溯到 18 世纪末期。1794 年,英国机械师莫兹利发明了装有滑动刀架的车床,开创了机器制造机器的时代,肇始了制造业的规模化与标准化生产,开辟了机械制造业的崭新阶段。在 18 世纪末到 19 世纪上半叶,英、法等国就开始采用标准化的机械进行制造,而经济快速增长但缺乏技术劳工的美国,为采用标准化大规模生产提出供了条件。到 1850 年,标准化部件的机器制造已被广泛地称做"美国制造体系"即"通用制"或零部件可换的体系,先后在军工、钟表、自行车、打字机、电话等制造业中运用。这一体制最初形成的目的,是要在缺少大批技术精湛工人的情况下降低成本,提高产量,并通过零件的标准化和可互换性以及制造的严格同时化与协作来实现。它的基础是高度的精密和准确,这是手工单件生产方式难以企及的。与此同时,真正的大规模生产仅有机械化还不够,还需要把精确化、标准化、可互换性、同时化和连续性系统地结合在一起。正是汽车工业的大规模发展将这些因素有机地结合在一起,并被福特公司推到了极致。①

福特制开创之前,同一台机床要完成很多不同的加工任务,每完成一次工作,就要调试机器,既费时又费力。福特于是安排一个机床连续地生产某个单一零件,以减少调试机床的时间。他还将机床按一道道工序次第排列,大多数情况下还是自动的或近乎自动的。这样,生产效率和产品质量均大为提高。

福特还特别强调工具和零件的精确性,并以对待宗教理想般的热忱来追求生产中的统一计量,坚持在整个制造过程中每

---

① 参见刘晓君:《福特制(Fordism)的百年》,《自然辩证法研究》2001 年第 3 期。

个零件都必须采用同样的计量系统。到 1908 年,福特使所有的零件都可以完全互换。可互换的零件免去了组装时修磨、检验零件的程序,大大简化了生产过程,节约了大量劳动力,并使产品的维修和保养变得更容易。

二、流水线作业

使用流水线作业是福特的另一个非凡创新。其实在福特之前,现代管理学之父弗雷德里克·泰勒(Frederick Taylor)就曾在美国钢铁业提出流水线作业的理论,但没有受过正规教育的福特更可能是从底特律的肉类屠宰场得到启发。他在屠宰场看到,整牛被杀后挂在不断运动的传动杆上,工人站在固定的工作台上,将牛的各部位顺序肢解。福特从中悟出,汽车组装恰是循着相反次序,将各个零部件组合成一辆整车。流水线也就是移动式总装线的想法就这样在他的头脑中形成了。

在最初的移动式总装线的实验中,福特曾尝试过通过工作台间的高度落差,由重力来实现零部件的流转,但这种方式不适合较大的部件。其后也尝试过用钢索牵引的方法,但因出现事故而废止。最后的移动总装线是由传动电机带动着不断移动翻转的长皮带,类似于机场的自动人行道,成本很低但效益甚高。1914 年 1 月 14 日,第一条全过程链式总装传送带正式运作,它让工件移动而不是工人移动,免去了组装工人来回走动的时间和工件运输的时间,大大减少了组装一辆整车的工时,3 个月后就创造了 93 分钟组装一辆整车的世界纪录。

标准化和流水线使生产工时锐减,产量倍增,效率大幅提高。福特公司 1906 年生产汽车 100 辆,到 1925 年则平均每 10 秒钟生产 1 辆汽车。自 1908 年 T 型车问世到 1927 年这 19 年时间里,共生产出 1500 万辆汽车。而且生产的汽车数量越多,每辆车的成本降得越低。1909 年,福特公司 T 型车的年产量是13840 辆,售价 950 美元,到 1916 年,年产量达到 585388 辆,而售价仅为 360 美元,创造了产业史上的奇迹。①

总之,福特制在美国制造体系的基础上,通过将精确化、标准化、可互换性、同时化和连续性系统地结合,以高度专业化的机器,通过流水线作业,大批量地生产标准化的产品,在技术水平和组织方式上达到一个新的高度。

三、劳动高度分工和科层式管理

劳动分工理论由亚当·斯密首创,经泰勒发展完善,而在福特生产方式中得到了最大限度也是最为成功的应用。

1915 年,福特公司位于密执安州海兰公园制造厂总装线全部建成时,总装工人的数量超过 7 千名。这些工人多半来自农村,几乎没有机械制造的技能;还有很多工人是国外移民,其中有的人不会讲英语——当时工人所使用的语言达 50种之多。对于这样一支来源广泛、语言交流困难又缺乏精湛技艺的庞大产业工人队伍,要生产结构复杂的汽车,还要保持设计的精度要求,对于单件生产方式来说,几乎是不可想象的。而福特却很好地解决了这个难题,那就是生产环节的高度分工。

在总装线上,福特通过不断的分工与再分工,将生产任务分割为最小单元,由通过简单训练很快即可胜任的低技能工人完

---

① 参见陈美华:《汽车帝国风云录》,广州出版社 1996 年版,第 52—53页,另参见王蒲生:《轿车交通批判》,清华大学出版社 2001 年版,第 3 页。

成。总装工人的任务非常单一,可能是给螺栓拧上螺母,或者给汽车装上车轮。他们不必捡取零件、寻找工具或检查质量,而只需专注于自己简单的工作。由于分工细致,只要几分钟就能培训一个总装工人,福特从此不再依赖技巧精湛的装配工人。在福特的工厂里,不但零件可以互换,工人也可以随便调换。通过合理分工,缩短了工作周期,平均工作周期由 514 分钟剧减到 2.3 分钟。由于组装简单便捷,工人对单一工作熟悉后工作得更快,生产效率也因之陡增,完成一个整车总装的工时由 750 小时减少到 88 小时,工时节约率达 88%。①

随着规模增大,企业需要越来越多的管理部门和多层次的组织结构,来控制日益复杂精细的业务活动。在福特企业,总装工人之上是一批专业人员:工艺工程师负责零部件的组合方式,装备工程师负责设计传送带将零件送到总装线,质检人员负责产品质量检查,熟练的修理工则巡回修理总装用的工具。

工艺工程师也还要再分工,有的负责总装作业,有的负责加工个别零件的专用机床的作业。在设备工程师中,有的专门负责设计总装所有的硬件装备,有的专门负责设计加工某个具体零件的特定机床。在产品工程师中,有的专长于发动机,有的负责车身设计,有的负责设计悬架或电气系统。工艺工程师和设备工程师是平行的,由负责汽车总体设计和工程设计的产品工程师将他们的工作组合起来。

由这些横向分割的科层化管理部门控制的技术系统,决定

① 参见[美]詹姆斯等著,沈希瑾等译:《改变世界的机器》,商务印书馆 1999 年版,第 28 页。

了每个工人需完成的动作和工作的速度,管理部门实现了对劳动过程的完全控制,高度专业化的智力工作者垄断了所有的创意和信息,而车间里的一线工人成为机器系统的一个组成部分而丧失了对劳动过程的自主性。他们很难在工作中提高技能,专业前景黯淡。相反,专业工程师在本专业领域可以不断精专,有能力改换门庭,职业前景则更加明朗。①

四、纵向一体化的组织结构

福特创建海兰公园工厂之初,基本上只是从事组装。汽车的底盘、发动机和许多零部件都是从其他公司订购,然后在自己的工厂组装成一部完整的汽车。然而,这种生产方式不能满足大规模生产的需要。大规模生产所需的专用性机器造成的固定成本极高,只有总装线满负荷运转才能降低成本,为此就要保证充足的原材料和零配件供应和稳定的产品销售市场。在福特公司,随着对零部件的尺寸偏差和交货日期的要求日益严格,依靠自由市场上松散的采购已很难满足这种发展变化。加之率先掌握了大规模生产方式的技术,每件工作由自己完成比由协作厂完成更能够大幅度降低成本。因此,福特逐渐开发出制造汽车的所有功能,把每件工作都归并到厂内自制。到 1915 年,福特公司基本实现了纵向一体化,所有必需的原料都从一个大门进入工厂,成品汽车则从另一个大门开出工厂,从而完全不依靠外界的协作。福特为了建立垂直结构的工业王国,买下了铁矿山和煤矿山,甚至打算买下水电站,并准备在巴西开垦种

① 参见 [美]詹姆斯等著,沈希瑾等译:《改变世界的机器》,商务印书馆1999 年版,第30—35 页。

植橡胶树。① 此外,实施纵向一体化还有福特本人专断的个性因素,因早年与他人的合作屡遭挫折,他只相信自己而不相信其他任何人。

福特制的纵向一体化,有利于在主要行业形成垄断竞争的市场格局。如果用价值链来分析,福特制的价值增值过程,更多体现在由物品构成的实物价值链上。企业对整个实物价值链的控制范围,囊括了从原料采购、产品设计、零部件和组装件的生产制造、产成品组装,直至最终产品销售以及贯穿始终的物流、资金与信息传递的所有相关战略性活动。企业与企业之间的竞争优势,通过使产品比对手更廉价和更有效地开展这些重要的战略活动来赢得。

全盘纵向一体化也存在弊端,其一是送货困难,福特企业的汽车都在一个地方生产,然后向世界各地销售。但是,当时的运输系统还不能完整无损且低成本地把体积庞大的成品汽车运往各地。其二是难以突破贸易壁垒。当时有很多国家以贸易壁垒来限制成品汽车的进口。有鉴于此,福特改变了经营策略,将汽车的总体设计、工程设计和零部件的生产都集中在底特律,而将汽车的总装分散在各地。②

五、巨量而单一化的产品

单件生产方式下的新产品,往往是根据客户的需求定做的,每个产品都不相同,即使按同一设计制造的少量相同型号的汽

---

① 参见[日]大森实:《汽车大王福特》,中国经济出版社1991年版,第172—173页。

② 参见[美]詹姆斯等著,沈希瑾等译:《改变世界的机器》,商务印书馆1999年版,第30—35页。

车,由于工人的技能和技术条件的差异,也很难达到完全相同。对于名贵的奢侈品,手工制作可保证产品的唯一性和收藏价值,但这种生产方式的产量极低,很难满足巨大的市场需求。

福特与当时大多数以制造名贵汽车为目的的企业家不同,从一开始就将产品定位在一般的公众需求,力图让汽车进入千家万户,从而以生产的规模取得竞争优势。他的着力点不是开发更多的品种,相反,他认为只有车型单一,才更有利于大规模生产,更有利于用户维修,而制造复杂的和定制的产品,都会扰乱生产过程,造成效率低下,成本增高。早在 1903 年,当汽车还处于多型号、小批量生产的时代,福特就曾经说过:"造汽车的正确方法应该是让一辆汽车和另一辆汽车一模一样,就好像图钉工厂生产的图钉都是一种型号,火柴厂生产出的火柴都是一个规格一样"。[①] 公司的新产品如果做不成像"图钉或火柴"那样的统一规格,就永远不可能进行规模生产。

1908 年,福特作出一个重要决定:只制造经济实惠的单一品种,于是便有了他最得意的产品——T 型车的问世。T 型车车体轻巧,简捷耐用,整个车体几乎没有装饰物——没有里程表,没有挡风玻璃,甚至没有车门,最初尚有红、绿、蓝、灰四种颜色,到 1914 年就只有一种黑色,简直就是一个装有四个轮子的黑色长方形铁盒,这一车型很难说得上美观,却成了当时汽车工业的主流设计。

就这样,福特公司面对消费需求相对单一的市场,长期大量地生产相同型号的产品,从而得以降低成本,提高效率,增加销

---

① 参见刘晓君:《福特制(Fordism)的百年》,《自然辩证法研究》2001 年第 3 期。

售量。1923 年,T 型车的产量达到顶峰,总共生产了 230 万台,达到了标准化大规模生产的最高水平。

六、劳工政策

1913 年,机械传动式的流水线试验成功并投入运营,生产效率提高,但普通工人的劳动强度也随之加大,必须 4 个小时里作出千篇一律的机械动作,工作比以往更加单调、枯燥、繁重,精神高度紧张,智力因素剧减而体力消耗大增。人成了机器的一个部分,从而失去了劳动的自主性和创造乐趣。吃尽苦头的工人开始成群结队地辞职离厂,1913 年的劳工变更率高达 38%。由于工人进厂后要经过一个缓慢的技能学习过程,而且每人要用掉 50～100 美元的指导培训费用,等这些新工人刚熟悉工作,很多人就会不堪工作重负,而转投其他工厂。这样造成的直接经济损失达到 300 万美元。[①]

福特清楚地看到了劳工队伍不稳定带来的损失,于是决意改革。他力排众议,提出了"每天工作 8 小时付 5 美元"的劳工政策,之前福特公司的工人工资是每日 2 美元,通用公司是每日 2.23 美元。工人每日的工时缩短了一个小时,而薪资却是原来的 2.5 倍。1926 年,他又率先实行了每周 5 个工作日的作息制度,并与工人签订长期工作合同。这种由资方主动提高工人福利,而且幅度如此之大的做法,在历史上的确是鲜得一见的,因而引起如潮争议。《纽约时报》称赞此举为划时代的利益分享政策,是美国劳工史上的伟大革命。而代表资本家利益的《华

---

① 参见陈美华:《汽车帝国风云录》,广州出版社 1996 年版,第 53—55 页。

尔街日报》则攻击此举违背了资本主义原理,"将高尚精神用错了地方,纵然不是犯罪,也是经济欺骗"。① 在底特律,社会主义者集团甚至举行集会,抗议福特公司的劳工政策,认为"薪酬革命"的目的不是保护劳工,而是为了避免罢工,是一种可耻行为。② 然而,无论这种"与工人分甜瓜"的福利政策是出于慈善目的,还是一种经营策略(他本人也承认这样做并非仅仅是为了工人利益着想),但客观上还是缓解了劳资双方的矛盾,成为福特制得以成功的一个重要因素。

七、大众消费文化

福特制高效率、低成本、大规模的生产还导致了产品价格猛降,到 1916 年,T 型车售价仅为 360 美元,这使汽车在更大范围得以推广,成为美国社会一种普及的消费品。

然而即便如此,对于占社会人口大多数的下层民众来说,汽车仍然是难以企及的高档商品。于是,企业家和经销商又推出了商品营销的新举措——分期付款制度。所谓分期付款,就是购买人每星期、每月为某件商品付出其中一笔费用而得以提前使用该商品。这种方法可使暂时没有支付能力的人也能拥有汽车。如此促进广大中下层民众加入大众消费的销售手段,完全打破了老式清教徒反对举债度日的禁忌,超前消费蔚然成风,形成了一种新的消费文化。分期付款制度在汽车时代收到显著成

---

① J. C. Westland. Global Innovation Management：A Strategic Approach[M]. Palgrave Macmillan,2008,p. 46.

② 参见[日]大森实:《汽车大王福特》,中国经济出版 1991 年版,第 125页。

效,风行一时,并且被其他行业所仿效。第二次世界大战开始时,诸如留声机、电冰箱、热水器、真空吸尘器等愈来愈多的耐用品,都依赖分期付款形式进行销售。

20 世纪 20 年代,美国通用汽车公司总裁斯隆(Alfred Sloan)还创立了“人为废弃”(planned obsolescence)的市场策略。这种策略意在通过制造不耐用产品,缩短产品寿命,加快消费周期,保持旺盛的社会消费需求,增加产品销售量。到今天,这种策略已经发展到用过就扔的一次性消费风尚。①

此外,福特制兴盛时期,凯恩斯主义国家干预政策与福利国家制度不断熨平经济周期和维持有效需求,调节着大规模生产与大规模消费的良性循环。福利国家制度保证了孕妇、病人、退休和失业的人能够得到稳定的收入,与前述劳工最低工资累进增加制度一起,促进了大规模消费的稳定增长。②

可以说,分期付款制度、“人为废弃”策略、无孔不入的广告,再加上持续增长的经济环境,一举扫荡了老式中产阶级的传统价值观念、道德习俗及其生活方式,终于促成了大众消费(Mass Consumption)文化的勃兴与蔓延,成为大规模生产的社会文化基础。③

由此也可以看到,福特制并非仅仅意味着大批量生产的工业模式,而是内涵于整个资本主义的经济社会制度,是以大批量、标准化生产和大众化消费为基础的生产和生活方式的集合。

---

① 参见王蒲生:《轿车与消费主义》,《道德与文明》1998 年第 6 期。

② 参见谢富胜、黄蕾:《福特主义、新福特主义和后福特主义——兼论当代发达资本主义国家生产方式的演变》,《教学与研究》2005 年第 8 期。

③ 参见 Bernard A. Weisberger, The Automobile Arrives, The National Geographic Society, Ed We Americans: A Volume in the Story man, 1975, p. 31.

八、福特制的衰微

福特制虽然兴盛一时,成为主导世界制造业的生产方式,但其中也存在着一些固有的缺陷。

第一,它是技术硬件密集型,生产过程建立在设备基础之上,投资项目庞大,且缺少灵活性,开辟新需求的突破性技术或产品创新速度非常缓慢,比如专用机床生产特定零件,而要将这些专用机床改产新的零件,设备的改造既费时又费钱,因而随着零件或车型的改变,福特不得不把原来的机床也废弃掉。

第二,通过细致分工实现的劳动简单化,虽然有助于提高生产效率,有利于管理部门直接监督劳动强度和生产过程,但却使直接生产者在生产过程中放弃了自主性、决定权和劳动乐趣,不利于工人技能的提高和能动性的发挥。非技能化、单调和繁重的工作使得工人情绪消沉,导致各种形式的抵制行为。

第三,虽然一线工人专业前景黯淡,但专业工程师在本专业领域可以不断精专,有能力改换门庭,成为众多企业争夺的对象。福特公司曾因多名高级管理人员和专业工程师在关键时刻被竞争对手挖走,生产陷入困境。

第四,产品的单一化,不能满足消费层次的差异性和消费需求的多样化。

第五,这种生产方式以廉价原料和能源可以无限获取,以及无限制地利用大自然作为生产和再生产"免费生产力"为前提假设,而这一切又随着不可再生资源的大量消耗而不复存在。

20 世纪 70 年代爆发的世界石油危机,引发了世界经济大萧条,凯恩斯主义国家干预政策和福利国家制度因不断增加的社会开支而难以为继,美国支配下的布雷顿森林体系(Bretton

Woods system)全面崩溃,各国经济面临更加不稳定的国际环境。这些外部环境条件的变化,使福特主义的内在缺陷显现出来,导致了"福特主义危机":过分庞大的项目投资,使投资与赚取利润的周期延长,风险增大;由于消费活动周期缩短,消费需求日益多样化,生产和消费之间的良性循环出现断裂。建立在标准化产品、长周期生产基础之上的生产模式不再具有大规模生产的优势。传统福特制企业依靠大而全的生产体系,难以获得规模成本优势,规模收益出现递减。面对福特制的危机,发达资本主义国家开始了近20年的经济结构调整过程。

第二节　丰田制:准时化与精益生产

一、丰田制的兴起

以1973—1974年的石油危机为转折点,西方发达资本主义经济从黄金时代转入低速增长时期,盛行半个多世纪的福特制风光不再。

由于一系列历史偶然因素,第二次世界大战后以丰田公司为代表的日本主导企业没有完全采用盛行一时的福特制。这是因为日本与美国的国情大不相同。福特制之所以能在美国盛行,除了产业发展的自然规律以外,就是美国有从事大量生产的土地和资源条件。从铁矿到石油,天然资源无所不有,几乎可以满足生产的全部需要,无须担心资源匮乏。但是在石油、矿石等都需要进口的日本,根本无法照搬这种生产方式,只能另辟蹊径,最终由丰田汽车公司探索出一种被称为丰田制的生产方式。丰田制是以消除浪费、降低成本为目标,以准时化和人性化的自动化为支柱,以改善作业为基础,使机器负荷和利用率达到更高水平。日本企业生产的消费性商品,无论是质量还是价格优势,都令西方国家难以比肩。日本的产业模式经过多年的改善与发展,形成了一种区别于福特制的管理哲学与方法体系,得到了世界范围的广泛认可,被称为丰田制(Toyota Production System)。西方企业家纷纷前去考察学习。

丰田制也被称做丰田生产方式或丰田主义。美国麻省理工学院数位国际汽车计划组织(IMVP)的专家经过调查研究之后,将这一生产管理方式命名为精益生产(Lean Production)。精,即少而精,不投入多余的生产要素,只是在适当的时间生产必要数量的市场急需的产品;益,即所有经营活动都要有益有效,具有经济性。在我国,丰田制也常被称为"准时生产制"(Just in Time,简称 JIT)。还有学者将丰田主义的西欧变种称之为后福特主义(Post-Fordism),且有"德国道路""第三意大利""瑞典模式"等生产组织方式的区别。

二、杜绝浪费:丰田制的核心目标

丰田制始终把杜绝一切浪费、彻底降低成本作为企业生产的基本原则和追求目标。"减少一成的浪费就等于增加一倍的销售额"。按照丰田公司的定义:凡是不产生附加价值的一切作业都是浪费;凡是超过生产产品所绝对必要的最少量的设备、材料、零件和工作时间的部分,均属浪费。这里的"浪费"包括两层含义:一是不增加价值的活动都是浪费;二是即使是增加价值的活动,但只要所消耗的资源超过了"绝对最少"也是浪费。丰田制企业将浪费细分为七类:

(一)生产过剩的浪费。希望多销售而大量生产,或者在没有需求的时候提前生产,结果是过多的生产导致人员、设备、原材料和物流失衡,造成生产过剩浪费,这通常是浪费的最主要来源。企业中的浪费不计其数,而其中最可怕的浪费莫过于过量生产。

(二)停工等活的浪费。在机械加工时,机器发生故障不能正常作业,或因缺乏零部件而停工,造成操作员或客户的等待而形成的浪费。

(三)搬运的浪费。不必要的或重复的搬运、传送和转移造成的运输浪费。包括在不同仓库间移动和转动产品,空车运输,传送有瑕疵的产品,无端增加手动距离和次数,增加手动设备的机会等。

(四)加工的浪费。因生产工序设计不合理、对人和机器的功能以及作业内容分析不足、处理异常停止的对策不完善、员工技术不熟练、标准化体制不完善,而实施与工程进展状况和产品质量无关的加工,从而为不必要的工序和不需要的作业增加人员和工时,造成加工浪费。

(五)库存浪费。因原材料、零部件和各道工序的成品、半成品库存积压,仓库和搬运设备的折旧费、维修费、搬运费、税金、保险费、投资利息和损耗费等库存管理费用增加,造成不必要的存货浪费。

(六)不必要的动作造成的浪费。因机器与人的作业不明确,生产布局不合理,教育训练不充分,而实施了不产生附加价值的动作或不遵守经济原则的动作而导致的浪费。

(七)生产残次品的浪费。生产过程中出现废品、次品,会增加原材料、零部件和资源的消耗浪费。设备开动率低下,检查和返修所需工时数增加,用户索赔引起企业信用降低,库存增加等,造成浪费和损失。①

为了消除以上浪费和损失,丰田制采用了准时化和人性化的自动化这两大支柱方法。

三、准时生产:丰田制的支柱之一

准时生产也叫准时化,是指在需要的时候,按照需要的数量生产需要的产品供给各个工序。这是一种提高总的生产效率和消除浪费的方法。它可使生产有效地发生在最合适的时间、地点,以最恰当的质量提供最必要的零部件数量。

福特生产方式通常都是尽力按照计划生产,按照交货期发货。如果生产的零件入库过早,就会发生库存的浪费,过迟又会赶不上交货期。准时生产则将"终点"变为"起点",以最终客户的需求为起点,企业采用各种信息技术和组织创新来详细地追踪消费者的行为并予以及时反应,从而达到以更短的生产周期、更低的存货水平向消费者提供多品种的产品。由此,生产者、供应商和销售商之间形成了信息和技术共享的网络,有助于建立紧密协作的新范式。

准时生产的核心思想是,尽量使工序间的制品数量接近于零,也就是前道工序的加工一结束,就立即转到下一工序,从而实现生产的同步化(顺畅化),减少在制品、半成品和库存量,有效地降低库存费用。为此,准时生产形成了三个基本原则。

第一是"一个流生产",也叫"生产的流程化"。传统的生产设备采用水平布局,把同一类型的机器设备布置在一起,其特点

---

① 参见[日]佃律志,滕永红译:《图解丰田生产方式》,东方出版社2006年版,第14—19页。

是物品必须在工序之间搬来搬去而形成搬运浪费。为此,需要尽量增加一次性搬运的数量,这就形成了大批量的生产方式。因为是批量生产,必须等到第一批生产完成之后才能搬运到下一个工序,这就造成各个工作场所产品的堆积。并且在前一道工序的整个批量加工结束前,后面的工序无法得到所需要的零部件。为了克服批量生产之弊,精准生产采用一个流生产,就是将作业场地、人员、设备合理配置,产品生产过程中的每个工序最多只生产一个在制品或成品,这样就省掉了制品放置场地及入箱包装的作业,并最大限度地排除了搬运和其他大量无价值的工作。为了实现一个流生产,必须将设备根据加工工件的工序而不是按类型来布局,即垂直布置,从而形成相互衔接的生产线。

一个流生产是由单件流动开始的,单件流动就是做一个传送一个,将原材料经过一道道加工工序而做成成品,工序间没有搬运距离,在制品数量因之大幅降低。作业人员随着在制品走,从作业的第一个工序到最后一个工序都由同一个作业人员操作,相应要求培养多技能的工人,即一个工人同时掌握各种技能,操作多台设备或多道工序,消除各工序之间的滞留,改善作业流程。不良产品一旦发生,就可立即发现,且很容易确认是由哪一台机器、哪一个作业者产生的。这有助于及时消除不良产品,同时大幅度缩短生产周期,更能满足市场多变的需求。[①]

第二是制定生产节拍。生产节拍又称线速,是指生产单件产品所需的时间,它是控制生产速度的重要指标。明确生产节拍,就可以指挥整个工厂的各个生产工序,保证各工序按统一的

---

① 参见肖智军、党新民、刘胜军:《精准生产方式》,海天出版社2002年版,第110—151页。

速度生产加工出零部件、半成品、成品,从而达到生产的同步化。在福特制的生产管理中,通常认为机器设备的造价越高,成本折旧费也就越高,为了避免损失就尽量使设备不停地运行,设法使生产量适应生产能力。但丰田制的管理者认为,为提高机器利用率而生产过剩产品并不可取。重要的是只生产必要的产品及数量,机器设备的利用率应以必要的生产量为基准,应使生产能力适应生产量。

每天的生产节拍并非一成不变,而是随着生产量的变化而变化。在组装流水线上,节拍可通过调整传送带的速度来控制;在机械加工工序,主要通过作业人员看管的设备数或操作的工序数来改变;在实施一个流的组装生产线上,则通过调整作业人数来改变节拍。

第三是后道工序领取。福特生产方式是由前道工序的生产来推动生产,这样会产生中间品的库存浪费、空间浪费和搬运浪费等。丰田制则采用后道工序领取的方式,即后道工序在必要的时刻到前道工序去领取必要数量的必要品,前道工序只生产后道工序要领取的产品数量。若以顺序依次排列的话,最后的工序则是顾客。所以要按顾客所需要的数量来生产,就不会生产市场不需要的东西,就不会产生浪费。

四、人性化的自动化:丰田制的支柱之二

自动化在福特制生产方式中就已经开始使用,它意味着只要不切断开关,设备就会持续不断地生产。但是,如果产品出现问题,机器通常会继续运转和生产,在后道工序才能被发现,而且由于查找原因的时间滞后,很难把握真正的原因,这种自动化必然会造成很大的浪费。

丰田制的自动化具有智能化的因素,在机器上安装了能够判断机器作业状况好坏的装置,一旦出现异常现象,传感器就会感知并停止机器设备的运转,防止不合格产品流向下一道工序。这样就没有必要配备专门的监视人员,从而实现省人化。生产线一旦停止运转,相关人员就会立即到现场解决,并加以改善,这样很容易把握真正的原因。

五、以人为中心:丰田制的精髓

丰田制的核心和精髓是以人为中心,充分发挥人的智慧和能动力量。如前所述,福特制是由横向分割的科层化管理部门控制的技术系统,少数高度专业化的智力工作者垄断了所有的创意和信息,车间里的一线工人只是机器系统的一个组成部分,从事单一、枯燥而毫无创意的简单劳动,技能很难在工作中提高,也没有改善作业的技能和自主性。这是一种以设备为中心的生产方式。

丰田制克服了手工生产方式倚重人的作用但效率较低和福特制自动化程度较高而灵活性较差的各自缺点,汲取两者之优长,一方面,投入大量的资金建立自动化生产线,将作业人数降到最少以节省人工费用;另一方面,通过各种工作轮训将车间工人培养成能够自我管理的多技能的劳动者,从而减少劳动岗位。多技能的工人在劳动过程中将质量控制、机器维护和清理工作有机结合,具有发现和纠正技术缺陷和持续改进生产工艺的能力。通过将研发、生产和销售等部门的代表组成工作团队,在这三个部门之间建立起紧密的联系,打破分割设计、生产、营销和管理等职能的等级制障碍,使这些部门中的任何一个人员,不需要经过等级制的纵向渠道就可以相对容易地获得其他部门的信息,从而提高了工艺创新和产品创新的速度及应用性。①

在丰田生产方式中,人不再是机器的一部分,而是机器的连接者,通过技能和智慧来监督、维修和弥补机器的缺陷。丰田制具有强韧性的秘诀就在于其灵活地运用了"人的智慧"。为了灵活地应对急剧变化的时代,最好的方法就是运用以人为中心的生产方式,发挥人的智慧不断地改善生产过程,有效应对现实中各种各样的变化。正如理光公司的神户健二社长所言:"以机器为中心的生产只有一个答案,但以人为中心的生产方式则具有无限的可能"。②

六、客户主导:对生产主导的否定

在福特时代,产品基本属于卖方市场,厂商考虑的只是如何以更低的成本更快地生产大量的产品,因而产品的品种单一,质量粗糙,汽车的使用者需掌握大部分的修理技能。而产品的销售通常由经销商来完成,面对市场波动,汽车总装厂通常将经销商作为一个缓冲环节。这样就形成了一个独立的经销商体系,经销商将产品存放在库房,等着顾客购买。在市场状况不良、销售滞呆时,制造商与经销商的关系就会变得紧张,制造商总是企图把汽车强制地卖给经销商,却不管能否卖得出去。比如福特就在 T 型车销售不畅时,强行把产品卖给经销商,然后转产新型号的汽车。经销商则是通过价格策略来促销,而很少顾及用户

---

① 参见万长松:《丰田生产方式的产业哲学基础》,《自然辩证法研究》2006 年第 12 期。

② [日]若松义人、近藤哲夫:《丰田生产力》,机械工业出版社 2008 年版,第 1—3 页。

的需求和愿望。随着市场趋于饱和,用户需求变得多样化,这种销售模式就出现了问题。

丰田公司就遇到过营销困境。早期丰田公司下属有个市场营销分部,1949 年曾因产品卖不出去而出现大量库存积压。受此创痛,丰田公司考虑建立没有库存的体制。具体做法就是建立一套销售网络,网络中的经销商或者完全归丰田公司所有,或者由丰田公司参与少量股份。这样经销商的命运就与丰田公司紧密相关了。这些经销商创立了"主动销售"的方法,就是把经销商纳入生产体系,甚至把客户也吸收到产品的开发过程中,从而汽车总装厂、经销商和顾客之间形成一个长期稳定的互动关系网络。丰田公司废止了过去忽视消费者需求的做法,转为依据订单组织生产。销售人员不是在展厅等候顾客预订,而是登门拜访,在顾客家中获取订单。为了提高针对性,丰田公司建立了一个庞大的数据库,购买过丰田汽车或对某种新产品表示过兴趣的客户信息,悉数收入。这样,销售人员就可集中力量,有目的地找寻可能买车的客户。

七、丰田制的价值链构造特征

根据价值链理论,并非企业经营活动的每个环节都创造价值或者具有竞争优势。企业创造的价值或者获得的竞争优势,实际上只是来自于价值链上某些特定的最具价值的战略环节。只要控制住这些关键的战略环节,也就控制了整个价值链。由于价值链环节中市场渠道、销售队伍、生产设备和技术成果等共同因素的存在,企业之间的相关业务单元能够共享价值链上的活动,从而通过这种共享有效地降低业务活动的成本或增强其差异化竞争优势。

丰田制的一个基本原则,就是减少不能增加价值的中间环节,认为不能产生附加价值的一切作业都是浪费。因此,丰田制企业根据需求有效地组织多品种、中小批量和高质量、低消耗的生产,减少所有不能增加产品最终价值的间接劳动形式,包括监督活动、质量控制、维护工作和清理工作等。企业的注意力主要集中在和其核心竞争力相适应的生产区域,而将那些分散企业对核心能力控制的劳动过程,以及那些为生产最终产品所需的一系列越来越多的投入,通过各种转包合同外包给其他企业。

丰田制企业不同于福特制企业之处,就在于不是追求大而全的价值链整体控制,而是在价值链中保留自己具备竞争优势的环节,把生产制造过程中的一些模块外包,在特定区域内建立自己的合作伙伴,构建自己的零部件与原材料供应体系,并保持在整个产业价值链中的主导地位,从而在产品生产的社会化、产业化过程中获取最大的利益。

面对消费需求变化加快且趋于多样化的形势,丰田制企业将制造过程中的供应商、制造商、分销商、零售商、顾客及其他相关因素联系起来,加强整个产业价值链的各个环节之间的合作,构建了顾客、经销商、供应商和合作伙伴之间的网络体系。相比福特制企业,丰田制企业更注重在生产过程中将信息技术的应用作为构成价值链辅助活动的重要环节,使企业能洞察传统实物价值链各环节的运作情况,及时了解上下游供应商与顾客的需求信息,以便快速反应,并调整相应的战略,获取与传统实物价值链的协同效应,取得竞争优势。

第三节 | 温特制:模块化与大规模定制

一、温特制的出现

20 世纪 80 年代中后期,随着信息技术的发展,个人电脑的普及,计算机产业市场竞争的游戏规则发生了改变,整个计算机产业迅速从福特制、丰田制的垂直型结构走向水平型结构。产业价值链被拆分为单个独立的节点,各专业化企业只专攻产业链上的某个节点,与传统多元化经营的垂直一体化跨国公司截然不同。这种新模式以微软和英特尔联盟推出温特平台为典型标志,被称为温特制。[①]

温特制不仅是高新科技条件下的产物,更是适应经济全球化的一种全新的生产方式。温特制企业以高科技和强大的信息网络为基础,以制定产品标准、全新的商业模式和游戏规则为核心,通过控制、整合全球资源,使产品在最能被有效生产的地方,以模块方式进行组合。这种生产方式不仅仅限于现代计算机和电子信息产业,还延伸到汽车等其他制造业。[②]

温特制是经济全球化发展到一定阶段的产物,反过来又极

---

① 注:温特制源于拥有视窗操作系统的微软公司与拥有中心处理芯片技术的英特尔公司的联盟。Wintelism 就是由 Windows(视窗)与 Intel(芯片)组合而成,在被译为温特制的同时,也被称为温特生产方式、温特主义、视窗英特尔主义等。

② 参见 Jeffrey A. Hart, Sangbae Kim. Explaining the Resurgence of U. S. Competitiveness:The Rise of Wintelism[J]. The Information Society, Vol. 18,2002(1).

大地推进了基于生产阶段分工的产业内贸易体系的发展和经济全球化的深度与广度。在这一生产方式下,标准和游戏规则的制定掌握在极少数国家或企业中,它能够确保标准制定者获取较大利润。而大多数生产者则以模块生产的形式,实现这些标准并从中获得相应利益,形成双赢。

温特制在美国的率先兴起,使美国公司一举打破日本企业的竞争优势,产业竞争力开始提升,并创造出20世纪90年代以来美国经济长时间繁荣的奇迹。温特制也成为引导当今产业发展潮流的先进生产方式。

二、模块化、外包与水平型跨国生产体系

温特制将产业链按一定的"模块"加以分割、生产和组合,包含产品设计、生产、企业组织形式三个方面的模块化,是一种基于某个产品体系的流程再造。在这种产品体系中,一种产品的功能通过不同的和相对独立的零部件来加以实现,这些部件之间的嵌合是根据一套接口标准进行设计的,从而确保零部件的可替代性。[1]

随着模块化的推进,出现了外包(outsourcing)现象,即把一项现有的企业活动转移到企业外部的过程,这通常伴随着将相应的资产转移到第三方(企业外部)。[2] 通过外包,企业使用外

---

[1] 参见 Kirsten Foss, LINK. The Modularization of Products and Organizations: Improving Lead-Time in Product Development. April 20, 2001. http://ir.lib.cbs.dk/ download/ ISBN/x656406401. pdf.

[2] 参见 Staffan Gullander, Anders Larsson. Outsourcing and Location: Comparing "industrial parks" in the automotive industry and "contract manufacturing" in the electronics industry. working paper. Contribution to the Conference on New Tracks on Swedish Economic Research in Europe, Molle, (Sweden), May 23 - 26,2000. http://www. snee. org/publikationer.

部更加专业化的资源或服务,自身原有的一些职能部门转移出去成为独立经营的单位。

由于温特制实施的是跨国性专业化设计、分包、代工、大规模定制、供应链管理等模式,于是形成了以美国企业为核心的包含研发、产品设计、采购、加工、分销及各种服务性活动的新型跨国生产体系。在新型跨国生产体系中,产业价值链被拆分为单个独立的节点,从上游半导体的设计、晶圆制造、测试、封装,到软件开发、硬件生产、个人电脑的组装,以及鼠标、键盘、打印机、扫描仪等配套产品的生产与售后服务,都成为独立完整的产业部门。与之相对应涌现出微软、英特尔、康柏、戴尔、甲骨文等全新的专业化企业,不同国家和地区的企业也可以根据自身的竞争优势专攻并占据价值链中的某一个节点,从而使同一价值链的不同企业之间可以结成战略联盟,实现优势互补、协调配合和更大的灵活性。[①]

三、新产品开发加速

模块化与外包,使企业可以集中资源专注于产业价值链的某个环节,主导企业专注于核心技术研发和标准的快速升级;产业下一层级或更低层级的企业为了适应主导企业的技术标准,在产品不同模块和不同层级节点上实施快速的技术创新和标准升级,从而使最终产品的性能和引导、响应消费需求的速度得到提高,由此导致整个产业各个节点的研发能力快速提升,以多样化、高性能、低成本的产品模块、零部件、产品组装形式和产品组

---

① 参见李平、王蒲生、杨君游:《温特制生产方式下的深圳高新技术产业转型研究》,《中国科技论坛》2007 年第 11 期。

合,更好地满足客户的个性化需求,提升产业竞争优势。

由于产业价值链每个节点均面临激烈竞争,企业必须通过大规模销售来降低单位成本,以大量投资来跨越规模经济效益的门槛。因此,高技术产品一旦投入市场,就必须在短时间内完成全球市场扩张,否则厂房、设备甚至研发的投入就会迅速折旧,企业难以实现规模经济,甚至无法收回成本。

面对产品生命周期的缩短,为了在最短时间占据最大的市场份额,温特制企业必须不断开发新产品。统计表明,第一个上市新产品的公司通常会获得市场份额的50%以上,而模仿别人的产品随后上市的公司,虽可减少40%的投入,节省30%的开发时间,但所占市场份额则会少得多。换言之,产品延迟上市将使企业损失巨额利润。因而,无论如何都应使产品尽快上市。①在温特制平台中,每隔一年左右就有一轮新产品潮,企业的利润往往来自产品问世的头三个月,此后企业不得不将生产转移海外。企业往往在全球同步发售新产品的同时,就开始研发下一代产品。

四、大规模定制

大规模定制(Mass Customization)是大规模、高效率生产与针对客户个性化需求的定制生产的组合。产品的定制一直是手工单件生产方式的特色,而大规模生产是福特制生产方式的特征。大规模定制则将这两种看似对立且长期竞争的生产方式综合起来,以大规模生产的价格,实现新产品多样化、个性化的

---

① 参见张良友:《面向二十一世纪的生产模式及其先进生产制造技术》,《机械设计与机械工程》1997年第3期。

定制。

大规模定制,是在企业接到客户的订单后,通过对现有的标准化的零部件和模块进行组合装配,规模化地向顾客提供定制产品。大规模定制还通过向客户提供特殊服务,比如某种特定的形象或者高质量的交货服务,实现产品的差别化。① 大规模定制是温特制在营销环节上的新发展,并在多个产业得到了成功的运用。

实现大规模定制的途径,是建立能配置成多种最终产品和服务的模块化构件。定制产品和服务的模块化有以下形式:(一)共享构建模块化。在这种模式中,同一构件被用于多个产品,通过标准化构件的微小调整就能产生多种变型,从而增加产品系列。在增加品种的同时,利用共享构件模块化,可大大降低成本,加快产品开发速度。(二)互换构件模块化。不同的构件与相同的基本产品加以组合,形成与互换构件同样多的新产品,这是共享构件模块化的补充。有许多企业围绕标准化提供产品定制服务,标准装置是基本产品,定制服务是依附于基本产品的互换构件。互换构件模块化的关键是发现产品和服务中最易定制的部分,并将其分解成能方便无缝地重新整合的构件。构件应有很多品种以适应不同客户的需求,并能为客户提供更高的价值。(三)量裁式模块化。对不同客户进行精确测量,类似量体裁衣,裁剪出符合每个顾客测量值的每一构件,然后将这些构件焊接到一起。量裁式模块化可大量定制适合个性化的产品,顾客不必作出妥协,完全可以为追求舒适而接受个性化的产品。

---

① 参见黄卫平、朱文晖:《温特制:美国新经济与全球产业重组的微观基础》,《美国研究》2004 年第 2 期。

（四）混合模块化。它可以是以上任何一种模块化类型，区别在于，构件混合在一起形成完全不同的产品。如同将特定颜色的油漆混合在一起，最终产品中就再也看不出原来油漆的颜色。（五）总线模块化。采用可以附加大量不同种构件的标准结构，其关键是总线的存在，如汽车生产，基础底盘和配线提供了总线结构，其他的所有构件都可以插进去。（六）可组合模块化。它允许任何数量的不同构件类型按任何方式进行配置，只要每一构件与另一构件以标准接口连接即可，从而为多样化和定制化提供了巨大可能性。①

在大规模定制模式中，技术创新发挥了关键作用。新的产品技术，如可在许多产品中嵌入智能信息的微处理器，增强了产品的适应能力，推进了产品的多样化，缩短了开发周期。新的制造技术的应用，如柔性制造体系、计算机集成制造技术等，使得多品种的生产更加经济。而且在大规模定制中，工艺过程处于先导地位。在福特制的大规模生产中，往往是先开发新产品，然后确定制造工艺，一个工艺过程只对应一个产品。而面对日益多样化的市场环境和客户要求定制多样化产品的需求，就需要针对制作工艺进行过程重组。因而在大规模定制中，通常首先确定工艺过程，它必须对产品变化具有很强的适应能力，从而为个性化产品的生产提供灵活、敏捷而又长期稳定的支持和保障。

五、制定产品标准和游戏规则

在温特制生产方式中，产业价值链的不断分解使市场上出

---

① 参见谢家平：《生产方式变革》，上海财经大学出版社 2007 年版，第192—208 页。

现了许许多多既相对独立、又具有一定比较优势的增值环节,一个企业的竞争能力不可能体现在商品生产的每一个环节上,而是取决于充分发挥和确保自身竞争优势的环节。竞争的重点不是投资,也非降低成本,而是标准的提升和客户群体的锁定。依靠虚拟价值中强大的信息网络,通过控制、传递核心技术标准和商业游戏规则,整合全球资源在不同国家和地区之间的有效配置、构建全球价值链,显得日益重要。①

微软公司和英特尔公司分别控制着计算机内部两个关键的技术,通过强化技术创新能力,维持其在行业中的领先地位。在这种生产方式下,技术代替了专业化的劳动力。温特制企业还在已掌握的核心技术的基础上,通过产品标准不断提升和推陈出新,维持其在本行业中技术标准和游戏规则制定者和垄断者的地位,并应用控制产业标准的战略来影响一个产业的水平分工,控制整个产业的运行,整合全球的资源,确保其利益的实现。

温特制的这一特点通过“微笑曲线”可以更直观地反映出来。所谓“微笑曲线”,是一条描述 PC 各生产工序附加价值的抛物线,最早由 Acer 的施振荣提出,因形似笑口,而被称为“微笑曲线”(见图 1 - 1)。

在微笑曲线中,处在产业链前段从事核心技术研发和核心部件生产的企业,以及处在产业链后段从事品牌创新和营销管理的企业,都能获得很高的利润,而处在产业链中段的劳动密集型制造、装配型企业由于技术含量低,市场竞争激烈,利润空间狭小。微笑曲线揭示了高新技术产业中知识产权、品牌、服务等

---

① 参见张辅群:《福特主义、丰田方式和温特主义之比较研究》,《现代财经》2006 年第 9 期。

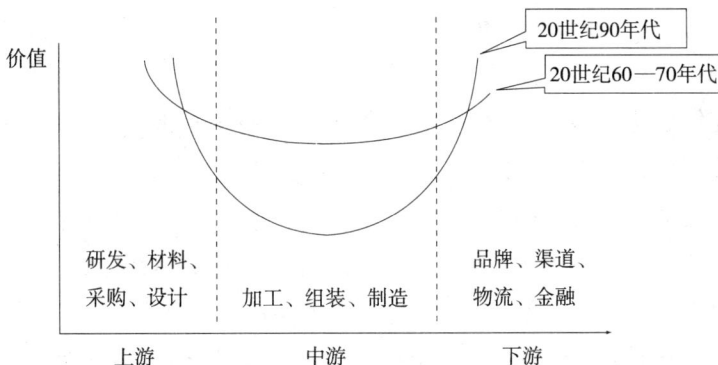

图 1-1　微笑曲线

要素对产品附加值提升的重要作用。

　　在高新技术产业全球价值链分工体系中,美国等少数发达国家的企业正是利用其雄厚的科研力量,将资源集中在开发新产品、控制销售渠道、维护品牌、维持市场标准、资金流动、加强服务市场等最能够创造利润的微笑曲线两端,而把耗费大量自然资源、人力资本、市场风险大、折旧快的生产领域逐渐转移到其他地区,最终获得了最大的利益,成为经济全球化的主导。

　　大多数发展中国家和地区的企业则通过模块生产落实着这些标准,集中在微笑曲线利润最少的中段,并随着技术力量的提高不断向价值链的高端攀升。如中国台湾地区,从 20 世纪 80 年代初期开始为外国公司代工生产(OEM)电脑部件。此后,随着 IT 行业的国际分工逐步深化,台湾企业的温特制代工也沿着产业的价值链逐步上升,并围绕这个价值链建立自己独有的动态优势。20 世纪 90 年代以后,发展为各种整机代工,参与温特制下的国际分工,进入代设计的 ODM 阶段,设计和制造能力提高,接单规模和业务范围扩大。随着 ODM 对外进一步走向全球化,低档部分转移至中国大陆,台湾岛内则对集成电路等上游零部件进行大规模投资。1998 年以后,台湾企业进一步延伸到供应链管理领域。台湾 IT 业的管理水平、技术水平、研发能力逐步提高,形成和发展了自有品牌产品,也打造出一些具有全球影响力的台湾 IT 企业。目前,台湾 IT 行业包含了上中下游厂商群体,他们在持续的制造技术更新、存货管理能力、生产技术的投资和多元化业务结构的建立等方面保持着优势。

有些发达国家也试图争取价值链的高端,但因没有把握好生产方式演进的特征,路径选择不当而难以实现。如日本和韩国都比较注重创造自主品牌,在参与全球 IT 行业的竞争中也全力推广民族品牌。但是,两国的计算机企业没有意识到生产方式的变化。企业内部仍采用垂直一体化的标准模式,不与美国主流的个人电脑平台兼容,始终无法成为国际普遍接受的产业标准。日、韩两国的企业曾经希望通过收购美国公司提高国际竞争力,如日本的公司收购派克拜尔,韩国三星公司收购美国的 AST,借以推广自己的品牌,但收购之后,由于资方未采用温特制的经营管理模式,因袭旧制,未能达到收购目的。不过,韩国的大集团战略使其较容易积累资本与技术优势,在创新方面略领先于中国台湾,例如在液晶面板领域,韩国企业的发展最具代表性,已经从最初的代工发展为拥有自主技术的国际品牌。

第四节　生产方式进步的条件与相对性

一、生产方式进步的条件

生产方式的进步,是一种系统整体演进的过程,是技术发展水平、劳动力素质、管理理念、社会发展阶段以及国内国际政治经济等诸多变量得以恰当结合的产物。根据系统论原理，只有系统内在要素的质量得到提升、要素间形成良好结构并与外部环境形成良性反馈，系统演化的路径正确，才能实现系统整体功能的跃迁。

　　从以上分析可以看出，技术水平与劳动力素质是生产方式系统演化中的核心要素，价值链构造方式则反映了生产系统的内在结构，政治经济形势以及自然资源条件则是系统的外部环境。生产方式的进步，首先表现为科技含量的增加及劳动力知识及技能的提升，其次表现为根据系统要素水平而实施的价值链的构造，再次表现为适应市场环境和自然资源条件的恰当应对（见表1-1）。

表1-1　各种生产方式的条件、动力及特征

	福特制	丰田制	温特制
主导技术及特征	机械化、标准化、流水线。最大限度地以机器取代人的劳动，技术硬件密集型。生产过程建立在设备基础上，技术水平提升慢。	自动化、信息化，软件主导型。技术水平通过内部机制提升较快。	信息技术，最前端的科学技术；强调自主创新能力。 　　新技术包括了硬件和软件要素；技术要素可通过知识产权和人才的购买实现快速漂移。
劳动力	劳动力素质低，工人是机器的延伸，是机器系统的组成部分，没有自主性和决定权。通过简单培训即可胜任岗位需要，劳动力密集型。工人之间表现为机械性的依赖，但社会关系相对独立。	工人的社交和沟通能力显得很重要，社会系统是提高生产率的关键。工人通过培训掌握多种技能。人是机器的连接者，通过监督和维修来弥补机器的缺陷。	受过高等训练的高智力、高技术专家和人才。突出人的主体性，人是产品的设计者，标准和规则的制定者。技术密集型。技术代替专业化的劳动力；更加依赖社会系统的潜在效益。

	福特制	丰田制	温特制
生产工序和价值链结构	价值增值过程,更多体现在由物品构成的实物价值链上。企业对整个实物价值链控制范围,囊括了从原料采购、产品设计、零部件和组装件生产制造、产成品组装,直至最终产品销售以及贯穿始终的物流、资金与信息传递的所有相关战略性活动。企业与企业之间的竞争优势,通过使成本比对手更廉价和更有效地开展这些重要的战略活动来赢得。	注重由信息构成的虚拟价值链。不追求大而全的价值链整体控制,而是在价值链中保留自己具备竞争优势的环节,把生产制造过程中的一些模块外包,在特定区域内建立自己的合作伙伴,构建自己的零部件与原材料供应体系,并保持在整个产业价值链中的主导地位,从而在产品生产的社会化、产业化过程中获取最大的利益。	全球价值链,即由产业金字塔顶端企业掌控整个产业价值链的价值节点,如核心技术标准和商业游戏规则,多个企业参与竞争与分工,将价值链各个价值环节配置在不同地理空间。各个企业在全球价值链节点中专攻某个领域,其业务范围极为单一和专业化。
产品特性	单一,更新周期长;生产主导型。通过营销大众消费文化,以及广告、分期付款、人为废弃策略扩张消费市场。	多样,更新周期短,客户主导型,积极迎合差异性需求,对消费需求反应快。	丰富多样,更新极快,紧密联系市场,以大规模定制直接面对客户,满足顾客快速改变和个性化的需求。
与自然资源的关系	对自然资源的依赖程度高,以获取廉价原料、能源为条件,以无限制地利用大自然作为生产和再生产"免费生产力"为前提假设。粗放式发展。	通过杜绝浪费和部分生产环节外包,减低对自然资源的依赖性。集约式发展。	对自然资源依赖程度较低,占据价值链的高端(研发、设计与售后服务),可完全实现生态化。

	福特制	丰田制	温特制
产业系统的要素、结构及实现功能跃迁的途径	主要通过机械论的方式对系统进行分解、组合，形成要素间层次和结构，并通过规模的线性扩张，提高效率、降低成本。与外部环境形成相对单一的刚性联系，容易因外部环境如国内外政治经济形势变化而发生振荡。企业间为点状布局。	以有机论的方式建立系统，注重系统各要素质量的提升，特别是人的技能的提升。通过对层次结构的优化，消除与功能无关的环节，从而降低成本，提高效率，强化竞争力。企业间为线状布局。	系统结构更加复杂、多样、合理；系统要素质量高，信息成为连接要素的主要纽带。与系统外部环境联系密切，有更多的信息交换。通过系统要素的有机结合以及与环境的良性互动，形成循环和超循环，使功能不断提升。通过国际协约和经济联盟巩固其稳定性。企业间为网络布局。

二、生产方式进步的相对性

这里需要指出的是，生产方式的进步是一种符合自组织演化规律的过程，因此，演化的路径选择对其有着极为重要的影响。具体来说，生产方式的进步具有相对性，对于不同的产业以及同一产业内部不同的部门而言，由于科技能力、人力素质、社会经济发展水平以及资源环境存在着差异性，如果超越现实情况，一味追求先进的生产方式，也可能导致效益的下降。深圳W电脑有限公司就是典型的一例。

W公司是位于深圳市宝安区龙华镇的一家台资企业，主要生产电脑机箱，产品全部出口美、日、欧等国，年产值20—30亿元人民币，年赢利1亿元。该企业是耗能大户，固体废物年积累约1吨，废水排放量12—13吨/天。主要的耗能点集中在公司使用的冲压机上。虽然公司投资50万元，采取了一些节能、回收废水等措施，但收效甚微。为进一步节能降耗，公司改变了工艺环节,将冲压机"连冲"生产线改为"单冲"半自动机器作业,通过增加工人人数,用手工劳动代替机器操作,使企业能耗下降,全年节约资金 200 多万元。生产方式退步了,却达到了节能增效的目的。当然,应该看到,W 公司将全自动生产线改为半自动作业,用人工替代机器,其实质是将环境保护成本转移到廉价的劳动力成本上,并导致职工素质与人才结构的下降。而且这种半自动"单冲"机器生产流程并不符合 3R 原则,环境保护压力仍然很大,一旦劳动力成本提高,企业仍然要面临提高经济效益与环保达标的两难境地。显然,这一举措并不是企业发展的长远之策,只能是现有条件下的权宜之计。

生产方式并不存在绝对的先进与落后。有时会在某一区域出现几种生产方式并存的局面。对于某些产业来说,原初形态的手工生产方式依然有效,比如服装制造、饮食服务等行业,目前还无法以机械的、自动化的作业来完全替代;对于追求独创性的艺术品、工艺品制作,手工生产甚至是需要坚守而不容摒弃的方式。因此,一方面,要高瞻远瞩,紧紧跟踪当今先进的生产方式,在条件具备的情况下,部分产业和部门要力争走到产业价值链的前端,占据产业发展的战略高地;另一方面,生产方式的选择也应因地制宜、因行业制宜、因技术水平和劳动力素质制宜,不要盲目追求形式的更新和功能的突变。整体的渐进发展与局部的快速超越相结合,应作为全球生产方式演化下的产业发展战略选择。①

总之,科学分析生产方式的演变,对实施追赶型战略的发展

---

① 参见王蒲生、杨君游、李平、张宇:《产业哲学视野中全球生产方式的演化及其特征》,《科学技术与辩证法》2008 年第 3 期。

中国家至关重要。如何确定各产业在全球价值网络分工体系中所处的位置,从而寻求自身的比较竞争优势,改进对产业价值链的治理方式,集中资源强化核心业务,实现由追赶型战略向赶超型战略的转变等,都是各个国家和地区未来发展以及区域产业结构调整转型中需要解决的关键问题。

第 二 章

全球产业转型的总体趋势

产业转型就是在一个国家或地区的国民经济主要构成中,产业结构和生产方式等发生显著变动的过程。[1] 随着全球化进程的加快和知识经济时代的到来,国际产业结构调整和转型也随之加速,表现出全球化、知识化、服务化和生态化的总体特征与趋势。

第一节 全球化

一、产业全球化的缘起与发展

从广义来讲,全球化这个术语是用来描述人类活动跨越民族和国家的界限,实现相互融合的趋势。这种融合趋势体现在政治、经济、社会、文化等多方面。因此,全球化不仅包含经济全球化,还有政治全球化、文化全球化、金融全球化以及科技全球化。然而,全球化的程度在不同层面上大不相同,政治全球化、

---

[1] 参见邓伟根等编著:《产业转型:经验、问题与策略》,经济管理出版社2006年版,第1—9页。

文化全球化的进程尚处萌芽时期,而金融全球化、科技全球化实质上只是经济全球化的组成部分;目前真正展开的,只是经济领域的全球化。①

经济全球化是指人类在经济上的相互依存度不断提升的进程。具体表现在,随着分工的深化和市场的扩大,商品、服务以及资本、劳动和技术等生产要素的跨国流动的规模加大,速度加快,世界各国经济的相互依赖性大大增强。从根本上来看,经济全球化是适应生产方式的转变,按照市场经济的要求,保证生产要素在全球范围内自由流动和合理配置的历史过程,是一场以发达国家为主导,以跨国公司为主要动力的世界范围内的产业体系的调整、重构和转型的过程。

在 21 世纪,经济全球化与区域经济一体化并驾齐驱,成为当代世界经济发展最根本的特征。首先,以跨国公司为主导的经济全球化日益深入和广泛,其进程和影响已超越经济范围,涉及世界各国社会及文化生活的各个领域;其次,以欧洲统一大市场为先导,以北美自由贸易区(NAFTA)②和亚太经合组织(APEC)为两翼,以东盟自由贸易区、西非共同体等中小区域集团为后续,区域经济一体化表现出了强劲的发展势头;再次,以世界贸易组织(WTO)取代关贸总协定(GATT)为标志,世界多

---

① 参见张宇燕等:《全球化与中国发展》,社会科学文献出版社 2007 年版,第 55 页。

② 注:北美自由贸易区由美国、加拿大和墨西哥 3 国组成。上述 3 个国家于 1992 年 8 月 12 日就《北美自由贸易协定》达成一致意见,并于同年 12 月 17 日由 3 国领导人分别在各自国家正式签署。1994 年 1 月 1 日,协定正式生效,北美自由贸易区宣告成立。协定的宗旨是,取消贸易壁垒;创造公平的条件,增加投资机会;保护知识产权;建立执行协定和解决贸易争端的有效机制,促进三边和多边合作。

边贸易体制得到空前的加强和完善。

　　产业全球化是经济全球化的重要内容,或者说是其核心组成部分。产业全球化是指产业组织在全球范围内的扩张和活动,产业结构在全球范围内的演变和升级。

　　产业全球化发端于 20 世纪 70 年代。当时由于各国设制进口障碍,如技术标准和限制进口协定等,生产的国际化成为规避贸易障碍的重要手段。到了 80 年代,产业全球化的步伐开始加快,一些大型跨国公司实施全球化战略,在境外设厂和分散生产,通过产业价值链在国与国之间的分段设置和有效组合,改变了以往盛行的国与国之间的整体产业分工或转移关系,这是产业全球化的雏形。进入 21 世纪,产业全球化的趋势更加显著。从覆盖地域来看,产业全球化早期多限于发达国家,近 10 年来转而向发展中国家扩散。

　　产业全球化的基本特征是,产业活动日益跨越国界,产业内部分工更趋精细,中间品贸易不断增加,跨国公司海外各分(子)公司之间的交易迅速扩张。在特定部门或特定产业层次上,全球化反映出该生产部门所属企业在一国与该企业在另一国的状况之间的关联程度。从产业竞争力来看,全球性产业是指竞争者在主要地区或国家性市场的战略地位,从根本上受到其在全球的总体地位的影响,因而要求企业在世界范围内协调一致的基础上进行竞争或面对战略劣势。从经营模式上来看,全球化产业通常是由一体化经营的跨国公司为主体形成的,而且国际直接投资对产业全球化具有关键的影响力。①

----

　　①　参见金芳:《产业全球化及其对中国产业发展的影响》,《世界经济研究》2004 年第 9 期。

当前,产业全球化已不是一种理论层面上的定性表述,而是可以通过一系列指标予以测度的实证性概念。这些实证性指标包括:该产业跨国界贸易额在世界总产值中所占的比重,该产业跨国界投资额在该产业实现的投资总额中所占的比重,在各大市场上一些竞争企业所实现的该部门的营业份额,国外雇员占该企业总雇员人数的比例等。这也意味着,产业全球化已成为毋庸置疑的现实存在。

据世界银行、联合国的相关数据统计,按产业规模占世界GDP总量的比重看,目前约25%的产业已经是成熟的全球化产业,15%的产业则是加速全球化的产业,而其余约50%的产业仍处在全球化前期,为当地化产业(见表2-1)。①

表 2-1　不同产业参与全球化的程度

	成熟全球化产业	加速全球化产业	当地化产业
类别A	初级产品:石油业、矿砂、锡业(20000 亿美元)	劳动密集型或生产率驱动的消费品:消费电器、个人电脑、照相机、汽车、电视(9000 亿美元)	难以在全球应用的品牌、受管制的大型消费品和服务:食品、个人金融服务、电视制作、零售分销渠道(63000 亿美元)
类别B	规模驱动的商品和服务:航空引擎、建筑设备、半导体、AIRFRAM、货运、机械工具(10000 亿美元)	品牌型消费品:软饮料、鞋、奢侈品、药品、电影制作(5000 亿美元)	地方性消费品和服务:建筑材料、房地产、墓地、教育、家政服务业、医疗设施(64000 亿美元)

---

① 参见 Neil Hood and Ewen Peters: Globalization, corporate Strategies and Business service. in Neil Hood and Stephen Young, ed. 2003, The Globalization of Multinational Enterprise Activity and Economic Development, Macmillan Press Ltd. pp. 81-105.

续表

	成熟全球化产业	加速全球化产业	当地化产业
类别 C	制造品：精炼石油产品、铝制品、特种钢、BULK 制药、泵管、特种化工制品（28000 亿美元）	专业商业性服务：投资银行、法律服务、审计服务、咨询服务（25000 亿美元）	
比重	25%	15%	50%

注：括号内数字表示全球市场规模（销售额）。

由于全球化背景下的产业关联形态改变了国际分工的传统样式，令传统的产业发展与竞争模式遭遇巨大挑战，因而成为各国各地产业发展中高度关注并积极应对的焦点。

二、产业内全球化分工的基本特征

产业全球化的本质是产业内全球性分工的发展及其特征。产业的全球性分工不仅体现为产业国外比重的提高，更重要的是产业内部分工的全球化广度和深度，它主要表现为五个维度上的变化：

（一）产业分工范围明显扩大。以往盛行的一国内部的整体产业分工或转移关系，逐渐被产业价值链在国与国之间的分段设置和有效组合所取代，演变成为形式多样、范围广阔的世界性产业分工。产业布局与分工的空间范围明显扩张，地理要素的阻隔作用减弱，产业发展的区位因素被赋予新的内涵，主权国家的产业体系不断裂变、重构而形成全球性的产业网络。产品的国家特征变得越来越模糊不清，一个产品可以确切说出其品牌，却很难明确说出其产业，因而"民族工业"的概念面临着被重新界定，需要在作为传统分析单位的国家尺度之上寻找新的理解与分析方法。[1]

（二）产业分工内容更加精细。产业分工从以传统生产要素为基础的分工，逐步发展成为以现代工艺、技术为基础的分工；国际产业分工从产业各部门间的分工，发展到各个产业部门内部生产不同产品的企业之间的分工，再由企业之间不同产品的分工，发展到企业之间在生产环节上的分工。

（三）产业分工形成机制发生变化。国际分工的动力不再仅限于自然要素的禀赋差异，也不再由市场自组织方式来形成，而转向由跨国公司、企业联盟或地区产业集团成员内部组织形成分工，出现了产业协议在国际范围内、跨国公司之间的分工。

（四）水平性分工成为微观层面产业分工的主要形式。水平性分工的内容为产品型号的分工、产品零部件的分工和产品工艺流程的分工，并形成了世界性的产业分工网络，特定国家或地区专业化于某个生产阶段，而非整个产业或部门。在制造专业化和零部件标准化的基础上，一个产业内部可通过海外设厂和分包合同，将研究与开发、制造、服务分离开来，从最初的零部件到整个产品的制造甚至产品设计交由分包商完成。因此，每一生产环节都已成为世界生产体系的一部分，成为商品价值链中的一个环节。[2]

（五）产业分工在宏观层面表现出垂直结构特征。垂直分工主要表现为生产过程和生产工艺的分工。它由企业内部扩大

---

[1]　参见［英］彼得·迪肯:《全球性转变——重塑 21 世纪的全球经济地图》,商务印书馆 2007 年版,第 9—19 页。

[2]　参见王述英、姜琰:《论产业全球化和我国产业走向全球化的政策选择》,《世界经济与政治》2001 年第 10 期。

到企业之间,由同一地域的企业之间扩大到不同地域的企业之间,由一个国家或地区的内部扩大到国家之间。在产业分工的垂直结构体系中,发达国家凭借其经济实力和技术优势,在产业链分段设置的状况下,占据标准制定和售后服务等高附加值的产业链的两端,而通过将低附加值的劳动密集型产业转移到发展中国家,使其生产要素达到更大范围、更高层次的合理配置。①

三、贸易与金融产业的全球化

20 世纪 90 年代以来,随着产业全球化进程的加快,西方国家的大银行掀起了大规模的合并、收购活动,以扩大规模,适应当今世界产业与贸易迅速扩展的需要。新兴资本市场迅猛发展,使国际资本市场规模进一步扩大,推动了国际资本流动的加速运转。区域性的金融产业出现了一体化趋势。

与此同时,贸易全球化向纵深发展。国际贸易本是世界经济中一个古老现象,但却历久弥新,生机勃勃,在近现代有力地促进了产业全球化;产业全球化反过来又带动了贸易全球化,使国际货物贸易品种更加丰富多彩,高技术在国际贸易中得以广泛应用,服务性贸易迅速扩展,国际贸易增长率大大高于世界经济增长率。

产业全球化还促进了世界贸易组织的建立和多边贸易体制的确立。自 1994 年成立至 2007 年 1 月,WTO 已拥有 150 个成员国。早在 20 世纪 60 年代,就开始出现区域性自由贸易区,自

---

① 参见王蒲生、杨君游、李平、张宇:《产业哲学视野中全球生产方式的演化及其特征》,《科学技术与辩证法》2008 年第 3 期。

20世纪90年代开始,区域自由贸易区数量剧增,由50个上升至230个(见图2-1)。①

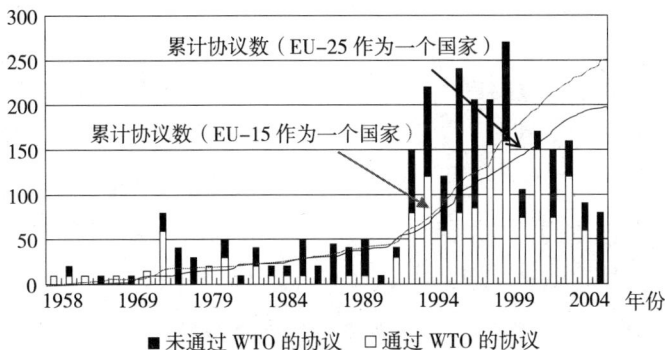

图2-1　区域自由贸易的增长图

四、跨国公司与国际直接投资

跨国公司(TNC)是以世界为对象进行经营活动的企业,它能够对一个以上国家的经营活动进行协调和控制,实质上就是全球化企业、多国籍企业。跨国公司已成为当今全球产业的主要塑造者。

早在19世纪初期,已经走上工业化道路的英国等欧洲国家就已经出现了跨越国界的公司,在海外开办子公司并进行本地化生产。到19世纪末,各个主要工业化国家的生产越来越集中在若干大托拉斯和企业集团手中,它们从事海外经营活动,并与外国竞争对手争夺世界市场。但是直到20世纪60年代,这些公司的跨国活动主要是掠夺原材料和开辟国际市场,基本上没

---

① 参见王慧炯、李善同:《21世纪全球产业结构演变的展望》,《技术经济与管理研究》2007年第3期。

有开展跨国生产。①

20世纪60年代后,西方发达国家经历了战后恢复和经济增长的黄金时期,跨国公司在世界经济的扩张中不断扩大自己的经营范围和活动空间,开始成为集生产、贸易、投资、金融、研发和服务于一体的庞大经济体。到了20世纪90年代,跨国公司实施全球化战略,以跨国方式在全球范围内对产业进行重组,通过跨国生产和经营活动将世界经济拢为一个整体,成为产业全球化的主要推动力和载体。与此同时,跨国公司的数量也在快速增长。据联合国统计,全世界跨国公司在1970年约为7000个,到2000年时则增加到5万多个,其子公司或系列公司更是达到28万个,其中前200个大企业占世界GNP的1/4。

产业全球化趋势,使跨国投资活动空前活跃,产业对外直接投资(FDI)快速增长。② 跨国公司除投资于原材料及制造业外,近年来也更多地投资于烟草、化工、运输设备、媒体、钢材、造纸、木材、纺织与皮草等行业。由于国际信贷资金流动量增长加快,产业投资自由化成为各国产业直接投资政策的目标,产业直接投资规范安排提上日程。根据联合国贸发组织对2005年全球投资政策变动所作的统计,共有93个国家作了205项政策调整,其中164项更有利于促进产业对外直接投资,而仅有41项不利于产业对外直接投资。

跨国公司依靠其雄厚的资金、先进的技术和管理优势,在实

---

① 参见张宇燕等:《全球化与中国发展》,社会科学文献出版社2007年版,第174页。

② 注:对外直接投资(FDI),也称国际直接投资,是指一国的投资者将资本用于他国的生产或经营,并掌握一定经营控制权的投资行为。

行跨国、跨地区、跨行业的投资、生产和经营的同时,还进行大规模的兼并和收购。2005 年,全球跨国并购的数值达 7160 亿美元(增长 88%),交易量为 6134 件(增长 20%),其中第一产业(矿产)占 15%,制造业占 20%,服务业占 64%。这一切有利于扩大规模经济,推动全球资源的优化配置,使世界产业日益紧密地联系在一起。[①]

五、产业全球化带来的机遇与挑战

产业全球化优化了全球资源配置,实现了经济要素的充分流动,促进了全球经济的发展,改变了世界生产和国际产业分工的格局,进步是非常明显的。就产业发展的主导权和控制权而言,一方面,发达国家由于拥有技术和研发优势,自然会从产业的全球化过程中获得更多更大利益;但另一方面,发达国家的高昂劳动成本又可能对其优势造成侵蚀和消解,导致其高价工作向发展中国家转移。比如美国西雅图的高端软件制造业,依赖在印度的基地完成低端标准化程序工作。[②] 因此,产业优势地位的奠定,来自对全球资源的整合以及全球空间的合理布局。跨国公司在技术落后国家或地区的聚集,成为促进这些国家或地区产业发展的重要驱动力,带动其经济的整体提升。正是认识到产业全球化带来的机遇,越来越多的国家和地区开始以不同的方式结成各种区域集团和企业联盟,推进广泛的国际经济

---

① 王慧炯、李善同:《21 世纪全球产业结构演变的展望》,《技术经济与管理研究》2007 年第 3 期。

② 参见金芳:《产业全球化及其对中国产业发展的影响》,《世界经济研究》2004 年第 9 期。

合作,争取在产业全球化过程中获得更大利益。

　　然而,产业全球化对各参与方的影响是非中性的。产业全球化在促进全球经济加速发展的同时,也加剧了产业(企业)及地区发展的失衡;产业全球化所建立起来的国际分工新体系并非必定合理。由于全球化的"游戏规则"均为发达国家所制定,在这种不对称的规则下,各国获利的多寡并不对等,发达国家从这种全球产业模式中赚取最大的利益,并固化其优势地位,而将成本尽量地分散到其他经济主体的头上。国际研究机构的数据表明,发达国家依靠出卖专利和技术标准,即可赚取整个产业70%以上的利润;新兴工业化国家在高技术产业链中,包揽中间制造环节,仅能赚取20%左右的利润;而发展中国家处在高技术产业链的下游,承担初级部件的生产或最后的加工装配,赚取的利润只有6%左右。更有甚者,发达国家由于在全球生产和贸易中拥有垄断地位,使得缺乏跨国公司的发展中国家只能扮演附属性角色,丧失自身的经济自主权而成为新的殖民地。

　　可见,产业全球化对落后国家和地区来说,即是机遇,也是挑战。一个国家、一个地区或一个城市的产业政策和产业转型,只有把握产业全球化的脉搏,才有可能真正分享到产业全球化的利益。

第二节　知识化

　　近代以降,知识的目的不再局限于探索自然界的一般规律,也不再是满足于个人兴趣爱好的雅致活动,而是扩展到经济活动中,用以生产更好的产品,开发更好的生产工具和生产工艺,并成为当今产业发展的内在逻辑。

一、知识经济强势兴起

知识对于经济的重大推动,是从 18 世纪后半叶的工业革命开始的。在此之前,以土地为基础的农业经济占据着统治地位,知识对于产业和国家经济的影响微乎其微。18 世纪 70 年代前后,由蒸汽机、纺织机、滑动刀架机床和钢铁冶炼技术的发明、使用和革新,引发了第一次工业革命。19 世纪 40 年代到 90 年代,以铁路技术为中心的运输革命和以机器改进为中心的制造业革命,带来了产业的再次变革。19 世纪 90 年代到 20 世纪 50 年代,产生了以电气技术为中心的电力革命。这几次前后相继的技术变革,奠定了以机器或金融为基础的工业或制造业经济①,并使英国成为世界上最强大和最富裕的国家,紧随其后的欧洲、美国和日本也很快完成工业化而成为经济强国。

到了 20 世纪 60 年代,全球产业又开始了新一轮的变化,那就以信息通讯技术为中心的产业革命。20 世纪下半叶,高科技特别是信息技术的迅速发展,使得传统的经济形态发生变化,发展的重点由过去以生产和销售为主的经济形态,转变至以知识为基础的经济形态。这里所说的"知识",不同于传统的知识概念,不是指普通的生活常识、一般性的信息和数据,而是指那些使创新和提高生产水平成为可能的经验和技能。所谓的"知识经济",就是直接建立在知识与信息的开发、扩散和应用之上的经济;知识密集型产业在社会中的地位和作用日益突出,知识作

---

① 参见冯之浚:《知识经济与中国发展》,中共中央党校出版社 1998 年版,第 3 页。

为投入要素的重要性与日俱增,创造知识和应用知识的能力与效率,凌驾于土地、资金、劳动力等传统的生产要素之上,成为支持经济不断发展的日益强劲的内在动力。

在传统工业经济中,劳动力、资本、土地是生产的三大要素,有形物品占有重要地位。但在知识经济中,有形物品的比例不断减少,无形的投入如设计、技术、管理、商标、专利等开始决定大局,知识成为创造财富的主要因素。劳动力和资本受边际效益递减规律的影响,而知识使用得越多,其价值就增加得越多,因此是边际效益递增的关系,知识可以无限地增加财富。

由于知识经济的强势兴起,原有的产业类型也产生了新的分野。在原来的农业、工业、服务业之后,形成了新的产业形态,即知识产业、智力产业或"头脑产业"(brain-powerindustries),也被称做第四产业。还有人形象地将知识产业表达为 3D 产业,即数字化(Digital)、脱氧核糖核酸(DNA)、设计(Design)。① 总之,知识产业由知识、智力和信息密集型产业构成,包括高新技术产业、信息情报产业、文化教育产业、传播娱乐产业、智能智慧产业、规划咨询策划产业和思想设计产业等若干产业群体。

在知识产业的发展过程中,信息和通讯技术处于中心地位。20 世纪 60 年代以后,通信技术特别是计算机发展日新月异,极大地推动了信息技术的发展,在知识经济的形成和发展中功不可没。现代通信技术的宽带化、智能化、个人化和多媒体化的综合业务数字功能,为人们迅速传递、交换及生产信息提供了方便,使知识可以瞬时在全球传播,为大规模生产知识和共享知识

---

① 参见[韩]宋丙洛:《全球化和知识化时代的经济学》,商务印书馆 2003 年版,第 91—101 页。

奠定了基础,并使知识垄断、封锁与造伪更加困难。信息技术有利于知识快速、大规模地存取、选择和应用,有助于人们通过网络学习和掌握最新最好的知识,有助于提高企业和区域的创新能力。

二、高新技术产业日益强盛

产业知识化过程中催生出的产业业态之一,就是高新技术产业。高新技术产业通常是指那些以当代高新技术为基础,从事一种或多种高新技术及其产品的研究、开发、生产和技术服务的企业集合。高新技术产业是知识密集、技术密集的经济实体,表现为研究与开发强度大,研发人员占员工总人数的比重高,产品的主导技术属于所确定的高技术领域并拥有前沿的技术工艺或技术突破。综合各国和地区的分类,通常将航空航天制造业、电子与通讯设备制造业、计算机与办公设备制造业、医药品和医疗设备制造业确定为高新技术产业。

高新技术产业具有以下特征:(一)高创新性。即以创新为基础,有较高的研究与开发的强度;(二)高智力性。属智力密集型产业,研发人员和专业技术人才占有很高的比重;(三)高投入性。为聚集高端专业人才和购置高精尖设备进行大量资金投入;(四)高竞争性。涉及人才、资金、管理、信息和市场的全面竞争,并超越企业层面而上升到国家之间的竞争;(五)高风险性。一方面,技术开发往往涉及多个技术前沿领域,预期结果有很大的不确定性而存在很大的技术风险;另一方面,产品的开发周期较长而产品的生命周期较短,因而存在极大的市场风险;(六)高成长性。产品在一段时间具有较强的市场垄断能力,从而得到更高的回报率;(七)高渗透性。创新技术不仅

可在高新技术领域横向流动,还可融合渗透到传统产业部门;
(八)高聚集性。由于创新需要资源之间的紧密联系,而表现
出地理上的聚集性;(九)高效益性。一旦成功则会取得较高
的经济效益和社会效益;(十)高战略性。由于对产业格局的
重大影响力,高新技术产业通常被纳入各国和各地区的重大
发展战略。①

　　在高新技术产业发展中,科技创新是根本动力。科技创新
是指科技知识的创新、技术条件的创新、人力素质和劳动技能的
创新,以及在此基础上产生的通过新思路、新知识、新技术的产
业化、市场化等手段创造的经济价值和社会价值的一系列活动
的总和。② 科技创新活动划分为两种基本类型:自主型创新和
依附型创新。自主型创新是指依靠自身力量,独立进行研究与
开发,形成有价值的研发成果,并在此基础上完成创新成果商品
化的创新活动;依附型创新则是指通过学习并依附于率先创新
者的创新构想和创新行为,吸收成功的经验和失败的教训,引进
科学技术,在此基础上进行完善,进一步开发并形成有竞争力的
产品,获得经济价值的活动。③ 总体而言,自主型创新风险较
大,但在产品投放初期可获得超额垄断利润,并使创新主体在激
烈的市场竞争中占据有利地位;依附型创新风险相对较小,但很
难获得高额利润,虽然能够开辟一定的市场,但通常是在充分利

---

① 参见史忠良:《产业经济学》,经济管理出版社 2005 年版,第 208—210
页。
② 参见 Dr Matias Ramirez & Dr Peter Dickenson, Knowledge Workers and
Knowledge Flows in China's ICT sector, p. 12.
③ 参见 Sunit Mani and Henny Romijn, Innovation, Learning, and
Technological Dynamism of Developing Countries(2004), pp. 3 -4.

用自主创新者所开辟的市场的基础上进行的。[①]

鉴于高新技术产业的重要性,当今世界很多国家投入了大量经费,用于科技研究和开发,并出台了一系列促进其发展的产业政策。高新技术产业已成为各国必争的战略制高点。

三、文化产业方兴未艾

文化产业是为满足人们娱乐、休闲、健身、求知、审美、交际等精神需求和智力需求而生产特殊产品,或提供场地、环境、服务或组织活动,进而获取利润的各种行为的总称。文化产业可分为文化服务业和相关文化服务业两类。文化服务业主要包括动漫游戏、印刷出版、广播电影电视、会议及展览服务、文化旅游休闲娱乐、文化艺术服务、文化保护和文化设施服务等行业。相关文化服务业主要包括文化用品、设备及相关文化产品的生产业。

在文化产业的主体或核心产业中,与文化商品的开发、制作、生产、流通、消费等相关的服务业是游戏、动画、音乐、卡通、电影、广播电视等行业。其特点是:第一,精神性——居于人类的创意与知识相结合的领域;第二,数字化——基于数码技术发展与媒体相结合的扩大再生产;第三,高价值——属于能够创造高附加值的服务行业的核心领域;第四,高增长——具备高速增长的潜力;第五,环保性——是与环境具有亲和力的未来型产业。

在全球生产方式日益演变的大趋势下,特别是由于高科技

---

① 参见杨校美:《科技进步是转变经济增长方式的关键》,《统计与咨询》2007 年第 1 期。

对传统文化的支配和渗透,原有文化的要素、结构与特征亦发生巨大的变化,文化产业因而也面临升级的需求。可以说,文化产业是高新技术与文化紧密结合的产物,体现了文化、科技与经济互相渗透的趋势。自20世纪以来,印刷复制、录音录像、电子排版、网络传输、数字化等技术在文化领域的广泛应用,使文化艺术品可以批量生产。尤其是作为第四媒体的互联网,催生了网上电影、网上出版、网上论坛等一系列新的文化形态。在知识经济时代,文化产业的迅速发展,促进了知识的传播和普及,从而成为知识经济时代的先导性产业,成为为当今社会提供知识、教育、审美和休闲娱乐的重要载体。

当前,以信息数字化技术为依托、以知识性内容为主的"内容产业",已在发达国家发展成为文化产业的新形式和支柱行业。信息产业和文化产业相互融合、迅速扩大,孕育出具有高科技与文化复合特征的"数字文化产业",以及从文化方面向其他产业提供高附加值的"创意产业"等。数字化、网络化已成为文化产业的主导,由信息产业和文化产业结合而成的多媒体产业、核心版权产业等,在发达国家文化产业结构中居于核心地位。美国、欧洲和日、韩诸国充分利用其丰富的知识资源,从物质制造转向文化创作,着力于非物质化的创意经济、版权经济的核心竞争力的培育,正在加速完成知识服务业的产业升级与转型。

在当今世界多极化、经济全球化、科技社会化的大背景下,文化及其在经济和社会发展中的特殊作用日益彰显;人们在探讨重大经济、政治和社会问题时,无不论及文化的因素;文化实力已经成为综合国力的主要内容;文化发展已经成为当今世界的新型战略课题,现代文化产业作为生机勃勃的朝阳产业亦备受重视,许多发达国家的文化产业已经成为国民经济的支柱。

应当看到,随着全球化步伐加快,国际文化交流与合作更加活跃,国际间不同文化的相互碰撞、渗透和交融更趋激烈,西方发达国家力图凭借其经济实力和文化传播优势,占领发展中国家的文化市场,大量精神文化产品承载的政治理念、价值观念,也对发展中国家的本土文化造成侵蚀和冲击。在这种态势下,如何保护文化的多样性成为一个新的挑战。

四、知识产业推动传统产业的变革与重构

知识产业异军突起,使传统产业得以改造、提升,产业结构趋于高级化。评判产业高级化的标准,不再是产品的产量和产值,而是产品中的科技含量和知识含量。知识产业弥补了传统产业原材料和能源消耗大、产业投入效益低、环境污染严重等缺陷。许多传统产业吸纳了高新技术和先进管理思想后,生产效率和产业效益锐增,在结构和功能上发生了不同程度的质变。知识化产业的出现,还衍生出一批新兴产业,尤其是一批高新技术产业,替代和淘汰了部分传统产业,以一种新的面貌来完成部分原有产业的社会经济职能。

知识化的产业转型,改变了现有产业的整体构成。尽管在传统产业中的工业比以往任何时期都要发达,但它在整个国民经济中所占的比例却相对降低了,而知识产业的主导作用则日益凸显。在经济合作与发展组织国家中,知识产业所创造的价值已占其国内生产总值的一半以上。

知识产业通过推动产品结构的重构,实现产业组织结构的重构。知识含量高的产业日益增多,知识产品也越来越成为市场化的商品。专利、品牌和知识产权成为竞争中的要津。知识可以低成本地多重复制,从而加速诸多产业的技术扩散,缩短相

关产品的生命周期,也使企业的生产营销结构变化加快,促使企业不得不加快外部调整,如缩小规模、重组经营、分散化管理等,以适应迅速变化的经济环境。

知识产业中知识技术密集程度的日益提高,加大了对高科技、高智力、高技能人才的需要和依赖。培育高技术人才是知识产业得以形成并持续发展的根本,同时,产业的知识化又驱动科技教育与人才培养,形成良性的正反馈机制,相互促进,彼此增益。

第三节　服务化

产业发展的服务化并非新生事物,而是产业演进过程中遵循的一条经验性规律。只是到了近半个多世纪,特别是20世纪70年代之后,随着生产方式的变化,信息通讯技术的快速发展,以及经济全球化进程的加快,产业服务化趋势更加明显,服务业在济活动中逐步取得主导地位,并出现了与制造业关系密切的生产性服务业,以及贯穿于金融、商务、教育等领域的现代服务业。

一、产业演化的经验性规律

早在16世纪,英国古典政治经济学创始人威廉·配第(William Petty)就注意到不同产业之间的收入具有明显的差异性。他发现工业的收益远高于农业,而商业的收益又远高于工业。在配第的上述发现的基础上,英国经济学家科林·克拉克(C. G. Clark,1940)对40多个国家不同时期的三次产业的比例和结构进行了研究。所谓三次产业,是费希尔根据人类经济活动发展的三个阶段,于 1935 年提出了三次产业的分类方法:第一产业是和人类初级生产阶段相对应的农业和畜牧业;第二产业是与工业的大规模发展阶段相对应的、以对原材料加工并提供物质资料为特征的制造业;第三产业就是以非物质产品生产为主要特征的包括商业在内的服务业。[1] 克拉克通过对劳动投入和总产出资料的整理与比较,提出了所谓的"克拉克法则":随着时间的推移、经济的发展和人均国民收入水平的提高,劳动力首先由第一产业向第二产业移动;人均国民收入水平进一步提高,劳动力便向第三产业移动;劳动力在产业之间的分布呈现出第一产业减少,第二、第三产业渐次增加的状况。这种趋势不仅可以从一个国家经济发展的时间序列分析中得到印证,还可以从处在不同发展水平上的国家在同一时点的横断面比较中得到类似的印证。人均国民收入水平越高的国家,农业劳动力在全部劳动力中所占的比重相对越小,而第二、第三产业的劳动力所占的比重相对就越大。反之,人均国民收入水平越低的国家,农业劳动力在全部劳动力中所占的比重相对越大,而第二、第三产业的劳动力所占的比重相对越小。克拉克认为,产业之间的相对收入差异是劳动力从第一产业向第二产业和第三产业转移的根本原因,人们总是从低收入的产业向高收入的产业移动。后人将配第的发现和克拉克的结论合称为配第——克拉克定律。

　　著名经济学家、诺贝尔经济学奖获得者西蒙·库兹涅茨(Kuznets),在克拉克等人研究成果的基础上,依据发达资本主

---

[1]　参见杨公朴、夏大慰:《现代产业经济学》,上海财经大学出版社 1999 年版,第 7 页。

义国家的历史资料以及某个时点不同国家的截面材料的比较分析,研究了 20 世纪 70 年代之前的第一、第二、第三产业所实现的国民收入的比例关系及其变化,并得出以下结论:随着现代经济的发展,在国民生产总值不断增长的情况下,人均产值的高增长率与生产结构的高变换率之间存在一定的对应关系。具体表现在:(一)农业部门实现的国民收入在整个国民收入中的比重,以及农业劳动力在全部劳动力中的比重,随着人均收入水平的提高而不断下降;(二)工业部门实现的国民收入在整个国民收入中的比重,总体上是上升的;工业部门劳动力在全部劳动力中的比重则大体不变或略有上升;(三)服务部门的劳动力比重几乎在所有国家都呈上升趋势,但是国民收入的相对比重却未必和劳动力相对比重同步上升。①

二、产业服务化趋势日益加强

20 世纪 70 年代前后,产业结构的演化与库兹涅茨发现的经验规律出现一定差异:20 世纪 60 年代,第一产业的劳动力及国民收入的相对比重在主要经济发达国家仍旧持续下降,进入 70 年代后,这种趋势有所减弱;第二次产业则无论劳动力还是国民收入的相对比重均趋下降,工业特别是传统工业在国民经济中的地位趋弱。唯独第三产业的劳动力和国民收入两项指标持续上升,比重都在 50% 以上,表现出"经济服务化"的走向。②

进入 1980 年后,在知识、技术和全球化力量的推动下,产业

---

① 参见[美]库兹涅兹:《各国的经济增长——总产值和生产结构》,商务印书馆 1999 年版,第 347—360 页。

② 参见史忠良:《产业经济学》,经济管理出版社 2005 年版,第 25 页。

服务化势头更加强劲,服务业所占比重稳步上升,在整个经济中的比重已经从 1980 年的 56% 上升到 1998 年的 61%。服务业在整个经济活动中占据了主导地位。在澳大利亚、加拿大、法国、德国、日本、英国、美国这 7 个发达国家,服务业产值比重和就业比重在 1997 年已经接近或超过 70%(见表 2－2)。[①] 2000年,美国服务业产值已占到 GDP 的 78.5%,其就业比重达到78.4%。[②]

表 2－2　主要发达国家服务业产出比重与就业比重

	产出比重			就业比重		
	1987 年	1997 年	增长率(%)	1987 年	1997 年	增长率(%)
澳大利亚	64.9	70.6	5.7	68.1	72.7	4.6
加拿大	66.8	71.6	4.8	70.0	73.0	3.0
法国	66.9	71.5	4.6	62.2	69.9	7.7
德国	64.0	69.9	5.9	55.4	60.2	4.8
日本	56.8	60.2	3.4	57.9	61.6	3.7
英国	66.1	70.8	4.7	64.8	71.3	6.5
美国	68.3	71.4	3.1	69.9	73.4	2.2

　　在产业服务化的总趋势下,服务业在各国的发展速度和在整个经济中所占的比重,则因地区和国家的经济发展水平而异。人均 GDP 较高的国家,服务业的比重也相对较高(见表 2－3)。

[①]　参见李善同:《凸显新经济特点——世界服务业发展趋势》,《国际贸易》2002 年第 3 期。

[②]　参见袁奇、刘崇仪:《美国产业结构变动与服务业的发展》,《世界经济研究》2007 年第 2 期。

从服务业的产出所占比重来看,从 1980 年到 1998 年,中低收入国家平均上升了 8%—10%,其中低收入国家从 30% 上升到 38%,中等收入国家从 46% 上升到 56%,高收入国家则从 59% 上升到 65%,其中的 14 个高收入国家从 60% 上升到 68%。①从服务化的进程来看,90 年代要快于 80 年代。1980—1989 年,低收入国家的服务业比重只上升了 1%,中等收入国家上升了 4%;而 1989—1998 年,低收入国家则上升了 7%,中等收入国家上升了 6%。与此同时,全球服务业就业比重自 20 世纪 80 年代以来也在稳步上升。在各国服务业就业比重的平均值方面,90 年代和 80 年代相比,低收入和中等收入国家增加了 3%—4%,高收入国家增加了近 10%。

表 2-3   高中等收入国家的服务业产出比重

	1980 年	1989 年	1998 年	1980—1989 年增长率	1989—1998 年年增长率
全世界	56	—	61	—	—
低收入国家	30	31	38	1	7
中等收入国家	46	50	56	4	6
高收入国家	59	—	65	—	—
14 个高收入国家	60	64	68	4	4

服务业近年来已经成为外国投资的重点。以 OECD("经济合作与发展组织"的英文缩写)国家为例,10 年前,外国直接投资额中,服务业部分尚低于制造业;而现在,外国直接投资中服

————————
① 注:14 个高收入国家包括澳大利亚、奥地利、比利时、加拿大、丹麦、芬兰、法国、意大利、日本、荷兰、新西兰、瑞典、英国和美国。

务业投资的总额明显高于制造业投资的总额,主要集中在零售、金融、商务服务、宾馆、饭店和电信业。①

目前,我国的第三产业在 GDP 中所占比重只有 33% 左右,第三产业与现代服务业不够发达。深圳第三产业的比重也只是在 30%—50% 之间波动。可以看出,无论就全国而言,还是就深圳而论,第三产业尚有较大发展空间。

三、生产性服务业应时而起

在产业服务化过程中,还从制造业内部生产服务部门催生出一个新兴的服务业态,那就是生产性服务业(Producer Services,又称生产者服务业)。

生产性服务业的概念,是 1975 年由美国经济学家布朗宁和辛格曼在对服务业进行分类时提出的。它是指为保持工业生产过程的连续性、促进工业技术进步和产业升级、提高生产效率,提供保障服务的服务行业。生产性服务业并不向消费者提供直接的、独立的服务效用,而是为其他商品和服务的生产者提供用作中间投入的服务,其服务对象通常是企业,服务内容是解决与生产相关的问题,从而区别于以人的生活消费为对象的传统服务业,或直接满足最终消费需求的消费性服务业(consumer services)。现代工业与传统工业的一个显著区别就是它包含了大量的服务性内容,在现代工业生产网络和营销网络形成过程的每一个环节,都伴生着服务需求,而生产性服务业则为制造业提供了全方位的支撑。

---

① 参见李善同:《凸显新经济特点——世界服务业发展趋势》,《国际贸易》2002 年第 3 期。

生产性服务业起源于第二次世界大战之后。此前发达工业国家盛行福特制生产方式,通过垂直一体化管理下的大规模生产来达到提高效率、降低成本、低价倾销、垄断市场的目的。但在长期生产过程中,经济学家发现,大而全的福特制并非最佳生产方式。如汽车公司自设车间生产轿车专用玻璃、轮胎和专用零部件,产品成本反较一般玻璃厂商为高。第二次世界大战后,日本丰田汽车公司利用大量专业公司和子公司为其制造各种类型轿车的零部件,然后送到生产线装配不同型号的轿车。这种服务模式为丰田公司节约了大量的仓储、运输和管理费用,降低了生产成本,肇始了以企业为对象、以服务生产为内容的生产性服务业。

关于生产性服务业划分的标准,目前虽然各国尚有差异,但普遍认为交通运输、现代物流、金融保险、技术研发、商务服务、信息传输、计算机服务和软件业等行业构成生产性服务业的主体。我国"十一五"规划纲要提出,要大力发展主要面向生产者的服务业,大力拓展六种生产性服务业,包括现代物流业、国际贸易业、信息服务业、金融保险业、现代会展业、中介服务业。

生产性服务业与制造业紧密相关,并依附于制造业企业而存在,贯穿于企业生产的产前、产中和产后,以人力资本和知识资本作为主要投入品,把日益专业化的人力资本和知识资本引进制造业,不断促进制造业企业的重构与变革,是第二、第三产业加速融合的关键环节。

(一)制造业中间投入中的服务投入大量增加。有数据表明,在1980—1990年期间,除美国和加拿大外,绝大多数OECD国家的产品生产中,服务投入的增长速度快于实物投入的增长速度。服务业和制造业的界限越来越模糊,经济活动由以制造为中心逐渐转向以服务为中心,且突出体现在制造业部门的服务化上,具体表现在:1.很多制造业部门的产品是为了提供某种服务而进行的,例如通讯和家电产品;2.知识和技术服务是随产品一同售出的;3.服务引导制造业部门的技术变革和产品创新。

（二）制造业企业活动外置越来越普遍。所谓企业活动外置(outsourcing),是指企业从专业化的角度出发,将一些原来属于企业内部的职能部门转移出去,成为独立的经营单位,或者取消使用原来由企业内部所提供的服务,转向使用由企业外部更加专业化的企业或单位所提供的资源或服务。企业活动外置可使企业集中力量培养和提高自身的核心竞争力。在现代社会信息和知识的积累越来越快、处理越来越复杂的形势下,只有关注于自身的核心能力,才有可能在激烈的竞争中保持发展。此外,由于可以将一些自身本不擅长的业务交给专业机构完成,而专业机构因为经验丰富和存在外在竞争,收费较低,企业可通过外置化减少成本。由于制造业企业活动大量的外置化,带动了新兴服务业的快速发展,现代服务业加速向现代制造业生产前期的研发与设计,中期的管理与融资和后期的物流、销售、售后服务、信息反馈等全过程的渗透,现代制造业内部逐渐由以制造为中心转向以服务为中心。

现代生产性服务业区别于传统消费性服务业的一大特点,是知识密集性和信息服务性。信息技术的高速发展和广泛应用,使生产性服务业从以制业为主转向基于技术应用的整体解决方案,并延伸至软件服务、系统设计、售后服务等多种价值形态。随着高新技术产业的发展,生产性服务业的服务对象和内容也得到了相应的延伸和扩大。例如,运用运筹学如为深水港特色货物转口的目的地计算物流最佳路线,以及为各种机构设计不同作用的计算机程序等。① 可见,生产性服务业中研发、设计等部门的发展,能够加快传统工业的技术进步,提高关键零部件的开发和生产能力,不断提高传统工业在全球产业链条中的地位,进而提升工业的整体素质。有调查表明,1997 年,年收入在 8000 万美元以上的美国公司,其服务开支增加了 26%,信息技术服务占全部费用的 30%,人力资源服务占 16%,市场和销售服务占 14%,金融服务占 11%。在日本,通产省调查显示,1997 年企业工作培训(20.1%)、信息系统(19.7%)、生产方法(17.4%)、会计和税收(14.0%)、研发(13.7%)等服务是外部采购的主要项目。在欧洲,英国、法国、意大利等国的企业用于信息技术服务的开支增长也很快。②

总之,发达国家的经验表明,生产性服务业能够细化和深化专业化分工,降低社会交易成本,提高资源配置效率,提高企业的竞争能力,在现代经济发展中具有不可替代的作用。

四、现代服务业的勃兴

现代服务业是相对于传统服务业而言的。美国学者丹尼尔·贝尔在《后工业社会来临》一书中,曾分析了后工业社会中的现代服务业与之前服务业的区别。他认为,农业社会的服务业主要以个人服务和家庭服务为主,工业社会的服务业主要围绕商品生产活动而展开,以商业服务和运输服务为主;但在后工

---

① 参见杨小佛:《什么是"现代服务业"》,《沪港经济》2007 年第 1 期,第 12 页。

② 参见李善同:《凸显新经济特点——世界服务业发展趋势》,《国际贸易》2002 年第 3 期。

业社会中,服务业则以技术性、知识性的服务和公共服务为主。

　　关于现代服务业的概念,目前并无公认的定义。根据一般的简单理解,现代服务业就是服务业的现代化,它是伴随着信息技术和知识经济的发展而产生的,是用现代化的新技术、新业态和新服务方式改造传统服务业,创造需求,引导消费,向社会提供高附加值、高层次、知识型的生产服务和生活服务的服务业。

　　现代服务业由新兴的服务业如上节所述的生产性服务业、社会公共服务业和升级改造后的传统服务业构成,大致包括商业服务,电讯服务,建筑及有关工程服务,教育服务,环境服务,金融服务,健康与社会服务,与旅游有关的服务,娱乐、文化与体育服务。现代服务业和传统服务业一起,构成了经济学上的第三产业。

　　现代服务业与传统服务业的区别在于,传统服务业一般具有增加值低、乘数效应小和劳动力素质较低等方面的特点,而现代服务业的发展,本质上来自于社会进步、经济发展、产业分工等需求。具有技术和智力要素密集度高、产出附加值高、资源消耗少、环境污染少等特征。从服务对象来看,传统服务业是以人的生活消费为内容,服务的对象是人,而现代服务业的服务对象除了一般消费者个体,还包括从事生产活动的企业,增加了面向企业的生产性服务。

　　高技术含量和高智力含量是现代服务业的主要特征。知识化与服务化的组合,是以知识为基础的经济的基本内容。以计算机技术为核心的信息技术推动了以信息为基础的各类服务贸易的发展,并且在信息流动的基础上促进了其他服务贸易和货物贸易的发展;以金融、保险、房地产和商务服务为主的知识密集型现代服务业,在增加值中的比重和就业比重提高最为迅速,教育、卫生和社会服务等现代服务业也有较快增长。

　　研究表明,从 1987 年到 1997 年,在 OECD 国家中,金融、保险、房地产和商业服务在 GDP 中的平均比重,从 15.4% 升至 17.6%,上升了 2.2 个百分点,其次是教育、卫生、社会服务及其他在 GDP 中的平均比重,从 8.6% 升至 10.1%,上升了 1.5 个百分点,其他服务业有所变化,但是幅度很小。在服务业就业比重中,现代服务业就业比重增加最多。在 OECD 国家中,服务业就业比重增加最多的是金融、保险、房地产和商务服务,平均就业比重从 1988 年的 9.4% 上升到 1998 年的 11%,上升了 1.6%,其次是教育、卫生、社会服务及其他,就业比重从 1988 年的 18% 上升到 1998 年的 19.3%,上升了 1.3%,其他服务业部门的比重变化相对小很多。在主要发达国家中,现代服务业就业比重增加更为明显。如日本教育福利类服务就业增加 5.3%;德国教育福利类服务就业增加 4%,商务类服务就业增加 3.2%,运输通讯类服务的就业则减少 0.8%。[①]

　　在现代服务业中,金融、保险、房地产、商务服务的增长,主要和企业增加中间服务的使用有关;教育、卫生和社会服务的增长,主要和居民个人收入水平的提高有关,也与国家的福利政策有关。需要说明的是,金融和保险部门服务的增长和这些部门的产品创新有关,这些创新的金融和保险产品极大地满足了客户的各种需求,同时也为这些部门创造了财富。

　　现代服务业以知识和技术为基础,同时又成为新技术的重要促进者。服务业对新技术的促进作用主要体现在以下几个方

---

　　① 参见李善同:《凸显新经济特点——世界服务业发展趋势》,《国际贸易》2002 年第 3 期。

面：第一，服务业是新技术最主要的使用者，企业和个人对新技术的普遍应用，为新技术的发明创造者提供了丰厚的回报，从而推动了新技术的发展；第二，服务部门所产生的新需求是现有技术研究和开发的方向，是新技术所追求的目标，对新技术的发展以及专业技术人才的培养起到了重要的拉动和引领作用；第三，服务业是新技术最主要的推广者，特别是从事技术服务和支持的服务业；第四，服务业还促进了多项技术之间的相互沟通和融会，例如，运输和仓储业直接融合了运输工具、仓储管理和信息技术等多个领域的技术；第五，服务业对新技术的促进作用还表现在服务业自身的研究与开发。服务业的发展越来越需要研究和开发的支持。在过去 10 多年里，相对于制造业研究与开发所占比重的减少，服务业研究与开发的费用在所有研究与开发费用中的比重持续上升。

第四节　生态化

产业生态化也叫绿色化，是为适应能源紧缺、资源枯竭、环境污染、气候变暖等产业发展外部环境的局限和制约所形成的应变策略。由于自然资源具有稀缺性和不可再生性，以耗竭自然资源和损害环境为代价的传统产业模式难以持续，必须谋求与自然环境有机平衡的发展途径，而产业生态化就成为传统产业转型的必经之路。

一、产业生态化与循环经济

产业生态化是指依据产业自然生态有机循环机理，在自然系统的承载限度内,对特定地域空间内产业系统、自然系统与社会系统之间进行耦合优化,达到充分利用资源,消除环境破坏,协调自然、社会与经济的持续发展。实施产业生态化,要求在生产中大力推广资源节约型生产技术,建立资源节约型、环境友好型的产业结构体系,减少对环境资源的破坏,倡导绿色环保消费。

产业生态化是一个渐进的过程,是产业的反生态性特征日趋削弱、生态性特征逐渐加强的过程。在这一过程中,人们将产业系统纳入自然生态系统的运行模式中,逐步实现由线性系统向循环系统的转变;产业系统不仅要形成自身的物质循环反馈机制,更要尽可能地纳入生态系统的物质循环系统。因此,也有人称产业生态化为循环经济(Circulate Economy)。

循环经济的概念是美国经济学家鲍尔丁(Kenneth E. Boalding)在20世纪60年代提出的,他根据宇宙飞船的原理,从人类经济发展的角度分析了环境问题产生的根源,认为人类社会的经济发展系统就像在太空中飞行的宇宙飞船,如果总是要依靠不断消耗地球上有限的资源,并同时向其中倾倒大量废物,那么,一旦其发展规模超过了地球的承载能力,就会走向毁灭。因此,他要求以新的"循环式经济"代替旧的"单向线性经济",这意味着人类社会的经济活动应该从以线性为特征的机械论规律转向遵循以反馈为特征的生态学规律。实际上,循环经济是对生态学规律和经济学规律的整合:一方面,循环经济要求按照生态规律组织整个生产、消费和废物处理过程,其本质是一种生态经济;另一方面,循环经济是新的经济模式,必须尊重经济规律。循环经济是一种以资源的高效利用和循环利用为核心,以实现资源使用的减量化、产品的反复使用和废弃物的资源化为目的,以低消耗、低排放、高效率为基本特征,强调"清洁生产",是一个"资源—产品—再生资源"的闭环反馈式循环过程,最终实现"最佳生产,最适消费,最少废弃"的目标,是对"大量生产、大量消费、大量废弃"的传统增长模式的根本变革,是一种与环境保持和谐的符合可持续发展理念的经济发展模式。

二、产业生态化的三种趋势

20 世纪 90 年代之后,产业的生态化发展开始在发达国家渐成潮流,从宏观层次的国家产业发展的战略选择、管理立法,到中观层次的区域产业园区建设、布局,再到微观层面的企业生产技术改造、管理实践,生态化始终是贯穿其中的一条主线。当前,产业生态化具有以下三种趋势:

(一)企业、行业间横向耦合,以实现物质和能量的纵向"闭路循环"。传统产业的生产过程是相互独立的,通常采用"原材料—产品—废物"的线形物质流动过程,造成资源、能源的过度消耗,废弃物的过量堆积,以及严重的环境污染。产业生态化则通过建立产业系统中不同行业之间的横向共生,不同工艺流程间的横向耦合及资源共享,延长和拓宽生产技术链,尽可能地在生产企业内部处理污染,减少生产过程的污染排放,并为废弃物找到下游的"分解者",实现物质的再生循环和分层利用,消除部分内源和外源污染,变污染负效益为资源正效益。同时,对生产企业无法处理的废弃物集中回收、处理,实现物质、能量的循环利用,扩大环保产业和资源再生产业的规模。现在,许多国家和地区已制定了产品回收利用政策。

(二)生产区域生态系统化。产业生态化是一种系统的产业开发模式,它除了产业系统本身的生态化,还体现在产业系统与自然系统、社会系统的相互融合,是集经济、技术和社会于一体的系统工程。在一定的地域空间里,通过企业之间、企业与社区之间的合作,对不同企业之间以及企业、居民与自然生态系统之间的物质、能量流动进行优化,有效地利用当地资源,达到经济获利、环境改善和人力资源的充分合理利用。生态产业园的建设,就是生产区域生态系统化的一种实践范例。

(三)产品经济向功能经济转化。以福特制为代表的传统产业,是以产品为媒介、通过尽可能多地在市场上销售新产品以获取利润。这种生产方式,已不能满足新时代、新发展观的要求。而在服务业逐步发展和制造业服务化的趋势下,产业生态化强调购买产品的服务功能,通过优化产品和服务的使用与功能,对产品回收并再加工、再利用,实现由产品的再利用代替物质的再循环,从而减少自然资源的使用和废物的产生。

人类传统产业系统在全球的广布性,使循环技术的应用不可避免地表现为逐步推进的过程:可再生和可更新的能源利用技术不断被开发出来,并越来越多地应用于产业活动;可再生和可更新的材料也更多地替代传统不可再生和不可更新的资源;在某些生产流程中,逐渐增加使用其他流程排放的副产品的规模和效率;在产业系统中,废弃产品回收和再资源化的比例、产品和服务中所含二次或多次材料的比例逐渐增加;产出的废弃物得到持续性的降低并净化。同时,人们的环保意识和消费习性也得到了很好地优化,使用产品和提供服务更加符合环保的要求。

三、产业生态化趋势下的绿色制造体系

绿色制造(Green Manufacturing)是一种在保证产品的功能、

质量、成本的前提下，综合考虑环境影响与资源效率的现代制造模式。其主旨是，使产品从设计、制造、运输、使用到报废处理的整个产品生命周期，对环境的危害最小，资源的利用效率最高。绿色制造包括绿色设计、绿色材料、绿色工艺、绿色包装和绿色回收处理。

绿色设计是关键，它不仅包括新产品设计，也包括产品制造过程和制造环境的设计，因而决定了材料、工艺、包装和产品寿命终结后处理的绿色性。绿色设计是对传统设计的扬弃。传统设计关注的是人的功能性需求，而无视后续产品生产对资源的消耗，以及产品使用的环境与生态属性。绿色设计则要考虑产品整个生命周期内的环境属性，如可拆卸性、可回收性、可维护性、可重复利用性等，并以此为目标，在满足环境目标的同时，保证产品的功能和质量。绿色设计包括：（一）节能设计（Design for Energy Saving），即如何降低产品制造和使用的能耗，如减小产品的体积和重量以减少运输和储存时的能耗，通过相关技术降低家用电器闲置待机时的功耗等。（二）可回收设计（Design for Recycling），即设计的产品在废弃后可回收再利用，减少原材料的消耗，同时降低废弃垃圾的处理成本。（三）可维护设计（Design for Maintenance），即尽量延长产品的使用寿命，如果一个产品的寿命提高一倍，对资源的消耗则可能减少一半。（四）可拆卸设计（Design for Disassembly）。指产品的零部件可简单、低成本、无破坏地拆卸，以便重复使用。

绿色材料是指在原材料选取、产品制造和使用、废料处理的过程中，材料对环境和人体健康的损害最小。绿色材料的概念是1998年在第一届国际材料科学研究会上首次提出的，之后日益得到重视。2004年，中国成立绿色材料标志推广中心，我国的绿色材料技术进入全新的发展阶段。

绿色工艺是绿色制造中的重要一环。在金属成型工艺中，往往要消耗大量能源和资源，电物理加工和电化学加工还存在污染环境、危害人体之弊端。绿色工艺则根据制造系统的情况，尽量采用能耗低、废弃物少、环境污染小和物料省的工艺方案。一方面，增加对回收产品、副产品和原材料的有效利用，尤其是对工艺过程的中间产品的循环利用；另一方面，改善工艺控制，改造原有设备，将原料和能源消耗量、废物产生量减到最低程度。

绿色包装是能够循环利用、再生利用或可降解处理的环保型包装，且在整个产品生命周期中不会对人体和环境产生危害。绿色包装包括以下几个方面：（一）包装减量化，在满足保护、方便、美观等功能的条件下，减少包装量，避免过度包装。（二）包装易于重复利用，或易于回收再生，通过生产再生制品、焚烧利用热能、堆肥化改善土壤等措施，实现再利用。（三）包装废弃物可降解腐化，不形成永久垃圾，以保护和改善土壤。（四）包装材料对人体和生物无毒无害，不含毒害性元素，或含量在有关标准之内。（五）包装制品从原材料采集、加工、制造产品、产品使用直到废物回收和处理的整个过程，不会对人体、生物和环境造成危害。

绿色回收处理是绿色制造的最后环节。产品寿命终结后可有不同的回收方案，如再使用、再利用、废弃掉等，且处理成本和回收价值各不相同。绿色回收就是在对各种方案进行分析评估的基础上，选取效益尽可能最大、重新利用的零部件尽可能多、废弃部分尽可能少的方案，以最少的成本获得最高的回收价值。①

---

① 参见谢家平：《生产方式变革》，上海财经大学出版社 2007 年版，第210—218 页。

　　绿色制造不仅有显著的社会效益,也可取得显著的经济效益。绿色制造的前期投入较大,需要一定的技术、设备和人才投入,实力较弱的企业很难自觉进行绿色制造的探索,即使实力强大的企业,也会因产品相对成本的提高而面临巨大风险。因此,绿色制造不能仅仅依靠单个企业来推进,而是需要企业、政府、消费者的共同努力。

四、以降低温室气体排放为目标的低碳经济

　　自18世纪下半叶的第一次产业革命之后,经济与社会的发展开始建立在对化石燃料(能源)的勘探、开采、加工、利用基础之上,能源结构中化石能源始终占据主导地位。在化石能源体系的支撑下,人类形成了火电、石化、钢铁、建材、有色金属等产业,并由此衍生出汽车、船舶、航空、机械、电子、化工等行业,组合成化石能源密集型的"高碳"产业体系。甚至连长期处于低碳水平的农业,由于更多地依赖以化石能源为基础的化肥和农药,也在一步步走向高碳化。[1]

　　高碳产业的后果之一,就是产生了大量二氧化碳。而作为温室气体的二氧化碳的大量排放,正在导致气候持续变暖,影响着地球自然生态系统的内在平衡性,并日益危及人类的生存,引起了国际社会的高度关注,以及对产业发展方式的深刻反思。在此背景下,发展低碳经济(Low-carbon Economy)和低碳产业,成为未来发展方式的新选择。

　　"低碳经济"概念首先由英国政府在《我们未来的能源——

---

　　① 参见鲍健强、苗阳、陈锋:《低碳经济的发展模式研究》,《中国工业经济》2008年第4期。

创建低碳经济》（以下简称《能源白皮书》）的白皮书中提出。《能源白皮书》指出，低碳经济是通过更少的自然资源消耗和更少的环境污染，获得更多的经济产出。低碳经济是创造更高的生活标准和更好的生活质量的途径和机会，也为发展、应用和输出先进技术创造了机会，同时也能创造新的商机和更多的就业机会。[①] 2006 年，世界银行前首席经济学家尼古拉斯·斯特恩（Nicholas Stern）主持编写的《斯特恩报告》指出，全球每年以 GDP1％ 的投入用于减少温室气体排放，可避免未来每年 GDP5％—20％ 的损失。[②]

以低能耗、低物耗、低排放、低污染为特征的低碳经济，是对基于碳氢化合物使用基础上的高碳经济的否定，其核心是能源高效利用、能源结构调整，以及能源技术创新与制度创新。低碳经济关系到低碳产业、低碳能源、低碳技术和低碳消费，其实质是产业发展方向和人类生存发展观念的根本性转变，是人类社会继农业文明、工业文明之后，迈向生态文明的一条新路。

低碳经济几乎涵盖了所有的产业领域。从产业活动过程来看，低碳产业以降低二氧化碳等温室气体排放、节约能源为目的，包括了创意、研发、投资、生产、销售、服务、消费、回收等一系列产业活动过程，堪称继农业革命、工业革命、信息革命之后，全球又一次产业革命浪潮，也是产业生态化的新的着力点。

发展低碳经济、低碳产业、低碳社会，已成为世界大势，全球

① 参见 UK Energy White Paper：Our energy future-creating a low carbon economy，2003.

② 参见 STERN REVIEW：The Economics of Climate Change. www. hm-treasury. gov. uk/d/Summary_of_Conclusions. pdf.

共识。2003 年,英国政府在《能源白皮书》中提出,到 2050 年减少 60% 的温室气体排放。2009 年 4 月,布朗首相宣布,为了使英国经济尽快以"低碳经济模式"从衰退中复苏,决定实施"绿色振兴计划",将启动批量生产电动车、混合燃料车,拯救汽车产业。2009 年 7 月 15 日,英国政府正式发布了《英国低碳转换计划》,英国能源、商业和交通等部门在当天分别公布了一系列配套方案,包括《英国可再生能源战略》、《英国低碳工业战略》和《低碳交通战略》等,旨在把英国从根本上变成一个低碳经济国家,引领世界发展潮流。①

2007 年 7 月,日本政府通过了《低碳社会行动计划》,阐述了在未来 3 至 5 年内,将家庭用太阳能发电系统的成本减少一半等多项减少温室气体排放的措施,希望依靠社会的整体创新来推动温室气体的减排,提升国家软实力。在政府的倡导下,建设低碳社会已深入人心。一项调查显示,有 90.1% 的日本人认为应该实现低碳社会。②

2009 年 6 月 26 日,《美国清洁能源与安全法案》(又称"瓦克斯曼—马基法案")在美国众议院获得通过,被视为总统奥巴马上台以来推行"能源新政"取得的第一次重大胜利,也为美国今后向低碳经济转型,成为全球应对气候变化的领导者打下重要基础。奥巴马支持的《美国干净能源安全法案》及《刺激经济法案》,犹如推动美国绿色能源产业的双轮,让相关业者纷纷投

---

① 参见英国:《多管齐下应对气候变化》,新华网 2009 年 7 月 23 日。
② 参见钱铮:《日本政府主导建设低碳社会》,人民网天津视窗 2009 年 8 月 17 日。

入开发节能产品及再生能源两大市场。①

中国政府也高度重视低碳经济的发展。2007 年 9 月,胡锦涛主席在 APCE 会议上提出了"发展低碳经济,研发低碳能源技术,促进碳吸收技术发展"的战略主张。2008 年,胡锦涛主席在 G8 峰会、日本"暖春之旅"及国内会议等多个重要场合,表达了应对气候变化、发展低碳经济的坚定立场。2009 年 9 月 22 日,胡锦涛主席又在联合国气候变化峰会上,明确提出把应对气候变化纳入经济社会发展规划,采取强有力的措施大力发展低碳经济。在《国民经济与社会发展第十一个五年规划纲要》中,明确提出了到 2010 年,我国单位 GDP 能源消耗降低 20%、主要污染物(包括二氧化碳)排放总量减少 10% 的约束性目标。目前,低碳经济被认为是最可行、可量化的可持续发展模式。我国能否利用后发优势发展低碳产业,很大程度上取决于提升低碳技术和低碳产品的自主创新能力,建立有利于新能源和可再生能源开发与利用,以及节约能源的长效机制和政策措施。

---

① 参见陈慈晖:《奥巴马两法案带动绿色能源产业商机:华商分大饼》,中国新闻网 2009 年 8 月 17 日。

第 三 章

国际产业转型的历程和经验

第一节　引领国际趋势的美国产业转型

美国建国仅 200 多年,其产业发展演进却非常迅速,在南北战争结束后的 60 年中,从一个农业国家一跃成为世界领先的工业大国。美国在产业发展中,于 20 世纪初叶和 20 世纪末叶相继创造出了影响深远的福特制和温特制生产方式,并在产业的全球化、知识化、服务化和生态化转型中处于国际引领地位。美国的成功耐人寻味,值得深究。

一、美国产业转型的历程

从建国的 1776 年到 1884 年,是美国工业化的前期阶段。在这个阶段,生产要素的投入对国民生产净值增长发挥了主要作用。

19 世纪末到 20 世纪初,由电力革命引发的第二次产业革命,是美国工业化的早期阶段。在这个阶段,科学技术和高效资本要素在经济增长中的作用大大提高,生产率的提高在美国经济增长中的作用得到了加强。也就是在这个阶段,美国创造了以流水线、标准化和大规模生产为特色并影响全球的福特制生产方式。到 20 世纪 50 年代,美国已经基本完成工业化。

第二次世界大战以后到 20 世纪 70 年代,美国进入向工业化后期阶段发展的过渡期。这一时期的特点是:第一,以大量的投资促进增长。资料显示,战后美国私人非住宅固定资产投资从 1950 年的 3676 亿美元增加到 1978 年的 10243 亿美元;固定资产投资中生产设备的投资比重逐年上升,从 1946 年的 55% 上升到 1978 年的 65%,大大加快了企业的设备更新速度。由于政府和企业的大量投资,以及朝鲜战争带来的大量需求,高资源投入型行业得到了迅速发展。第二,高效率的资本投入使得劳动生产率显著提高。资料显示,1948 年至 1973 年,美国的资本—劳动力比率以年均 3% 的速率递增,相应地,劳动生产率的增长也维持在 3% 左右。第三,战后美国的科学技术迅猛发展,使得美国工业劳动生产率大幅度提高,以 1060 年以来的科技发展和高效率的经济增长为基础,到 1970 年,在第二产业内部,新兴的高新技术产业已成为物质生产部门的主导产业。第四,服务业快速发展,美国国民经济中第三产业已经在三次产业中占据支配地位;从 20 世纪 50 年代到 80 年代,第一产业的产出比重和就业比重不断下降,从 1950 年的 7.0% 和 12.5%,下降到 1980 年的 2.5% 和 3.5%;第二产业的产出和就业比重略有下降,到 1980 年分别为 33.4% 和 30.8%;第三产业的产出和就业构成一直呈上升趋势,从 1950 年的 55.0% 和 56.6%,上升到 1980 年的 64.1% 和 65.7%。[①]

---

① 参见朱之鑫主编:《国际统计年鉴 2000》,中国统计出版社 2000 年版,第 98—101、325—339 页。

从 20 世纪 70 年代到 90 年代,是美国产业和经济发展的调整期。随着 20 世纪 70 年代爆发世界石油危机引发世界经济危机,凯恩斯主义国家干预政策和福利国家制度不断增加的社会开支难以为继,布雷顿森林体系崩溃使得各国经济面临更加不稳定的国际环境,并且使得美国经济陷入滞胀的深渊。与此同时,由于廉价的劳动力资源和自然资源与免费使用的生态环境等前提条件不复存在,美国一直引以为傲的福特制开始衰落。由此,美国的经济增长开始转为节约生产要素的投入和追求资源的高效率利用,并以劳动生产率的提高作为经济发展的基础,推动着经济的高度集约化增长。

产业的生态化转型可以看做是这一时期的重要特征。石油危机的压力迫使企业改革技术,促使整体产业结构向高级化发展。低能耗的高新技术产业不断增加,能源消耗量大的钢铁工业等生产部门的产值在整个工业产值中的比重逐步下降,而制造业中科技发展内涵最多的汽车、宇航、电子、机电产业占据支配性地位。与此同时,第三产业的比重不断上升。

20 世纪 90 年代以来,美国进入后工业化阶段或"新经济"时期。这一阶段全球化趋势日益明显,产业发展中科技因素的贡献率不断加大,产业的知识化和服务化趋势进一步强化,产业的生态化特征也更加显著。过去,推动美国经济发展的主要产业是房屋建筑业和汽车制造业;在"新经济"期间,发展的源动力并不是强大的物质资源,而是完全依靠技术进步市场把更大的价值置于知识产权之上。"新经济"的特点表现在三个方面:一是以信息业为主导的高技术产业成为美国经济持续增长的动力,其对经济增长的贡献率由 1/4 上升到 1/3,成为经济增长的第一推动力;二是制造业的劳动生产率提高。高新技术产业的投资,尤其是设备投资,带动了劳动生产率的大幅提高。根据资料显示,在 1996 年至 1999 年期间,美国制造业劳动生产率的平均增长率高达 5.1%,高于同期 GDP 的增长率。而在制造业的内部,信息技术进步是劳动生产率提高的源泉;三是民间对设备和软件的投资增加。由于政府的限制减少,企业的创新日趋活跃,带动了民间投资的快速增加,成为推动经济增长的动力之一。

在这一时期,美国三大产业结构发生了重大变化,第一产业比重进一步减小,第二产业比重逐步下降,只有第三产业比重处于不断增长的态势。进入 21 世纪以后,美国的产业结构仍然保持着这一趋势(见表 3-1)。

表 3-1　2000—2005 年美国按行业划分的价值增加值

(单位:千万美元)

行业分类＼年份	2000	2001	2002	2003	2004	2005
国内生产总值	9817.0	10128.0	10469.6	10971.2	11734.3	12479.4
私营产业	8614.3	8869.7	9131.2	9557.0	10251.0	10934.8
私营生产行业	2081.5	2027.5	2037.0	2126.7	2283.0	2422.7
农、林、牧、副、渔、猎	98.0	97.9	95.4	114.2	141.6	119.1
采矿业	121.3	118.7	106.5	142.3	172.0	213.6
建筑业	436.0	470.0	482.3	501.0	550.0	593.5
制造业	1426.2	1341.3	1352.6	1369.2	1420.0	1496.5
私营服务行业	6532.8	6842.2	7094.3	7430.0	7968.0	8512.0
公用事业	189.3	202.3	207.3	222.6	235.3	238.9
批发贸易	591.7	607.0	615.4	633.0	694.7	733.0

续表

行业分类 \ 年份	2000	2001	2002	2003	2004	2005
零售贸易	662.4	691.6	719.6	751.0	790.4	828.6
交通、仓储	301.6	297.0	304.6	321.6	332.9	362.2
信息产业	458.3	476.9	483.0	491.8	538.7	578.3
金融、保险、房地产、租赁	1931.0	2059.2	2141.9	2260.4	2412.9	2574.4
专业和商业服务	1140.8	1165.9	1189.0	1235.9	1351.9	1468.5
教育、医疗、社会救助	678.4	739.3	799.6	850.6	909.0	977.4
艺术、娱乐休闲、住宿、餐饮	350.1	361.5	381.5	398.8	424.3	455.9
非政府其他服务	229.1	241.5	252.5	264.3	277.7	294.6
政府	1202.7	1258.3	1338.4	1414.5	1483.3	1552.3
联邦政府	378.7	385.7	417.3	447.1	476.0	494.8
各州和地方政府	823.9	872.6	921.1	967.4	1007.4	1057.5

数据来源:美国《2006 年总统经济报告》,http://www.gpoaccess.gov/eop/download.html。

从表 3-1 可以看出,美国虽然经历了高科技股泡沫破灭和"9·11"事件的打击,国内生产总值和各个行业的增加值依然保持着良好的增长势头。其 GDP 从 2000 年的 9.8 万亿美元一直上升到 2005 年的 12.5 万亿美元,其他各行业的增加值也呈现稳定的上升趋势。①

① 参见袁奇、刘崇仪:《美国产业结构变动与服务业的发展》,《世界经济研究》2007 年第 2 期。

表3-2　2000—2005年美国各行业价值增加值占国内生产总值的百分比

(单位:%)

年份 行业名称	2000	2001	2002	2003	2004	2005
国内生产总值	100.000	100.000	100.000	100.000	100.000	100.000
私营产业	87.749	87.576	87.216	87.107	87.359	87.568
私营生产行业	21.203	20.019	19.455	19.385	19.457	19.402
农、林、牧、副、渔、猎	0.998	0.967	0.912	1.041	1.207	0.954
矿业	1.236	1.172	1.018	1.297	1.465	1.710
建筑业	4.440	4.636	4.606	4.566	4.683	4.753
制造业	14.528	13.244	12.920	12.480	12.102	11.985
私营服务行业	66.546	67.557	67.761	67.723	67.902	68.167
公用事业	1.928	1.997	1.980	2.029	2.005	1.913
批发贸易	6.027	5.994	5.878	5.769	5.921	5.871
零售贸易	6.748	6.828	6.873	6.845	6.736	6.636
交通、仓储	3.072	2.932	2.909	2.931	2.837	2.901
信息产业	4.668	4.709	4.613	4.483	4.591	4.632
金融、保险、房地产、租赁	19.670	20.332	20.458	20.603	20.563	20.616
专业和商业服务	11.621	11.511	11.357	11.265	11.521	11.760
教育、医疗、社会救助	6.911	7.300	7.637	7.753	7.746	7.828
艺术、娱乐休闲、住宿、餐饮	3.566	3.569	3.644	3.635	3.616	3.651
除政府外的其他服务	2.334	2.384	2.412	2.409	2.367	2.359
政府	12.251	12.424	12.874	12.893	12.641	12.431
联邦政府	3.858	3.808	3.986	4.075	4.056	3.963
各州和地方政府	8.393	8.616	8.798	8.817	8.585	8.469

数据来源:美国《2006年总统经济报告》,http://www.gpoaccess.gov/eop/download.html。

从表 3-2 可以看出,进入 21 世纪以来,美国的第一产业所占比重变化较小。从 2000—2005 年,在美国的 GDP 中,农、林、牧、副、渔、猎等产业的比重一直保持在 1% 左右;第二产业所占比重总体上呈下降趋势,其中制造业的比重下降最明显,从 2000 年的 14.528% 一直降低到 2005 年的 11.985%,个别部门如采矿业则有所上升;第三产业的变化趋势与第二产业恰好相反,例如私营服务业所占比重不断上升,从 2000 年的 66.546% 一直提高到 2005 年的 68.167%。① 其中知识和信息型的现代服务业如金融、保险、教育、医疗等上升明显,传统服务业如零售贸易业则变化不大或略有下降。

二、美国产业转型的特点

(一)高新技术产业化和信息技术带动产业高级化。由美国为首的发达国家主导的、以广泛采用高新技术为特征的全球经济结构调整,始于 20 世纪 80 年代,到 20 世纪 90 年代进入深化期。20 世纪 80 年代初,美国在微电子、生物工程、航天航空、新材料等领域取得一系列重大进展。信息技术产业所涵盖的信息技术和信息服务业包括四个基本行业:硬件业、软件和软件服务业、通信设备业、通信服务业,其产值占 GDP 的比重高达 75% 以上。② 高科技成果产业化的加快,使通讯设备、计算机、航空航天、生物工程等一大批高新技术产业迅速崛起。传统产业生

---

① 参见袁奇、刘崇仪:《美国产业结构变动与服务业的发展》,《世界经济研究》2007 年第 2 期。

② 参见罗肇鸿:《高技术与产业结构升级》,上海远东出版社 1997 年版,第 146 页。

产规模不断缩小,新兴高技术产业生产规模逐渐扩大,是美国产业结构高级化的一个显著特点。

(二)知识化与服务组合的现代服务业成为主导。可以说,第一产业和第二产业在国内生产总值中的比重下降、第三产业的比重上升,是多数国家产业结构调整的基本趋势。目前,美国知识产业中的83%以上集中于金融与保险、信息与通信、企业服务等行业;到20世纪90年代,美国实际国内生产总值增长的70%左右来自第三产业。

(三)通过高新技术促进传统产业的改造与升级。20世纪90年代以来,美国用高新技术改造传统产业,使其全面升级,劳动生产率明显提高,制造业成为推动美国经济扩张的第一大产业。事实证明,用高新技术改造传统产业,不但使已失去竞争优势的劳动密集型产业,如纺织业、服装业、建筑业正在转变为资本和技术密集型产业,重新焕发活力,而且使钢铁、汽车、化工等资本密集型产业逐步转变为技术密集型产业。在改造传统制造业的同时,美国还用信息技术改造传统服务业,使其日趋信息化和知识化,成为适应现代人和现代城市发展需求的具有高技术含量和高文化含量的现代服务业。

三、美国产业转型的经验

美国作为世界经济霸主,其产业转型中有以下经验可资借鉴。

(一)重视科技进步及其对产业的促进作用。美国的产业发展史实际上是一部技术进步史。美国产业界和政府部门高度重视技术对产业发展和升级的促进作用。早在19世纪60年代,美国就全面摆脱了对技术引进的依赖,在引进技术的同时强化自主创新。冷战结束后，美国更是确立了高新技术产业的战略地位，联邦政府通过促进高新技术发展来引导产业结构的优化和升级。

美国政府认识到，经济的竞争，归根结底是科技的竞争，因而把发展科技放在首位：首先，特别重视技术创新与技术开发，研发经费逐年增加。1950 年，美国的研发经费大约是 50 亿美元，1960 年为 136 亿美元，1990 年为 1480 亿美元，1994 年达到 1730 亿美元，占国内生产总值的 2.61%。① 其次，注重科技成果的商业化和产业化。在技术创新和商业化方面，政府出面鼓励大学与大公司联合开发，并采取一系列措施，促进大学科研成果与企业直接挂钩。再次，重视人才培养和劳力素质的提高。美国一直是世界上教育最发达的国家之一。为了适应高技术的发展，美国把教育重点放在高技术的应用和研究上来。可以说，重视教育是推动经济发展的一个动力。舒尔茨曾以 1929 年至 1957 年和 20 世纪 60 年代末至 70 年代初为期限，通过研究证明，美国各级教育投资的平均收益率为 17.3%，大大超过了 5%—15% 的物质投资收益率。

（二）改进企业生产方式和经营管理方法。美国企业非常重视生产方式和管理方法的改进。早在 20 世纪初期，美国工程师泰勒就在传统管理的基础上，首创了可以使作业标准化、规范化的工业管理方法。著名汽车商福特公司在此基础上，首先建立起一套以标准化和流水线作业为主导的大批量生产方式，以及高度分工和垂直一体化的生产和组织管理模式，使生产效率

---

① 参见孙敬水：《美国集约型经济增长方式的经验及借鉴》，《世界经济与政治》1997 年第 6 期。

大幅提高,被当时许多西方国家的企业所采用。

到了20世纪末叶,为适应高新技术的发展与全球化的推进,拥有视窗操作系统的微软公司与拥有中心处理芯片技术的英特尔公司联盟,开创了以温特平台为典型标志的温特制生产方式。温特制以高科技和强大的信息网络为基础,以产品标准、全新的商业模式和游戏规则为核心,通过控制、整合全球资源,使产品在最能被有效生产的地方,以模块方式进行组合。在这种生产方式下,某个企业只专攻产业链上的某个节点,业务范围极为单一,与传统多元化经营的垂直一体化管理模式迥然相异。温特制在美国率先兴起,使美国公司一举打破以丰田制为基础的日本企业的竞争优势,并创造出20世纪90年代以来美国经济长时间繁荣的奇迹。温特制也成为当今引导产业发展潮流的先进生产方式。

(三)发挥产业政策对经济增长的积极促进作用。美国是一个市场经济国家,其经济增长方式的转变是以竞争为动力机制的。市场的调节作用引导着资源向着高效率的产业流动,但是政府对产业的调控作用依然存在。20世纪初,面对经济大萧条和蔓延全球的经济危机,美国政府采用了凯恩斯国家干预政策,以保证资源有效配置和实现充分就业,缓解了社会经济矛盾,促使了经济的繁荣。在20世纪60年代,美国政府主要通过宏观经济政策的干预,来实现充分就业和持续增长,在产业发展政策上扶持农业、住房以及资助修建公路、航空网建设;到20世纪80年代,主要是扶持汽车、航空航天、电子等产业的发展;到20世纪90年代,美国政府采取了更为强有力的产业发展政策,如实施进攻性的贸易政策,积极参与WTO和APEC谈判,甚至不惜采用外交压力在内的各种手段,积极开拓国际市场。

美国政府的产业政策主要表现在:1.弥补市场机制的不足,对市场调节机制失灵的产业进行保护和维持。这一政策在交通运输、通信等基础设施产业中尤其明显。2.扶持小企业发展,出台反垄断政策,促进良好的市场竞争机制的形成。同时针对不同行业和不同的国际竞争形势,采取灵活的产业政策。如为了与欧洲空中客车公司竞争,美国政府允许麦道与波音公司合并形成垄断。这些灵活的产业政策,既促进了本国行业间的竞争,又维护了美国具有国际垄断地位行业的竞争力。3.通过产业技术政策,提高高新技术产业和战略性产业在国际市场上的竞争力。例如,20世纪60年代,政府扶持的主要是农业、住房、公路和航空建设;到20世纪80年代,政府的产业政策则偏重于汽车、航空航天、电子等产业;到20世纪90年代,新的贸易政策则帮助美国打开了国际市场。由此可见,美国一系列的产业政策的实施,对产业升级和转型具有积极的作用。[①]

第二节 追赶超越式的日本产业转型

日本的资源贫乏、国土狭小、人口密集,其产业发展不得不走一条不同于美国的全新道路,并迅速崛起为世界经济强国。由于日本的国土资源和客观条件与中国比较相似,其后发追赶的发展经验尤其值得我国参考和借鉴。

---

① 参见田春生:《经济增长方式研究》,江苏人民出版社2002年版,第123—124页。

一、日本产业转型的历程

（一）第二次世界大战结束到 20 世纪 50 年代中期：优先发展基础工业，带动经济全面恢复。第二次世界大战后，由于战争的破坏、资源匮乏和自然灾害，日本的许多产业濒临崩溃边缘。此时的日本资本存量水平低，技术落后，原料、资金不足，劳动力过剩。为了经济的再度复兴，日本政府采用倾斜式产业政策，将有限的资金和原材料集中投入到煤炭和钢铁产业。1949 年，日本还实施了"产业合理化"战略，优先发展基础工业，确定煤炭、钢铁、电力和造船为四大基干产业，以此推动整个工业的复兴。同时，日本十分重视粮食生产，到 1950 年时，农业基本恢复到战前水平。到 20 世纪 50 年代中期，基本完成工业经济的恢复。经 10 多年的发展，日本产业结构发生重大变化，1945 年时三次产业的比重为 17.8：40.5：41.7，到 1955 年变化为 18.1：21.2：60.7。

在这一时期，以丰田公司为代表的日本主导企业，没有照搬美欧盛行一时的福特制，而是根据本国石油、矿石等自然资源贫乏的实际，另辟蹊径，最终由丰田汽车公司探索出一种被称为丰田制的生产方式。这种生产方式以消除浪费、降低成本为目标，以准时化和人性化的自动化为支柱，以改善作业为基础，使机器负荷和利用率达到更高水平。丰田制随后推广到其他产业，令生产效率和产品质量显著提高，日本企业生产的消费性商品的质量和价格，相比于西方工业国家具有明显优势。

（二）20 世纪 50 年代中期到 20 世纪 70 年代初期：重点发展资本密集型重化工业。20 世纪 50 年代中期之后，日本政府调整产业发展战略，由以农业和轻工业为主转变为以能够带动经济高速增长的重化工业为主，大量引进钢铁、机械、电子、石油化工等方面的技术,并逐步增加电子计算机、飞机、太阳能、宇宙开发和海洋开发等高新技术。

这一时期,日本经济保持了高速增长,国民生产总值1966年超过法国,1967年超过英国,1977年超过原联邦德国,成为仅次于美国的第二经济大国。日本的产业结构也发生了显著改变,在1972年时,三次产业在全部GDP中的比重分别为5:36.4:58.6,而重化工业在制造业产值中的比重则达到了22.7%。

(三)1970—1980年:知识密集型产业形成期。1973—1974年和1979—1980年的两次石油危机,使得原油价格大幅度上涨,此前廉价而稳定的石油供应难以保障,资源和能源消耗较高的重化工业面临巨大困难,号称"油上楼阁"的日本经济受到沉重打击。同时,20世纪60年代经济高速增长所导致的产业公害、环境污染和产业垄断等负面影响也日益凸显。此外,这一时期的国际经济环境也发生了变化,国际贸易摩擦特别是美、日贸易摩擦不断升级,日本基于"贸易加工立国"政策的出口导向型经济难以为继。这一切让日本自50年代中期以来的高速经济增长趋于下滑,一些资源加工型产业进入"结构性衰退"。

面对日益严重的能源短缺和日趋恶化的贸易环境,日本产业不得不进入新一轮的调整和转型。其主线是,减少高耗能产业,重点发展节能技术和知识密集型产业,促进产业结构从资源消费型向节约能源型、技术密集型、高附加值型转变。

在政府产业政策的指导下,日本关闭了一些高耗能的产业,重点发展以电子计算机、产业机器人、汽车、IC和新材料为代表的研发集约型产业,以通信设备、办公机械、数控机床、光学机械、环保机械及大型建筑机械为代表的装备制造产业,以高档服饰、高档家具和住宅用具等为代表的时尚产业,以及以信息服务、教育、软件、系统工程、咨询等为主导的现代服务业。

经过多年不断的产业结构调整,一方面,日本的装备制造业和电子通信产业得到快速发展;另一方面,劳动密集型产业和资源消费型产业如钢铁、化工等得到调整,发展速度明显减慢,产业结构得到大幅度提升,经济增长方式由粗放式的资源消耗型转变为资源节约和技术创新型,日本产业的竞争力和国家实力得到大幅提升。在技术方面,20世纪80年代之前,日本作为一个赶超型国家,主要依靠引进技术来发展本国技术,通过技术引进、消化和吸收,再进行技术创新。这种做法使日本既节省了技术研究、技术开发的成本,又少走了弯路,在技术革新和技术进步方面节省了时间,提高了速度和效益。随着世界各国工业技术进步减速,日本同欧美各国的技术差距日益缩小,甚至在有些领域取得了领先的地位,技术引进的空间越来越小,只能由大规模引进转向选择性引进。日本经济大国地位的确立以及日益强劲的发展势头,也令欧美各国普遍感到不安,对日本的警惕性越来越高,在技术输出方面纷纷采取了保护和限制措施,使日本现有的技术发展模式开始动摇。在这种形势下,日本于1980年正式提出“技术立国”战略,目的是有效地利用头脑资源进行创造性的技术开发,提高发展能力和经济实力。技术立国战略带来技术发展模式的重大改变,主要表现在:从主要依靠引进技术,转向自主开发具有独创性的技术;从一味重视开发与应用研究,转向提高基础研究的比重;从强调大量培养平均水平较高、从事应用与开发研究的人才,转向注意培养富于创新、勇于开拓的技术精英与基础研究人才;从集中力量发展能较快带来经济效益的传统产业技术,转向发展高新技术、下一代产业的基础技术以及工艺、福利方面的技术。①

　　日本技术立国战略在其后 10 多年里取得了显著的成效。首先是带动了高新技术的迅速发展,在制造业产值中所占比重明显上升;其次,日本企业加强了基础研究的力度,基础研究比重呈现出上升的趋势;再次是日本在越来越多的技术领域成为世界的领先者,改变了以往引进领先的局面,并通过对外直接投资和直接出口的方式,开始大量地进行技术输出,到 20 世纪 80 年代末,日本技术出口的规模已经超过了德国和法国。②

　　(四)1990 年以后:大力推进高新技术产业发展期。20 世纪 90 年代初,日本经济泡沫破裂,大量企业倒闭,经济持续低迷,连年出现"零增长"(不到 1%),1997 年度甚至出现了石油危机以来未曾有过的负增长。出现这种情况的根本原因在于,日本的科技体制与教育模式是适应工业经济时代而建立的,虽然对战后日本产业的恢复和振兴起到了重要作用,但在以信息为特征的知识经济时代却成了落伍者。面对世界各国高新技术的飞跃发展和高新技术日趋白热化的国际竞争,以及美欧诸国在知识密集型产业上再度领先的新形势,日本 20 世纪 80 年代的技术立国方针已不合时宜。于是,日本政府在 1995 年提出"科学技术创造立国"的战略,声称要告别"模仿与改良的时代",大力发挥研究人员的创造性,力求达到基础研究、应用研究、开发研究的均衡发展;积极推进产业、政府研究机构及大学的密切合作,创造性地开发领先于世界的高技术。日本的

---

　　①　参见冯昭奎:《日本经济》,高等教育出版社 1998 年版,第 101 页。
　　②　参见[日]苔莎·莫里斯—铃木,Tessa Morris-Suzuki:《日本的技术变革》,中国经济出版社 2002 年版,第 293 页。

产业发展也进入一个新的调整转型期,重点是加强对高新技术产业和基础科技的扶持,推进产业发展的高科技化和信息化。

这一时期,不同产业的增长形势差异明显扩大。首先,1990—2000 年间,第三产业的年均增长速度一直保持在 2.5%,成为拉动 GDP 实现总体增长的积极因素。2000 年,在日本按照大类分组的行业中,制造业、服务业和批发零售商业、房地产业的增加值所占比重最高,合计占全部增加值的 45.9%。和 1990 年相比较,2000 年的各主要产业比重中,作为第三产业的服务业、批发零售、金融保险、政府服务、房地产、运输通讯等行业在 GDP 中比重上升的幅度最大。制造业、农业、建筑业、矿业等行业的比重有所下降,其中建筑业的下降幅度达到 3.7%,在所有行业中下降幅度最大,其次是制造业。政府服务和居民非营利服务、电力煤气供应等公共服务类行业的比重有所上升。

(五)2000 年至今:现代服务业快速发展期。2000—2005 年期间,日本的第一产业增加值继续下降,年均下降速度达 1.7%。比 1995—2000 年略有缩小;第二产业年均增长速度为 0.9%,低于 1995—2000 年的平均水平;第三产业增加值增长最快,年均 1.8%,同比基本持平(见表 3-3)。

表 3-3　日本主要行业的增长形势及其结构变化

	年均增长(%)		结构(%)			比重增减百分点	
	1995—2000	2000—2005	1995	2000	2005	1995—2000	2000—2005
1. 产业	1.4	1.5	93.7	93.3	93.3	-0.4	0.0
农林水产业	-2.3	-1.7	2.1	1.8	1.5	-0.4	-0.3

续表

	年均增长(%)		结构(%)			比重增减百分点	
	1995—2000	2000—2005	1995	2000	2005	1995—2000	2000—2005
矿业	1.7	-1.3	0.1	0.1	0.1	0.0	0.0
制造业	2.0	1.9	21.6	2212	22.6	0.6	0.4
建筑业	-1.6	-21.3	8.6	7.4	6.1	-1.2	-1.3
电力水天然气	3.0	2.4	2.5	2.7	2.8	0.2	0.1
批发零售商业	-0.8	0.1	15.8	14.1	13.2	-1.7	-0.9
金融保险	1.8	2.7	6.0	6.1	6.4	0.1	0.4
房地产	1.6	1.1	11.5	11.5	11.3	0.1	-0.2
运输通信	1.7	1.7	6.9	6.9	7.0	0.1	0.1
服务业	3.4	3.1	18.7	20.5	22.2	1.8	1.7
2.政府服务生产者	2.6	1.6	8.6	9.1	9.2	0.5	0.0
3.居民非营利服务生产者	0.5	-9.7	1.9	1.8	1.0	-0.1	-0.8
合计	1.47	1.46	100.0	100.0	100.0	0.0	0.0

资料来源:日本内阁府《国民经济核算报告》,2006年。

从表3-4中可以看出,在制造业中,电气机械、运输设备、普通机械三个最具比较优势的行业,在2000—2005年期间的年均增长速度都超过了制造业平均水平;非金属材料、食品、造纸、金属、其他制造业、金属制品、石油煤炭制品和纺织等行业出现不同程度的下降,化工、精密机械等同期接近零增长,都比20世纪90年代后半期的平均水平有所降低。

表3-4 2000年以来日本制造业的结构变化

	年均增长(%)		结构(%)			比重增减百分点	
	1995—2000	2000—2005	1995	2000	2005	1995—2000	2000—2005
食品	-2.0	-0.7	15.8	12.9	11.4	-2.9	-1.6
纺织	-6.4	-6.0	1.5	1.0	0.6	-0.5	-0.3
造纸	-0.4	-1.0	3.3	2.9	2.5	-0.4	-0.4
化工	1.2	0.4	8.6	8.3	7.7	-0.3	-0.6
石油煤炭制品	2.7	-5.6	4.6	4.8	3.3	0.2	-1.5
非金属材料	-1.1	-0.5	4.0	3.4	3.0	-0.6	-0.4
金属	-0.6	-1.2	7.6	6.7	5.7	-0.9	-0.9
金属制品	-2.0	-5.4	6.6	5.4	3.7	-1.2	-1.7
普通机械	-1.0	2.2	12.0	10.3	10.5	-1.7	0.2
电气机械	11.5	9.8	11.6	18.0	26.2	6.4	8.2
运输设备	2.0	5.2	9.8	9.8	11.5	0.0	1.7
精密机械	0.9	-0.2	1.6	1.5	1.4	-0.1	-0.1
其他制造业	-1.6	-1.8	17.9	15.0	12.5	-3.0	-2.5
制造业合计	2.0	1.9	100.0	100.0	100.0	0.0	0.0

资料来源:日本内阁府《国民经济核算报告》,2006年。

从以上分析可以看出,在2000—2005年期间,日本产业结构变化的特点主要表现在以下几个方面:一是服务业、运输通讯、金融保险等现代服务业,具有持续增长的潜力,在国民经济中的地位明显上升,并带动整个第三产业比重提高到占GDP近70%的水平;二是受益于国际国内市场的需求增长,制造业作为国民经济支柱产业之一的地位在这一时期有所上升,但成长潜力低于第三产业中的服务业;三是电气机械、运输设备、普通机械作为制造业中支柱产业的地位进一步加强；四是批发零售业、食品等传统行业由于比较优势的变化，面临着结构调整。总之，在 2000—2005 年间，第三产业作为经济增长中心的地位得到进一步加强，产业服务化的态势明显；同时以机械设备类行业为代表的制造业得到振兴。

二、日本产业转型的经验

从上述分析可以看出，日本产业转型的成功经验主要是：

首先，适时地调整产业政策。日本的产业发展具有政府导向型的特征，日本政府能够根据本国实际和当时的国际形势，提出恰当的产业发展政策和战略：从第二次世界大战后的扶持基础工业发展的产业倾斜和扶持政策，到重点发展高新技术产业战略，均对日本的产业恢复、发展和提升，起到了显著作用。这对于中国如何制定适宜的产业政策，具有重要的借鉴意义。

其次，日益重视科学技术和教育对于产业发展的作用，并不断调整技术发展模式。20 世纪 60 年代至 80 年代，日本从西方主要发达国家大量引进先进的科学技术，并加以消化、吸收和再创造。20 世纪 80 年代以后，日本确立技术立国的方针，每年的科研开发产出的上升幅度不断加大，逐步从一个引进、模仿西方技术的国家发展成为一个技术出口、技术创新的国家。20 世纪 90 年代，日本为适应知识经济和信息时代的发展，进一步提出"科学技术创造立国"的战略，强调自主研发和科学创造，加大对国外科技专家引进的力度，并加强对本国人才的培养。日本的教育经费占 GDP 的比重和增长速度，在世界各国中名列前茅。

第三节 信息技术推动的印度产业转型

近年来,印度的经济发展态势强劲,成为全球增长最快的经济体之一。美国高盛投资银行的经济学家将印度和巴西、俄罗斯、中国一起称为"金砖四国"［BRICs,即巴西（Brazil）、俄罗斯（Russia）、印度（India）和中国（China）四国的英文名称首位字母的缩写］。印度是仅次于中国的世界第二人口大国,且属于发展中国家。其产业发展与转型,非常值得关注。

一、高科技产业引领的全球化与知识化转型

高科技产业引领下的制造业和服务业的快速发展,是印度经济增长的主要推动力。在 20 世纪 90 年代经济改革时,印度就将发展高科技产业作为改革的重点。目前在印度的制造业产出中,高技术含量的行业占到40%左右。

以软件业为主的 IT 产业是印度经济快速增长的动力源。一直以来,印度处于全球"IT 外包中心"的地位。美国麦肯锡全球研究所最近的调查报告指出,过去的 5 年中,印度获得的知识性 IT 外包业务年均增幅达到28.5%。目前,《财富》杂志评选的世界500 强企业中,约有 400 家企业或者在印度设立了自己的业务中心,或者将自己的部分业务外包给印度技术公司。越来越多的西方国家把软件开发、工程设计以及答复客户来电等常规办公业务,外包给工人技术熟练而工资水平较低的印度等发展中国家。

据印度全国软件和服务业企业联合会 2006 年 2 月 9 日发

布的报告,以技术支持服务、研发和软件制造为代表的信息技术产业产值,占印度国民经济总产值的 4.8%;2004—2005 年 IT 产业总收入达到 282 亿美元。根据政府计划,2008—2009 年度,印度的软件产值达到 870 亿美元,出口达到 500 亿美元。不仅如此,IT 产业还为印度创造了巨大的就业空间。

在信息产业之外,生物技术产业,尤其是生物制药技术也是印度高新技术产业的一大特色。印度政府认识到,生物技术产业在知识创新、调整产业结构和增加就业方面具有显著作用,并将生物技术产业作为继软件产业之后带动经济增长的又一新兴高技术产业给予政策支持。据印度生物技术产业者联合会统计,2004 年印度的生物技术产业规模达到 7.05 亿美元,年增长速度达 39%。①

二、以现代服务为特征的服务化转型

印度自独立以来,产业结构发生了很大的转变,其重要特征之一就是服务业发展比较迅速。从 20 世纪 50 年代至 2004 年,印度的农业占 GDP 的比重从 57.4% 降至 22.1%,工业所占比重从 14.7% 升至 27.1%,服务业则从 27.9% 增加到 50.8%。20 世纪 90 年代以来,服务业呈现加快增长的趋势,年均增长率达到 7.8%,大大高于同期农业的 4.5% 和工业的 6.4%,成为印度最发达的产业。② 印度半个多世纪以来的经济增长,很大程度上得益于服务业的发展。根据印度新德里一项最新的工业研

---

① 参见刘秀莲:《印度经济增长模式的喜与忧》,《世界经济与政治》2007 年第 6 期。

② 参见厉无畏、王振:《转变经济增长方式研究》,学林出版社 2006 年版,第 59—60 页。

究结果预测,印度服务业的增长速度将有望保持在每年8%以上,并且服务业在 GDP 中的比重也将很快超过51%。

现代服务业是近年来印度服务业发展的主要领域。首先,由高度发达的软件业,支撑起一个以制造业为对象的生产性服务行业。电子化、信息化、智能化是现代制造业的发展趋势,一方面,以软件业为代表的信息技术产业可以服务于现代制造业;另一方面,现代制造业的发展又给信息服务业带来需求,推动服务业向高层次发展,形成良性互动,共同壮大。除信息服务业之外,印度还为一些国家提供生物技术、汽车和航空业的研发、设计等技术服务,以知识服务为主的生产性服务外包业务不断扩大,外包业务已经占全球总份额的46%。其次,高技术和高知识含量的金融、电信、多媒体制作、网络管理、工程咨询、医疗咨询、法律咨询、会计服务等服务业发展迅速,形成了关联效应明显的产业群。而且,印度的服务业正在从价值链的低端业务向市场分析、工程设计、法律咨询、申请专利等高端业务转移。

因此,印度的现代服务业具有以下三个特点:一是依靠高科技支撑的产业,也即以技术支持服务;二是服务业涵盖的范围广泛,形成了产业群,产业关联效应明显;三是服务业外包向知识外包过渡的速度逐渐加快。

三、农业和养殖业的生态化转型

为了解决粮食问题,印度于20世纪60年代开始实行以科技为导向的"绿色农业"发展战略,并取得了显著成效。但是由于"绿色农业"大量使用农药和化肥,不但增加了生产成本,还造成了土地板结、盐碱化以及环境污染。为此,印度在20世纪80年代后期开始推行"蓝色农业"。所谓"蓝色养殖业"就是利用江、河、湖泊和海洋资源,发展水产养殖业,增加鱼类捕捞量,以扩大就业机会,增加外汇收入,这使印度的第一产业走上了一条生态化的持续发展之路。

第四节　政府主导下的韩国产业转型

20 世纪 50 年代初在朝鲜半岛爆发的朝鲜战争,使韩国经济受到毁灭性打击。战后,韩国经济从崩溃的边缘逐渐复苏,20世纪 60 年代以后,韩国政府适时地调整产业政策,优化产业结构,促使韩国从落后的农业国向工业化国家迈进。韩国国民经济由此连年持续快速增长,创造了世人瞩目的"汉江奇迹"。到了 20 世纪 70 年,韩国就跻身于新兴工业国(地区)行列,与新加坡、中国台湾、中国香港一起被称做"亚洲四小龙"(Newly Industrial Economics),并共同开辟了儒家文化基础上的东亚发展模式。20 世纪 90 年代后期,韩国经受了金融危机的考验,迅速走上经济复兴之路。

一、韩国产业转型的过程

(一)1953—1961 年:进口替代阶段。朝鲜战争结束时,韩国基本上是一个落后的农业国,主要以个体农业为主,从事农林水产业的人数占全部就业人数的 63%;工业基础十分薄弱,从事工矿业的人数只占 8.7%。① 而且,韩国的自然资源条件比较

---

① 参见邓伟根等编著:《产业转型:经验、问题与策略》,经济管理出版社 2006 年版,第 78 页。

匮乏,除了水资源和港口资源,其他的天然资源缺乏,没有发展资源型产业的条件。针对这一情况,韩国政府将工业化方向确定为培育进口替代产业,将美国援助的原料、半成品加工后在国内市场销售。此时的韩国主要建设一些非耐用消费品工业中心,其贸易政策的重点是控制进口,并采取了多重汇率,其中私人企业进口货物的汇率高于官方汇率,同时制定了出口补贴制度,鼓励产品出口。

(二)1962—1971 年:以出口为导向的劳动密集型产业阶段。20 世纪 60 年代初期,韩国的工业虽有一些起色,但基础依然很薄弱,表现在资金和技术缺乏,98% 的原材料依赖进口,贸易逆差很大,外汇短缺。为改变这一状况,韩国政府制订了"第一次经济开发五年计划",扶持水泥、化肥、精油等主导产业。就在这一时期,发达国家开始了产业结构调整和转移,出现了劳动力密集型产业和部分低附加值技术密集型产业开始国际转移的重大机遇。一方面,韩国拥有丰富的劳动力资源,质优价廉;另一方面,韩国的工业缺乏资本和技术,原材料基本依靠进口。韩国政府抓住这一历史机遇,充分利用本国丰富廉价的劳动力资源优势,主动承接国际产业转移,优先发展劳动密集型产业,在较短的时间内形成了以轻纺工业为主的产业体系。

也就是在这一时期,韩国适时地将产业政策由"进口替代"调整为"出口导向",并于 1964 年提出"输出立国"的方针,采取了一系列支持出口的贸易政策和金融措施,设立了一系列促进出口的机构,在优化出口产业结构的同时,对出口企业加以扶持,以劳动密集型产品出口推动整个经济的增长。与此同时,通过关税、进口许可等措施限制消费品进口。由于方针明确、政策得当,韩国这一时期的经济得到了调整,保持了增长,实现了技术与资本的积累。

（三）1972—1979 年的促进重工业阶段。到了 20 世纪 70 年代,韩国国内外环境发生了很大变化。在国内市场上,需求弹性和消费结构出现变化,对汽车、船舶、电视机的需要不断增加;在国际环境方面,石油危机导致发达国家经济衰退,贸易壁垒使得多边贸易面临困境。韩国以出口为导向的劳动密集型产业发展战略受到打击。此时,发达国家开始从资本密集型产业向技术密集型产业转变,从一般资本技术密集型产业向高资本高技术密集型产业转变。为适应国内外新的形势与环境,韩国利用前一阶段积累的资本、技术和人才,不失时机地将主导产业从劳动密集型转到高资本密集型的造船、钢铁、汽车、有色金属与石油化工等产业上,在政策上对重工业和化学工业予以支持和保护,并允许某些产业进行垄断性生产,以克服国内小规模经营带来的问题。这次产业转型大大改变了韩国的工业结构,轻工业比重逐步下降,重工业比重迅速增加,也促进了韩国经济的高速发展。

（四）1980 年至金融危机:促进技术密集型产业阶段。1960—1970 年之间,韩国的产业注重扩大规模,而忽视了培育技术开发能力,因而难以形成自主型产业体系。日益高涨的贸易保护主义,以及发展中国家劳动密集型产品的竞争,给韩国产业发展带来巨大挑战。20 世纪 80 年代,韩国政府对产业政策进行了谨慎渐进的调整。1985 年年底,韩国通过了《产业发展法》,强调市场的作用,政府的产业政策从产业倾斜型转向功能型。同时,韩国政府还高度重视高科技产业和知识密集型产业,促进科学技术的广泛应用和高附加值产品的生产,通过技术升级提高出口产品的档次,提升国际竞争力。这一时期,韩国还降低关税,减少进口限制,促进贸易自由化,适应产业全球化的转型趋势。

（五）金融危机至今：全面改革阶段。20 世纪 90 年代后期的金融危机，给韩国的经济造成重大打击，韩国由"最短时间内实现最大发展的国家"，变为"最短时间丢脸最多的国家"。[①] 韩国政府经过深刻反省，对"金融、企业、劳动力市场、公共部门"进行了大幅度改革；全面改革大企业，制定政策推动小企业发展，并把通过提高企业的效益进而提高产品的国际竞争力，作为产业政策的中心环节。同时采取手段，取消财阀间以及财阀企业间的债务担保，控制财阀企业的过量贷款，降低负债比率，对产业结构进行重组。通过一系列有效措施，韩国摆脱了金融危机的困扰。

这一时期，面对知识经济的来临以及全球性的产业知识化转型，韩国开始把信息技术产业作为重点发展的产业，并出台了一系列的政策措施。1996 年 6 月，韩国制订了"促进信息化基本计划"；1999 年，随着知识经济日益成为新的发展模式，韩国修改了该计划，推出了"网络韩国 21 世纪"的计划，计划 2005 年完成超高速通信网的建设，以全面实现信息化。目前，半导体、液晶显示器、移动通信终端机已成为韩国的主力出口商品。韩国还计划在之后的 5 年中，集中投资开发第四代移动通信、信息保护系统等核心技术，使信息技术产业继续成为拉动韩国经济、创造就业机会的主要动力。

二、韩国产业转型的特点

（一）以政府为主导的市场经济体制。韩国建立的是以政府为主导的市场经济体制，中央政府在区域产业布局中发挥着

---

① 参见［韩］宋丙洛：《全球化和知识化时代的经济学》，商务印书馆 2003 年版，第 51 页。

重要作用。20世纪80年代以前,韩国在很大程度上依靠国家指导性计划干预经济,其产业政策直接由政府部门作出并执行,而且有明显的国家直接的实物计划和优惠政策。20世纪80年代后,韩国才弱化国家的直接干预,通过法律来确定产业政策。韩国经济的快速发展与政府在产业政策、技术创新政策、产业集群政策等方面的推动密不可分。

(二)企业集团化战略。韩国经济的发展与韩国政府主导的市场经济以及政府推行的企业集团化战略是密不可分的。为了实现经济增长目标,从20世纪70年代起,政府采取各种财政、信贷、贸易等优惠措施,扶持了一批大型企业集团,减少了资本的分散性和低效性,提高了资本集中度。大型企业集团的迅速成长,增强了韩国产品的国际竞争力,促进了出口,带动了各个产业部门的发展,促进了韩国经济的增长。这种政府主导推行的大企业集团化战略,适合于韩国在薄弱的工业基础上发挥本国的比较优势和规模优势,增强国家竞争力。

(三)优先发展“战略产业”的政策。韩国政府在主导产业的选择和形成上起了决定性的作用,在20世纪60年代的经济起飞阶段,韩国实行的是“重工轻农、重出口轻内需”的倾斜产业政策,扶持水泥、肥料、精油等主导产业,并以差别关税、进口许可、汇率管理等措施,限制消费品进口,改善国际收支状况。在1972—1979年之间,为提升产业结构层次,韩国将产业政策向重化工业倾斜,确定了钢铁、纤维、汽车、石油化工等十大战略产业,建立了若干重化学工业基地,保证了产业结构从轻纺工业向重化工业的顺利过渡。20世纪80年代后,积极适应国际形势的变化,韩国提出发展技术和知识密集型产业的政策;进入21世纪,韩国又把信息技术产业作为国家重点发展的先导产业,并出台了一系列的措施予以推进。

(四)注重传统产业的改造和升级。面对新兴工业化国家的竞争以及跟进国家劳动密集型产品的竞争,韩国政府通过促进企业重组和技术升级对传统产业加以改造和升级。例如,纤维纺织行业曾经是韩国的战略产业之一,但从20世纪90年代初期开始,由于受到中国等亚洲国家产品的激烈竞争,韩国纺织产品在国际市场所占份额开始下降,不少纤维类制品企业纷纷向低生产成本国家和地区转移生产基地。韩国政府有关部门及纤维企业组织机构对该产业进行结构大调整,特别是在产品结构调整上下工夫,组织韩国的化纤、纤维、印染和纺织企业展开大协作,共同合作进行新技术、新产品的开发,成立了韩国染色技术研究院、韩国纤维开发研究院,在周边地区建立了染色工业园区。在生产上形成了从染色、配色到实验、数码技术开发、集中污水处理、热能供应等一体化;在研发上形成了从研制到开发与应用、集产学研为一体的高科技研究开发中心和生产中心。据韩国产业资源部统计,自1997年至2002年的6年间,纺织服装行业在韩国各主要行业中的出口成绩最佳,6年间累计创出761亿美元的贸易顺差,年均外贸顺差达120多亿美元,在各行业位居榜首。①

第五节　凸显服务业的香港产业转型

香港位于太平洋地区海、空交通要冲,具有良好的天然深水

---

① 参见刘红燕:《韩国产业升级经验对发展深圳总部经济的启示》,《国际经贸论坛》2007年第1期,第29—32页。

港,吞吐量居世界前列。20 世纪 50 年代以来,香港以其独特的地理位置和区位优势,在近半个世纪的时间里,发展成为集世界金融中心、贸易中心、旅游中心、航运中心为一体的国际名港。香港毗邻珠江三角洲地区,与深圳市仅仅一河之隔,其产业发展与深圳市乃至珠三角地区有着不可分割的联系。了解香港产业转型的趋势与特征,对于深圳市制定产业转型战略,无疑具有十分重要的价值。

一、香港产业转型的过程

(一)20 世纪 50 年代早期至 1970 年:本港工业化阶段。香港自开埠到 20 世纪 50 年代初,一直以转口贸易为主导产业,航运业、码头仓储业、船坞业和金融业则基本依附于转口,本地制造业很薄弱。单一发展模式的风险以及国际贸易保护主义的影响,促使香港从 20 世纪 50 年代起积极发展本港制造业,纺织、成衣、电子、玩具等劳工密集型工业取得飞速发展。到 1959 年,港产产品出口值首次超过转口贸易值,占出口贸易总值的 69.9%。这一时期制造业增长最快,1952—1966 年制造业就业人数年均增长速度高达 10.5%,1961 年选定行业(包括制造业、批发零售进出口及餐饮服务业、交通仓储通讯业、金融保险业及地产商业服务业)的增加值结构为:23.6:21.9:9.6:15.3。[①] 到 1970 年,制造业产值占到本地生产总值的 30.9%,大大超过贸易业(19.6%)、金融业(14.9%)和服务业(18%),成为香港最大的支柱产业。[②] 香

[①]　参见滕光进、区和坚、刘兴政:《香港产业结构演变与城市竞争力发展研究》,《中国软科学》2003 年第 12 期。

[②]　参见李延振:《从香港看国际性大都市产业结构的演变规律》,《经济前沿》2001 年第 5 期。

港经济在 1960—1970 年 10 年间年增长率超过 13%。

（二）1970—1980 年：产业多元化阶段。20 世纪 70 年代后，香港工业演变为向多元化发展的格局。制造业产品技术含量提高，从"加工型"为主转向以"制造型"为主，服务业增长加速。1980 年制造业占本地生产总值的 23.7%，贸易业占 21.4%，金融业占 23%，运输及通讯业占 7.4%，其他服务业占 21%。这一时期香港经济继续高速增长，平均增长率达 9%[①]，人均 GDP 达到中等发达国家水平。

（三）1980 年后：产业服务化阶段。20 世纪 80 年代后，香港开始了第三次产业转型。此时本地制造业由于成本上升，开始大量向中国内地转移。制造业比例下降，而服务业比例大幅上升，成为香港的主导产业，特别是现代服务业发展迅速，超过传统服务业，在香港第三产业以及整体经济的发展中起到举足轻重的作用。服务业占本地生产总值的比重，由 1980 年的 67.5% 上升到 1994 年的 83.4%，而同期制造业所占比重则从 23.7% 下降到 9.2%。从就业结构看，服务业就业比例由 1980 年的 48.3% 上升为 1993 年的 63.4%，而同期制造业就业比例由 41.2% 下降到 16%。[②] 1988 年，香港人均 GDP 突破 1 万美元，达到高收入国家的低位水平，步入发达国家和地区的行列；1993 年人均 GDP 接近 2 万美元，这标志着香港已成为国际中心城市。[③]

[①] 参见刘国芬：《香港产业结构的演变与出路》，《特区经济》2006 年第 3 期。

[②] 参见李延振：《从香港看国际性大都市产业结构的演变规律》，《经济前沿》2001 年第 5 期。

[③] 参见滕光进、区和坚、刘兴政：《香港产业结构演变与城市竞争力发展研究》，《中国软科学》2003 年第 12 期。

二、香港回归后的产业特征

1997 年回归祖国后,香港受到亚洲金融危机的影响,经济有较大波动,由于得益于同内地的经济互动以及全球一体化的推动,香港经济迅速走出低谷,成为内地最重要的金融及商贸服务中心之一。从 1999 年第四季度开始,香港经济由负增长转为正增长,2000 年更出现了 10.5% 的高增长。2001 年受到美国经济下滑的影响,经济增长受到"急挫",增长速度只有 0.6%,2002 年经济增长缓慢复苏,增长率达到 2.3%。①

这一时期,制造业继续收缩,产业结构更趋服务业化。第二次产业转型后,服务业已在香港本地经济中占据了绝对优势地位。1997 年香港回归后,产业结构的服务化趋势更加显著,服务业在本地生产总值和就业中所占比重都有所上升(见表 3-5)。

表 3-5 1997—2005 年香港本地生产总值及就业分布状况

(单位:年)

		本地生产总值(10 亿港元、%)				就业(千人、%)			
		1997	2000	2003	2005	1997	2000	2003	2005
绝对值	农业及渔业	1.46	0.92	0.82	0.85	17.7	13.6	13.2	11.8
	工业	187.08	166.86	128.27	124.11	629.6	555.6	496.1	462.1
	制造业	81.72	67.65	44.40	45.55	337.0	248.5	195.1	179.4
	服务业	1078.9	1087.6	1073.9	1219.2	2432.6	2547.8	2726.0	2837.9
比重	农业及渔业	0.12	0.07	0.07	0.06	0.6	0.4	0.4	0.4
	工业	14.76	13.29	10.66	9.23	20.0	17.0	14.3	13.7
	制造业	6.45	5.39	3.69	3.39	9.7	7.2	5.6	5.3
	服务业	85.12	86.63	89.27	90.70	79.5	83.3	85.3	86.1

注:工业包括采矿及采石业、制造业、建造、电力、燃气及水务业;农业及渔业、工业、
服务业相加为以要素成本计算的本地生产总值。
资料来源:《本地生产总值(2006)》,"就业综合估计"数字来自香港政府统计处。

———————

① 参见陈宝明:市场资讯:财富专讯[EB/OL]. http://www. daoheng. com/chin/wealthline4c. htm,2003.4。

可以看出,香港回归 10 年间,本港服务业的比重上升,从 1997 年的85.12%上升至2005 年的90.7%;而制造业进一步收缩,截至 2005 年仅占 3.4%;其绝对值也从 1997 年的 81.72 亿港元下降到2005 年的 45.55 亿港元,减少了 44.3%。与此同时,服务业在总就业人数中所占的比率也显著上升,从 1997 年的 79.5%攀升到 2005 年的 86.1%,而制造业在就业人数中所占比率从 9.7%跌至 5.3%。

服务业向更加生产性和外向型的方向发展。随着 20 世纪 70 年代末香港制造业逐步迁往内地,香港渐渐形成了以生产性和外向型为特色的服务经济体系,以"香港服务业+珠三角制造业"为特点的"前店后厂"的合作模式带动了香港和珠江三角洲两地经济的持续增长。香港回归后,本港服务业随之向更加生产性和外向型的方向发展。

表 3-6   2000—2006 年按行业划分香港服务业基本情况

(单位:10 亿港元,%)

	年份	2000	2001	2002	2003	2004	2005	2006	平均增长(%)
绝对值	批发零售及贸易	272.0	276.5	293.4	326.9	374.3	430.9	473.8	9.79
	运输、仓库及通讯	119.0	121.2	129.1	130.0	148.1	160.0	174.4	6.67
	金融、保险及商用服务	268.4	269.7	277.0	292.8	331.3	360.0	411.1	7.48
	饮食及酒店业	36.6	32.8	30.0	25.8	31.7	33.6	36.6	0.80
	社区、社会及个人服务	250.0	260.0	258.3	259.8	267.4	268.4	274.1	1.56
	楼宇业权	141.6	146.4	149.3	153.4	155.5	160.3	164.2	0.02
	服务业总计	1087.6	1106.6	1137.1	1188.7	1308.4	1413.2	1534.2	5.95

续表

年份		2000	2001	2002	2003	2004	2005	2006	平均增长(%)
比重	生产性服务业	61	60	62	63	65	67	69	/
	消费性服务业	26	26	25	24	23	21	20	/
	楼宇业权	13	13	13	13	12	11	11	/
	总计	100	100	100	100	100	100	100	/

资料来源:《香港统计年刊(2006)》,香港政府统计处(按2000年固定价格)。

从表3-6可以看出,2000—2006年,香港服务业增长较快,平均增长率达5.95%,生产性服务行业增长尤为突出,其中:批发、零售及进出口为9.79%;金融、保险及商用服务为7.48%;运输、仓库及通讯为6.67%,均高于服务业整体的发展速度。

各产业劳动生产率不断提高,产业结构向高效率行业集中(地产业除外)。从劳动生产率的绝对水平而言,在香港各行业中,金融、保险、地产和商用服务业生产效率最高,远远高于整体经济的劳动生产率;从劳动生产率年均增长速度而言,批发零售、进出口和饮食及酒店业,以及运输、仓库和通讯业,这两部分增长最快,分别为5.9%和5.8%,其后为金融、保险、地产和商用服务业,这部分年均增长3.7%,均高于整体经济增长率3.2%。另一方面,香港产业结构逐步向相对较高效率的行业集中。制造业的劳动生产率远远低于服务业,其经济比重有所下降(见表3-7)。整体经济增值率显著上升,反映出香港向高增加值方向发展的趋势和本港企业效益的不断提升。

表 3 - 7　香港分行业产业效率及结构变化①

	产业效率指标 (2000—2005)			产业结构及变化(%)			
	劳动力生产率(万/人)	产业偏离度	劳动生产率年均增长率	1997	1999	2002	2005
制造业	28.45	0.046	2.2	6.0	5.3	4.2	3.4
批发零售、贸易和饮食及酒店业	32.55	0.059	5.9	24.1	23.4	25.1	28.8
运输、仓库和通讯业	38.62	0.014	5.8	8.6	8.9	9.9	10.1
金融、保险、地产和商用服务业	62.35	-0.065	3.7	24.4	21.3	20.0	21.9
社区、社会及个人服务业	31.33	0.069	-1.7	17.0	20.4	21.5	19.2
整体经济	41.01	/	3.2	100	100	100	100

资料来源:香港政府统计处。其中 GDP 为 2000 年固定价格数据,就业为综合估计数据。

　　由表 3 - 8 的统计数据可以看出,香港回归后整体经济活动的增值率显著上升,1997—2005 年间平均为 56.88% ,比前 10 年提高了 5.82% 。② 由此可以看出,香港经济向更高增加值的方向发展,企业效益进一步提升。从行业类别上看,经济活动也有向高增加值方向发展的趋势,表现为服务行业中增值率高于全部经济活动,其中的楼宇业权、金融、保险、地产及商用服务和

---

　　① 注:劳动生产率=某行业增加值/该行业就业人数;产业偏离度=某行业就业人数占总就业人数比重—该行业增加值占地区 GDP 的比重;表中比较劳动生产率和产业偏离度为 2000—2005 年的平均值。

　　② 注:增值率=增加价值/总产值。经济活动生产总额包括中间消耗和增加价值。各经济活动增加价值总和即为按增值法统计的地区生产总值。

社区、社会以及个人服务等在产业结构中的比重上升;工业行业中除电力、燃气以及水务业之外的增值率均低于全部经济,但是它们在产业结构中的比重也出现了下降。从增值率变动上看,香港回归之后,批发、零售、进出口贸易、饮食以及酒店业、制造业、建筑业等行业增值率一直保持上升趋势。

表3-8 按行业分香港经济增加价值占产值比重及产业结构变动情况

（单位:%）

	1987—1996 年		1997—2005 年	
批发、零售、贸易、饮食酒店	50.74	(24.2)	55.12	(25.3)
金融、保险、地产、商用服务	69.02	(21.0)	63.24	(21.5)
社区、社会及个人服务	60.20	(14.8)	62.31	(20.1)
楼宇业权	86.77	(9.9)	85.20	(11.4)
运输、仓库、通讯	49.88	(8.9)	45.48	(9.4)
制造业	27.41	(13.7)	28.76	(4.7)
电力、燃气及水务业	72.30	(2.4)	77.72	(3.0)
建造业	47.10	(4.9)	48.49	(4.5)
全部经济	51.06	(100)	56.88	(100)

注:表中数据为相应年份的平均值,括号内为相应行业在经济中的比重。
资料来源:《本地生产总值(2006)》,香港政府统计处。

第六节 走向多元化的新加坡产业转型

新加坡早在19世纪初就已经成为东南亚的货物集散地和转口贸易港,但在1959年实行自治时,新加坡经济落后,产业结构单一,经济的发展仍然主要依赖于转口贸易,工业及其他行业极为薄弱。20世纪50年代后期，新加坡的产业经过一系列转型而取得长足发展，成为引人瞩目的"亚洲四小龙"之一。

纵观40年来新加坡经济的发展，其经济奇迹与产业转型有着密切的关系。新加坡产业经过了如下5个阶段的转型①：

（一）产业结构由单一的转口贸易向发展进口替代工业的转变（1959—1967年）。由于新加坡独特的地理位置和长期的殖民地地位，其产业结构表现为单一的转口贸易型。1959年，新加坡政府为解决国内严重的经济问题，创造就业机会，保持社会稳定，采取了一系列发展经济的措施，其核心是实施以发展工业为中心的经济多元化政策，优先发展劳动密集型的进口替代工业。1959—1965年通常被认为是新加坡的进口替代工业化时期。

（二）产业结构由进口替代工业向发展出口工业的转变（1968—1979年）。此时西方发达国家的经济正处于持续高涨期，劳动密集型出口工业开始向发展中国家转移。新加坡利用这一国际机遇，大力发展面向出口的工业，制造业由劳动密集型逐步向资本与技术密集型转变。截至1979年，新加坡金融业（包括商业服务）在其国内生产总值中的比重为40%，运输与通讯业为14%，逐渐形成以制造业、贸易、金融、运输与通讯业为支柱的多元化经济结构。

（三）产业结构重组阶段（1979—1985年）。1979—1984年期间，由于劳动力短缺、国际贸易保护主义抬头和劳动力充裕的发展中国家之间的竞争等日益困扰新加坡的经济发展，新加坡

---

① 参见李晓娣：《新加坡产业结构转换对我国产业结构发展的启示》，《东南亚纵横》2006年第4期。

政府在 1979 年提出推行"第二次工业革命"的主张,亦称"经济重组政策",决定对国民经济进行重大调整,开始大力发展资本与技术密集型工业,逐步淘汰劳动密集型工业,以促进社会生产力水平的不断提高。

（四）经济发展新方向时期（1986—1996 年）。通过对 1985 年的经济危机的分析,新加坡政府提出了经济发展战略的调整方向与对策措施,即在发展资本、技术密集型出口工业的同时,优先发展有增长潜力的服务业,以使新加坡成为东南亚和亚太地区的区域性服务中心。①

（五）以知识经济为主的产业结构时期（1997 年至现在）。为了应对亚洲金融危机、美伊战争和"SARS"爆发等外界因素带来的不利影响,新加坡政府开始进行全面的结构性调整,着重在投资和效率上引入创新,重组经济,使新加坡经济向更富有创新精神的知识型经济方向转变,从容应对不断变化的世界经济环境。可以看出,这种政策已经发挥了作用,新加坡经济增长率在 2004 年已达到 8.1％。② 经过 5 个阶段的调整,新加坡产业已由最初的单一转口贸易转变为多元化的结构,并且体现了产业向知识和技术型方向的转变。产业结构的不断调整与转换,不仅使新加坡迅速摆脱了经济衰退的困境,而且使得新加坡经济持续高速增长,国际竞争力不断增强,成为东南亚重要的金融中心。

---

① 参见黄敏:《新加坡产业结构变化与经济发展》,《东南亚南亚信息》1997 年第 8 期。

② 参见李晓娣:《新加坡产业结构转换对我国产业结构发展的启示》,《东南亚纵横》2006 年第 4 期。

第 四 章

深圳市产业发展和转型的历史与现状

物有本末,事有始终,知所先后,则近道矣。生产方式由福特制向丰田制和温特制的演化,直接推动国际产业向全球化、知识化、服务化和生态化方向发展,也给深圳的产业发展带来了挑战与机遇。深圳市产业的转型与发展,需要站在国际高度,并从历史视角上对本地产业发展演变的条件和成因进行深入地梳理、解读和把握,为产业发展战略与政策制定提供智力支持和决策依据,从而科学地定位深圳市产业的未来发展。

第一节 深圳市经济发展及产业
结构的历时变化

从1979年设市到2008年,深圳的GDP增长明显(见表4-1,图4-1),"深圳奇迹"、"深圳速度"、"深圳神话"等美誉几乎都源于深圳市经济的高速增长。

一、深圳市经济发展的历时变化

库兹涅茨认为,经济增长是一个总量的过程,部门的变化都同总量的变化相互联系,而且只有把部门的变化结合到总量的框架中时,才可能对它们加以适当的权衡比较;缺乏总量变化就会严重地限制内含战略性部门变化的可能性。① 因此,深圳市产业发展转型首先需要从总量上予以考察。

(一)深圳市经济总量变化情况。从绝对数量看,立市之初深圳市的 GDP 仅为 1.9 亿元,到 2008 年时高达 7806.5 亿元,增长了 4000 多倍。1979 年到 20 世纪 90 年代中期,GDP 几乎每 2 年就翻一番;20 世纪 90 年代中期之后,增长速度有所放缓,但每隔 3—4 年还是实现了翻番。在人均水平方面,2008 年与 1979 年相比,人均 GDP 近 9 万元,增长了 100 多倍,见表 4-1。

表 4-1 深圳市 GDP 发展情况表　　(单位:万元)

年份	GDP总量	GDP年增长率	人均GDP(元)	年份	GDP总量	GDP增长率	人均GDP(元)
1979	19638	—	606	1994	6346711	30.9	16954
1980	27012	62.7	835	1995	8424833	23.8	19550
1981	49576	53.8	1417	1996	10484421	17.2	22498
1982	82573	58.4	2023	1997	12974208	16.9	25675
1983	131212	58.3	2512	1998	15347272	15.2	27701
1984	234161	59.9	3504	1999	18040176	14.7	29747
1985	390222	24.5	4809	2000	21874515	15.7	32800
1986	416451	2.7	4584	2001	24824874	14.3	34822
1987	559015	25.4	5349	2002	29695184	15.8	40369

① 参见[美]库兹涅茨:《各国的经济增长》,商务印书馆 1997 年版,第 23 页。

年份	GDP 总量	GDP 年增长率	人均 GDP（元）	年份	GDP 总量	GDP 增长率	人均 GDP（元）
1988	869807	35.9	6477	2003	35857235	19.2	47029
1989	1156565	18.7	6710	2004	42821428	17.3	54236
1990	1716665	32.5	8724	2005	49509078	15.1	60801
1991	2366630	36	11997	2006	58135624	16.6	69450
1992	3173194	33.2	12827	2007	68015706	14.8	79645
1993	4531445	30.9	15005	2008	78065400	12.1	89814

资料来源:《深圳统计年鉴 2008》。GDP 总量来源于 P44,以当年价格计算。增长指数(率)来源于 P48,以可比价格计算。2008 年数据来源于《深圳市 2008 年国民经济和社会发展统计公报》:http://www.sztj.gov.cn/main/xxgk/tjsj/tjgb/gmjjhshfzgb/200903243520.shtml。

（二）深圳市经济总体增长变化情况。从增长率来看,1981—1984 年 GDP 年增长率几乎都在 50% 以上,最高时达 62%,年平均增长率达 58%;但在随后的两年,增长率却突然从 1984 年的 60% 下降到 1985 年的 25%,到 1986 年更是骤降至 2.7%,而 1987 年又猛增到 25%,1988 年上升到 36%,1989 年又下降到 19%;在 1990—1994 年的 5 年中,增长速度保持在 30%—36% 之间;20 世纪 90 年代中期及以后,深圳的 GDP 增长率开始下降,但走势趋于平稳,没有再出现大起大落的现象,基本保持在 10%—20% 的区间之内,见图 4－1。

根据增长率变化,深圳市的经济发展大致可以划分为四个阶段,即 1980—1984 年为第一阶段,这一阶段增长率很高,属于高速增长期;1985—1987 年为第二阶段,经济处于调整期;1988—1995 年为第三阶段,处于经济快速回升期;1996 年至今

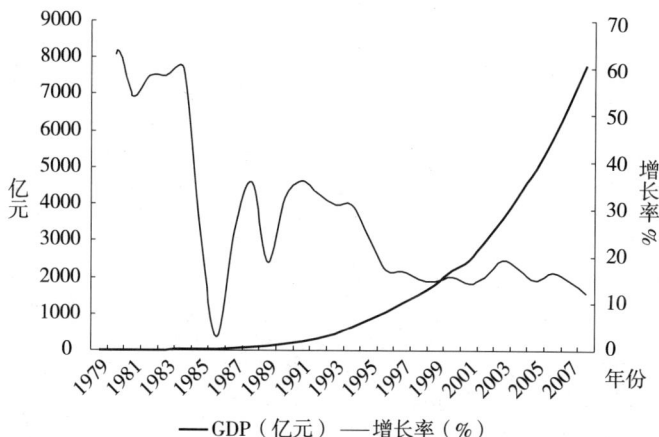

图 4-1 深圳市各年份 GDP 及其增长率直观图
（按可比价格）数据来源表 4-1

为第四阶段,平稳增长是这一阶段的主要特征。

二、深圳市产业结构的历时变动

著名经济学家钱纳里指出,产业结构变动是经济增长的本质要求。① 因此,从某种意义上说,经济增长不仅是产业结构变动的外在表现形式,更是产业结构变动的结果。

深圳市产业结构的变化情况基本符合国际产业结构变动的一般规律,但也有其自身的一些特点(深圳市三大产业占 GDP 比重表和直观图,见表 4-2 和图 4-2)。

———————

① 转引自张三蓉:《我国产业结构变动对经济增长影响的经济分析》,湖南师范大学硕士论文 2006 年。

表 4-2　深圳市国民生产总值中三大产业构成表

年份	GDP 总量	第一产业所占比例	第二产业所占比例	第三产业所占比例
1979	100	37	20.5	42.5
1980	100	28.9	26	45.1
1981	100	26.9	32.3	40.8
1982	100	22.9	38.1	39
1983	100	17.2	42.6	40.2
1984	100	11.1	45.5	43.4
1985	100	6.7	41.9	51.4
1986	100	7.9	39.2	52.9
1987	100	8.3	39.4	52.3
1988	100	6.6	41.3	52.1
1989	100	5.9	43.7	50.4
1990	100	4.1	44.8	51.1
1991	100	3.4	47.6	49
1992	100	3.3	48	48.7
1993	100	2.4	53.4	44.2
1994	100	2.1	52.9	45
1995	100	1.5	50.1	48.4
1996	100	1.4	48.3	50.3
1997	100	1.1	47.6	51.3
1998	100	1	48.4	50.6
1999	100	0.8	49.9	49.3
2000	100	0.7	49.7	49.6
2001	100	0.7	49.5	49.8
2002	100	0.6	49.3	50.1
2003	100	0.4	50.7	48.9
2004	100	0.3	51.6	48.1

续表

年份	GDP 总量	第一产业所占比例	第二产业所占比例	第三产业所占比例
2005	100	0.2	53.2	46.6
2006	100	0.1	52.5	47.4
2007	100	0.1	50.1	49.8
2008	100	0.1	48.9	51

资料来源:深圳市统计局:《深圳统计年鉴2009》,中国统计出版社2009年版,第42、21页。

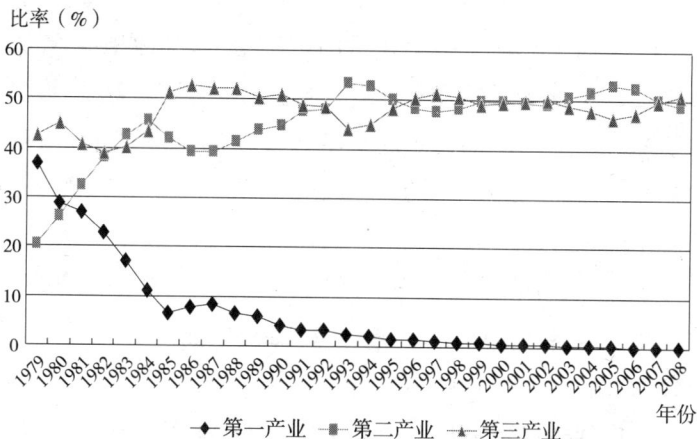

图4-2 深圳生产总值三大产业构成变动图

产业结构比重由"一、二、三"向"三、二、一"演变是国际趋势。据图4-2所示,1979年深圳产业结构比重为"三、一、二",第三产业超过第一、第二产业,与国际产业最初的"一、二、三"不尽一致。在随后的演变过程中,第一产业比重不断下降,与国际产业结构变化趋势一致,但第二产业与第三产业却是相互交替,使产业结构表现出由"三、一、二"向"二、三、一"和"三、二、一"交替变化的趋势,而没有表现一直趋于"三、二、一"的结构形态,表明深圳市产业结构尚处于调整发展之中。

(一)第一产业占 GDP 比重的历时变化。由图4-2可以看出,第一产业所占比重持续降低。表4-2的比例数据显示,在深圳市生产总值的构成中,1979 年第一产业占 GDP 比重为37%,到1985 年这一比重已经下降到10%以下,下降幅度近30个百分点;1999 年及以后,第一产业的比重不足1%,2006 年及以后,这一比重已经下降到0.1%,几乎到了可以忽略不计的程度。

(二)第二产业占 GDP 比重的历时变化。根据国际一般趋势,第二产业的比重应当是先升后降。然而图4-2显示,深圳市第二产业占 GDP 的比重起伏不定,经历了几个波折,出现几次波峰和波谷,具有一定的变化周期,表明深圳市的产业结构调整变化较为曲折。

1979 年,深圳市工业占总产值(GDP)的比重仅为20%,随后走势一路攀升,1981 年达到38%,超过农业比重(23%)15 个百分点,到1984 年升至46%,超过服务业(43%)近3个百分点,超过农业(11%)近35 个百分点,出现了第一次波峰;1985年,第二产业开始进入调整回升期,比重由46%下降到1986 年的39%,形成第一次波谷,随后比重逐渐回升,到1993 年比重上升到53.4%,形成了新的波峰;1994 年开始,第二产业的比重又开始回落,在1997 年进入了新的波谷,从1998 年又开始回升,到2005 年达到了新的波峰;自2006 年起,又开始进入调整期。另从波峰形成时间看,第一次波峰形成时间为6 年,第二次波峰成形时间为9 年,第三次成形时间为12 年,第四次尚处于成形过程之中,周期变化时间逐渐延长,表明第二产业比重将逐渐稳定。

（三）第三产业占 GDP 比重的变化情况。从国际第三产业变化趋势看，第三产业比重应当逐渐上升。但深圳市第三产业却与第二产业一样表现出一种波动和起伏的演变过程，表明深圳市第三产业尚未发展成熟。

1979 年，深圳市第三产业的比重为 43%，远高于第一产业（37%）和第二产业（20%）；1980 年第三产业比重开始下降，在经历 1982 年的波谷后，到 1986 年出现了第一次波峰；1987 年至 1997 年，形成了一个明显调整的变化周期；1998 年至 2007 年的变化周期调整幅度明显减小。结合第二产业比重变化可以看出，1985 年到 1991 年间，工业发展相对滞后于服务业。6 年中服务业在总产值中的比重都超过工业，超过幅度最大时达 14%。但从 1985 年到 1994 年，工业比重逐渐走高，在 1992 年与服务业比重相当，到 1993 年和 1994 则超过了服务业，1995 年又回落到与服务业相差无几的程度。之后，这两大产业在总产值中的比重大体相当，进入稳定发展状态。

（四）三大产业增长率变化比较。从增长率来看（图 4 - 3），从 1980 年到 1989 年，GDP 和三大产业的增长率都有过激烈的起伏。波动起伏最大的是工业增长率，幅度（最高与最低之间的差距）达 150%，服务业增长率的波动也很明显，幅度也高达 110%。尽管农业增长率的起伏相对而言较低，但也达 35% 以上。而且当工业、服务业增长率放缓时，农业的增长率却逆势而上，如图 4 - 3 所示，在 1982 年、1986 年、1989 年各有一次较大波动。这种情况一方面表明，深圳市经济在这一阶段的极度活跃性；另一方面也说明深圳市经济的不稳定性，同时表明各大产业之间资源争夺的激烈性。1989 年以后，三大产业的增长率走势逐渐平稳,表明深圳市的产业发展趋于成熟。

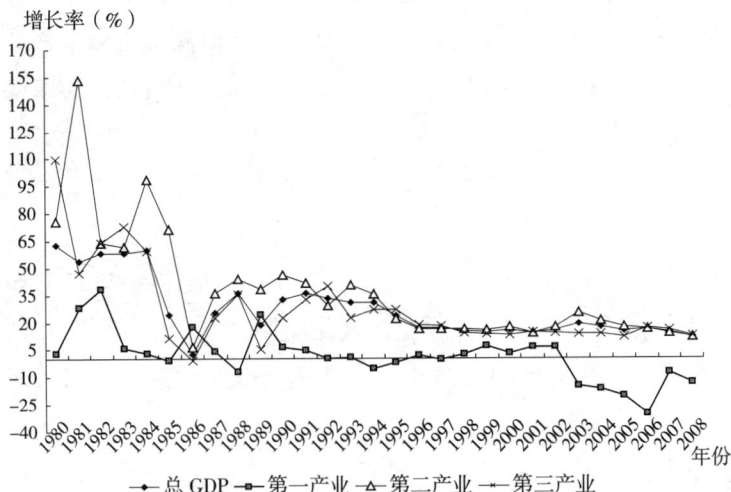

图 4 - 3　总产值增长率与三大产业总产值增长率对比图

资料来源:《深圳市统计年鉴 2008》,第 48 页。2008 年数据来源于《深圳市 2008 年国民经济和社会发展统计公报》:http://www. sztj. gov. cn/main/xxgk/tjsj/tjgb/gmjjhshfzgb/200903243520. shtml。

第二节　深圳市三大产业的历时变化及原因

　　系统论认为,离开对组分的精细了解,对整体的把握必定是模糊的、肤浅的,是知其然而不知其所以然,因而其结论很可能是不可靠的。[①]　如果深圳市经济活动是一个系统整体,那么各

---

　　① 参见苗东升:《系统科学精要》,中国人民大学出版社 2006 年版,第 49 页。

产业就是它的组分,对各产业变化进行深入分析,有助于把握深圳市经济发展和转型状况。由于深圳第一产业所占比重很低,下面仅对第二产业和第三产业进行分析。

一、第二产业的发展历程及变动原因

在短短30年里,深圳从一个小渔村一跃成为国际化大都市,很大程度上得益于第二产业的发展,而第二产业的发展很大程度上得益于顺应了生产方式的演变。表4-3所示,1979年深圳市第二产业的总产值仅为 4017 万元,2008 年达到 35277700 万元,增长了8782倍,年均增长38%以上。

表4-3　深圳市第二产业经济总量变动历时情况

年份	GDP 总量（万元）	GDP 年增长率(%)	年份	GDP 总量（万元）	GDP 增长率(%)
1979	4017	—	1994	3357972	35.3
1980	7036	75.8	1995	4221435	21.9
1981	16019	153.5	1996	5065924	16.4
1982	31439	63.9	1997	6174083	16.2
1983	55848	61.8	1998	7434976	16.4
1984	106606	98.7	1999	9005486	15.9
1985	163586	70.9	2000	10860852	17.7
1986	163185	6.4	2001	12297665	14.2
1987	220463	35.7	2002	14647171	17.7
1988	359230	44	2003	18174235	25.2
1989	505361	38.1	2004	22112353	20.9
1990	769319	46.1	2005	26334427	17.6
1991	1126084	41.4	2006	30495319	16.4

续表

年份	GDP 总量（万元）	GDP 年增长率(%)	年份	GDP 总量（万元）	GDP 增长率(%)
1992	1552432	29.1	2007	34047608	14.2
1993	2420214	40.4	2008	38157800	11.9

资料来源：《深圳市统计年鉴2008》。GDP 总量来源于 P44，以当年价格计算。增长指数(率)来源于 P48，以可比价格计算。2008 年数据来源于《深圳市2008 年国民经济和社会发展统计公报》：http://www.sztj.gov.cn/main/xxgk/tjsj/tjgb/gmjjhshfzgb/200903243520.shtml。

根据经济发展的一般规律，增长率的变化遵循着先升后降并逐渐趋于平稳的规律。最初经济总量的基数较小，即使增长量不大，增长率也可能较高。随着经济总量基数的增大，增长量尽管可能较大，增长率却可能较小。深圳市第二产业在立市之初的几年，增长率表现却非同一般，波动悬殊（见图4-4），随后的表现才逐渐符合增长率变化的一般规律。

以两头在外为特征的"三来一补（来料加工、来样加工、来件装配、补偿贸易）"，使深圳市的第二产业从一开始就嵌入了以温特制生产方式为主要特征的国际产业链分工中。从国外或境外（包括中国香港、中国台湾）的产业链格局来看，此时深圳市工业处于低端，生产以加工、组装和装配为主，技术要求很低，在生产价值链的"微笑曲线"中居于中段的底部。随着高新技术产业的勃兴，深圳市第二产业逐渐向产业链的中高端移动。

（一）深圳市第二产业发展的阶段特征及原因

经济特区成立之初，深圳市还是一个边陲小镇，工业生产以农业服务和农产品加工为主。利用改革开放的政策优势和毗邻香港的地缘优势，借助国际制造业大规模转移的有利契机，深圳市大力引进和发展"三来一补"的出口加工工业，工业比重不断

增长率（％）

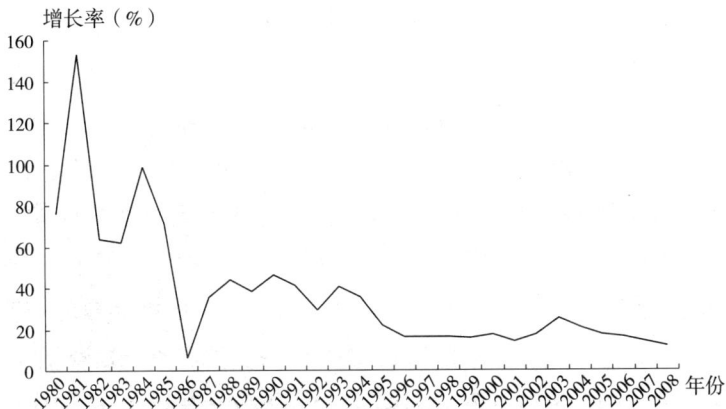

图 4-4　深圳市第二产业增长率变化图

增加,同时也带来了服务业的增长。根据增长速度变化曲线,深圳市第二产业大体上经历了四个发展阶段(见图 4-4)。

　　第一阶段为快速起步阶段(1980—1984 年)。在这一阶段,第二产业经济总量的年均增长率达 87.4% 以上,工业产业主要是劳动密集型的“三来一补”行业。其特点是:大多是手工作坊式的胶丝花、手表带、串珠子和一些种养业;场地主要是各镇、村利用闲置的祠堂、旧仓库、旧办公楼、旧房舍;加工企业的主导者是中方,负责招募劳工,组织生产,收取加工费。由于港商和中方的合作见效快,效率高,投资示范效应大,这种形式很快得到推广,从而促使第二产业的高速增长。深圳市的“三来一补”项目由 1979 年的 132 宗上升到 1985 年的 881 宗,引资金额由 1979 年的 1194 万美元增长到 1985 年的 4096 万美元。①

────────────

　　①　参见袁易明等:《资源约束与产业结构演进》,中国经济出版社 2007 年版,第 157—158 页。

第二阶段为调整阶段(1985—1987 年)。1985 年,中国科学院与深圳市人民政府合资在深圳市南头建立了深圳科技工业园。科技园的成立表明深圳市政府已经关注新型产业,发展重点开始从手工作坊式的"三来一补"转向高新技术产业。同时在 1982—1984 年之间,我国固定资产投资规模过大导致社会总需求过旺,经济过热,通货膨胀加剧。1984 年 11 月到 1985 年 10 月,国务院发布了一系列宏观调控措施,加强物价管理和监督检查,全面检查信贷,以抑制高通胀,控制固定资产投资规模。在这种大的环境背景下,加上深圳市产业发展重点转移,造成了第二产业增长率大幅下降。按照可比价计算(见表 4 - 3),深圳市第二次产业的增长率从 1984 年的 98.7% 快速下降到 1986 年的 6.4%,下降幅度高达 92.3%;如按当年价格计算,1986 年深圳市第二产业的增长为负数。1987 年,深圳市第二产业的增长又恢复到了 35.7%,比 1986 年上升了 29 个百分点以上。1984—1985 年,中央采取的紧缩政策尚未完全见到成效,1986 年国家政策又开始全面松动,从而导致需求量的严重膨胀。1986 年开始实施"稳中求松"的货币政策:取消了中国人民银行对各专业银行的贷款限额指标,允许各专业银行根据实际需求决定贷款规模;中国人民银行在已安排的信贷资金的基础上,再发放 50 亿元贷款给各专业银行;中国人民银行还允许其下属各地分行,动用超额准备金发放贷款,促进地方经济发展。这些措施构成了深圳市第二产业快速恢复的政策环境。

第三阶段为快速回升阶段(1988—1995 年)。这一阶段深圳市第二产业开始快速回升,年均增长 40% 以上。1987 年,财政部制定了给予"三来一补"企业减免工商税收的优惠政策,深圳市也召开了第一次"三来一补"工作会议,确定了"要发展,要提高"的战略思路①,加上 1992 年邓小平同志的南方讲话,使深圳市的"三来一补"产业如鱼得水,进入了一个高速发展时期。同时,高新技术企业的兴起也为第二产业的发展注入了新的活力。

1988—1995 年间,深圳市"三来一补"产业出现了一些新的变化,逐渐从劳动密集型为主,转向发展资本密集型的外向型出口加工工业。这一时期,外商熟悉了内地情况,积累了办企业经验,完成了探索历程,开始放胆进入内地兴办工厂,从而使深圳市的"三来一补"表现出新的发展特点:机械化生产、规模化生产企业成为产业主体;生产场地以新建专用厂房为主,中小型工业区开始出现;经营主体由中方转向外方,中方只出租厂房、土地,办理手续,派厂长协助外方生产,企业的一切经营管理活动皆由外方负责。②

尽管"三来一补"企业在这一阶段持续繁荣,但毕竟大多是劳动密集型的低层次产业。在 20 世纪 90 年代初,深圳市政府明确提出要对"三来一补"产业进行转型提高,并确定了发展高新技术产业的目标。"八五"期间,深圳市开始重视产业规划,调整产业结构,提出要建立"以高新技术产业为先导,以先进工业为基础"的工业体系。"九五"期间,进一步明确了把"深圳建成高新技术产业生产基地","加快发展先进和高新技术产业,加大技术改造力度"的目标。随着规划的实施,深圳市高新技术产业迅速发展。1991 年,深圳市高新技术产业产值为 22.8

---

① 参见郑海天:《深圳工业化发展模式实证研究》,经济科学出版社 2006年版,第 226 页。

② 参见袁易明等:《资源约束与产业结构演进》,中国经济出版社 2007 年版,第 158 页。

亿元,仅仅过了三年,全市高新技术产品的产值就达到 146.2 亿元,实现了百亿元的跨越。

第四阶段为平稳增长阶段。1996 年以后,深圳市第二产业的增速基本处于平稳态势,但依然保持较高水平,年均增速为 18%,远高于发达国家的增长速度。在这一阶段中,"三来一补"转型基本完成,高新技术企业也基本步入正常发展的轨道。

(二)高新技术产业的兴起与发展

深圳市工业发展以"三来一补"为起点,经历了蛙跳式的演进,逐步使得高新技术产业发展成长,最终成为深圳市的主导产业和支柱产业。从第二产业内部构成看,高新技术产业占了深圳市工业的"半壁江山"。从 2004 年起,深圳市高新技术产业的产值占据工业总产值的 50% 以上(见表 4-5),而在 20 世纪 90 年代初时,这一比重还不足 10%。深圳市高新技术产业能够迅速崛起并快速发展,与深圳市产业自身转型以及顺应了全球生产方式的演化有直接关系。前面已指出,深圳市工业从一开始就被动性地嵌入到国际产业链中,生产方式具有温特制的某些特征,故称之为"被温特制"。深圳市高新技术产业的兴起和发展是由价值链低端向高端转变的过程,是从"被温特制"向"温特制"转型的过程。

20 世纪 90 年代初,深圳市委、市政府作出大力发展高新技术产业的战略决策,有计划地收缩了发展势头良好的"三来一补"企业,重点支持以电子信息、新能源、新材料、医疗器材和生物技术为代表的高新技术产业。

1991 年,深圳市委、市政府颁布了《关于加快高新技术及其产业发展暂行规定》,制定了一系列扶持高新技术产业发展的优惠政策,一批高新技术企业初步建立,在电子信息、生物技术、新材料、医药医疗器械等 7 个高新技术领域形成一定的优势。为了推进"以高新技术产业为先导,先进工业为基础,第三产业为支柱"的产业政策,提升全市的产业水平,深圳市政府于 1994 年出台了限制"三来一补"发展的政策,"三来一补"经济明显下滑,主要表现为:一是新签协议宗数和协议金额减少;二是外迁企业数量大幅增加;三是大量"三来一补"企业在当地转型为"三资企业",但由于企业转型并不是出于产业结构提升或开拓国内市场的需要,也未提高企业技术水平,因而大量企业转型导致村镇收益大幅下降,工缴费损失巨大;四是出口额发展势头受阻。与此形成鲜明对照的是,1996 年后的深圳高新技术产业迅速崛起,成为深圳市新的经济增长点,一些超大型企业纷纷在深圳市落户,开发了一批重要的工业主导产品,一些规划完善、初具规模、配套建设的工业园区大量出现,深圳市企业的规模、技术水平和产业档次得到明显提升。①

1998 年,深圳市委、市政府又出台了被简称为《22 条》的《关于进一步扶持高新技术产业发展的若干规定》,并于 1999 年成功举办了首届高新技术成果交易会。这些措施和活动极大地刺激了全社会发展高新技术产业的积极性,突出表现在三个方面:一是高新技术企业的数量显著增加,仅 2000 年,向科技主管部门申请认定高新技术企业的数量就有 225 家,比上年增长 163%,其中的 72 家通过认定,比上年增加 188%。在标准不断提高的情况下,仅这一年通过认定的高新技术企业数量就相当于 10 年来认定总数(212 家)的 34%。二是高新技术产业的规

① 参见袁易明等:《资源约束与产业结构演进》,中国经济出版社 2007 年版,第 159 页。

模持续扩大,并呈加速增长的态势。1997 年,深圳市高新技术产品产值已达 475.24 亿元,占全市工业总产值的 35.80%;1999年上升至 819.79 亿元,占全市工业总产值的 40.47%;2000 年以后,增长速度进一步加快;至 2002 年,高新技术产品产值占到工业总产值的 47.88%。三是企业自主创新能力大幅度提高,创新成果增多,技术水平快速提升。1990 年,深圳市授权专利总数仅为 67 件,2000 年增至 2401 件,2005 年增至 8983 件,授权专利数量呈指数增长特征。

深圳市高新技术产业占工业产值的比重,从 1995 年到 2008 年一直处于上升趋势,2004 年以后一直维持在 50% 以上;增速呈波动型状态,1995 年一度超过了 50%。此后开始下降,2008 年增速最低,约为 14.6%(见表 4-4)。

表 4-4　深圳市高新技术产业部分年份变动情况

年份	高新技术产品产值(亿元)	高新企业数(个)	占全市规模以上工业总产值的比重(%)	增长率(%)
1991	22.90	—	8.00	—
1995	225.82	63	20.52	54.50
1997	475.24	113	35.80	35.80
1999	819.79	142	40.47	25.12
2000	1064.45	212	42.28	29.84
2002	1709.92	442	47.88	29.40
2004	3266.32	943	50.18	31.57
2005	4885.26	1144	51.06	49.56
2006	6306.38	1505	54.02	29.09
2007	7598.76	2748	54.90	20.50
2008	8710.95	3086	54.90	14.60

资料来源:根据深圳市统计(信息)年鉴 1996、1998、2000、2001、2003、2005、2006、2007、2008 中的高新技术产业统计公报整理。

    2000 年,深圳市高新技术企业的产值突破了 1000 亿元,2003 年突破了 2000 亿元,2004 年突破了 3000 亿元,2006 年突破了 6000 亿元。而具有自主知识产权的高新产值比重在 2000 年超过了 50%;高新企业数量则从 1995 年的 63 家增加到 2006 的 1505 家,其中产值上亿元的企业从 1998 年的 51 家增加到 2006 年的 393 家。2008 年,深圳市高新技术产品产值达 8710.95 亿元,其中,具有自主知识产权的高新技术产品增加值为 2525.18 亿元,占全部高新技术产品产值的 59.1%。从行业分析,电子信息产业产值达 7839.15 亿元,占高新技术产值的 90%,同比增长近 13%,显示出 IT 产业一枝独秀的特征。2008 年,深圳市高新技术企业达到 3086 家,其中年产值过亿元的企业有 621 家,年产值超 10 亿元的企业有 85 家,年产值超 1000 亿元的企业有 2 家。一批自主创新型和市场能力极强的高新技术企业成为拉动经济增长的中坚力量。如华为技术有限公司实现合同销售收入 1590 亿元,同比增长 46%;中兴通讯股份有限公司营业收入达 442.9 亿元,同比增长 27.36%;腾讯公司实现总收入 71 亿元,同比增长 87%。①

    然而,深圳市高新技术产业整体技术档次仍不高,以一般适用型技术为主,只在高新技术的外层徘徊,离世界上高新技术的核心层还有很大距离。加工装配形成的工业产值比重仍然超过 70%,具有自主知识产权的产品产值比重虽然已超过整个高新技术产品产值的 50%,但真正掌握核心技术的产品产

---

① 参见 http://www.mysteel.com/gc/gnscfx/gdrd/2009/04/08/083739,1983792.html。

值不足 10% 。[1] 许多被列入高新技术行业的产品,也只是简单加工和组装,附加值并不高。而且这些低档的技术大多为非绿色技术,环境效益很差,产业规模、经济效益总体上不高。许多行业仍以中小型企业为主,大中型企业所占比重低于全国平均水平;企业集团经营规模不够大,管理水平不高,经济实力不强。2006 年,深圳市高新技术产业的人均净利润为 3 万元/人,而 2007 年却下降为 2.7 万元/人;2006 年全员劳动生产率为 19 万元/人,2007 年为 17.8 万元/人,下降明显。[2] 任何一个产业领域,如果没有核心技术,就只能靠劳动力加工赚取微薄的加工费,也只能沦为别人的"加工厂"。[3] 因此,深圳市高新技术产业的生产方式转型是一种必然的选择。

总而言之,深圳市工业的发展显然是其生产方式不断转型和提升的过程。"三来一补"阶段可以说是温特制生产方式的低级阶段,承担了生产模块中的劳动密集型低端(如装配)工序。随着电子通信等高新技术行业的兴起,深圳市工业的生产方式逐步高级化,开始向研发设计、组织形式模块延伸,向以知识和技术为基础的高端价值链移动。

二、第三产业的历时变动及其原因

总体来说,尽管服务业有助于社会物质财富的创造,但更多

① 参见李秋燕、肖平:《深圳市产业结构调整与可持续发展探讨》,《国土与自然资源研究》2006 年第 4 期。

② 参见王丽霞:《提高自主创新能力,促进深圳市高新技术产业发展》,《中国高新技术企业》2009 年第 6 期。

③ 参见杨瑞芳:《深圳产业结构现状及其发展对策》,《特区经济》2008 年第 2 期。

的是对社会财富的分享,生产才是社会物质财富创造的主要环节。由此可见,服务业的发展一定要以物质生产的发展为基础,物质生产方式的转变是服务业提升的最终决定因素。随着社会经济的发展,深圳市第三产业在不同阶段也有不同的增长点,目前呈现出内容多元化、新型化和高附加值化的发展趋势,金融、信息、旅游、商贸、房地产、仓储、运输等新兴行业已发展成为优势产业,尤其是金融业、高新技术产业、现代物流业和文化产业,成为深圳市的四大支柱产业。

(一)深圳市第三产业发展的阶段性及成因

深圳市第三产业基本是伴随着第二产业的发展而壮大起来的。其发展历程大体上可以分为四个阶段。

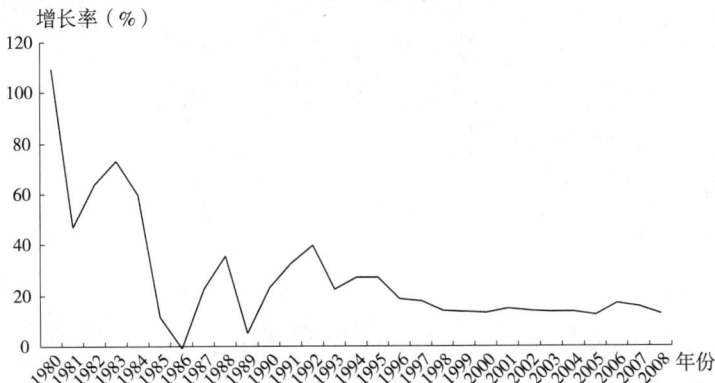

图4-5　深圳市第三产业增长率变化图

第一阶段是传统低端服务业发展阶段(1980—1984年)。特区成立之初,深圳市利用优惠政策吸引了国内外前来投资、洽谈、旅游、贸易的众多商客,人口的迅速增加刺激了商贸、旅游等服务业的发展,此阶段产业结构的特点是:大量"三来一补"加工业是当时的主导产业,第三产业增长速度快,年均增长率达60%,但内容相对单一,主要以传统低端服务业为主,多为旅店、交通、仓储、居民服务业和其他服务业等。

第二阶段是调整阶段(1985—1987年)。由于前几年的超高速发展,深圳特区基建规模过大,经济运行过程中的矛盾凸显出来。"三来一补"加工业的增长势头回落,第二产业进入调整阶段,以第二产业为轴线的第三产业也表现出同样的趋势。

第三阶段是现代服务业兴起阶段(1988—1996年)。深圳市第二产业向深加工发展,同时新的经济亮点开始产生,高新科技产业起步,建筑业快速发展。由于特区建设和第二产业发展的需要,这一时期金融业、信息咨询业和保险业兴起并持续高速发展,第三产业的比重超过第二产业。

第四阶段是现代服务业成长阶段(1997年以后)。这一时期,深圳市的产业特征有了实质性变化,以电子通信、生物技术为代表的高新技术产业增长迅猛。第三产业中的旅游、会展、动漫等文化产业空前蓬勃发展,与金融业、物流业等新兴产业一起成为支柱产业。①

(二)深圳市第三产业内部的行业变化

从2004—2007年深圳市第三产业内部的行业构成来看(表4-5),批发和零售业比重虽高,但趋于逐年下降,从2004年的22.35%下降到2007年的19.27%;房地产业开始占据重要位置,比重基本保持在20%左右;金融业比重明显增强,从2004

---

① 参见谢植雄:《深圳经济增长与产业结构演进分析》,《地域研究与开发》2003年第8期。

年的 13.27% 上升到 2007 年的 22.97%。从 2004 到 2007 年,这三个行业的增加值之和占第三产业增加值的比重,分别为 55.59%、56.83%、58.11%、61.69%,均超过第三产业增加值的一半,并显示出逐渐上升的趋势,意味着这三个行业目前仍是深圳市第三产业主要的经济增长点,也是第三产业升级优化的主要动力源。

知识相对密集的生产性服务行业①——信息传输、计算机服务和软件业,科学研究、技术服务和地质勘查业,教育业,以上三个行业不仅所占比重很低,而且呈现出逐渐下降的趋势。2004 年,这三个行业合计占第三产业比重为 12.82%,到 2005 年下降为 11.55%,2006 年,降为 10.97%,2007 年下降为 10.25%。一个经济体在完成工业化之前,需要大力发展工业以提供积累,当工业化达到一定程度后,经济上升到新高度则需通过现代物流业、金融业、知识性服务业等现代服务业支持第二产业的发展,确保经济的持久动力。② 知识密集型服务业比重低并呈现下降趋势,这对产业高级化来说是不利的。深圳市第二产业中的加工工业比重过大,经济外溢效应小,加工工业粗放式扩张,工业生产方式转型不顺畅等,是导致深圳市生产性服务业需求不足的重要原因。

---

① 参见马晓河等:《中国产业结构变动与产业政策演变》,中国计划出版社 2009 年版,第 215、225 页。马晓河等没有将教育列入生产性服务业,但根据舒尔茨的人力资本原理,教育具有生产性质,因此本文将教育也归列为生产性服务业。

② 参见胡艳:《深圳产业结构变动对经济增长影响的实证分析》,《价值工程》2005 年第 6 期。

表 4-5 部分年份第三产业部分行业增加值
在第三产业增加值中构成变化

行业分类	占第三次产业比重(%)			
	2004 年	2005 年	2006 年	2007 年
交通运输、仓储和邮政业	8.98	9.50	9.25	8.73
信息传输、计算机服务和软件业	7.57	6.68	6.28	6.35
批发和零售业	22.35	22.28	20.57	19.27
住宿和餐饮业	4.09	4.09	4.11	3.62
金融业	13.27	13.47	17.06	22.97
房地产业	19.97	21.08	20.54	19.45
科学研究、技术服务和地质勘查业	2.51	2.14	2.16	1.64
教育	2.74	2.73	2.53	2.26

资料来源:《深圳市统计年鉴 2005》,第 55 页、2006 年第 52 页、2007 年第 47 页、2008 年第 49 页的数据计算。

　　根据发达国家的经验,在第三产业迅速发展的过程中,金融保险业、不动产业以及市场研究、咨询、规划设计、中介、科技、法律、税收、管理、广告等新兴的工商服务业占第三产业的比重将逐步增加。① 除金融业外,这一特征在深圳市表现并不明显,甚至呈现相反趋势。

　　　① 参见苏波:《深圳市第三产业现状及发展战略研究》,《工业技术经济》2008 年第 9 期。

表4－6 第三产业部分年份部分行业增加值增长率历时变化

行业分类	增长速度(%)		
	2005 年	2006 年	2007 年
交通运输、仓储和邮政业	19.90	16.00	11.40
信息传输、计算机服务和软件业	21.90	10.80	19.50
批发和零售业	10.40	8.70	10.60
住宿和餐饮业	10.70	15.80	4.60
金融业	12.00	49.00	50.20
房地产业	13.80	10.70	6.40
科学研究、技术服务地质勘查业	-5.10	18.90	-9.60
教育	11.80	10.50	5.80

从表4－6可以看出,深圳市的金融业异军突起,2006 年、2007 年的增长率高达近50%,而教育、交通运输、仓储和邮政业、信息传输、计算机服务和软件业、科学研究、技术服务等具有某种生产性服务性质的行业,增速却出现了或是大幅放缓或是激烈波动的现象,表明深圳市服务业还没有步入良性运行的轨道。

第三节 深圳市产业转型的势态分析

产业是一个包含各种矛盾在内的巨系统,在深圳市产业转型的过程中会遇到各种各样的矛盾和问题,而其中最主要的矛盾是经济的高增长与资源的紧约束、需求的无限性与资源的有限性之间的矛盾,要解决的主要问题则是有限的产业资源如何实现最优化配置,以保持经济高速增长并实现产业的可持续发展。在实施产业转型时,首先需要对这个巨系统进行细致的矛盾分析,把握其产业发展的过去、现在与未来,对产业发展的各种可能性进行利弊权衡，因地制宜，扬长避短，选好产业转型的方向和突破。并把握好时间上的节点和顺序，才有可能抓住机遇，成功实现产业转型。

一、深圳市产业转型的条件与优势

深圳市是我国改革开放的窗口，是产业发展最为活跃的地方。经过 30 年的改革开放和快速发展，深圳市产业结构不断优化，先进产业初具规模，市场经济体制初步形成，城市功能日益完善，经济实力大大增强，产业的升级、优化、转型取得了明显成效，为新时期实现产业的全球化、知识化、服务化、生态化转型奠定了基础。与其他城市相比，深圳市产业转型有其独特的优势。

（一）地缘区位优势显著。毗邻香港是深圳市独有的地缘优势。深圳和香港是世界上距离最近的两座城市，而且深港在历史上一直保持着良好的合作关系。深圳市从学习香港、承接香港产业转移开始，逐步发展起自己的优势产业，同香港在产业发展上保持紧密的互补与合作关系。随着深港创新圈和共建国际性大都会的深港一体化合作机制的不断推进，形势更加有利于深圳市承接香港产业转移，引进香港的管理、资金、人才、信息、技术，加强两地间的优势互补与共同发展。同时，深圳市地处中国最具发展活力的珠三角经济区的前端，居于珠三角"港—深—穗"经济走廊的中心部位，这为深圳市产业转型提供了良好的城市支撑体系平台。随着 CEPA① 的实施，区域经济

---

① 注：CEPA 的中文直译是"紧密经济伙伴安排"，英文全称是 Closer Economic Partnership Arrangement。CEPA 名称首次出现在 2003 年 6 月 29 日中国商务部与香港签订的《内地与香港关于建立更紧密经贸关系的安排》中。

一体化进程的加速,以及泛珠三角区域合作机制的启动和深化,深圳市正在加快融入区域发展与合作之中,这为深圳市的产业转型提供了新的机遇。

(二)市场经济体系相对完善,市场在资源配置中的基础性作用得到充分发挥。市场经济体制改革的先行优势,使深圳市形成了竞争有序的现代市场体系和运行机制,市场配置资源的基础性作用得到了充分发挥。企业产权制度、分配制度、人事制度的改革,为深圳市的产业发展带来了生机与活力。市场化、国际化改革的深入推进,使深圳成为外商投资的首选城市之一,从而进一步提高了深圳市利用两个市场、两种资源的能力。以自主创新为主导,深圳市构建起以市场为导向、产业化为目的、企业为主体、官产学研资介紧密结合的区域创新体系,成为产业转型和产业核心竞争力提升的内在动力。在新的历史时期,国家又赋予深圳综合配套改革试点城市的新使命,这也为深圳市新时期的产业转型提供了国家政策支撑。

(三)雄厚的经济基础。经济长期高速发展,产业规模持续快速增长和持续看好的发展趋势,为深圳市的产业转型提供了基础和条件。深圳建市 30 年来,全市生产总值年均增长约26.9%,创造了世界城市经济发展史上的奇迹。2008 年,全市生产总值达到 7806.5 亿元,居全国大中城市第 4 位,人均 GDP 达到 13153 美元,居全国大中城市首位。产业竞争力较强,2008年,深圳市的高新技术产业增加值达到 2526 亿元,产值规模多年稳居全国大中城市之首;国内金融机构人民币存贷款余额分别达到 13011 亿元和 9058 亿元,分别居国内大中城市第 4 位和第 5 位;港口集装箱吞吐量达到 2142 万标箱,连续 5 年稳居世界第 4 位。产业发展的质量和效益突出,2008 年,万元 GDP 能耗继续下降,为 0.54 吨标准煤①,低于全国平均水平的一半②;万元 GDP 耗水 23.7 立方米,仅相当于全国平均水平的 10%;每平方公里 GDP 产出达到 4 亿元,比上年提高 0.52 亿元。③ 深圳市 GDP 的财税率、产业贡献率、城市综合竞争力等各项经济社会发展指标均居全国大中城市前列。较强的经济实力和持续向好的发展态势,有利于深圳市实现产业的发展转型。深圳市居民人均可支配收入达到 26729.31 元,居民生活水平和质量不断提高,消费潜力进一步增强,有利于带动产业结构的调整和现代服务业的发展。政府财政实力雄厚,在产业转型过程中可实施强有力的操控措施,④为应对各种风险和挑战奠定了坚实的物质基础。

(四)产业结构优化调整取得初步成效,产业布局基本成型。近年来,深圳产业结构优化调整取得初步成效,基本实现了从初级传统加工产业为主向高新技术产业为主的转变,从小型、分散生产经营向规模化、集群化生产经营的转变,从受托加工向自主研发生产的转变。三大产业结构日趋优化,呈现二、三产业

---

① 参见广东省统计局、广东省经济贸易委员会、广东省发展和改革委员会:《关于 2008 年各地级以上市单位 GDP 能耗等指标的通报》,2009 年 7 月 6 日。

② 根据国家统计局、国家发展和改革委员会、国家能源局 2009 年 6 月 30 日联合发布的《2008 年各省、自治区、直辖市单位 GDP 能耗等指标公报》显示的数据,2008 年,我国单位 GDP 能耗为 1.102 吨标准煤/万元。参见《北京晚报》2009 年 7 月 1 日。

③ 参见深圳市人民政府:《深圳市现代产业体系总体规划(2009—2015)》,深府[2009]131 号文,2009 年 6 月 24 日,《深圳市人民政府公报》2009 年第 26 期(总第 660 期)。

④ 参见深圳市统计局:《深圳统计年鉴 2009》,中国统计出版社 2009 年版,第 35 页。

协调发展的良好态势。2008 年,三大产业比例为 0.1：48.9：51.0,其中第三产业增长 12.5%,高出第二产业 0.6 个百分点。产业内部呈现出高端化发展趋势。2008 年,全市高新技术产品产值为 8714.26 亿元,增长 14.7%,占全市规模以上工业总产值的 54.9%;高新技术产业增加值为 2525.18 亿元,增长 15%,占工业增加值的比重达到 71%,拥有自主知识产权的高新技术产品产值比重达到 59.1%。① 高新技术产业、物流、金融、文化产业四大支柱产业体系初步形成,主导作用更加突出,增加值占GDP 的比重超过 60%,产业结构优化调整迈上新台阶。作为深圳市经济的"引擎",先进制造业和新兴服务业对经济增长的拉动作用显著,产生了吸引高端技术及上游产业向其转移的产业链优势,提升了区域自主创新能力和产业链集群的综合竞争能力,增强了产业发展的后劲。区域产业布局更加完善,"一带四区六园九基地"的布局架构基本确立,深圳成为国家高技术产业基地和知识产权示范城市,在珠三角区域产业体系中发挥着重要的引领和带动作用。

(五)初步形成以企业为主体的创新体系,企业自主创新能力不断增强。深圳市在产业发展中突出自主创新战略,初步形成了以企业为主体的创新体系,90% 以上的研发机构设立在企业,90% 以上的研发人员集中在企业,90% 以上的研发资金来源于企业,90% 以上的发明专利出自于企业。创新投入力度不断加大,2008 年全社会研发投入 275 亿元,占 GDP 的 3.33%,高于全国平均水平 1.8 个百分点;产业创新向价值链高端攀升,发

---

① 参见《2008 年深圳市高新技术产业统计公报》,《深圳统计年鉴 2009》,中国统计出版社 2009 年版,第 274 页。

明专利授权量达到 5404 件,PCT(专利合作协定)国际专利授权
量达到 2709 件,连续 5 年位居全国大中城市首位;华为公司以
1737 项申请居全球第 1 位。拥有 3 个中国的世界名牌产品,80
个中国名牌产品,25 个"中国驰名商标",成为全国首个国家创
新型城市。① 同时,深圳市已形成了比较完整的、开放的金融组
织体系和金融市场体系,金融控制能力、资本可得性、资本流量
都是全国最好的城市之一。

(六)支柱产业势头强劲,一批龙头企业迅速崛起。深圳市
政府坚持产业第一、产业立市的发展战略,大力完善产业发展的
各项政策,仅 2008 年,围绕发展高端服务业、培育总部经济、优
化政府服务、推进产业转移和劳动力转移、建设中国特色社会主
义示范市、建设国家创新型城市,先后出台了一系列政策措施,
初步形成了较为完善的产业优化、升级和转型的促进体系。在
大力发展支柱产业,优先扶持有科技含量、有发展潜力、有自主
知识产权的高科技企业这种大的产业政策背景下,深圳市涌现
出众多具有较强自主创新能力的高新技术企业,截至 2008 年年
底,全市拥有科技型企业约 3 万家,经认定的市级高新技术企业
3086 家,国家级高新技术企业 395 家。在高新技术企业中,高
新技术产品产值过亿元的企业有 620 家,其中超 10 亿元的企业
有 84 家,超 20 亿元的有 48 家,超 50 亿元的有 20 家,超 100 亿
元的有 8 家,超 200 亿元的有 6 家,超 300 亿元的有 4 家,超

---

① 参见深圳市人民政府:《深圳市现代产业体系总体规划(2009—
2010)》,深府[2009]131 号文,2009 年 6 月 24 日,《深圳市人民政府公报》2009
年第 26 期(总第 660 期)。

1000 亿元的有 2 家。① 一批在国内领先、具有国际竞争力的行业领军企业迅速崛起,通讯制造业领域有华为、中兴等,先进制造业领域有比亚迪,消费电子领域有创维、康佳等,互联网服务领域有腾讯、杜果网等,生物医药领域有迈瑞、信立泰等,这些企业为产业转型树立了典型,也成为抗击经济风险的重要力量。

(七)多元创新的社会文化氛围造就了良好的创业环境。深圳已初步建设成为一个现代化的国际都市,交通、能源、通讯、水务和环境保护等城市基础设施日趋完善,产业发展的硬件环境和城市服务功能明显提升。同时,深圳市的城市管理水平不断提高,区域经济中心城市功能大为增强,政府公共服务上网率达到78%,城市信息技术基础设施指数全国第一,城市竞争力显著提高。2009 年 4 月 14 日,中国社会科学院发布的《2009 年中国城市竞争力蓝皮书:中国城市竞争力报告》显示,在中国最具竞争力、经济规模竞争力、产业层次竞争力、生活质量竞争力等方面,深圳市的排名均在前 10 位,城市综合竞争力排名香港、深圳、上海分列 1、2、3 位。② 再者,深圳市加快建设服务型政府和责任型政府,在全国率先启动非行政审批制度改革,不断优化产业发展的政务环境,优化人才创业和宜居的环境。同时,作为典型的移民城市,深圳市在 30 年的发展中,已形成了鼓励创新、宽容失败的创业文化,构成了深圳市产业发展"软实力"中最为核心、最具渗透力的部分,它使每个人的主体性和创造性得到充分体现和发挥,是深圳市实现产业发展和转型的内在动力。社

① 参见《2008 年深圳市高新技术产业统计公报》,深圳市统计局:《深圳统计年鉴 2009》,中国统计出版社 2009 年版,第 274 页。
② 参见倪鹏飞主编:《中国城市竞争力报告》,社会科学文献出版社 2009 年版,第 1 页。

会主义市场经济体系相对完善,市场在资源配置中的基础性作用得到充分发挥,以及知识产权保护和标准化战略有效实施,科技成果产业化水平居国内领先地位,完善的产业政策与服务的高效率,区位环境的优越性,良好的软环境,较低的隐性成本,以及市场经济基础上的公平竞争机制,宽松的投资环境及高额的经营回报,这一切都构造了一种具有比较优势的"小气候",成为吸引投资的"洼地"、企业"扎根"和人才"生根"的沃土,从而凝聚了一支勇于开拓、善于创新、规模宏大的人才队伍。截至2008年年底,深圳市拥有大专以上学历人才180多万人,其中专业技术人才98万人,从事高新技术产品研究开发的科技人员27万人。多元创新的文化氛围和激烈竞争的市场环境,锤炼出以任正非、侯为贵、王传福、马化腾等为代表的一批具有市场经济理念和创新精神的业界领军人物。

(八)产业类型的外向型有利于深圳市产业与国际产业体系接轨。深圳市的产业发展,起步于以港商投资为主的外贸加工行业。直到今天,在深圳市工业企业的产权结构中,外商直接投资的独资企业仍占相当大的比例,这种高比例外商投资的所有制结构,有利于深圳市产业的外向发展和与国际规则的接轨。同时,深圳市高新技术产业产品、传统优势产业产品均以加工出口为主,整个产业类型具有明显的外向型特征,有利于深圳市产业加入全球产业分工体系。再者,制造业特别是高新技术产业的聚集效应和配套环境,形成了与国际生产系统接轨的基础条件。在积极参与全球分工、承接国际产业转移的基础上,深圳市经过30年的发展,已具备了发展工业的良好的配套环境,形成了以电子信息、通讯设备、计算机为主要产品,积极融入国际生产系统,具有国际竞争能力和可持续发展能力,以区域核心产业为主干的地方生产系统,为深圳市的产业转型和与国际接轨创造了有利的条件。

(九)"增长极"作用凸显,产业集聚力与产业辐射力较强。按照建设现代化国际化城市的总体目标和"融入区域合作、优化资源配置、促进产业升级、强化经济辐射"的总体思路,深圳市大力推进区域经济一体化,产业凝聚力和辐射力不断增强,已初步形成区域产业发展的"增长极"。深港合作向深层次拓展,区域合作向宽领域延伸,对口扶持稳步推进,"走出去"战略取得新进展,一大批深圳本土总部企业快速成长。金融、证券、商贸、口岸、高科技成果交易、文化产业交易等辐射全国的市场体系得到不断巩固和发展,深圳市在国际物流枢纽城市中居于重要地位,成为全国证券资本市场中心之一,成为国内著名会展城市和国内创业投资集聚力最强的地区。

(十)良好的城市生态环境。深圳市地处亚热带的海滨,有着良好的气候条件和自然生态环境。南亚热带海洋性季风气候,使深圳市全年温暖湿润,光热充足,日照时间长,雨量充沛。年平均气温约为 22℃ 左右,全年可以举行大型户外活动。地势较为平坦,地质构造非常稳定,历史上没发生过强地震。河湖密布,水系发达,拥有河、湖、山、海、岛等自然资源。截至 2008 年年底,全市绿化覆盖面积 97605 公顷,其中 615 个公园占地面积 15986 公顷,公园绿地面积 14205 公顷,人均公园绿地面积达到 16.2 平方米。全市建成区绿化覆盖面积 35471 公顷,建成区绿化覆盖率 45%,建成区绿地率 39.1%[①],园林绿化水平处于国

---

① 参见深圳市人民政府:《深圳生态市建设规划》,深府[2006]264 号文,2006 年 12 月 26 日,《深圳市人民政府公报》2007 年第 4 期(总第 534 期)。

内领先地位,先后被国内外权威机构评为国际"花园城市"、联合国环境保护"全球500佳""国家卫生城市""国家环境保护模范城市""国家生态园林示范城市""保护臭氧层示范市""全国绿化模范城市""全国优秀旅游城市"等多项荣誉称号。同时,作为全国最早发展循环经济的城市,深圳市一直高度重视环境保护、绿色生产和可持续发展。2006年12月,深圳市政府印发《深圳生态市建设规划》,明确提出生态立市、全面建设环境保护生态文明城市的目标,采取限制高能耗产业发展、推进高新技术开发等举措,实现城市生态环境与资源的良性循环以及城市的可持续发展。① 2008年4月8日,深圳市政府又发布《深圳生态文明建设行动纲领(2008—2010)》和9个配套文件及80个生态文明建设工程项目(简称为"1980文件"),把建设生态文明的全球先锋城市作为发展目标了。优越的自然条件,良好的生态环境,为深圳市的产业转型提供了丰富的资源环境和优良的基础条件。

二、深圳市产业转型的困难与问题

随着经济全球化和区域经济一体化的深入发展,尤其是在当前国际金融危机不断扩散蔓延和对实体经济的影响日益加深的背景下,深圳市产业发展受到严重冲击,经济长期高速增长中所积累的问题也逐步暴露出来,正在进行的产业转型更面临着严峻的挑战。

---

① 参见深圳市人民政府:《深圳生态文明建设行动纲领(2008—2010)》,深府[2008]42号文,2008年3月10日,《深圳市人民政府公报》2008年第13期(总第590期)。

　　(一)高增长与紧约束的矛盾成为瓶颈制约。在"产业第一"的战略方针指引下,深圳市的经济持续高速发展,但经济增长方式总体上仍然是以传统的粗放型模式为主,资源消耗大,土地利用效率偏低,空气和水环境质量下降,产业发展面临土地空间限制、能源和水资源紧缺、人口膨胀、环境承载力减弱等瓶颈性制约,经济的高增长与资源的紧约束矛盾突出。第一,可用土地接近极限,产业发展缺少空间。在经历30年的持续高速增长后,深圳市正面临土地资源枯竭的严峻挑战。深圳全市的土地面积1952.84平方公里,其中56%的土地属于生态用地,建设用地实际上只有860平方公里,目前建成区面积已达713平方公里,可供开发利用的土地资源不足150平方公里[①],土地承载的极限日益趋近。目前,深圳是全国唯一没有农村的城市,同时也是全国唯一在没有完成工业化的时候就出现工业用地枯竭的城市。国家发改委的有关统计资料显示,发达国家城市的开发度一般在20%左右,而深圳市现在的城市开发度达到36%,已呈现开发过度状态。[②]深圳市产业的未来发展,势必首先遇到土地空间上的限制。第二,水资源、能源严重短缺,制约产业未来发展。深圳市是全国7个严重缺水的城市之一,地方性水资源高度匮乏,多年平均水资源总量为18.72亿立方米。按2008年常住人口877万人计算,人均水资源量为212立方米,为全国平均水平的1/6;按实际用水人口1296万人计算,人均水资源

---

　　① 注:《用好土地资源,保障科学发展》一文中提到"深圳新增建设用地潜力现在仅为148平方公里",《深圳特区报》2009年6月17日。

　　② 参见国家发展改革委员会副秘书长杨伟民在清华大学深圳研究生院所作的《国家主体功能区规划战略》报告中的数字。

量为 144 立方米,不到全国平均水平的 1/10。据有关测算,自 2004 年起,深圳用水每年以约 7000 万立方米的速度增长,2010 年的年度总需水量将达 21.05 亿立方米,用水缺口 8.46 亿立方米,每天缺水量高达 250 万吨。① 深圳也是一个能源极度贫乏,外向依存度非常高的城市,全市所需的一次能源的全部和二次能源的大部都需要从内地或境外输入,成品油等原材料价格一直在高位运行,电力供应紧张。在当前全国煤炭、石油供应紧张,价格上涨的背景下,深圳市经济社会发展的不稳定因素增加。第三,环境污染日益严重,影响着深圳市的产业转型。深圳市环境容量严重透支,辖区内 7 条河流全部受到污染。机动车数量快速增长,截至 2010 年 1 月底,深圳市机动车保有量为 145.26 万辆,居内地第二。加上长期在深圳行驶的近 20 万辆港澳车和外地车,在全市总计 5200 多公里道路上行驶的在用车辆超过 160 万辆,车辆密度超过 300 辆/公里,这一数字已远高于国际标准极限值 240 辆/公里的警戒线。② 尾气排放和扬尘、噪音污染趋于超标,阴霾天气数逐年增多,已超过全年总天数的 1/3,这对深圳市产业转型会产生比较大的影响。③ 第四,人口过度膨胀和"城市病"凸显,成为深圳市未来发展的不稳定因素。深圳市劳动密集、资源密集的对外加工制造业基础,造成了人口过度膨胀,流动人口比例过高,实际居住人口总数接近 1450 万人④,人口密度超过北京市和上海市,成为全国人口密度

---

①　《突破可持续发展"瓶颈",深圳住宅产业化势在必行》,《深圳商报》2007 年 9 月 17 日。

②　参见《深圳特区报》,2010 年 2 月 3 日。

③　参见钟坚:《深圳的产业升级之路》,《南风窗》2007 年 6 月 19 日。

④　参见《深圳人口总数接近 1450 万》,《深圳商报》2010 年 5 月 22 日。

最大的千万人口大都市。环境污染、能源紧张、停车不足、交通拥堵、治安严峻、管理困难等"城市病"急剧升级,城市规划、基础设施、公共服务和环境综合治理难以应对人口骤增的挑战,以及物质经济狭窄的空间,导致只有30年市龄的深圳过早地患上了"城市病"。

(二)生产方式相对落后。虽然深圳市个别高新技术企业已经参与了全球产业分工,占据了产业价值链的某些节点,具有温特制生产方式的某些特征,但深圳市的产业以轻型加工制造业等低端生产环节为主,"两头在外、大进大出"的外向型加工贸易经济,对提升经济增长后劲所需的资金、技术、人才积累的贡献率不大,产业升级转型的能力有待提升,关联度高、带动性强的高增长行业相对不足。由于缺少高端研发,产品科技含量不高,附加值较低,多数企业处于全球产业价值链的低端环节。高端制造业和高端服务业项目引进和培育相对滞后,总部经济发展起步较晚,发展速度较慢,国际影响力不足,中小企业创新动力和竞争力不强。

深圳市经济的快速增长,过去主要是依靠劳动力及资金的不断投入来实现的,属于低成本扩张的发展模式。但随着中国全方位的改革开放和工业化的快速发展,区域之间对资源的争夺必将导致生产成本的不断上涨。在人民币升值和有限浮动后,沿海地区以出口为目标的制造业及加工工业,经济效益随之出现明显下滑。由于成本不断上升,环境治理压力日益加大,深圳市产业发展进入高成本时代,这为产业转型带来新的压力和困难。从深圳市产业的整体来看,占主导地位的生产方式尚处于从福特制向丰田制和温特制的过渡时期,在全球产业版图上还处于边缘地带。

（三）产业体系不够完善。第一，产业结构相对单一，存在结构性风险。"三来一补"的工贸加工制造业基础，使得深圳市产业结构相对单一，比例结构不太合理，高新技术产业的一枝独秀，导致一些产业先天发育不足，后天调整失衡；现代服务业发展不足，与纽约、东京、新加坡、香港等世界先进城市的平均水平相比存在较大差距；三大产业相互促进和联动发展的动力和后劲不足；①先进制造业和基础工业的力量偏薄弱，抵御宏观经济调整和国际经济形势变化的冲击的能力不强；产业内部也存在发展不均衡、结构欠合理、稳定性不够的结构性风险。如从高新技术产业内部的比例结构看，IT 产业一枝独秀，多年来一直占据产业份额的 90% 以上，而新材料、新能源、生物医药等其他高新技术产业相对薄弱，发展缓慢，产业份额加起来不足 10%。由于工业企业高度的同质性和外向性，国际市场的波动对深圳市的产业发展影响非常明显。第二，产业链的体系构建不够完整。深圳市大型企业相对较少，企业规模普遍偏小，大中小企业间缺少专业分工和协作关系，大部分中小企业从产品设计、原料采购、加工到产品的生产和销售都由自身完成，而不是向大型企业定向供货，缺乏围绕"航母型"企业而展开的具有垂直化分工特征的生产体系。大量中小企业的分散布局和行业内企业同质化严重，缺少形成纵向一体化的有上下游关系的产业链集群体系。② 第三，产业布局上不够均衡。几大支柱产业和传统优势

---

① 参见《深圳市国民经济和社会发展第十一个五年总体规划》，2006 年 3 月 26 日深圳市第四届人民代表大会第二次会议审议批准，深圳市人民政府印发。

② 参见闫小培、林耿、普军：《大珠江三角洲的产业升级与国际竞争力》，《经济地理》2007 年第 6 期。

产业在布局上存在集中度不够、集约性不强、产业的集聚效应和规模效应不明显等突出问题,各产业的上下游关系在布局上存在着欠均衡、不配套的不合理状态,关内和关外在产业布局上"一盘棋"的发展战略考虑不足,非生态化产业仍占有相当比例,结构布局的惯性增加了产业转型的难度。

（四）原始创新内在动力不强。第一,企业根植性不强,原始创新内在动力不足。深圳市产业发展大多起源于港台中小资本投资,即其核心生产要素主要来自于外部,属于一种外生外向型的产业经济模式。而中小资本具有两面性,一方面是引进过程的"短、平、快",造就了经济发展的高速度;但另一方面是这种外生外向型的中小资本高度的"逐利性",企业根植性不强,产业发展分散,升级转型乏力,高速度并没有带来高效益,外向型经济却缺乏全球化转型的内在动力。[①] 第二,基础研发较弱,核心技术和重要环节缺失。深圳市高校和科研机构少,缺少自主创新的大型科技研发平台,基础研发较弱,高新技术产业的核心技术和自有知识产权的创新能力欠缺;原始创新靠的是科研,科研先进靠的是不断积累与持续创新,大型科技研发平台是获取领先创新成果的基础性条件。与北京、上海等城市相比,深圳市的高校和科研机构太少,有研发实力的大型企业也不多,研发投入不足,缺少大型科技研发平台,这种状况必然造成深圳市企业自主创新能力不强,具有自主知识产权的产品和自有品牌较少,产业发展的关键核心技术对外依赖度较高,产业核心竞争力有待加强。第三,产学研结合不足,缺少将科技转化为生产力的

---

① 参见闫小培、林耿、普军:《大珠江三角洲的产业升级与国际竞争力》,《经济地理》2007 年第 6 期。

研发环节。产学研结合是科技成果转化为生产力的重要举措。深圳市的企业一般注重能够"短、平、快"产业效益的科技成果，而对科技转化为生产力的研发环节重视不够，科技成果商品化、产业化能力不强，产业整体技术创新能力不足，产业核心竞争力有待增强。

（五）高端人才总量供给能力源头不足。第一，低端劳动力比例过高，劳动力整体素质偏低。由于深圳市产业结构中以加工制造业为主的劳动密集型产业占有较大比重，导致低端外来劳动力大量进入深圳特区，造成深圳市人口增长速度过快，外来人口比例过大，劳动力整体素质偏低，人口因素与城市发展的不协调、不平衡影响到城市现代化进程。据深圳市针对外来劳动力人口素质的调查，大部分外来劳动力的受教育水平在初中以下，大专及大学以上水平不及 10%，初中及以下占 70%。[①] 在产业转型中必将伴随高端人才的引入和大量非户籍低端人口的转移，如何实现人口结构调整的平稳过渡，避免引发社会的不稳定，成为产业转型中需要重视和解决的问题。第二，高端人才的培育平台和科研攻关支撑平台的缺失，造成深圳市高端人才总量的供给能力不足，高端人才的引进和储留面临困难。深圳建市时间较短，高等教育和科研起步晚，数量少，规模小，存在先天不足，不仅不能和北京市、上海市比，且远少于内地的武汉市、西安市，甚至还比不上兰州市，这与深圳市产业转型和经济社会的快速发展对大量高质量人才的需要极不相称。过去深圳市依托特区优势，采取人力资源的引进战略，从国内外吸引大量人才前

---

① 参见李罗力：《转型：产业调整与经济社会发展的双谐变奏》，中国经济出版社 2006 年版，第 238 页。

来创业。随着特区政策的淡化,深圳市吸引高层次人才的潜力下降,高端人才的培育平台和科研攻关支撑平台的缺失,造成深圳市高端人才总量的后续供给能力明显不足,人才结构与产业结构升级不相适应。全球生产方式的演变和产业转型,加剧了各地围绕人才的竞争,人才的引进和储留面临困难。第三,高层次人才培养的长周期、慢变量与深圳市人才需求的短周期、快变量存在着突出矛盾。随着深圳市产业转型对高层次人才需求的骤增,原来行之有效的人才引进战略已不能满足产业转型对人才的需求,深圳市未来的人力资源战略必须放在自身培养上,而高层次人才培养的长周期、慢变量与人才需求的短周期、快变量之间矛盾的化解程度,将影响到产业转型实现的效果。

(六)"特区"政策优势在急剧淡化。第一,特区不再有特殊化。统一内外资企业所得税的新企业所得税法的实施,标志着特区最后一项特殊政策被取消,"特区"不"特"的现实状态考量着深圳市产业发展转型的目标和路向。第二,优惠政策普惠化。随着国家区域发展政策的调整,基本形成全方位、多层次的对外开放格局,也使得原有的特区优惠政策普惠化,各地竞相采取更加灵活的措施来推动本地经济发展,深圳市利用体制落差吸引资本和人才的优势明显减弱。第三,绝对优势相对化。改革开放之初,深圳市抓住经济全球化和产业国际转移的契机,利用毗邻香港的地理优势,吸引了大量海外直接投资,建立了外向型加工制造业基地,并以此为基础形成配套产业的聚集优势,快速实现了工业化。但随着各项改革的不断深入,国内市场与国际市场逐渐接轨,这种以外向型加工制造业为基础的产业聚集优势也正在被逐渐淡化。深圳市凭借绝对优势和外在优势获取快速发展的时代已经过去,开始进入了一个需要依靠相对优势和创造优势来争取自身发展的时代。

（七）政府主导型产业转型存有风险因素。深圳市正处于社会转型、产业转型、体制转轨、发展方式转变的关键时期,既面临自身结构调整和经济周期性波动带来的阵痛,又要应对国际金融危机的冲击和影响,同时空间资源等瓶颈约束尚未缓解,城市管理、社会发展等存在不少薄弱环节,体制性和结构性矛盾、短期和中长期问题、内在和外在的多种因素的影响相互交织和相互作用,压力和挑战前所未有。而深圳市的产业转型属于政府主导型,即产业结构调整和产业改造、优化、转型、升级不是在市场竞争环境中自然形成的,而是在政府的主导下配置生产要素,进行产业变革的。在这种政府主导的产业转型中,"市长"的意志往往会大于"市场"的作用。如果产业转型做得好,会使产业功能得到迅速提升;如果发展战略选择失当,可能导致产业发展上的失衡与挫败。因此,在政府主导型的产业转型中,政府面临着实践检验转型效果的巨大压力和挑战。深圳建市以来,GDP 一直保持着高速增长,现在每平方公里 GDP 年产出量达 4亿元,继续保持高速增长会由于基数较高而相应地加大难度。而由于深圳市土地有限、资源稀缺,不断地提升单位土地的GDP 产出和税收,则又成为衡量产业转型是否成功的关键所在,也是人们对产业转型的期望所在。不过在产业转型的初级阶段,特别是在产业生态化转型的过程中,产业转型与经济增长之间有可能呈现负相关关系,即产业转型有可能需要以降低经济增长的速度为代价。因此,对深圳市政府来说,产业转型存在着一定的压力与风险。

（八）国际及区域竞争日趋激烈。近年来,随着经济全球化的深入和知识经济的发展,发达国家在不断加快自身技术、设备和资本的外向转移,实现产业结构高级化的过程中,通过严格限制高技术流出、加大技术壁垒、向外转移低级产业和挖掘他国人才等手段,不断强化自身的技术优势、速度优势、人才优势和对信息与技术发展的调控能力,从而拉大与发展中国家的技术差距,以保持其对产业链高端的垄断地位。从国内来看,各地区竞相推出各种优惠政策,相互之间展开吸纳跨国公司制造业布局中国的角逐,积极参与打造"世界工厂"的分工,由此产生了新一轮的区域竞争,特别是中心城市之间在产业、资源、技术、人才方面的合作与竞争日益加强。在新的挑战下,深圳市产业发展将面临双重边缘化的危险①,即在全球生产网络中处于边缘位置,在国内生产体系中处于边缘位置,因而面临巨大的产业转型压力。

三、深圳市产业转型的挑战与机遇

从美国开始的国际金融危机已从局部发展到全球,从发达经济体传导到新兴市场经济体,从虚拟经济扩散到实体经济,涉及范围之广、影响程度之深、冲击强度之大超出人们预料。国际金融危机也给深圳市的产业发展带来了严峻的挑战。由于深圳市经济的外贸依存度高达 260%,主要出口市场集中在美、日、欧等发达国家,因此受国际金融危机和市场萎缩的冲击更直接、更强烈,经济发展的压力前所未有。工业和出口明显回落,产业长消平衡的压力增加,产业结构升级和经济发展转型的压力加大。当前正值深圳建设"一区四市"的关键时期,也是发挥经济特区优势、实现"在创新中转型,在转型中跃升"的重要时期。

---

① 注:边缘化是一个比较抽象的说法,就是非中心,非主流,或者说被主流所排斥,所不包容。即不入主流,缺乏号召力、影响力,容易被忽略和冷落。

复杂多变的外部环境和科学发展的内在要求,为深圳市的产业转型带来新的挑战和机遇。

(一)金融危机对深圳市产业发展产生深刻影响。一方面,受全球金融危机的影响,世界经济形势剧烈动荡,不稳定和不确定因素明显增多,部分行业和企业的发展受到极大冲击,深圳市经济结构面临重大调整,产业转型势在必行;另一方面,世界金融危机相对削弱了发达国家的垄断地位,引发世界经济秩序的新变化,为深圳市企业拓展新的发展渠道和领域提供了较多机遇,也为产业调整、升级和转型提供了新的发展空间。

(二)科学技术进步推动产业发生深刻变革。当今世界科技发展日新月异,以技术突破和产业融合为代表的国际技术分工成为国际产业分工格局的决定因素,传统的产业结构、生产方式正在发生深刻变革。技术革新促进三大产业结构相互渗透与融合,新型商业模式和业态不断涌现,为深圳市实现产业转型提供了有力的技术支撑,有利于学习和吸收先进的技能和经验,为生产方式的变革和产业转型注入新的活力。

(三)经济全球化加速产业结构的调整进程。全球金融危机的蔓延不会改变创新要素和创新资源的跨国、跨区域流动和整合的趋势。为应对金融危机带来的影响,跨国公司开始在全球范围内重新筹划其研发、投资、贸易、生产、服务、融资、人才等经济活动,垂直分工一枝独秀的传统格局将被打破,水平分工的地位逐渐确立,这有利于深圳市在更高层次上承接发达国家的产业转移,为产业优化、升级和转型提供良好机遇。

(四)产业竞争领域向高端化延伸。随着经济全球化和科学技术迅猛发展,产业发展由土地、原材料等传统资源的竞争开始向人才、技术、创意等高端资源的竞争转变。高端资源成为掌握竞争主动权的核心要素。产品竞争由应用价值向品牌、标准、专利等高端价值链延伸,拥有自主知识产权成为提升产业竞争力的关键。产业集聚效应日趋明显,专业性、高端化产业中心正在形成,为深圳市依托自身产业特点,集聚产业资源,完善产业链条,提升产业国际竞争力提供了重大契机。①

---

① 参见深圳市人民政府:《深圳市现代产业体系总体规划(2009—2015年)》,深府[2009]131 号文,2009 年 6 月 24 日,《深圳市人民政府公报》2009 年第 26 期(总第 660 期)。

第 五 章

人口结构与产业结构比较分析

人口是产业发展的主体,通过生产、交换、消费等环节,为产业发展提供劳动力资源、市场需求及市场资源,它渗透到产业活动的各个主要过程和主要方面。人口的本质特征是结构性特征,它是产业与社会发展的基础和条件,对生产方式变革和产业转型起着促进或制约作用。

自 1980 年成立特区以来,随着产业的飞速发展,深圳市人口也在高速增长。特区成立之初,总人口 31.4 万人,暂住人口 1.2 万人;截至 2010 年 5 月 18 日,深圳市登记流动人口 1200.55 万人,加现有 246 万常住人口,深圳市实际居住人口则接近 1450 万。①

大量流动人口的涌入,给深圳市的产业和社会发展注入了动力和活力,但人口规模增长过快,人口结构失衡等现象,也带来严峻的挑战,如何实现产业与人口的协调发展,已成为亟待解决的难题。为此,2008 年 9 月,深圳市委、市政府出台《关于加快建设现代产业体系、推进产业转移和劳动力转移的若

---

① 参见《深圳人口总数接近 1450 万》,《深圳商报》2010 年 5 月 22 日。

干意见》,提出以产业结构调整促进人口结构优化,通过产业转移和劳动力转移①,实现产业转型,进而实现城市转型的发展战略。

深圳目前已成为我国最具竞争力的城市之一。② 上海市的经济实力也一直位于我国各大中城市前列,拥有很强的城市竞争力。新加坡与香港则有着同内地相似的文化背景,也都是在资源匮乏的狭小土地上,经过几十年的飞速发展,成长为最具全球竞争力的城市,也是深圳市发展、追赶的目标。③ 因而,通过将深圳市的人口结构和产业结构与沪、新、港三地进行分析比较,可以更明晰地评价深圳市目前的人口结构与产业结构中存在的优势和不足④,初步探究产业结构与人口结构之间的联动关系,找到二者之间各项指标的强弱相关性,为深圳市制定产业转型的战略和政策提供科学的理论依据。

① 注:广东省推进的产业转移和劳动力转移是指,珠三角地区的劳动密集型产业向山区和东西两翼转移;农村的劳动力向城市的第二、第三产业转移,山区的劳动力向珠三角地区转移。

② 注:1979 年深圳设市之前,国民生产总值为 1.96 亿元,常住人口为 31.41 万人,暂住人口为 0.15 万人,至 2007 年,深圳市国民生产总值增长到了 6801.57 亿元,常住人口已达 861.55 万人,暂住人口达 649.17 万人,成为我国第一座人均国民生产总值超过 1 万美元的城市。28 年间,深圳市国民生产总值增长了 3469 倍,常住人口增长了 26.43 倍,暂住人口增长了 4327 倍。

③ 注:在由中国社科院组织编写的 2009 年《城市竞争力蓝皮书:中国城市竞争力报告》中,香港、深圳、上海、分列第 1、2、3 位;在由中国社科院组织编写的 *Global Urban Competitiveness Report*（2007—2008）中,新加坡、香港、深圳、上海,分列全球第 8、26、64、41 位。

④ 注:这里我们将重点研究人口的自然结构以及人口社会经济结构中的户籍结构、就业结构和文化教育结构。

第一节　产业结构与人口结构的互动关系

一、人口结构与产业结构

人口是产业发展乃至一切社会活动的主体,是一个内容复杂、综合多种社会关系的社会实体。人口的本质特征是通过人口结构反映的。

人口结构是人们的社会位置以及彼此之间的关系,是一个国家或地区的总人口中,年龄、性别、就业以及教育程度等社会人口特征的分布情况和关系状况。[①] 人口结构按其所具有的属性,可分为人口的自然结构、人口的社会结构、人口的地域结构等。[②]

人口的自然结构是根据人口的自然属性来划分的,包括人口的年龄结构、性别结构和生育及死亡等方面的构成状况,它是人口再生产的客观结果。人口的社会结构是按人口的社会标志和经济标志区分的各组成部分之间的比例关系,具体可分为人口的经济结构、社会结构(狭义)、质量结构。其中:人口的经济结构主要包括人口的产业结构、职业结构、收入分配结构、消费结构等;人口的社会结构(狭义)是根据人口的社会特征来划分和组合的人口结构比例关系,主要包括人口的民族结构、家庭结

[①]　参见 Does population matter? The Economist, 12/7/2002, Vol. 365. Issue 8302, p. 74.

[②]　参见李竞能编著:《现代西方人口理论》,复旦大学出版社 2004 年版,第 193 页。

构、宗教结构、户籍结构;人口的质量结构是根据人口素质的特征来划分的,主要包括人口的身体素质结构和人口的文化教育结构。①

人口的地域结构是根据人口的地域标志划分和组合的人口结构比例关系,包括按人口所在地的自然地理标志、行政区划标志、经济区划标志、城乡标志等而划分的各种人口地域结构,说明人口的空间分布状况。

产业结构指构成整个国民经济之诸产业及诸产业之间相互联系、相互依赖、相互制约的关系的总和。

划分产业结构的方法有多种,最主要、最普及的是三大产业分类法。它是以产业发展的层次顺序及其与自然界的关系作为标准,将直接从自然界获取产品的物质生产部门划定为第一产业,将加工取自自然界产品的物质生产部门划定为第二产业,将从第一、第二产业的物质生产活动中衍生出来的非物质生产部门划定为第三产业。

目前通用的还有标准产业分类方法,这是为统一国民经济统计口径而由权威部门制定和颁布的一种产业分类办法。1948年,联合国首次提出了国际产业分类标准(ISIC)草案,几经应用和修改,于 2007 年公布了最新版的 ISIC 草案(ISIC Rev. 4 draft),目前国际上通用的则是联合国于 2002 年颁布的 ISIC Rev. 3. 1 正式版,包括 17 个门类,62 个大类,161 个中类和 298 个小类。而我国也于 2002 年对 1994 年颁布的《国民经济行业分类与代码》进行了修订,推出了新的《国民经济行业分类与代

---

① 参见李通屏等编著:《人口经济学》,清华大学出版社 2008 年版,第 99页。

码》(GB/T4754—2002)，其中包括了 20 个门类，95 个大类，396
个中类，913 个小类。

还有一种比较常见的分类方法，就是生产要素集约分类法。
该方法根据所需投入生产要素的不同比重和对不同生产要素的
不同依赖程度，将全部生产部门划分为劳动密集型产业、资本密
集型产业、技术密集型产业和知识密集型产业。①

这里，我们将借鉴最为常用的三大产业分类方法和最新的
国际行业划分标准，结合我国大陆以及香港、新加坡的产业划分
标准，对产业结构进行行业划分，并通过其行业产值和行业就业
人口加以研究。

二、人口结构与产业结构的关系

产业是物与人相耦合的结构，是一个反映人与自然关系的
范畴，是社会生产劳动的基本组织结构的体系。② 产业的发展
是在社会生产力的发展和社会分工的发展中实现的：社会生产
力的发展推动着社会的分工，最终导致不同产业部门的形成。③

人口结构与产业结构，通过生产、交换、消费等环节，形成相
互联系、相互渗透和相互制约的关系。

首先，人口受教育程度的高低将会促进或限制产业的发展。
如果某一地区人口受教育程度较高，一方面，该地区可以向本区

---

① 参见芮明杰主编：《产业经济学》，上海财经大学出版社 2005 年版，第
175—182 页。

② 参见曾国屏、高亮华：《产业哲学研究评述》，《科学技术与社会》2006
年第 7 期。

③ 参见曾国屏：《唯物史观视野中的产业哲学》，《哲学研究》2006 年第 8
期。

的产业提供更多的高素质劳动者;另一方面,较多高素质的劳动者在生产过程中可以提高该地区产业的物质资本、资金和技术投入的使用效率,也可以引导物质资本、资金和技术投入的增加,使得劳动力使用更加合理,从而获得更多更大量的产出,推动产业升级。特别是,民众受教育程度的提高将会促进科学技术进步,提高劳动生产效率和经济与社会的管理运行效率,促进产业结构的调整和优化。推动产业发展的根本动力是创新,而科技创新是人的科技创新,是人的科技活动过程。①

其次,不同的人群由于其自身消费倾向的特点,会使得该地区的产业发展受到相应的影响。而低劣的人口素质无法适应经济的发展,在激烈竞争的今天会使一个国家或地区原有的竞争优势逐步丧失,阻碍经济的正常发展。

再次,人口结构影响产业的可持续发展。人口的年龄结构、性别结构、受教育程度等都会影响经济社会的发展状况和潜力。② 在老龄化社会中,过高的人口抚养比例会增加社会的抚养负担,减少劳动力的供给,影响社会保障体系的建立和部分产业的发展。不同性别、年龄和阶层的人口也有着不同的消费需求特点和劳动供给特点,人口结构失衡会大大增加社会治理成本。反过来,产业结构影响一个国家或地区的劳动力需求,而对不同劳动力的需求则决定着劳动人口的空间分布、就业情况,进而影响着一个国家或地区的人口迁移、人口分布、人口就业

---

① 参见袁望冬:《对科技创新促进产业创新的哲学探析》,《自然辩证法研究》2007 年第 5 期。

② 参见张继红:《关于我国的人口结构对社会经济发展的影响分析》,《甘肃科技》2006 年第 1 期。

状况。

最后,产业发展状况也影响着一个国家或地区的劳动力素质,进而影响着一个国家或地区的教育发展状况、人口素质发展状况。[1] 在产业结构高级化的过程中,需要吸纳更多的高素质劳动者就业,从而推动该地区劳动者受教育程度的提高,并对该地区人口受教育程度的提高产生深远的影响。[2]。

产业结构与人口结构之间的关系如图5-1所示。

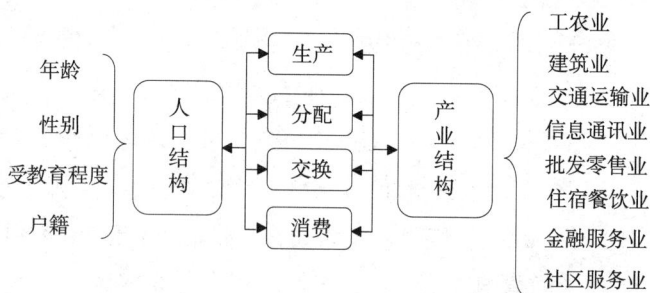

图5-1　人口结构与产业结构的关系示意图

总之,产业与人口发展的水平、规模和速度是相互制约、相互联系的。[3] 人口作为社会经济活动的主体和一切经济关系的承担者,必然渗透到产业演变的每一个过程和方面,影响着产业的变化和发展。人口作为必要的生产要素,其供给的总量、质量

---

① 参见褚可邑:《从深圳的发展看人口与经济增长的关系》,《特区理论与实践》2000年第4期。

② 参见周天勇主编:《新发展经济学(第二版)》,中国人民大学出版社2006年版,第53—54页。

③ 参见 D. Gale Johnson, Population and Economic Development, China Economic Review, Vol. 10(Spring1999), pp. 1-16.

和结构都对产业发展有着重大的影响。同时,产业结构的变动通过影响劳动力需求的变化,影响着人口就业、人口分布等。[1]系统结构决定系统功能,因此,针对两个子系统中内部结构的研究,对于揭开人口与产业之间的关系有着重要的意义。

三、产业结构与就业结构的互动作用与机理

就业结构作为人口结构中的重要因子,与产业结构的联系最为紧密。

就业结构是指人口分布在国民经济各个部门从事各种经济活动所构成的比例关系。[2]它反映了一个国家或地区在一定产业发展水平下对劳动力资源的配置和利用状况。产业结构与就业结构具有很强的关联性。[3]产业结构的变动必然会引起就业结构的变动,同时就业结构也会对产业结构产生影响,合理的就业结构会促进产业结构的升级和优化,而不合理的就业结构不仅不利于产业结构的升级,还会进一步阻碍产业的健康发展。

纵观世界产业发展史,各国(地区)产业和就业结构的变化都具有相似的发展规律,配第—克拉克定理表明,在产业结构演进过程中,产业结构朝着第一产业产出为主→第二产业产出为主→第三产业产出为主的方向发展。相应地,一个国家(地区)的劳动力构成也会逐渐由第一产业占优势而转化为第二产业、

---

① 参见杨中新主编:《中国人口老龄化与区域产业结构调整研究》,北京社会科学文献出版社 2005 年版,第 74—91 页。

② 参见李通屏等编著:《人口经济学》,清华大学出版社 2008 年版,第 153 页。

③ 参见张建武、宋国庆、邓江年:《产业结构与就业结构的互动关系及其政策含义》,《经济与管理研究》2005 年第 1 期。

第三产业占优势。库兹涅茨在继承配第—克拉克的研究成果基础上,通过国际统计数据的对比分析,也证实了三大产业的结构变化趋势符合上述特征。也就是说,有什么样的产业结构就会对应什么样的就业结构,就业结构的变化始终与产业结构的变化保持着关联性。①

　　广义上看,就业结构本身就反映了产业结构的内容,是衡量产业结构演变的重要指标。首先,劳动力作为实现物质资料生产和服务品生产的最基本的要素之一,其在各产业之间的分布状况,不但直接反映了各产业之间、各产业内部的比例关系即产业结构构成情况,还反映出产业结构的变动情况和效益情况,也反映出就业结构的状况和特点。其次,从劳动力质量的角度讲,劳动力的质量也随着产业结构的发展而提升。无论是在第一产业占主导地位的农业经济时代,还是在第二产业占主要地位的工业经济时代,还是在第三产业占主导地位的后工业时代或知识经济时代,劳动者都是至关重要的生产要素。再次,从劳动力的数量来讲,劳动力的总需求量以及在各产业之间、各职业之间的分布状况,都随着产业结构的调整而变动。从农业经济时代到工业经济时代再到知识经济时代,劳动力的分布,逐步从以第一产业为主过渡到以第二产业为主,进而过渡到以第三产业为主的就业结构;从以劳动密集型为主的就业结构过渡到以知识密集型为主的就业结构。②

---

　　①　参见芮明杰主编:《产业经济学》,上海财经大学出版社 2005 年版,第194—207 页。

　　②　参见陈大红:《中国产业结构与就业结构的关联性研究》,《产业与科技论坛》2007 年第 3 期。

　　产业结构则是就业结构的物质基础,决定着劳动力的总需求量和就业结构,产业结构的变动会导致就业结构的变动。而产业结构的调整则受到就业结构调整的影响,产业结构调整过程必然要经历劳动力再培训,劳动者结构性失业,劳动者结构性转岗等长期复杂的过程。①

第二节　深、沪、新、港人口结构现状比较

　　考虑到深圳、上海、新加坡和香港四地统计方法及内容的特点②,深圳市与新加坡、香港的人口结构,将主要通过人口的性别结构、年龄结构、受教育程度进行分析;深圳市与上海市的人口结构主要通过人口的户籍结构来分析;并结合人口结构指标中的户籍构成情况,阐述深圳市自身人口结构的特点。

一、人口户籍结构现状及比较

　　深圳市户籍人口数量远远少于暂住人口数量。2004 年,深圳市户籍人口总数为 165.13 万人,同期暂住人口总数为 635.67

---

　　①　参见蒲艳萍:《产业结构变动对就业增长影响及国际比较》,《现代财经》2005 年第 2 期。

　　②　注:由于我国人口统计的详细、准确的数据只有在全国人口普查或人口抽样调查时才能获取,所以为了体现对比分析的时效性,本书中深圳人口的年龄结构、性别结构、受教育程度等数据只采用《深圳市 2005 年全国 1% 人口抽样调查资料》中 2005 年一年的统计数字,而在对比深圳与上海时也只能进行户籍结构的对比分析。

万人,约为户籍人口的 3.85 倍;2007 年,深圳市户籍人口总数为 212.38 万人,同期暂住人口总数为 649.17 万人,约为户籍人口的 3 倍,尽管暂住人口增长的速度逐步放缓,但深圳市暂住人口占常住人口的比重仍旧维持在 75% 以上。上海市户籍人口数量大于暂住人口数量,暂住人口占总人口的比重也相对较低。2004 年,上海市暂住人口占常住人口的比重为 23.18% ,2007 年,这一比重变化为 26.87%(见表 5-1)。

表 5-1　2004—2007 年深、沪人口数量

		2004 年	2005 年	2006 年	2007 年
深圳市	常住人口	800.80	827.75	846.43	861.55
	户籍人口	165.13	181.93	196.83	212.38
	暂住人口	635.67	645.82	649.60	649.17
上海市	常住人口	1742.00	1778.42	1815.08	1858.08
	户籍人口	1338.24	1340.02	1347.82	1358.86
	暂住人口	403.76	438.40	467.26	499.22

资料来源:《深圳市统计年鉴 2008》,《上海市统计年鉴 2008》。

深圳市暂住人口出现减少,户籍人口增加较快。从人口变动速率上看,深圳市常住人口年增长率在逐年下降,表现出人口增长放缓的趋势,而上海市常住人口增长率在逐年增加,说明其常住人口数量在加速增长。深圳市户籍人口数量近几年年增长率均超过 7.9% ,但同常住人口一样,在增长速度上都有所放缓。而深圳市暂住人口增长率在逐年下降的同时,2007 年首次出现了负增长,即暂住人口数量首次出现比上年减少的现象(见表 5-2)。

表 5 - 2　2005—2007 年深、沪人口年增长率

（单位：%）

		2005 年	2006 年	2007 年
深圳市	常住人口	3.365385	2.256720	1.786326
	户籍人口	10.173800	8.189963	7.900218
	暂住人口	1.596740	0.585302	-0.066190
上海市	常住人口	2.090700	2.061380	2.369042
	户籍人口	0.133011	0.582081	0.819100
	暂住人口	8.579354	6.583029	6.839875

数据来源：《深圳市统计年鉴 2008》、《上海市统计年鉴 2008》。

　　流入深圳市规模庞大、密度高、流动频繁的外来人口，不仅促进了产业结构的调整，带动了经济发展，加速了城市的现代化进程，同时也带来了大量的劳资纠纷、子女上学、就医、社保等一系列的社会问题，对深圳市的社会安定与发展造成了一定的压力。

二、人口年龄结构现状及比较

　　年龄结构反映了一定时点、一定地区各年龄组人口在全体人口中的比重。反映人口年龄结构特征的指标很多，主要有：（一）年龄中位数。年龄中位数是一种位置的平均数，它将总人口按年龄排列分成人数相等的两部分的年龄，一半人口在年龄中位数以上，一半人口在年龄中位数以下，反映了人口年龄的分布状况和集中趋势。年龄中位数既可用于不同人口之间的对比，也可用于同一人口在不同时期的比较。（二）抚养比，即非劳动适龄人口数与劳动适龄人口数的比例。当社会抚养比较低时，人口年龄结构有利于经济发展和积累；相反，社会抚养比较

高时,劳动力供给则显不足,并约束当地的经济发展。其中:

$$少年儿童抚养比 = \frac{0\sim14\ 岁}{15\sim64\ 岁} \times 100\%$$

$$老年抚养比 = \frac{65\ 岁以上}{15\sim64\ 岁} \times 100\%$$

社会总抚养比 = 少年儿童抚养比 + 老年抚养比。[①]

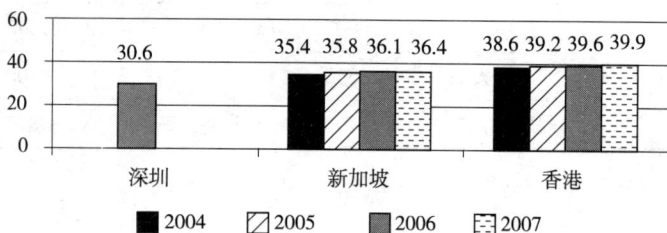

图 5-2　2004—2007 年深、新、港人口年龄中位数

在深、新、港三地中,2005 年,深圳市年龄中位数最小,为
30.6 岁;新加坡次之,为 35.8 岁;香港最大,为 39.6 岁。而且新
加坡、香港的年龄中位数在逐年增大,说明其人口整体年龄在逐
步增大。

深圳市社会抚养负担较轻。新、港整体年龄逐步增大的同
时,还面临着未来新劳动力供给不足的问题。从人口抚养比角
度分析(见表 5-3),2005 年深圳市每 100 名劳动适龄人口所需
要负担约 14 名少年儿童和 3 名老人,而同一时期的新加坡为 28
名少年和 11 名老人,香港则为 19 名少年和 17 名老人。从新加
坡、香港两地的抚养比变动趋势看,社会总抚养比虽然在逐步下

---

① 参见佟新:《人口社会学(第三版)》,北京大学出版社 2006 年版,第
147—154 页。

降,但这其中的老年抚养比却在逐步上升,尤其是其上升速度超过了少年儿童抚养比的下降速度,也说明新加坡和香港在人口整体年龄逐步增大的同时,未来有可能面临新劳动力供给不足的问题。

表5－3　深、新、港近年人口抚养比

(单位:%)

	深圳①	新加坡				香港			
年份	2005	2004	2005	2006	2007	2004	2005	2006	2007
社会总抚养比	16.82	39.5	39.1	38.5	37.9	36.8	36	35.3	34.9
少儿抚养比	13.83	28.72	27.9	26.95	26.11	20.3	19.3	18.5	17.9
老年抚养比	2.99	10.81	11.21	11.58	11.76	16.5	16.7	16.8	17

注:由于统计口径不同,本书深圳市老年抚养比中老年人口数采用的为60岁以上人口数。

在年龄结构的户籍构成方面,2005年深圳常住人口年龄中位数为30.6岁,户籍人口年龄中位数为32.06岁,暂住人口年龄中位数为29.55岁。其中89%的暂住人口集中在17—59岁年龄段(见图5－3)。

深圳市2005年的常住人口中,少儿及60岁以上老年抚养比为16.82%,其中户籍人口抚养比为35.98%,暂住人口抚养比为12.36%(见表5－4)。户籍人口抚养比同香港、新加坡的差别不大。由此,我们可以发现深圳市人口主要集中在劳动适龄人口这一特点,表明深圳市经济发展对劳动适龄人口的需求

---

① 数据来源:《深圳市2005年全国1%人口抽样调查资料》、*Yearbook of Statistics Singapore*(2007—2008)、《香港统计年刊2008》。

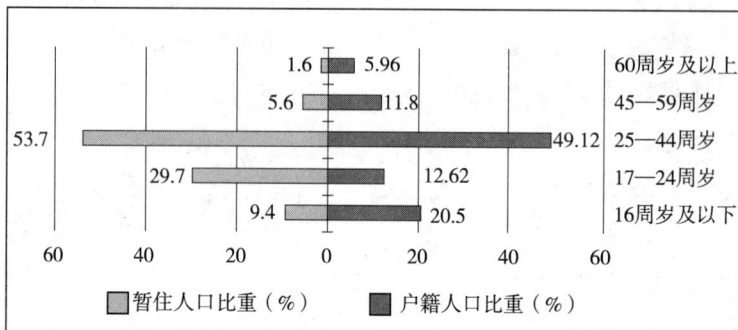

60周岁及以上   1.6   5.96
45—59周岁   5.6   11.8
25—44周岁   53.7   49.12
17—24周岁   29.7   12.62
16周岁及以下   9.4   20.5

暂住人口比重（%）   户籍人口比重（%）

图 5 - 3   深圳市 2005 年常住人口年龄结构

较为旺盛,同时也表明庞大的外来劳动适龄人口,既为深圳市经济社会的繁荣和可持续发展提供了充足的劳动力资源,也给深圳市带来了年轻和活力。

表 5 - 4   深圳市 2005 年人口抚养比

	常住人口	户籍人口	暂住人口
社会总抚养比	16.82	35.99	12.36
少儿抚养比	13.83	27.88	10.56
老年抚养比	2.99	8.11	1.80

数据来源:《深圳市 2005 年全国 1%人口抽样调查资料》。

三、人口性别结构现状及比较

性别结构反映了人口中男性人口和女性人口的组成状况。衡量人口性别结构最常用的指标是人口性别比。人口性别比是指某一时点上人口中的男性人数和女性人数之比,它以女性人口为 100 相应的男性人口数来定义。计算公式为:

人口性别比 = 100 * 男性人数/女性人数

　　一般认为,一个总人口平衡的性别比的值应该在 95 至 105 之间。

　　在人口性别比上,深圳市同新加坡、香港表现出不同的男性人口和女性人口组成状况。从总人口性别比上看,深圳男性人口比重大,新加坡、香港则恰恰相反,女性人口比重大(见图 5－4),其中深圳及香港的人口性别比均已超过 95—105 的正常人口性别比的范围,尤其是香港近年来人口比重一直表现出逐步下降的趋势,即女性人口比重有不断增大的趋势。新加坡尽管同香港表现出相同的趋势,但其人口性别比一直处在正常范围之内,且下降缓慢。

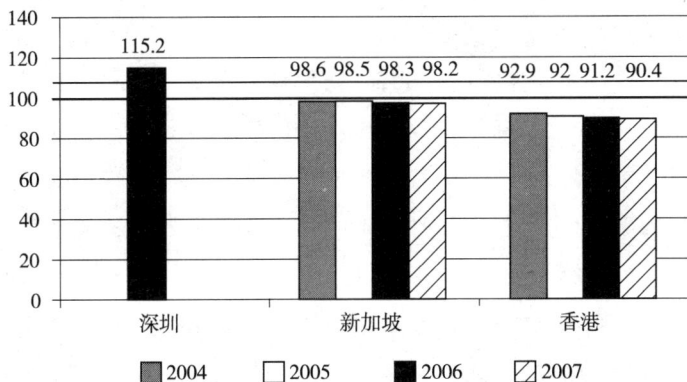

图 5－4　2004—2007 年深、新、港人口性别比

　　从年龄段角度看,在 2005 年的深圳、新加坡、香港的人口性别构成中(见表 5－5),深圳市各年龄段的性别比例差异极大,香港次之,新加坡最小。其中,深圳市 45—59 岁人口中的男女性别比达到 155.26,男性人口比女性人口多一半以上;60 岁及以上男性人口也比女性人口多近 20%,这也与老年人口中女性

占多数的正常人口发展趋势有所不同。

表 5 - 5　深、新、港 2005 年分年龄段人口性别比

	深圳	新加坡	香港
14 周岁及以下	137. 26[1]	106. 1055	106. 1051
15—24 周岁	82. 24[2]	104. 1386	97. 40458
25—44 周岁	125. 65	95. 90288	80. 66724
45—59 周岁	155. 26	101. 2454	99. 56118
60 岁及以上	117. 51	83. 50277	91. 06983

注1:深圳市使用的是 16 周岁及以下的统计数字。
注2:深圳市使用的是 17—24 周岁的统计数字。

从户籍构成角度看,2005 年深圳市常住人口性别比为 115. 2,户籍人口性别比为 112. 97,暂住人口为 115. 75。结合具体年龄构成(见图 5 - 5),例如深圳市 17—24 周岁年龄段常住人口性别比为 81. 74,暂住人口性别比为 78. 27,而户籍人口性别比为 123. 95。这表明,一方面,深圳市暂住人口各年龄段占常住人口比例都较大,使得深圳市暂住人口性别比对常住人口的性别比影响很大;另一方面,深圳市本身户籍人口性别比例就不均衡,而众多暂住人口又在很大程度上加重了深圳市总体及各个年龄段性别比例的失调。这种失调,会导致适龄男女在婚配问题上遭遇困境,导致人口拐卖、性行为错乱等社会问题,影响了婚姻和家庭的稳定,进而影响社会稳定。

四、人口受教育程度现状及比较

人口受教育程度是人口社会结构中一个重要的组成部分。它反映了人口和潜在劳动力资源的文化素质及其状况,也体现

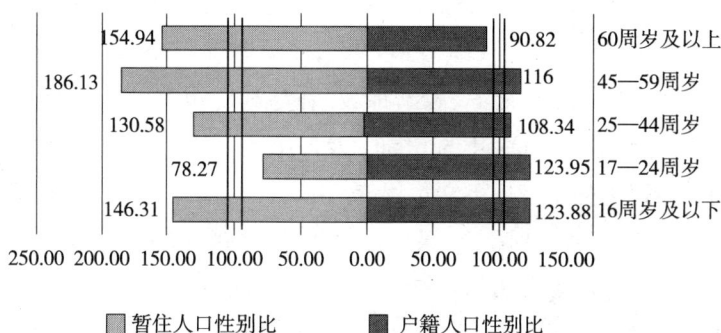

| 暂住人口性别比 | 户籍人口性别比 |

图5-5　深圳市2005年常住人口性别比

了一个地区社会经济发展实力和潜力。衡量受教育程度的指标
有各文化程度人口百分比、平均受教育年限、识字率等。限于资
料的获取情况,本书只采用高中及以上文化程度人口占6周岁
及以上总人口百分比,来衡量深、新、港三地的人口受教育程度
(见表5-6)。

表5-6　深、新、港近年高中及以上文化程度人口比例(%)①

	深圳	新加坡				香港			
年份	2005	2004	2005	2006	2007	2004	2005	2006	2007
高中及以上文化程度人口比例	33.1	56	59.4	58.8	59.7	57	58.1	59.1	59.8

---

① 参见《深圳市2005年全国1%人口抽样调查资料》,深圳市统计局
2006年5月;*Yearbook of Statistics Singapore*(2007—2008),Department of Statistics,Ministry of Trade & Industrg,repllblic of Singapore,2008;《香港统计年刊
2008》,香港特别行政区政府统计处2008年版。

由表 5-6 可以看出,新加坡、香港都有约 60% 的 6 周岁及以上人口拥有高中及以上文化程度,而深圳市 2005 年常住人口中此比例不及三分之一,较新加坡、香港都有很大的差距,也就是说,在深圳市 2005 年的 6 周岁及以上人口中,超过三分之二的人口仅为初中及以下文化程度。

从户籍构成上看,在深圳市 2005 年户籍人口中,具有高中及以上文化程度的人口占 6 周岁及以上人口比例为 50.9%,而暂住人口该比例仅为 28.22%。也就是说,深圳市人口受教育程度偏低,特别是在规模庞大的暂住人口中,初中及初中以下文化水平人口所占比重高达 71.78%,这种情况既影响了深圳市整体人口素质的提升,同时也带来了社会治安不稳定、产业科技升级缓慢等问题。

从上述比较中发现,在深圳市人口结构中,户籍、年龄、性别和受教育程度等指标方面有以下特点:

(一)深圳暂住人口数量占常住人口数量比重较大,尽管暂住人口数量增长的速度逐步放缓,并在 2007 年首次出现暂住人口数量比上年减少的现象,但深圳市暂住人口占常住人口的比重仍旧维持在 75% 以上。

(二)同新加坡、香港相比,深圳市人口中位数、社会抚养比例都较低,整体人口年龄相对年轻,有较充沛的劳动力资源,以及较轻的社会抚养负担,为经济的进一步发展储备了充足的劳动力资源。

(三)深圳市本身户籍人口性别比例就不均衡,而占人口比重大多数的外来人口又在很大程度上加重了总体及各个年龄段性别比例的失调。

(四)同人口性别比例失调相似,深圳市户籍人口受教育程度较低,而占人口比重大多数的外来人口又进一步降低了人口的受教育程度。

第三节 深、沪、新、港产业结构比较

由于各自不同的历史原因、功能定位和发展路径,深、沪、新、港四地在产业结构上既有相同之处,又有各自特点。下面结合行业产值比重、行业产值增长率、行业 GDP 增长贡献率等指标,对四地进行对比分析。

一、产业结构划分标准的调整与统一

我国内地与香港地区、新加坡采用各自不同的行业分类标准,对产业进行划分和统计。深圳市与上海市产业统计数据采用的行业划分标准,是我国于 2002 年根据联合国 ISIC Rev. 3 制定的《国民经济行业分类与代码》(GB/T 4754—2002)。香港统计数据采用的行业划分标准是香港于 2001 年颁布实施的《香港标准行业分类 1.1 版》。新加坡采用的行业划分标准则是其在 2005 年公布的 ssic2005。

为了进行有效的比较分析,须对深圳、上海、香港、新加坡的产业结构划分标准进行统一。在此需要考虑以下因素:(一)我国公布的统计年鉴中一般将采矿业、制造业、电力煤气及水的生产和供应业的统计数字统一核算,作为工业产值数据公布;(二)新加坡公布的统计数字中一般采用制造业、建筑业、公用事业、其他产品制造业(包括农业、渔业和采石业)、批发零售业、运输及仓储业、饮食及酒店业、资讯及通讯业、金融业、商用

服务业、其他服务业、住宅所有权的分类方法进行数据统计。

为了保证分析和计算的准确性,以香港标准行业分类1.1版的分类标准,并结合《香港统计年刊》中的统计分类方法,将深圳、上海、新加坡、香港的产业按照:工农业(A);建筑业(B);交通运输、仓储和邮政业(C);信息及通讯业(D);批发零售业(E);住宿和餐饮业(F);金融、保险、地产及商用服务业(G);社区、社会及个人服务业(H)的产业结构划分标准,对上述四地的产业结构状况进行分类和分析。具体内容见表5-7:

表5-7 统一产业结构划分标准的相关内容一览表

我国国民经济行业分类(2002)	本书使用的行业分类	新加坡行业划分标准SSIC(2005)	香港标准行业分类1.1版(HSIC V1.1)
农、林、牧、渔业(A)		Manufacturing(A)	农业、渔业(A)
采矿业(A)			采矿及采石业(A)
制造业(A)		Constructio(B)	制造业(A)
电力、煤气及水的生产和供应业(A)	工农业(A)		电力、燃气及水务业(A)
建筑业(B)	建筑业(B)	Utilities(A)	建筑业(B)
交通运输、仓储和邮政业(C)	交通运输、仓储和邮政业(C)		
信息传输、计算机服务和软件业(D)	信息及通讯业(D)	Other Goods Industries(A)	
批发和零售业(E)	批发零售业(E)	Wholesale & Retail Trade(E)	批发零售(E)
住宿和餐饮业(F)	住宿和餐饮业(F)	Transport & Storade(C)	进出口贸易(E)
金融业(G)	金融、保险、地产及商用服务业(G)		饮食及酒店业(F)

续表

我国国民经济行业分类(2002)	本书使用的行业分类	新加坡行业划分标准SSIC(2005)	香港标准行业分类1.1版(HSIC V1.1)
房地产业(G)			运输及仓库业(C)
租赁和商务服务业(G)		Hotels & Restaurants(F)	通讯业(D)
科学研究、技术服务和地质勘查业(H)		Information &	
水利、环境和公共设施管理业(H)			金融及保险业(G)
居民服务和其他服务业(H)	社区、社会及个人服务业(H)	Communications(D)	地产业(G)
教育(H)		Financial Services(G)	商用服务业(G)
卫生、社会保障和社会福利业(H)		Business Services(G)	社区、社会及个人服务业(H)
文化、体育和娱乐业(H)		Other Services lndustrie(H)	楼宇业权(G)
公共管理和社会组织(H)		Ownership of Dwellings(G)	

二、产业产值结构现状比较

从 2007 年四地各行业产值比重对比分析中,可以看出四地在各自产值最大行业上存在的差异较大(见图 5-6)。①

工农业(A)为深圳市、上海市行业产值占 GDP 比重最大的行业,该行业产值占 GDP 的比重都超过了 40%;而在新加坡该

---

① 参见《深圳市统计年鉴》(2006—2008),《上海市统计年鉴》(2006—2008),*Yearbook of Statistics Singapore*(2007—2008),《香港统计刊 2008》。下同。

深圳市各行业产值比重（%）

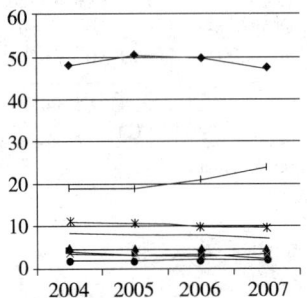

上海市各行业产值比重（%）

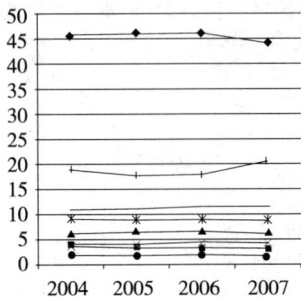

- ◆ 工农业
- ■ 建筑业
- ▲ 交通运输、仓储和邮政业
- ╳ 信息及通讯业
- ✳ 批发零售业
- ● 住宿和餐饮业
- ┼ 金融、保险、地产及商用服务业
- ─ 社区、社会及个人服务业

- ◆ 工农业
- ■ 建筑业
- ▲ 交通运输、仓储和邮政业
- ╳ 信息及通讯业
- ✳ 批发零售业
- ● 住宿和餐饮业
- ┼ 金融、保险、地产及商用服务业
- ─ 社区、社会及个人服务业

新加坡各行业产值比重（%）

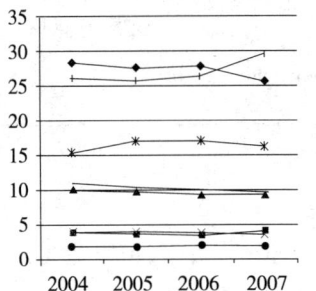

香港各行业产值比重（%）

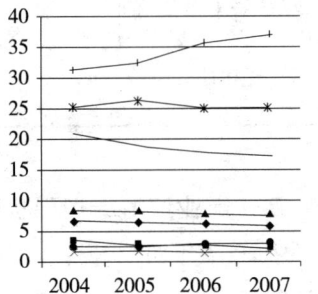

- ◆ 工农业
- ■ 建筑业
- ▲ 交通运输、仓储和邮政业
- ╳ 信息及通讯业
- ✳ 批发零售业
- ● 住宿和餐饮业
- ┼ 金融、保险、地产及商用服务业
- ─ 社区、社会及个人服务业

- ◆ 工农业
- ■ 建筑业
- ▲ 交通运输、仓储和邮政业
- ╳ 信息及通讯业
- ✳ 批发零售业
- ● 住宿和餐饮业
- ┼ 金融、保险、地产及商用服务业
- ─ 社区、社会及个人服务业

图 5-6　深、沪、新、港 2004—2007 年各行业产值比重

行业为第二大行业,其产值比重为 25.71%;在香港该行业产值比重则更低,只占当年 GDP 的 5.74%。建筑业(B)在深、沪、新、港中行业产值比重均不大,分别为 2.57%、3.12%、3.79%、2.53%。

交通运输、仓储和邮政业(C)在深圳市和上海市的产值比重都在 5% 左右,在新加坡和香港其产值比重均在 8% 左右。

信息及通讯业(D)在深、沪、新、港的比重均不大,在前三地中占 3.5% 左右,在香港仅占 1.75%。

批发零售业(E)在深圳市、上海市产值比重分别为 9.6%、8.84%,在新加坡其产值比重为 16.24%,为新加坡第三大行业,在香港其产值比重为 24.95%,为香港第二大行业。

住宿和餐饮业(F)在四地产值比重均较低,比重最高的香港其所占比例也仅为 3.03%。

金融、保险、地产及商用服务业(G),在深圳市和上海市均为第二大行业,其 2007 年的行业产值所占 GDP 比重分别为 23.8%、20.4%;在新加坡和香港该行业为第一大行业,其 2007 年行业产值所占 GDP 比重分别为 29.57%、36.99%。

社区、社会及个人服务业(H)在深、沪、新、港中行业产值比重分别为 7.12%、11.46%、9.76%、17.22%。

从四地各行业 2004—2007 年产值比重演化趋势上看,工农业(A)在四地发展中的比重都在下降;建筑业(B)、交通运输、仓储和邮政业(C)、信息及通讯业(D)和住宿和餐饮业(F)的比重都较稳定,变化不大;而批发零售业(E)在深圳市、上海市和香港的产值比重趋于稳定,在新加坡则有些波动;金融、保险、地产及商用服务业(G)在四地都表现出明显上升的趋势;社区、社会及个人服务业(H)在深圳市和新加坡呈现轻微下降的趋势,而在上海市呈现出轻微上升的趋势,在香港则呈现出明显下降的趋势。

三、产业产值年平均增长率比较

行业产值平均增长率反映了该行业在一定时间段内增长的速率和发展情况。在四个城市对比中,可以看出各地产值增长率差异较大,但个别行业有着共同的特点。

深圳市的工农业(A)、交通运输、仓储和邮政业(C)、金融、保险、地产及商用服务业(G)和总GDP增长率均居四地之首,增长速度最快。上海市的信息及通讯业(D)、批发零售业(E)、住宿和餐饮业(F)以及社区、社会及个人服务业(H)增长速度为四地中最快,其总GDP增长率居四地第2位。新加坡的建筑业(B)为四地中增长最快的城市,其总GDP增长率居四地第3位。

由各个城市自身发展可以看出,金融、保险、地产及商用服务业(G)的年平均增长率均高于各自的总GDP增长率,而其他行业的增长速度有较大差距。

其中,深圳市的交通运输、仓储和邮政业(C),上海市的信息及通讯业(D)和社会及个人服务业(H),新加坡的建筑业(B)、批发零售业(E)与住宿和餐饮业(F),香港的住宿和餐饮业(F)都保持一个较高的增长速度,其增速都高于本地GDP的增长速度。

而深圳、上海两市的建筑业(B),新加坡的工农业(A)、信息及通讯业(D)和社区、社会及个人服务业(H),香港的工农业(A)、建筑业(B)、社区、社会及个人服务业(H),都处在一个相对较低的发展速度上。尤其是香港,其建筑业(B)出现了负增

长,工农业(A)和社区、社会及个人服务业(H)的增长率也仅为
0.6% 和 0.4%(见图 5-7)。

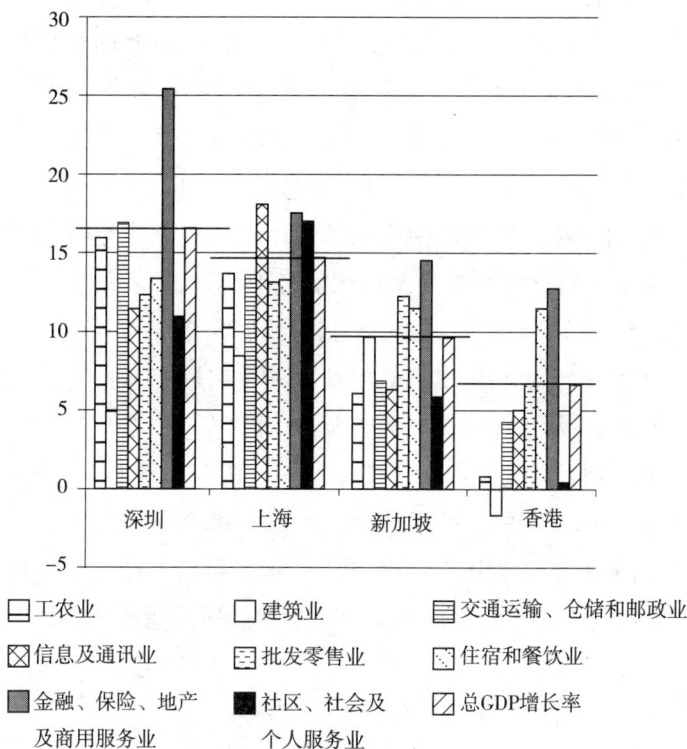

图 5-7 深、沪、新、港各行业平均增长率(%)

四、各行业对 GDP 增长平均贡献率比较

贡献率是分析经济效益的一个指标。它是指有效或有用成
果数量与资源消耗及占用量之比,即产出量与投入量之比,或所
得量与所费量之比。各行业产业增量与同期国内生产总值增量
之比,即为各行业的贡献率。其计算公式为:

各行业贡献率＝各行业增量/国内生产总值同期增量×100％。

从各行业对GDP增长的贡献率来看(见图5－8)，四城市中金融、保险、地产及商用服务业(G)对本地GDP的增长都有较大贡献，尤其是香港的金融、保险、地产及商用服务业(G)，对其GDP增长的贡献率超过了60％。而建筑业(B)、信息及通讯业(D)、住宿和餐饮业(F)的贡献率都较低，均不超过5％。

深圳市各行业中对GDP增长贡献最大的两个行业是工农业(A)和金融、保险、地产及商用服务业(G)，二者的贡献率分别为46.24％、31.77％，贡献率总计达到78.01％。

上海市各行业中对GDP增长贡献率超过15％的有三个行业，依次是：金融、保险、地产及商用服务业(G)贡献率为41.07％，批发零售业(E)贡献率为19.72％，工农业(A)贡献率为17.28％；三者的贡献率总计也达到了78.07％。

新加坡各行业中对GDP增长贡献率居前三位的行业依次是：工农业(A)贡献率为41.87％，金融、保险、地产及商用服务业(G)贡献率为23.3％，社区、社会及个人服务业(H)贡献率为12.74％；三者的贡献率总计为77.91％。

香港各行业中对GDP增长贡献率居前三位的行业依次是：金融、保险、地产及商用服务业(G)贡献率为63.29％，批发零售业(E)贡献率为24.44％，交通运输、仓储和邮政业(C)贡献率为5.14％；其中前两者的贡献率总计达到了87.73％。

综上所述，从四地产业结构对比可以看出：

(一)深圳发展速度最快的金融、保险、地产及商用服务业年均增长率达到25.52％，发展最慢的建筑业其年均增长率则仅为4.89％。

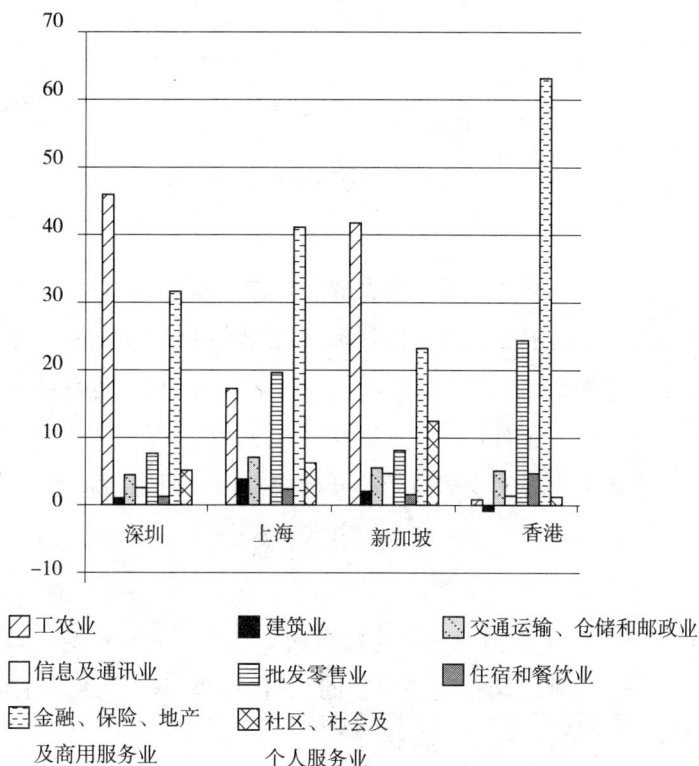

图 5-8 深、沪、新、港各行业平均贡献率(%)

(二)深圳工农业仍然为第一大产业。无论其产值比重还是对 GDP 增长贡献率均居各行业之首。不过,其产值比重已呈现出逐步下降的态势。

(三)四地中,金融、保险、地产及商用服务业的产值比重、年平均增长率及对 GDP 增长的贡献率均较高,说明在现代产业发展中,现代服务业中的金融、保险、地产及商用服务业的地位日益突出。深圳目前该行业的比重同新加坡、香港相比还较低,仍有进一步发展的空间。

第四节　深、沪、新产业结构与
就业结构互动分析①

　　就业结构反映了各产业就业人口占总就业人口的比重,它既是人口结构中的一个重要指标,也是产业结构中的一个重要指标。它既反映了总人口中就业人口的产业分布,也反映了经济活动中各产业对人口就业的吸纳能力。

　　产业结构与就业结构互动分析中常用的研究指标有:就业弹性,比较劳动生产率,产业偏离度等。

一、就业结构现状及比较分析

　　(一)就业结构比重各不相同,变化趋势有所差别。由图5 - 9可以看出,在从事工农业(A)的就业人口中,深圳市、上海市所占总就业人口的比例最高,其中深圳市占50%以上,但呈现出逐步下降的趋势,上海市则趋向稳定于40%左右,新加坡稳定于18%左右。

---

　　①　注:在产业结构与就业结构互动分析中,香港在进行就业统计时,一直采用"制造业;建筑业;批发、零售、进出口贸易、饮食及酒店业;运输、仓库及通讯业;金融、保险、地产及商用服务业;社区、社会及个人服务业;其他产业(按照香港统计年刊,包括农业、渔业采矿及采石业、电力、燃气及水务业、楼宇业权)"的产业结构划分标准,该标准同新加坡和我国大陆的就业统计标准有一定差异。因此,为了更加准确地对比分析,本书在人口产业结构分析中,仅就深、沪、新三地进行对比分析。

深圳市各行业就业结构（%）

| 2004 | 2005 | 2006 | 2007 |

- ◆ 工农业
- ■ 建筑业
- ▲ 交通运输、仓储和邮政业
- ✕ 信息及通讯业
- ＊ 批发零售业
- ● 住宿和餐饮业
- ＋ 金融、保险、地产及商用服务业
- ─ 社区、社会及个人服务业

上海市各行业就业结构（%）

| 2004 | 2005 | 2006 | 2007 |

- ◆ 工农业
- ■ 建筑业
- ▲ 交通运输、仓储和邮政业
- ✕ 信息及通讯业
- ＊ 批发零售业
- ● 住宿和餐饮业
- ＋ 金融、保险、地产及商用服务业
- ─ 社区、社会及个人服务业

新加坡各行业就业结构（%）

| 2004 | 2005 | 2006 | 2007 |

- ◆ 工农业
- ■ 建筑业
- ▲ 交通运输、仓储和邮政业
- ─ 信息及通讯业
- ＊ 批发零售业
- ● 住宿和餐饮业
- ＋ 金融、保险、地产及商用服务业
- ─ 社区、社会及个人服务业

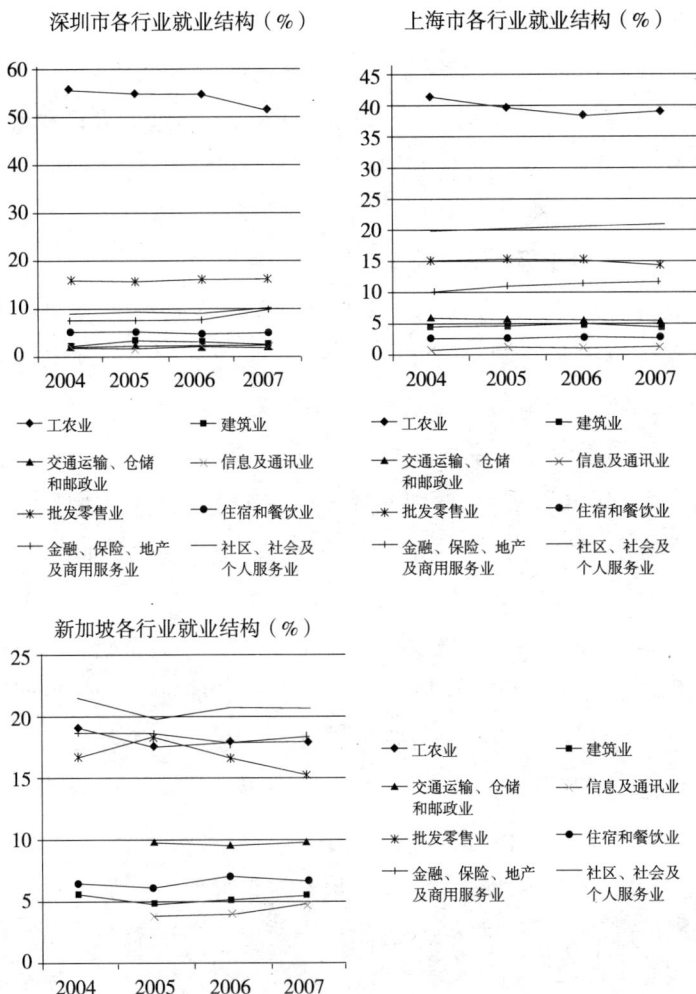

图 5-9 深沪新 2004—2007 年各行业的就业结构

在三地中,从事建筑业(B)、信息及通讯业(D)与住宿和餐饮业(F)的就业人口比重都不高,均低于 7%。交通运输业(C)占总就业人口的比重,深圳市低于 2.5%,上海市略高于 5%,新加坡则接近 10%。

在三地中,批发零售业(E)就业人口所占比重相似,均为 15% 左右。金融、保险、地产及商用服务业(G)就业人口在深圳市和上海市都略有上升,所占比重逐步高于 10%;新加坡该行业所占比重则在 18.5% 上下波动。

社区、社会及个人服务业(H)为新加坡第一大就业行业,该行业就业人口比重在深圳市和上海市也都略有上升,其中 2007 年深圳市该行业就业人口所占比重接近 10%,上海市超过 20%,略低于新加坡。

(二)就业增长率各不相同,各行业就业增长率差异较大。由图 5-10 可以看出,深圳市近几年各行业就业平均增长率一直保持在 10% 以上,而上海市与新加坡除信息及通讯业(D)外,各行业就业平均增长率均低于 10%。

其中,深圳市就业增长率最高的三大行业为:金融、保险、地产及商用服务业(G)增长率为 23.15%,建筑业(B)增长率为 21.63%,社区、社会及个人服务业(H)增长率为 17.18%。上海市就业增长率最高的三大行业为:信息及通讯业(D)增长率为 11.73%,金融、保险、地产及商用服务业(G)增长率为 8.29%,社区、社会及个人服务业(H)增长率为 4.45%。新加坡就业增长率最高的三大行业为:信息及通讯业(D)增长率为 18.52%,交通运输业(C)增长率为 5.75%,住宿餐饮业(F)增长率为 5.14%。

二、产业就业弹性比较及分析

产业就业弹性是各产业产值每增长或减少 1% 所对应的产业就业结构变化的百分比,即产业就业变化率与产业产值变化

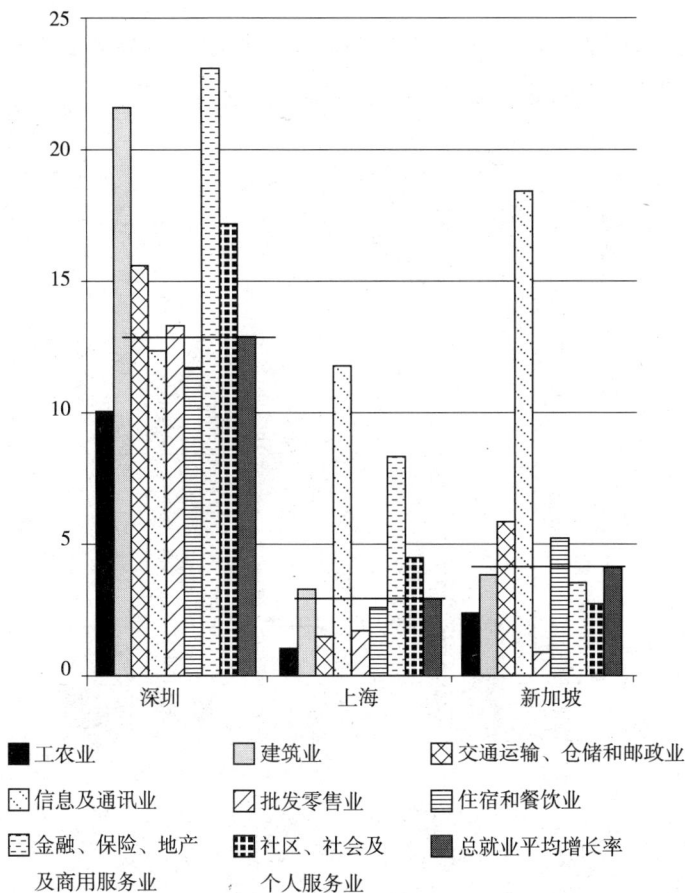

图 5 - 10　深、沪、新三地各行业就业平均增长率(%)

率之比。它反映了经济发展与就业增长之间的关系,也在一定
程度上反映了该产业生产效率的高低。当某产业就业弹性不变
时,提高产业产值增长率就会增加产业就业人口,而降低产业产
值增长率则会减少就业人口;当某产业产值增长率不变时,提高

产业就业弹性可以增加就业人口,而产业就业弹性的降低,则会减少该产业就业人口。这也表明,此时每创造一个增量的产业产值所需要的劳动增量变小了,产业的生产效率提高了。

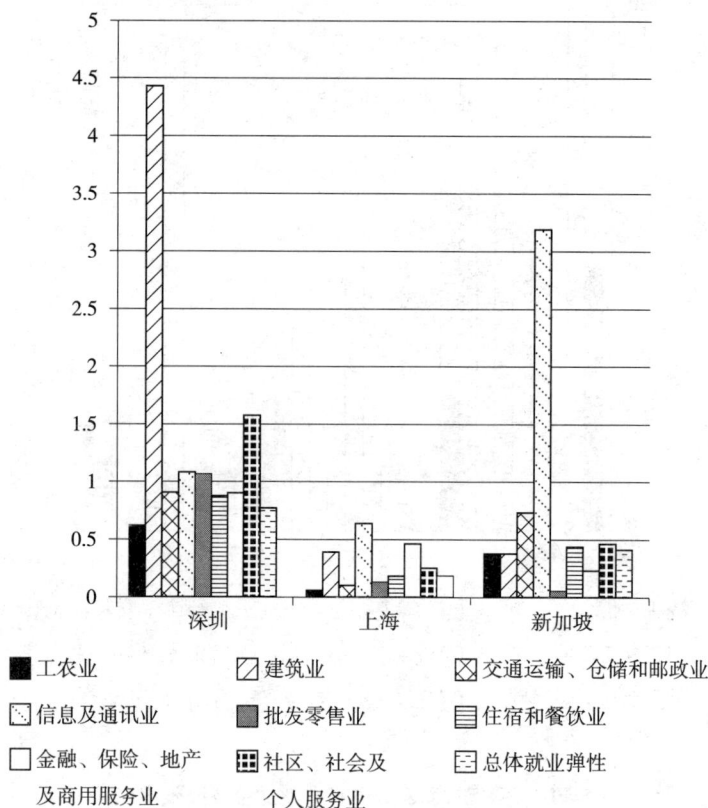

图例		
■ 工农业	▨ 建筑业	⊠ 交通运输、仓储和邮政业
⊡ 信息及通讯业	▦ 批发零售业	▤ 住宿和餐饮业
□ 金融、保险、地产及商用服务业	⊞ 社区、社会及个人服务业	⊟ 总体就业弹性

图 5－11　深、沪、新三地各行业平均就业弹性

结合图 5－11 可以看出,深圳市整体就业弹性为 0.77,在三地中最大;新加坡次之,其整体就业弹性为 0.42;而上海市整体就业弹性仅为 0.19。

其中,深圳市建筑业(B)、社区、社会及个人服务业(G)就业弹性都很高,具有很强的就业吸纳能力,尤其是建筑业(B)的就业弹性达到4.44,即建筑业产值每提高1%,将使该行业的就业人口增加4.44%。而新加坡同上海市的信息及通讯业(D)就业弹性较高,表现出较强的就业吸纳能力,而两市的其他各行业的就业弹性均低于深圳市,也说明在其他行业中,深圳市具有更强的就业吸纳能力。

在各个行业就业弹性同总体就业弹性的对比中,社区、社会及个人服务业(G)的就业弹性都大于各地总体就业弹性,说明该行业对各地促进就业有较大的推动能力。

三、产业比较劳动生产率对比分析

产业比较劳动生产率是各产业1%就业人口在该产业创造的生产总值与国民生产总值之比,即某产业产值结构同该产业就业结构比。计算公式为

$$Bi = \frac{Gi/G}{Li/L}$$

其中 Bi 为第 i 产业比较劳动生产率,G 为总产值,L 为总就业人口数,Gi 为第 i 产业产值,Li 为第 i 产业就业人口数。

通过公式可以看出,某产业产值占总产值的比重越高,产业就业人数相对比重越低,则该产业的比较劳动生产率就越高。比较劳动生产率在反映某产业生产率水平的同时,也反映了某产业就业人口对该产业产值贡献率的大小。[1]

---

[1] 参见芮明杰主编:《产业经济学》,上海财经大学出版社 2005 年版,第205 页。

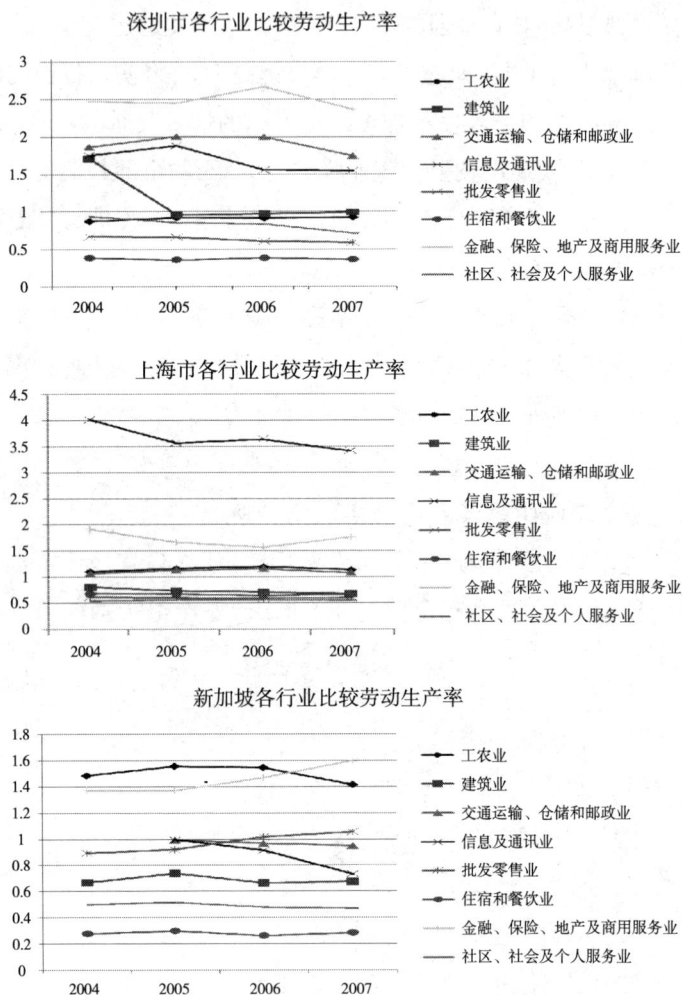

深圳市各行业比较劳动生产率

图例
工农业
建筑业
交通运输、仓储和邮政业
信息及通讯业
批发零售业
住宿和餐饮业
金融、保险、地产及商用服务业
社区、社会及个人服务业

上海市各行业比较劳动生产率

新加坡各行业比较劳动生产率

图 5－12　深、沪、新三地各行业比较劳动生产率

如图 5－12 所示，在深圳市各行业中，金融、保险、地产及商用服务业、交通运输、仓储和邮政业以及信息及通讯业的比较劳

动生产率均大于 1.5,并表现出逐步下降的趋势;工农业与建筑业比较劳动生产率则基本稳定在 1 上;而其他各行业比较劳动生产率均低于 1 并表现出缓慢下降的趋势。

在上海市各行业中,信息及通讯业比较劳动生产率尽管有明显的下降趋势,但 2007 年仍高达 3.41;而金融、保险、地产及商用服务业的比较劳动生产率也一直在 2 以上;其他各行业比较劳动生产率则缓慢趋向于 1。

在新加坡各行业中,比较劳动生产率集中在 0.2—1.6 之间,其中工农业比较劳动生产率为深、沪、新三地最高,2007 年为 1.4;新加坡金融、保险、地产及商用服务业比较劳动生产率也较高,2007 年达到 1.6,并有不断上升的趋势。

四、产业结构偏离数对比分析

产业结构偏离数是某个产业的产值比重与就业比重的差值,计算公式为:

$$Di = Gi/G - Li/L$$

其中 Di 为第 i 产业的产业结构偏离数,G 为总产值,L 为总就业人口数,Gi 为第 i 产业产值,Li 为第 i 产业就业人口数。

产业结构偏离数与劳动生产率成正比,数值出现正偏离,意味着该产业的劳动生产率较高,该产业存在着劳动力流入的空间;数值出现负偏离,也即该产业的就业比重大于增加值比重,意味着该产业的劳动生产率较低,存在着劳动力过剩,面临着劳动力转移出去的压力。所以,从各个产业结构偏离数的正负,可以判断出该产业是排挤出劳动力还是吸收进劳动力。

产业结构偏离数是衡量产业结构是否合理、劳动力就业状况是否协调的重要指标。就业结构与产值结构越不对称,偏离度越高,产业结构效益越低。理论研究表明,如果各个产业是完全竞争的,产业之间没有人为的壁垒,劳动力可以自由流动,那么通过行业收入的差异,劳动力就会向劳动生产率较高和收益较多的产业转移,劳动力资源得以重新配置。根据边际收益递减律,最终各产业的劳动生产率和收益趋于一致,劳动力在各个产业间的流动基本均衡,从而各产业的结构偏离度也会趋于零,产业结构趋于最优状态。

从整体上看,深、沪、新三地金融、保险、地产及商用服务业和社区、社会及个人服务业的产业偏离度均表现出逐步加大的趋势,不同的是,金融、保险、地产及商用服务业是正向偏离(大于0),劳动产业率较高,可以吸纳更多劳动力进入;而社区、社会及个人服务业是负向偏离(小于0),劳动生产率均较低,存在挤出劳动力的压力(见图5-13)。

除此之外,从深圳市的产业结构偏离数来看,工农业、批发零售业、住宿餐饮业偏离数为负,劳动生产率较低,存在劳动力移出的较大压力。相关指标可作为深圳市产业和劳动力双转移的参考依据。

综上所述,通过深圳市、上海市、新加坡三地就业结构、各行业就业弹性、各行业比较劳动生产率以及产业结构偏离度的比较分析,可以得出以下结论:

第一,深圳市在三地对比中,就业增长率最大、总体就业弹性最高、所吸纳就业人口增长最快。

第二,深圳市有超过一半的就业人口集中在工农业,但劳动生产率较低。随着工农业比值的下降,该产业人口的就业比重也将逐步下降,是人口移出的主要行业。

深圳市各行业结构偏离度

◆	工农业
■	建筑业
✳	交通运输、仓储和邮政业
—	信息及通讯业
⋇	批发零售业
●	住宿和餐饮业
⋯	金融、保险、地产及商用服务业
—	社区、社会及个人服务业

上海市各行业结构偏离度

◆	工农业
■	建筑业
✳	交通运输、仓储和邮政业
—	信息及通讯业
⋇	批发零售业
●	住宿和餐饮业
—	金融、保险、地产及商用服务业
—	社区、社会及个人服务业

新加坡各行业结构偏离度

◆	工农业
■	建筑业
✳	交通运输、仓储和邮政业
—	信息及通讯业
⋇	批发零售业
●	住宿和餐饮业
—	金融、保险、地产及商用服务业
—	社区、社会及个人服务业

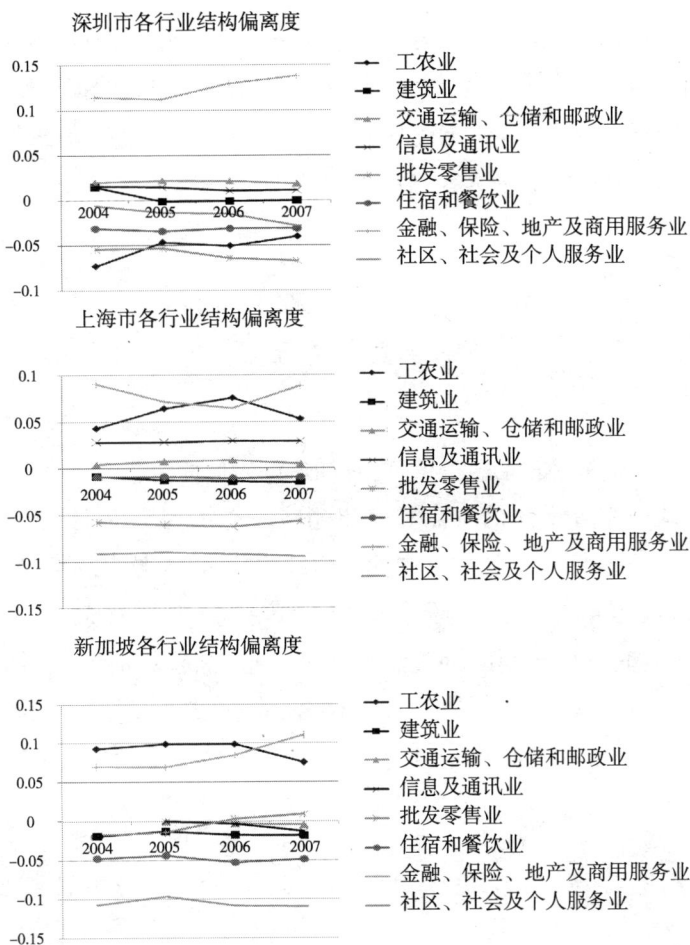

图 5-13　深、沪、新三地各行业结构偏离度

　　第三,在各行业对比中,金融、保险、地产及商用服务业有着较高的比较劳动生产率,三地在这一领域的结构偏离数也都在逐步增大,是一个成长性很强的行业。特别是深圳市,该行业中的就业人口增长速度最快。

第四,三地的社区、社会及个人服务业的就业弹性都大于各自的总体就业弹性,说明该行业对三地就业有较大的促进作用。

第五,深圳市建筑业具有最高的就业弹性,其产值每提高1%,该行业的就业人口增加4.44%。

第五节　新、港产业结构与人口　结构相关性分析

新加坡、香港是深圳市学习和追赶的目标,其人口结构和产业结构有着不同的特点和变化趋势。本书对新加坡和香港2001—2007 年统计数据中的产值结构、人口受教育程度、性别结构、年龄结构等指标,采用 SPSS 社会学统计软件进行Bivariate 相关分析。通过对某行业产值比重变动情况与同时期人口结构变动情况相关性的统计分析,判断某行业产值比重同人口结构间的相关性强弱,并寻找对深圳市发展的启示。①

----

① 注:由于新加坡在 2005 年开始采用 SSIC2005 统计标准,在该统计标准下新加坡部分行业 2004 年以前的统计数据缺失。为了准确地进行相关性数据分析,本书将首先根据新加坡 SSIC2000 统计标准和香港 HSIC1.1 统计标准,对两地产业进行重新划分,最终的行业划分标准为香港统计年鉴中使用的就业结构统计标准:制造业;建筑业;批发、零售、进出口贸易、饮食及酒店业;运输、仓库及通讯业;金融、保险、地产及商用服务业;社区、社会及个人服务业;其他产业(包括农业、渔业、采矿及采石业、电力、燃气及水务业、楼宇业权)。

一、香港产业（产值）结构与人口结构相关分析

表5-8　香港产业结构与人口结构相关分析

		高中及以上人口百分比	性别比率	人口年龄中位数	少年儿童抚养比率	老年抚养比率
制造业	Pearson Correlation	-0.943(**)	0.959(**)	-0.977(**)	0.947(**)	-0.988(**)
	Sig. ① (2-tailed)	0.005	0.001	0.000	0.001	0.000
建筑业	Pearson Correlation	-0.968(**)	0.990(**)	-0.996(**)	0.986(**)	-0.996(**)
	Sig. (2-tailed)	0.002	0.000	0.000	0.000	0.000
批发、零售、进出口贸易、饮食及酒店业	Pearson Correlation	0.801	-0.874(*)	0.890(**)	-0.875(**)	0.901(**)
	Sig. (2-tailed)	0.056	0.010	0.007	0.010	0.006
运输、仓库及通讯业	Pearson Correlation	-0.559	0.086	-0.013	0.110	0.074
	Sig. (2-tailed)	0.249	0.855	0.978	0.815	0.874
金融、保险、地产及商用服务业	Pearson Correlation	0.935(**)	-0.906(**)	0.867(*)	-0.911(**)	0.826(*)
	Sig. (2-tailed)	0.006	0.005	0.012	0.004	0.022
社区、社会及个人服务业	Pearson Correlation	-0.984(**)	0.903(**)	-0.864(*)	0.918(**)	-0.816(*)
	Sig. (2-tailed)	0.000	0.005	0.012	0.004	0.025
其他	Pearson Correlation	-0.818(*)	0.888(**)	-0.880(**)	0.878(**)	-0.899(**)
	Sig. (2-tailed)	0.046	0.008	0.009	0.009	0.006

① 注：Sig 表示显著性水平。若 Sig 值小于0.01（标记为**），说明二者有极显著的相关性；若 Sig 值大于0.01而小于0.05（标记为*），说明二者有显著的相关性；若 Sig 值大于0.05，说明二者相关性不显著。

表5-8数据分析可以发现,香港产业结构同人口结构的相关性结论如下:

(一)反映人口受教育程度指标的"高中及以上人口百分比",同制造业占GDP的比重、建筑业占GDP的比重、社区、社会及个人服务业和其他行业占GDP的比重有显著的负相关性,同金融、保险、地产及商用服务业占GDP的比重有极显著的正相关性。这些表明,香港人口受教育程度的不断提高,同香港金融、保险、地产及商用服务业产值占GDP比重的不断加大密切相关,同制造业、建筑业、社区、社会及个人服务业和其他行业产值占GDP比重的不断下降紧密相关。

(二)反映人口性别结构指标的"性别比率",同制造业占GDP的比重、建筑业占GDP的比重、金融、保险、地产占GDP的比重、社区、社会及个人服务业和其他行业占GDP的比重呈显著正相关性,而与批发、零售、进出口贸易、饮食及酒店业和金融、保险、地产及商用服务业占GDP的比重呈显著负相关性。这些说明香港女性占人口比重的日益增大,同制造业占GDP的比重、建筑业占GDP的比重、金融、保险、地产占GDP的比重、社区、社会及个人服务业和其他行业占GDP的比重的减少有紧密的关系。

(三)反映人口年龄结构的"人口年龄中位数""老年抚养比率""少年儿童抚养比率"等指标,均与除运输、仓库及通讯业之外的其他各行业占GDP的比重有显著的相关性。其中,当批发、零售、进出口贸易、饮食及酒店业占GDP的比重和金融、保险、地产及商用服务业占GDP的比重略有上升时,香港整体年龄表现出几乎与之同步的增大过程;而同时,香港制造业占GDP的比重、建筑业占GDP的比重、金融、保险、地产占GDP的比重、社区、社会及个人服务业和其他行业占 GDP 的比重,则在同步减少。

(四)在各行业中,运输、仓库及通讯业占 GDP 的比重,未与人口结构表现出显著的相关性。

二、新加坡产业(产值)结构与人口结构相关分析

表5-9　新加坡产业结构与人口结构相关分析

		高中及以上人口百分比	性别比率	人口年龄中位数	少年儿童抚养比率	老年抚养比率
制造业	Pearson Correlation	-0.078	-0.495	0.328	-0.247	0.186
	Sig. (2-tailed)	0.884	0.258	0.472	0.594	0.690
建筑业	Pearson Correlation	-0.844(*)	0.951(**)	-0.908(**)	0.870(*)	-0.825(*)
	Sig. (2-tailed)	0.034	0.001	0.005	0.011	0.022
批发、零售、进出口贸易、饮食及酒店业	Pearson Correlation	0.951(**)	-0.910(**)	0.932(**)	-0.909(**)	0.906(**)
	Sig. (2-tailed)	0.004	0.004	0.002	0.005	0.005
运输、仓库及通讯业	Pearson Correlation	0.654	-0.702	0.708	-0.696	0.691
	Sig. (2-tailed)	0.159	0.079	0.075	0.082	0.085
金融、保险、地产及商用服务业	Pearson Correlation	-0.492	0.711	-0.635	0.583	-0.555
	Sig. (2-tailed)	0.321	0.073	0.125	0.170	0.196
社区、社会及个人服务业	Pearson Correlation	-0.938(**)	0.814(*)	-0.911(**)	0.935(**)	-0.961(**)
	Sig. (2-tailed)	0.006	0.026	0.004	0.002	0.001

		高中及以上人口百分比	性别比率	人口年龄中位数	少年儿童抚养比率	老年抚养比率
其他	Pearson Correlation	0.496	−0.310	0.437	−0.521	0.534
	Sig. (2−tailed)	0.317	0.499	0.327	0.230	0.217

对表 5-9 的数据分析可以发现,新加坡产业结构同人口结构相关性结论如下:

(一)新加坡人口受教育程度同批发、零售、进出口贸易、饮食及酒店业占 GDP 比重有极显著的正相关性,而建筑业与社区、社会及个人服务业占 GDP 比重同人口受教育程度有显著的负相关性。这说明新加坡人口受教育程度的提高,同批发、零售、进出口贸易、饮食及酒店业占 GDP 比重的加大,以及建筑业与社区、社会及个人服务业占 GDP 比重的减少有很大的相关性。

(二)新加坡人口性别比同建筑业与社区、社会及个人服务业占 GDP 的比重有显著的正相关性,而与批发、零售、进出口贸易、饮食及酒店业占 GDP 比重有极显著的负相关性。这说明新加坡人口性别比的下降同批发、零售、进出口贸易、饮食及酒店业占 GDP 比重的加大,以及建筑业与社区、社会及个人服务业占 GDP 比重的减少有很大的相关性。

(三)新加坡人口年龄结构同建筑业、社区、社会及个人服务业和批发、零售、进出口贸易、饮食及酒店业占 GDP 的比重有显著的相关性。其中,建筑业和社区、社会及个人服务业占 GDP 的比重同人口年龄中位数、人口老年抚养比负相关,与人口少年儿童抚养比正相关。批发、零售、进出口贸易、饮食及酒店业占 GDP 比重同人口年龄中位数、人口老年抚养比正相关,与人口少年儿童抚养比负相关。这些说明新加坡批发、零售、进出口贸易、饮食及酒店业占 GDP 比重的加大,以及建筑业与社区、社会及个人服务业占 GDP 比重的减少,同人口年龄中位数的上升、人口老年儿童抚养比的上升、人口少年儿童抚养比的下降有很大的相关性。

（四）在新加坡各行业中,制造业、运输、仓库及通讯业、金融、保险、地产及商用服务业以及其他行业没有表现出同人口结构的强相关性。

三、新、港两地产业结构和人口结构相关性之异同

（一）新、港两地的共性。除香港批发、零售、进出口贸易、饮食及酒店业占 GDP 比重同受教育程度相关性稍差外,两城市中建筑业、批发、零售、进出口贸易、饮食及酒店业占 GDP 比重和社区、社会及个人服务业占 GDP 比重都同人口结构的各个指标呈现出较强的相关性。而且两地中的建筑业和社区、社会及个人服务业占 GDP 比重都与人口受教育程度负相关,与人口性别结构正相关,与人口年龄中位数（老年抚养比）负相关、与少年儿童抚养比正相关;在新、港两地中,批发、零售、进出口贸易、饮食及酒店业占 GDP 比重则都与人口受教育程度正相关,与人口性别结构负相关,与人口年龄中位数（老年抚养比）正相关、与少年儿童抚养比负相关。

（二）新、港两地的差异。香港金融、保险、地产及商用服务业占 GDP 的比重同香港各个人口结构指标均有相关性,而新加坡金融、保险、地产及商用服务业占 GDP 的比重同新加坡各个

人口结构指标均无明显相关性。

第六节　深圳市产业结构调整的对策建议

研究表明,产业与人口二者相互关联、相互影响。产业结构的调整可以促使人口结构随之变动,人口结构的变动又反作用于产业结构的变化。

通过深圳市与上海、新加坡、香港三个城市产业结构、人口结构的比较和分析,结合深圳市提出的"通过产业结构调整促进人口结构优化""加快建设现代产业体系,推进产业转移和劳动力转移"等政策,提出以下建议:

(一)深圳市暂住人口占常住人口的大多数,深圳市人口整体上相对年轻,有较充沛的劳动力资源,但深圳市人口性别比例严重失调,人口受教育程度整体较低。因此需要发展高端产业,实现低端产业的转移、撤让和淘汰,以产业结构调整,促进人口受教育程度的提高,以及人口结构的改善。

(二)深圳市相对其他三个城市,经济发展速度最快,就业增长率最大、总体就业弹性最高,所吸纳就业人口增长最快。但比较而言,深圳市各行业发展不均衡,工农业仍然为第一大产业,无论产值比重还是对 GDP 增长贡献率均居各行业之首,且集中了超过一半以上的就业人口,但比较劳动生产率较低,是劳动力人口移出的主要行业。

(三)通过四地的对比发现,作为现代服务业重要内容的金融、保险、地产及商用服务业,就业人口增长速度最快,并具有较高的比较劳动生产率,其结构偏离度也在逐步增大,说明该行业仍处在一个快速成长阶段,其地位日益突出,因此在深圳市产业调整和转型中,应予重点发展。

(四)批发、零售、进出口贸易、饮食及酒店业占 GDP 比重则都与人口受教育程度正相关,与人口性别结构负相关,与人口年龄中位数(老年抚养比)正相关、与少年儿童抚养比负相关。从优化人口结构考虑,可以适度发展。

(五)建筑业和社区、社会及个人服务业占 GDP 比重都与人口受教育程度负相关,与人口性别结构正相关,与人口年龄中位数(老年抚养比)负相关、与少年儿童抚养比正相关,表明深圳市当前不宜过度发展该行业。但该行业就业弹性高、比较劳动生产率稳定、行业结构偏离度低,它既是新加坡第一大就业行业(其就业人口占总就业人口的比重一直在 20% 以上),也是香港第三大产值行业(该行业产值所占 GDP 总产值的比重一直在 15% 以上)。因此,深圳在面临就业压力的情况下,可以有节制地予以发展。

第 六 章

产业转型中的深圳市科技创新能力

提升科技创新能力,培育产业核心竞争力,是产业升级和转型过程中至关重要的环节。本书将就科技创新对产业转型的作用机理进行研究,在此基础上,采用双重因子分析法对国内七大城市的科技创新能力进行综合评估,并利用灰色关联分析法,分析深圳市科技创新对经济发展的影响,同时通过和北京、上海等城市的比较,分析深圳市的优势与不足,提出相关的对策与建议。

第一节 科技创新对产业转型的作用机理

科技创新对经济发展的推动作用,可以通过其对产业转型的推动作用而实现。[①] 科技创新与产业转型相互影响、相互制约,科技创新是产业转型的驱动力量,为经济发展提供了科技供给和市场需求,产业转型则对科技创新提出了潜在的

---

① 参见隋映辉、赵琨:《科技产业创新与区域产业结构》,《环渤海经济瞭望》2008 年第 1 期。

需求。①

从宏观层面分析,科技创新对经济发展的影响主要体现在劳动工具、劳动对象和劳动力等生产要素的变化,社会产业分化与整合的加速,主导产业的发展,传统产业的改造以及通过需求结构的变化来影响产业结构等方面。② 科技的不断创新不可避免地带来了产业和部门之间对劳动力、资金和资源需求的差异,从而导致了这些要素在不同产业和部门之间的流动。但是这些要素在产业之间的流入和流出与具体的产业特征息息相关。如果产业的产品市场需求弹性较小,那么科技创新使得这些要素从该产业流出;反之,对产品市场需求弹性较大的产业而言,科技创新会带来这些要素的流入。根据价格规律,一般商品的市场供给量的增加会导致商品价格的下跌。因此,对于产品市场需求弹性较大的产业而言,价格的下跌会引起销售量的大幅增长,从而使得该产业的增加值上涨,进而引起生产要素流入并导致该产业的壮大;反之,对于产品市场需求弹性较小的产业,商品价格下跌并不能使得市场的销售量显著增加,而该产业的增加值减少则会使得生产要素从该产业流出,并使得产业发展受到制约。

从微观层面分析,科技创新对经济发展的作用是通过产业结构的调整和产业组织的转型实现的。

具体而言,科技创新是通过科技供给和市场需求两个方面

---

① 参见邵洁笙、吴江:《科技创新与产业转型的内涵及其相关关系探讨》,《科技管理研究》2006 年第 2 期。

② 参见王元地、朱兆琛、于晴:《试论自主创新对产业结构升级的作用机理》,《科技管理研究》2007 年第 12 期。

对产业转型起到作用的。① 首先,科技创新产生了科技供给。新的科学技术在经济领域的应用导致了新兴产业的崛起,随后新的科学技术又渗透、扩散到各个产业,促进了传统产业的技术升级。大面积的技术产业化的兴起使得产业技术的结构得到了升级,并以此带动了产业结构的调整和升级。其次,科技创新通过科技供给促进了原有优势产业的更迭和调整,同时也加速了新兴市场的形成,使市场需求结构发生变化,进而推动了产业结构的调整与转变。因此,在科技供给和市场需求的共同作用下,产业结构实现调整和优化,完成产业转型。同时,科技创新使得企业之间的竞争加剧,企业为了提高经济效益,保持竞争优势,在市场竞争中立于不败之地,不得不进行企业内部的战略调整和组织重构,通过产业集聚获得规模效应,从而实现产业组织转型,进而实现整体的产业转型。总体看来,在科技创新对产业转型的作用过程中,以科技创新为基础的"科技产业化"和"产业结构优化"相互作用,形成"科技供给"和"市场需求"共同推动产业结构高级化的转型,从而实现经济发展方式由"粗放型"向"集约型"的转变。

经济发展通过创造市场需求来实现对科技创新的反作用。由于社会经济的发展和市场需求的增长,可能会出现某一产业快速增长的趋势,为了满足市场需要和适应市场的竞争压力,企业必须提高产品和服务的质量。在上述因素的推动下,处于快速增长产业中的企业则会不遗余力地加大固定资产的投资,增加技术投入,改善工艺流程,重组现有技术。这一过程会对科技

---

① 参见邵洁笙、吴江:《科技创新与产业转型的内涵及其相关关系探讨》,《科技管理研究》2006 年第 2 期。

创新形成强大的市场需求,从而拉动科技创新。相反,如果某一产业处于落后状态或衰退时期,则会延迟科技创新的产生,甚至成为创新的阻碍。此时如果应用新技术、新工艺和新方法对这些"落后或衰退"的产业进行必要的重组和改造,就会促进科技创新在这类产业中的兴起,为产业注入新鲜的活力。从这个意义上讲,产业转型"内生"地决定着科技创新与技术进步。

科技创新对经济发展的作用机理是在宏观体系和微观体系的中介对接系统的互动下得以实现的。[①] 其中宏观体系由环境系统、组织系统和信息系统三部分组成。环境系统由包含了资金投入、资源配置和综合设施的"硬环境",以及包含了政府宏观战略、政策法规等因素的"软环境"两部分组成;组织系统指包含了科研生产、市场中介的中介组织系统,这种中介组织系统可以起到促进"科技创新—产业化—产业转型"的作用;信息系统则为产业结构调整以及产业转型的各个环节提供连续不断的信息流。微观运行体系则包括了政府、企业和中介服务系统。政府系统是科技创新的推动者和服务者,在整个产业转型中起到规划、咨询、调控和政策导向的作用;企业系统是产业转型的主体,科学技术的产业化是通过企业的科技创新和技术创造并形成一定的产业规模实现的,为产业转型奠定了基础;而政府系统和中介系统的协同互动作用也最终体现在企业系统的竞争力和战略管理能力上,并以此促进产业转型;中介服务系统则包括信息、金融、风险投资、创新服务、市场分析以及战略策划等方面,在中介对接系统中起到桥梁的作用(见图6-1)。

---

① 参见邵洁笙、吴江:《科技创新与产业转型的内涵及其相关关系探讨》,《科技管理研究》2006年第2期。

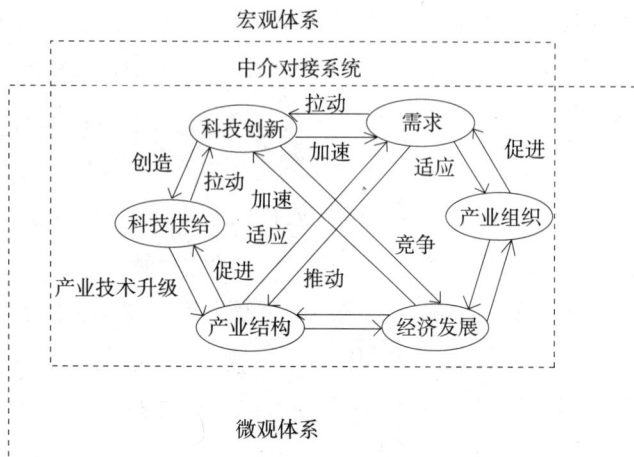

图 6 - 1   科技创新与产业转型的作用关系

第二节   深圳市科技创新资源现状

和国内其他大城市相比,深圳市原有的创新资源十分匮乏。大学、科研院所、重点实验室和大型的仪器设备等,在深圳经济特区建立之前基本上是一片空白。然而经过30年的发展,深圳市不但基本上构建起以市场为导向、以企业为主体、以政府为主导的区域科技创新体系,而且一直致力于将自身建设成为国家创新型城市,肩负着为我国建设创新型国家探路的使命。

建立经济特区初期,深圳市依靠自身的政策优势和区位优势,面向国内外全面引进资金、技术和人才。自20世纪90年代起,深圳市大力开展产业转型,将全市的产业基础定位于高新技术产业,并以其为依托促进产业集群化的发展,不断进行高新技术产业发展所需的各种资源的整合,使得高新技术产业迅速成长为深圳市第一支柱产业。随后,深圳市提出了建设现代化国际城市和创新型城市的奋斗目标,同时为了适应经济区域化、人才区域化的发展需要,积极参与构建深港创新圈,以此来大力推进区域内的资源整合。

深圳市的人才队伍不断壮大,企业创新能力不断提高。截至 2008 年,全市各类专业技术人员达到 94.01 万人,其中具有中级技术职称及以上的专业技术人员 33.14 万人,分别比 2007 年增长了 7.2% 和 2.2%;科学研究与试验发展经费(R & D)支出为 260.39 亿元,增长了 17.4%;全年落实科技研发资金 7.50 亿元,共支持科技项目 1551 项;全市累计认定高新技术企业 3086 家,登记科技成果 254 项;2008 年三项专利申请受理量达到 36249 项,比上年增长 1.2%,其中发明专利 18757 个,比上年减少 2.3%;专利授权量为 18805 项,比上年增长 20.9%,其中发明专利 5409 项,比上年增长 139.7%。[1]

为了使得本土拥有上游基础研究的能力,并推动本土高新技术产业的发展,深圳市政府自 1997 年开始认证和资助重点实验室。截至 2004 年年底,深圳市已经资助建设了 30 个重点实验室或国家级重点实验室,分别涵盖了以下领域:信息技术(9个)、环境科学(2 个)、生物技术(2 个)、新材料(3 个)、机电一体化(7 个)、中药(2 个)、建筑(2 个)、大气(1 个)、物流(1 个)和农业(1 个)。[2]

---

[1] 参见深圳市统计局:《深圳市 2008 年国民经济和社会发展统计公报》,2009 年 3 月 24 日。

[2] 参见深圳市科技和信息局:《深圳科技年鉴2006》,海天出版社 2006 年版。

企业是技术开发的主体,而深圳市的科技创新体系又是以企业为主体构建的,因此,推动企业的科技进步,促进产学研活动,提高科研成果的产业、商品化,成为深圳市成立工程技术研究开发中心的初衷。截至 2004 年年底,全市共认证市级工程技术研究开发中心 50 家,涉及的领域包括:通信(5 个)、电子和光电子(4 个)、计算机(5 个)、软件(6 个)、电子信息(8 个)、数字电视(2 个)、新材料(7 个)、生物及生物工程(8 个)、机电和医疗器械(5 个)。[①]

由于产业结构矛盾十分突出,劳动密集型中小企业占绝大多数,产品附加值很低,没有自主知识产权,深圳市处于全球产业链的低端。另外,深圳市缺乏共性技术平台,产业低水平重复建设,高端设备依赖进口,不仅耗费大量的外汇,而且与先进国家技术研发水平差距甚大。面对这种情况,深圳市政府从 2001年开始建设行业公共技术平台。截至 2005 年年底,已建成服装、家具、钟表、电子、材料、电气、设计和珠宝 8 个行业公共技术服务平台,其中部分平台取得了令人满意的成效,在全社会乃至全国同行业中产生了较大的影响。

除此以外,深圳通过 CNAL 认可的实验室达到了 101 家,已经形成平台规模的检验监测服务机构 16 家;经过多年的建设,深圳市已经拥有一大批性能先进、技术含量高的大型仪器设备;深圳市科技文献信息平台的建设也初见成效。截至 2005 年年底,深圳市图书馆、深圳大学图书馆、深圳市高等职业技术学院图书馆、深圳市信息职业技术学院图书馆、深圳大学城图书馆

_____

① 参见深圳市科技和信息局:《深圳科技年鉴2006》,海天出版社 2006 年版。

（深圳科技图书馆）、深圳市医学信息中心、深圳市标准技术研究院、深圳市知识产权事务中心和深圳市科技情报研究所 9 家单位共同构成了全市的科技文献信息平台,在全市的科技创新体系建设中发挥着重要作用。

第三节　基于因子分析法的深圳市
科技创新能力评估

一、深圳市科技创新评价指标体系的建立

科技创新能力是一个相对的概念,需要由能够衡量、表征科技创新不同环节的各个可以量化的变量来综合分析,科技创新能力决定了一个地区、一个国家的经济发展能力。[①] 本书从科技研发投入方面、知识产出方面、技术转移方面、宏观经济环境方面以及产业结构方面入手,构建科技创新的评价体系。

科技研发投入方面指标。科技研发投入是一个地区科技创新的物质基础,是实现创新的前奏。没有资金和人力围绕一些技术和项目进行研究,是不能产生大量的科技创新的。

X1:研究开发人员数(万人);

X2:政府科技经费投入(亿元);

X3:R & D经费投入(亿元);

X4:科研机构数(所);

---

① 参见[奥]曼弗雷德·费希尔、[德]贾维尔·迪亚兹、[瑞典]福克·斯奈卡斯:《大都市创新体系》,上海人民出版社 2006 年版,第2—3 页。

X5:重点实验室、工程中心(个)。

知识产出方面指标。知识产出反映的是高校、研究机构和企业的合作情况,也是在这样的过程中产生了知识的有效流动,为知识向市场化方向的流动提供了可能。

X1:每万人发明专利申请受理数(件);

X2:每万人发明专利授权数(件);

X3:每万人国内论文数。

技术转移方面指标。技术转移是指知识和技术供求双方按照市场需求的方式在各个部门之间有意识地流动。

X1:技术市场成交金额(亿元);

X2:技术吸纳金额(亿元);

X3:技术输出金额(亿元);

X4:外国直接投资额(亿美元)。

宏观经济方面指标。一个地区(国家)的创新能力最终表现在对经济发展的贡献上。同时,地区经济的发展也有助于当地的科技创新,为科技创新奠定了一个坚实的物质基础。

X1:人均 GDP 水平;

X2:人均 GDP 水平增长率;

X3:劳动生产率;

X4:劳动生产率增长率。

产业结构方面指标。此类指标一定程度上反映了产业结构的优化水平和产业集中的程度。高度优化的产业对科技创新的需求是非常迫切的,同时科技创新也通过这种优化的产业对经济发展产生巨大影响。

X1:前三个支柱产业占当地工业总产值的比例;

X2:信息产业产值占 GDP 比例;

X3：高新技术产业产值占 GDP 比例；

X4：商品出口额占 GDP（全国）的比重（万美元）。

二、因子分析数理模型的建立

因子分析法是多元统计分析法中的一种分析方法，其基本思想就是通过研究众多变量之间的内部依赖关系，找出这些变量之间的内部结构，提取这些变量中被称之为公因子的不可观测的变量，并以此来表示基本的变量。而这些被提取出来的公因子则能够反映出原来众多基本变量所代表的主要信息，从而简化数据结构，方便研究。

因子分析法的基本数理模型的建立步骤如下：

$$X = AF + \varepsilon$$

其中，

$$X = \begin{bmatrix} X1 \\ X2 \\ \cdots \\ Xp \end{bmatrix}, A = \begin{bmatrix} a_{11} & a_{12} & \cdots & a_{1m} \\ a_{21} & a_{22} & \cdots & a_{2m} \\ \cdots & \cdots & \cdots & \cdots \\ a_{p1} & a_{p2} & \cdots & a_{pm} \end{bmatrix}, F = \begin{bmatrix} F1 \\ F2 \\ \cdots \\ Fm \end{bmatrix}, \varepsilon = \begin{bmatrix} \varepsilon_1 \\ \varepsilon_2 \\ \cdots \\ \varepsilon_p \end{bmatrix}$$

且满足以下条件：

（1） $m \leqslant p$；

（2） $\mathrm{Cov}(F, \varepsilon) = 0$，即公共因子与特殊因子不相关；

（3） $D_F = D(F) = \begin{bmatrix} 1 & & & 0 \\ & 1 & & \\ & & \cdots & \\ 0 & & & 1 \end{bmatrix} = I_m$，即各个公共因子不

相关且方差为 1；

$$(4)\ D_\varepsilon = D(\varepsilon) = \begin{bmatrix} \sigma^2 & & & 0 \\ & \sigma^2 & & \\ & & \cdots & \\ 0 & & & \sigma^2 \end{bmatrix}, \ 即各个特殊因子不$$

相关,方差不要求相等。

模型中的矩阵 X 为变量矩阵,即指标体系;矩阵 A 为因子载荷矩阵,a_{ij} 为因子"载荷",是第 i 个变量在第 j 个公共因子上的负荷;矩阵 F 为公共因子矩阵;矩阵 ε 为特殊因子矩阵,ε 即为不能被公共因子所解释的部分。

三、双重因子分析

利用 SPSS15.0 统计分析软件对北京、上海、深圳、天津、广州、重庆和西安这 7 个城市的上述 5 大领域中共计 20 个指标进行双重因子分析,得出 7 个城市分别在研发投入绩效、知识产出绩效、技术流动绩效、宏观经济以及产业结构方面的得分(见表 6-1)。

表 6-1　知识产出绩效、技术流动绩效、宏观经济
以及产业结构方面的得分

指标	研发投入(f1)	知识产出(f2)	技术转移(f3)	宏观经济综合指标(f4)	产业结构综合指标(f5)
北京市	5.8792	-0.1534	5.1477	0.0311	-0.0542
上海市	0.9105	1.0426	2.974	1.4322	2.436
深圳市	-1.6489	2.812	-1.2424	1.4221	1.1351
天津市	-1.1776	-0.3399	-0.8907	-0.7021	-0.5528
广州市	-1.4123	-0.0983	-1.3799	1.1821	0.2702
重庆市	-1.7154	-1.1626	-2.2216	-1.2252	-2.2343
西安市	-0.8355	-2.1004	-2.3871	-2.1402	-1.0000

通过测度模型计算 7 个城市科技创新能力综合得分,结果如表 6 - 2 所示。

表 6 - 2　7 个城市科技创新能力得分

指标	绩效因子(f1)	转化因子(f2)	科技创新能力 F
北京市	6. 2284	8. 7805	6. 7724
上海市	6. 8627	1. 3298	4. 1847
深圳市	2. 9287	-4. 3855	-0. 1593
天津市	-2. 5769	-1. 1168	-1. 8138
广州	-0. 4159	-2. 6286	-1. 2543
重庆市	-6. 4257	-1. 5769	-4. 0486
西安市	-6. 6012	-0. 4025	-3. 6810

通过上述因子分析可以看出,深圳市的科技创新能力综合得分位列第 3,与北京市、上海市相差甚远。其中,体现了经济综合表现的第 1 个公共因子——绩效因子的得分远低于前面两大城市;而代表了研发投入和技术转移的第 2 个公共因子——转化因子的得分却位居 7 个城市之末,表明深圳市产业科技创新的动力并不强劲。

四、深圳市科技创新能力培育中的主要问题

由于原有基础薄弱而且发展的时间较短,使得深圳市各类创新资源总量和国内其他城市相比仍旧不足,资源的效益难以提高,最终导致了全市基础研究能力的低下。主要表现在:

研究性人才匮乏。截至目前,深圳市从事基础研究方面的人才只有 1956 人,其中一部分人的主要精力并不在基础研究上,这就使得深圳市基础研究面临着人才数量少、研究力量更加

薄弱的不利局面。此外,还面临着基础研究后续人才的力量不足、人才培养能力较低、人才培养机构的支撑力薄弱等问题。深圳市目前只有一所仅有 25 年建校历史的综合性大学——深圳大学,刚从原先培养应用型人才向教学科研并重的方向转变,其硕士、博士研究生的培养工作刚刚起步,培养的基础性研究人才还远远满足不了深圳市日益增长的需要。虽然近年来国内一些高校相继进入深圳并建立了研究生分院进行研究生的培养,但是深圳市的高校数量还是远远跟不上社会进步和经济高速发展的步伐。而且引入的这些研究生分院主要是为了结合深圳的产业发展现状,进行科技研发和项目孵化的研究,其中涉及的基础性研究很少。

研究机构较少。深圳市高校和研究机构对基础性研究的支撑作用不强。全市高校和研究机构数量少,并且这些高校和研究机构的注意力主要集中在深圳市产业研究和项目研发上,基础研究还不是他们的工作重点。正因如此,深圳市基础研究单位虽然已具雏形,但是其对基础研究工作的带动幅度不大,对缩小深圳市与其他城市在基础研究领域的差距方面的贡献并不显著。

研究资源分散。虽然深圳市每年都会从科技资金中专门安排一定的资金资助各个研究机构进行基础性研究,而且深圳市的重点实验室建设也有了一定的规模,但是这些机构都相互独立,并没有有机联合,难以形成优势互补,各个研究机构的资源并没有实现共享。这种局面导致了已有的宝贵科研资源得不到充分有效的利用,各研究机构各自为政,这种格局不利于基础研究工作的开展,同时也很难提高基础研究的整体水平。

对香港的科技资源利用不充分。虽然深圳的基础研究底子薄弱,但是其毗邻的香港却拥有着雄厚的实力。不管是基础研究的水平或者是基础研究人才,还是基础研究机构和科研管理水平,香港都有很多可以借鉴之处。"十五"期间,深圳市在高新技术和高新产业方面对香港进行了很好的借鉴,并取得了相当大的成绩。不足之处是忽视了对香港在基础研究方面的借鉴,没有与香港形成良好的合作互动,失去了提升自身基础研究水平的契机。

除了基础研究方面外,深圳市还存在着创新资源总量不足与效益低下并存的问题。以公共技术平台的资源效益为例,深圳市共有 43 家公共技术平台,其中公共研发人员 1545 人,每个机构每年承担的项目不足 4 个,接受企业委托的项目不足 1 个;每年人均发表论文 0.36 篇;机构年均申请专利 0.37 项,其中发明专利 0.12 项;机构年均专利授权量为 0.11 项,其中包括发明专利 0.06 项。拥有总量庞大的科技人力资源,却明显缺乏高效创新性质的研究。①

创新资源的整合是全国经济社会发展中的共性问题,深圳市同样面临着这样的困扰。在资源整合的过程中,信息传递与反馈机制不健全,如企业需求信息与高校技术供给信息不能及时、有效沟通;协调机制薄弱,导致深港创新圈的建立困难重重;自我约束机制较弱,许多部门或企业,不是自觉地自我约束而是希望在违规中获得额外收益。另外,资源整合的模式也有较大局限,重行业内整合,轻行业间整合;重硬件整合,轻软件整合,特别是人力资源整合十分薄弱;重短期、单一项目的资源整合,

---

① 参见深圳市高新科技产业协会:《深圳创新资源整合调研报告》,(深圳市 2006 年软科学课题研究成果),2008 年 3 月 5 日。

轻综合性项目、长效机制建设等。

　　同时,对基础创新的重视也需继续加强。深圳作为一个年轻化的城市,在城市建设和发展的过程中需要考虑的因素很多,无论是基础性研究还是创新资源的整合,由于其对城市经济发展的带动并不像高新技术产业那样明显而迅速,在政府决策时往往会遭到忽视。其后果是导致深圳市整体科技创新能力的下降,影响各个产业的发展,阻碍经济的持续增长。

第四节　深圳市科技创新对经济发展
影响力的灰色关联分析

　　经济与社会的发展,是多种因素相互作用、相互影响的结果。以系统论的观点来看,经济社会中无处不存在着复杂系统。目前在对复杂系统进行系统分析时,往往采用统计分析方法或者其他方法,这些都需要大量的统计样本、典型的分布规律以及大量的运算。而灰色关联分析法是对系统变化的发展趋势做定量分析,其实质是关联系数的分析。

　　灰色关联分析法是一种新兴的多因素分析法,其基本原理是通过对统计序列的几何关系的比较,划清系统中诸多因素之间的关系紧密程度。[①] 序列曲线的几何形状越接近,它们之间的灰色关联度就越大,反之就越小。值得注意的是,灰色关联分析的对象是事物之间不确定的关联,分析的实质是整体的比较,

---

　　① 参见邓聚龙:《灰理论基础》,华中理工大学出版社 2002 年版,第 4—6 页。

而这种比较只限于两点之间,是两两比较。本书正是利用科技创新体系中不同的衡量指标与经济发展的衡量指标进行——比较。

一、深圳市科技创新对经济发展的影响力分析

为了量化分析科技创新对经济发展的影响,本书选取了衡量经济发展程度的地区国民生产总值(GDP)这一经济指标,另外选取了 R & D 经费支出、专利授权量、技术市场吸纳技术金额、技术市场输出技术金额四个衡量科技创新的指标。

和科技经费投入不同的是,R & D 经费支出中相当一部分应用于基础性科学研究,因此该指标很大程度上能够衡量一个国家或地区的基础科学发展水平。专利(特别是发明专利)中的科技含量很高,是新产品和新技术及新工艺的核心,反映了一个国家或地区技术创新的能力。其中专利申请量和专利授权量的相关度很高,但是专利申请量只能反映出区域内创新活动的活跃性,而不能反映该区域创新的质量和有效性。因此,如果不考虑专利授权的时滞性,专利授权量指标则恰好反映了区域技术创新的有效性。但是,有了专利并不表示该新技术或新工艺可以被应用于技术生产,并不表示可以用来提升生产力。因此,要考虑技术的产业化率,就要考虑到技术市场中技术的交易流动,流动方向的不同间接体现了自身的科技创新能力。而对于某一个特定的地区(区域)而言,技术的流动分为两类:一类是地区(区域)外其他地区向该地区流入技术,也即该地区的技术吸纳,这体现了地区对外来技术的依赖程度;另一类是该地区(区域)向其他地区进行的技术流出,也即技术输出,这体现了该地区的科技创新能力和技术扩散能力。

表 6-3　1998—2008 年深圳市统计数据①

年份	国内生产总值 GDP（亿元）	R&D 经费支出（亿元）	专利授权量（件）	技术吸纳金额（亿元）	技术输出金额（亿元）
1998	1289. 28	15. 40	1364	4. 46	0. 54
1999	1436. 51	20. 04	2116	7. 52	0. 91
2000	1665. 24	48. 12	2401	10. 18	1. 23
2001	1908. 15	68. 04	3506	11. 77	1. 42
2002	2239. 41	73. 20	4496	13. 72	1. 66
2003	2860. 51	83. 29	4937	23. 04	1. 95
2004	3422. 80	101. 48	7737	20. 15	7. 02
2005	4926. 90	124. 51	8983	27. 30	35. 87
2006	5684. 39	190. 85	11494	49. 50	46. 04
2007	6765. 41	221. 87	15552	39. 82	49. 41
2008	7806. 54	260. 39	18805	—	—

根据表 6-3 中的统计数据,利用灰色关联分析法计算不同形式的科技创新与经济发展的关联度,结果如下:

表 6-4　深圳市科技创新与经济发展的灰色关联度

关联度指标	γ_{01}	γ_{02}	γ_{03}	γ_{04}
关联度数值	0. 6046	0. 7172	0. 7647	0. 7891

γ_{01} ——指 R&D 经费支出与经济发展的关联度;

γ_{02} ——指专利授权量与经济发展的关联度;

---

① 参见 1998—2007 年《深圳统计年鉴》及深圳市《2008 年国民经济与社会发展公报》(2009 年 3 月 24 日)。

γ_{03}——指技术市场技术吸纳与经济发展的关联度；

γ_{04}——指技术市场技术输出与经济发展的关联度。

通过上述分析可知，科技创新对经济发展的贡献是巨大的，不同的创新形式对经济发展的贡献各不相同。从表 6-4 中可以看出，深圳市的 R & D 经费支出、专利授权量及技术市场中技术吸纳、技术输出与经济发展的关联度分别为 0.6046、0.7172、0.7647 和 0.7891。其中，对经济发展贡献作用最大的是技术市场中的技术输出，R & D 经费支出的贡献相对最弱。科技创新对经济发展的影响力大小排序依次为：输出技术金额>吸纳技术金额>专利授权量>R & D 经费支出。

R & D 经费支出主要用于区域的基础科学研究，其收效更多地表现为自主创新的成果。这样的分析结果表明，无论是对于一个发展中国家还是一个以产业技术为主导的区域，对基础科学研究的大量投入虽然可以提高自身的科技水平，但是对经济发展的作用却不及其他的创新形式。究其原因，很大程度上是由于基础性研究的投入量大，承担的风险高，并且在相当长的一段时期内研究成果难以转化为实际的生产力，具有很强的时滞性。

专利授权量对经济发展的影响仅次于技术市场成交额。专利（尤其是发明专利）在相当大的程度上反映了一个国家、地区或企业的技术开发创新能力和内部的竞争力。因此，相对于基础性研究，深圳市的应用型研究对经济发展、产业竞争力等具有更为深远的影响。

技术市场中的技术流动对深圳市经济发展的影响最为显著。技术市场是将科技成果转化为生产力的桥梁和纽带，为科技成果的商品化、产业化提供了十分重要的平台。2007 年，在深圳市技术市场交易中，技术吸纳金额为 39.82 亿元，比 2006 年下

降了 19.6%,技术输出金额为 49.41 亿元,比 2006 年上升了
7.4%。[1] 报告显示,在计划单列市中,深圳市不仅是最大的技
术输出方,同时也是最大的技术吸纳方。[2] 这同时表明,深圳市
的技术扩散对其经济发展的影响力稍高于其对外来技术的依赖
度,其经济发展主要依靠技术的流动,而自主研发能力相对薄弱。

二、深圳市与北京市、上海市的对比分析

基于上述灰色关联分析方法,利用 1998—2007 年北京市和
上海市的统计数据,可以分别得到不同城市中不同形式的科技
创新与经济发展的关联度,结果如表 6-5 和表 6-6 所示。

表 6-5　北京市科技创新与经济发展的灰色关联度

关联度指标	γ_{01}	γ_{02}	γ_{03}	γ_{04}
关联度数值	0.5959	0.5909	0.6786	0.8877

表 6-6　上海市科技创新与经济发展的灰色关联度

关联度指标	γ_{01}	γ_{02}	γ_{03}	γ_{04}
关联度数值	0.7159	0.8216	0.6434	0.8193

表中各个指标的含义分别为:

γ_{01}——指 R & D 经费支出与经济发展的关联度;

---

① 参见科技部发展计划司:《2008 年全国技术市场统计年度报告》(内部资料),2008 年 5 月。

② 参见科技部发展计划司:《2008 年全国技术市场统计年度报告》(内部资料),2008 年 5 月。

γ_{02} ——指专利授权量与经济发展的关联度；

γ_{03} ——指技术市场技术吸纳与经济发展的关联度；

γ_{04} ——指技术市场技术输出与经济发展的关联度。

从表6-5中可以看出,北京市的R&D经费支出、专利授权量及技术市场中的技术吸纳、技术输出与经济发展的关联度分别为0.5959、0.5909、0.6786和0.8877。其中,对经济发展贡献作用最大的是技术市场中的技术输出,专利授权量的贡献相对最弱。科技创新对经济发展的影响力大小排序依次为:输出技术金额>吸纳技术金额>R&D经费支出>专利授权量。

从表6-6中可以看出,上海市的R&D经费支出、专利授权量及技术市场中技术吸纳、技术输出与经济发展的关联度分别为0.7159、0.8216、0.6434和0.8193。其中,对经济发展贡献作用最大的是专利授权量,技术市场中技术吸纳的贡献相对最弱。科技创新对经济发展的影响力大小排序依次为:专利授权量>输出技术金额>R&D经费支出>吸纳技术金额。

通过北京、上海和深圳三个城市的比较可以看出,科技创新对经济发展的影响相当巨大。其中,不论技术转移的流向如何,技术市场中的技术流动对当地的经济发展的影响力仍旧占据首要地位,而涉及基础研究的研发投入对当地经济发展的影响力相对较弱。这充分说明,在我国主要城市中,应用型创新和科学技术的市场化、产业化对地区性的经济发展是举足轻重的。但是普遍存在的自主创新能力不足、基础性研究对地区经济发展的影响力难以显现等问题,导致部分地方一味追求经济的快速增长,重视技术应用而忽视自主性创新和基础性研究。长此以往,导致创新源头动力不足,科技发展迟缓,过度依赖外来技术,产业结构存在缺陷,产业组织形式松散落后,从而阻碍经济的发展。

北京市、上海市和深圳市各自有着自身独特的先天环境和创新条件,除了总结三个城市科技创新与经济发展的关系中共同存在的问题外,本书还希望借鉴北京市、上海市的成功经验,对深圳市的经济发展有所启示。

R & D活动是科技创新的核心内容,其经费投入是全社会科技投入的重要组成部分。R & D经费投入的总量是衡量一个地区创新投入的一个方面。为了更加清晰地显示出R & D投入和GDP之间的关系,本书将采用R & D经费投入占同期GDP的百分比例,即R & D投入强度作为衡量指标。

根据1998—2008年北京市、上海市和深圳市三地的统计数据①,可以得到三地R & D投入强度的走势(见图6－2)。

(单位：%)

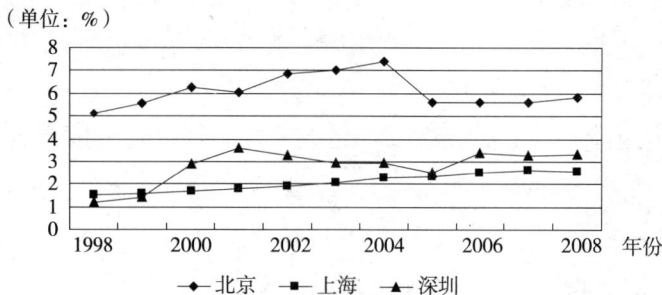

图6－2   北京市、上海市和深圳市R & D投入强度

通过图6－2可以看出,在最近的10年中,三地R & D投入强度稳中有升,其中北京市最高,深圳市次之,上海市最低。

_____

①   参见三大城市1998—2007年统计年鉴及三大城市《2008年国民经济与社会发展公报》(2009年3月)。

　　国际比较研究表明,处于工业化初期阶段的地区,R & D投入强度一般小于1.0%;处于工业化中期阶段的地区,R & D投入强度一般在1.5%以上,其产业结构也会迅速向技术密集和资本密集的方向调整,并对先进技术有着较强的消化与吸收能力;而进入工业化后期阶段的地区,其R & D投入强度一般都在2.0%以上,第三产业成为当地经济发展的主导产业,自主创新能力显著增强。据此可知,自1998年起北京市的R & D投入强度始终在5.0%以上,高于2.0%的比例,因此第三产业一直是北京市区域经济发展的主导产业,其自主创新能力较强;上海市的R & D投入强度在2003年首次突破2.0%,这表明上海市一定程度上达到或接近主要发达国家的水平,其本地企业在R & D活动中的主体地位日益突出,已经成为科技创新的主力军;而对于深圳市而言,其在2000年首度突破2.0%,实现了该比例的稳步增长,这与近年来深圳市高新技术产业的高速发展是密不可分的。2008年,深圳市的高新技术产品的产值为8714.26亿元,已经占到全市规模以上工业总产值的54.9%,其中具有自主知识产权的高新技术产品的产值为5148.17亿元,占全部高新技术产品产值的比重为59.1%。①

　　专利(尤其是发明专利)在相当大程度上反映了一个国家、地区或企业的技术开发创新能力和内部的竞争力,而其中的专利申请量和专利授权量则反映了一个地区的科技创新活动的活跃性和创新质量。在此利用专利授权量占专利申请量的比例来说明地区的科技创新的质量。

_____

　　① 参见深圳市统计局:《深圳统计年鉴2009》,中国统计出版社2009年版,第274页。

　　根据 1998—2008 年北京市、上海市和深圳市三地的统计数据①,可以得到三地专利平均量、授权占申请量比例(见图 6 - 3 和图 6 - 4)。

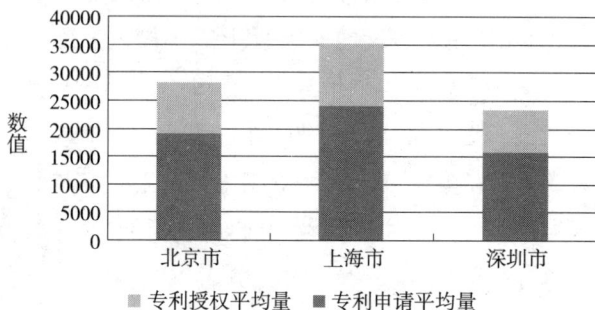

图 6 - 3　北京市、上海市和深圳市专利平均量比较

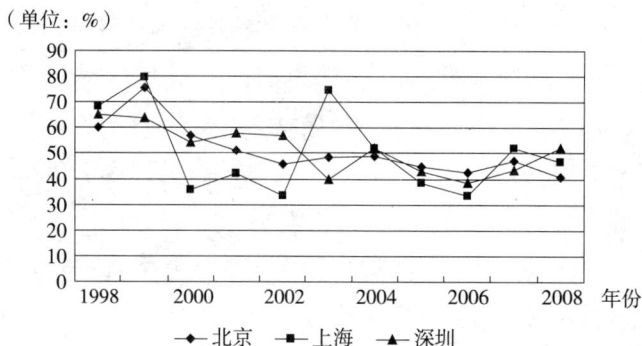

图 6 - 4　北京市、上海市和深圳市专利授权量占申请量比例

　　①　参见三大城市 1998—2007 年统计年鉴和《国民经济与社会发展公报》(2009 年 3 月)。

从图 6-3 和图 6-4 中可以看出,在三地专利的平均量中,上海市最大,北京市次之,深圳市最少。但是,三地的该比例走势却总体相同,和初期相比略有下降。同时,三大城市在专利方面的创新质量逐年稳定,相互接近。经过计算,北京市、上海市和深圳市三地的该比例平均值分别为 51.1314、50.5522 和 51.5259。仅就该指标而言,深圳市超过 50%,略高于北京市和上海市并且从 2006 年之后有所提高,特别是 2008 年,该指标再次超越北京市和上海市。这说明,虽然深圳市本土的科技创新活动的活跃性不如其他两大城市,但是其创新活动的质量却超越北京市和上海市。

技术市场中的技术流动,不仅实现了科学技术的扩散,为科技成果的商品化、产业化提供了十分重要的平台,而且技术的流向也反映了一个地区技术的自主创新能力和对外来技术的依赖程度。

根据 1998—2007 年北京市、上海市和深圳市的统计数据①,可以得到三地技术市场交易构成图(见图 6-5、图 6-6 和图 6-7)。

通过对北京市、上海市和深圳市的技术市场交易构成的研究发现,三大城市在技术的交易流动方面有着惊人的相似:第一,总体而言,三地的技术吸纳和技术输出同时呈现逐年增长的态势;第二,在 2005 年以前,技术流动中主要以技术吸纳为主体,地区对引进技术的依赖程度较高,自 2005 年开始,三地的技术输出首次超过技术吸纳,使得各自过分依赖外来技术的局面

① 参见科技部发展计划司:1999—2008 年《全国技术市场统计年度报告》(内部资料)。

单位：亿元

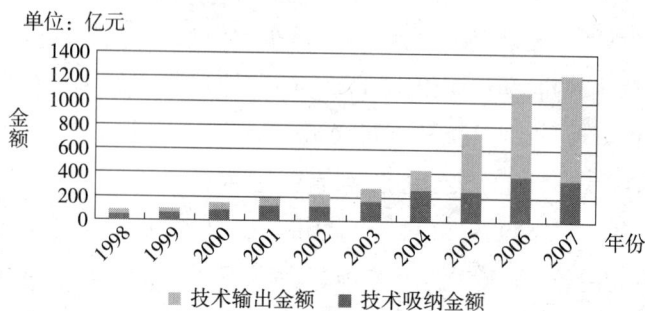

图 6-5　北京市技术市场交易构成图

单位：亿元

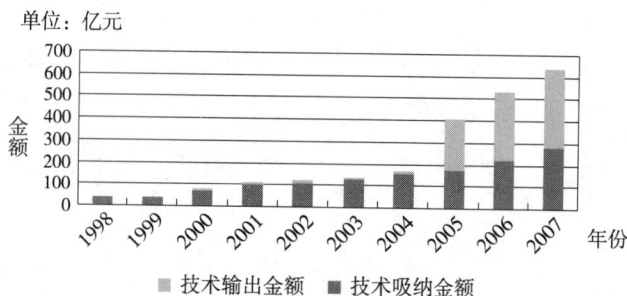

图 6-6　上海市技术市场交易构成图

单位：亿元

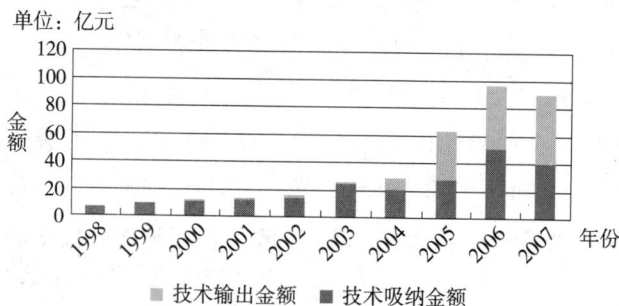

图 6-7　深圳市技术市场交易构成图

得到扭转,区域性的技术扩散占据了主要地位。和杭州市等其他计划单列市相比,深圳市不仅是最大的技术吸纳方,更是最大的技术输出方。虽然在技术市场交易中,深圳市的交易总量不及北京市和上海市,但是却显示出和这两大城市相类似的优势,预示着较大的发展潜力。

上述分析还表明,1998—2004 年期间,在北京市、上海市和深圳市技术市场交易构成中,技术流入占的比重大于技术输出;而在 2005 年以后的三地技术市场交易构成中,技术输出所占的比重则超过了技术流入。这种现象的可能原因是,前期的这种大规模技术流入使得区域经济发展达到一定的程度,而区域经济的发展又对自身技术的发展起到了促进作用,从而形成了一种良性循环,当这种循环达到一定"阈值"时,技术输出超过技术吸纳成为必然的结果,区域性的技术扩散也就随之出现。

第五节　提高深圳市科技创新能力的思路与对策

根据我国经验,在改革开放之初,东部地区的创新能力低于中西部的一些地区,但是由于具备了体制优势和政策优势,使得东部地区的创新能力很快超过了中西部地区。创新的意识、市场竞争以及外资驱动是导致这一局面的三大重要因素。在科技创新中,资源的缺乏会成为抑制创新能力提升的关键,但这并不意味着具备了科技资源的优势就一定会取得科技创新的优势,而是与创新所需的良好环境分不开的。

从深圳市科技创新的现状可以看出,深圳市的创新资源和创新意识相对较为充分。但在创新资源中,呈现出基础研究创新资源的匮乏和企业技术创新资源的相对丰富这一显著特征。资源内部结构的特点导致了深圳市科技创新以企业为主导而忽视了基础研究创新,这样虽然使得深圳市在一段时期内的经济得到了快速发展,但是源动力不足的问题也随之浮现。因此,深圳市不仅应该注重科技创新资源的投入,同时还应该注重良好创新环境的构建。

第一,加大R & D经费投入,提高R & D投入强度,激发深圳市科技创新的巨大潜力。根据1998—2008年统计数据,虽然深圳市R & D经费支出在11年间有了较大增长,但是R & D经费支出占深圳市GDP的比重依旧较低(2008年约为3.34%),而同期的北京市为5.82%。因此,加大科研经费投入力度,有效激发科技投入的潜力,是实现深圳市科技创新发展的根本要求。

第二,继续加大对本地高校和研究院所基础研究的支持,为经济发展提供后续力量。根据灰色关联分析可知,不同的科技创新指标对经济发展的影响是不同的。基础科学研究由于投入周期长、风险大以及见效慢等原因,其对经济发展的影响在短期内并不明显。但是以基础科学研究为特点的自主创新却是科技促进经济发展的源头所在。因此,针对深圳市本土高等院校和研究机构少、基础研究相对薄弱的情况,要加大对本土创新源头的支持力度。

第三,加大人才引进力度,为地区科技创新提供充足的知识储备。深圳市不仅没有名牌大学和研究院所,所拥有的大学和研究院所在数量上和质量上都远远落后于北京、上海等城市,高等教育基础不足,深圳本土培育出的人才和研究成果均不能满足高科技城市建设的需求。虽然深圳市对此相当重视,并且建设了虚拟大学城,加强了重点实验室、工程技术研究开发中心等硬件设施的建设,但是"软环境"的欠缺使得深圳市对人才的吸引力大打折扣。因此,必须加强自身软环境的建设,加大吸引人才的力度,防止人才流失。

第四,进一步完善以企业为主体的技术创新系统,建设良好的公共信息平台。深圳市的科技创新系统是以企业为主体运行的,应通过市场引导和政府参与进行资源配置,进一步推动企业成为研究开发和科技投入的主体,培育出一大批拥有自主知识产权的高新技术企业,支持跨国公司制造业升级,支持核心技术本土化,不断强化企业在深圳市科技创新中的主体地位;建立开放的科技体制,扩大国际科技合作与交流,积极实施"走出去"战略,通过广泛地参与国际科技合作,充分利用国际科技资源,提高自身研发能力和自主创新能力;加强公共信息平台的建设,为科技信息流动创造良好的环境。

第五,进一步规范技术市场建设,保障本地技术流入和技术输出的畅通。无论是技术吸纳还是技术输出,都是在技术市场中进行的活动。因此,要规范技术市场秩序,加强技术市场建设,为科技创新成果的商品化、产业化搭建广阔的市场平台。有研究数据表明,我国已经拥有专利成果80余万项,但商品化、产业化的转化率不足20%,而已经转化的专利成果当中能够取得经济效益的只占30%,其中能够取得较好经济效益的仅有10%。因此,规范技术市场的建设,保障科技成果的流通,是提高科技创新能力的重要措施。

第六,通过理论创新推动行政管理体制创新。随着全球化进程的加快,香港和澳门的回归,以及中国加入WTO等,深圳特区的优势已经有所弱化,特区不"特"已经成为必须面对的现实。深圳市应该努力把握住竞争的主动权,在体制创新上投入更多的力量,借鉴有益经验,建立起更加灵活有效的体制和机制,对创新能力进行科学的规划和建设,进一步推进科技创新。

第七,强化中介组织的作用,完善社会化服务体系。随着市场化的不断推进,科技创新活动越来越需要良好的中介服务机构为科技创新的主体提供帮助与支持。经验表明,越是市场经济发达的国家,中介组织的发展越是完善,社会化服务系统对提高地区的科技创新能力也越重要。中介服务机构的最大作用是帮助新建的企业获得市场机会和投资,为企业提供专业化、质优价廉的技术、投资、管理等服务,从而有效地降低高新技术企业成长初期的竞争风险,促进企业的健康成长。因此,深圳市要大力发展科技中介机构,注重加强科技中介机构的能力建设,加强服务于行业和具有地区性特色的科技创新服务中心的建设,以此作为政府推动科技创新的切入点,完善创新服务体系,为中小企业的发展搭建起坚实的技术平台。

第八,加强深港创新圈的建设,提高自身科技创新能力。深圳作为内地唯一与香港接壤的城市,其独特的区位优势是国内其他城市所无法比拟的。香港具有雄厚的科技资源,其创新能力也是十分强劲的。这不仅为深圳市提供了良好的经验借鉴,同时有利于深化深港科技合作,建立深港创新圈,实现区域经济整合,提升深圳市的科技创新能力。

第 七 章

基于温特制的深圳市高新技术产业转型

温特制正成为全球高新技术产业新的主导生产方式,给发展中国家带来了双重影响。深圳市高新技术产业的快速发展,正是得益于较早融入全球产业价值链分工体系,获得了比较竞争优势。随着温特制导致国内外高新技术产业的竞争愈发激烈,深圳市高新技术产业转型势在必行。本书结合深圳市高新技术产业的转型,对温特制生产方式下发展中国家高新技术产业转型的原因、方向、存在问题与对策,进行初步的探讨。

第一节　温特制下深圳市高新技术产业的发展

温特制作为新的生产方式,给发展中国家带来了双重影响。从积极的方面来看,由于温特制的水平生产体系将价值链各个环节在全球进行有效配置,任何厂商都无法全过程参与价值链的生产经营。产业主导企业虽然控制了行业标准,但其生产、设计以及全球供应链管理体系却离不开其他地区企业的配合,标准制定者与模块生产者通过产品模块化的生产与组合形成双赢。这种新型的跨国生产体系,是福特制、丰田制所不具有的。产业价值链的不断分解使市场上出现了许多相对独立的、具有一定比较优势的增值环节,当产品标准与商业游戏规则得到确定后,规模与成本便成为比较优势,给中国这样的发展中国家带来了机遇。发展中国家有可能不走福特制、丰田制的产业发展老路,而是通过融入全球化分工体系,接受产业转移来实现产业结构的升级和优化。

20 世纪 90 年代,深圳市的高新技术产业正是把握住这一趋势,利用毗邻中国香港的地缘优势与特区政策优势,积极承接中国香港、中国台湾产业链的转移,加大代工业务,从而融入了信息产业的全球价值链之中,迅速成为全球 OEM 基地。从 20 世纪 80 年代中期至今,深圳市由一个昔日以加工贸易为主,几乎没有自主研发和制造能力的边陲小镇,迅速发展成为具有相当经济规模的以高新技术产业为主导的现代化都市。

深圳市高新技术产业的发展,大致可以划分为三个阶段:

第一,20 世纪 80 年代中期到 1992 年,深圳市由传统制造业向高新技术产业转型的阶段。这一阶段深圳市产生了第一批高新技术企业。1990 年,深圳市制定了 2000 年社会经济发展规划,确立了"以科技进步为动力,大力发展高新技术产业和第三产业"的战略方针;1991 年 5 月,市政府颁布了《关于加快高新技术及其产业发展的暂行规定》,明确提出"把发展科技放在经济和社会发展的首要位置"的战略思想。在这一阶段,深圳市初步形成了包括计算机及其软件、通信、微电子及基础元器件、新材料、生物工程、机电一体化 6 大领域的高新技术产业群。到 1992 年,深高新技术产品产值为 47.3 亿元,占全市工业总产值的 12.7%。

　　第二,1992 年到 2000 年,深圳市高新技术产业迅猛发展的阶段。1995 年,深圳市在"九五"计划中明确提出"以高新技术产业为先导,先进工业为基础,第三产业为支柱"的产业发展战略,确定了"把深圳市建设成高新技术产业开发和生产基地"的目标。特别是 1998 年 2 月,深圳市颁布了《关于进一步扶持高新技术产业发展的若干规定》(简称 22 条),使高新技术产业进入持续、健康发展的轨道。这一阶段的重要标志和特点是,崛起了一批具有一定规模的高新技术产业组织,建立了高新技术产业园区,初步形成了高新技术产业集群和大中小企业的配套系统和产业链。到 2000 年,全市高新技术产品产值突破千亿元大关,达 1064.45 亿元,占全市工业总产值的 42%。

　　第三,从 2001 年开始,深圳市高新技术产业进入持续、快速、健康发展的阶段。深圳市高新技术产业领跑全市经济,支柱产业的地位不断加强。2007 年,深圳市实现高新技术产品产值 7598.76 亿元,占工业总产值的比重达到 54.9%,其中拥有自主知识产权的高新技术产品产值占全部高新技术产品产值的 58.62%。高新技术产品增加值 2196.04 亿元,占全市 GDP 的 32.5%。

　　2008 年,在全球经济下滑的背景下,深圳市的高新技术产业增速虽然有所放缓,但总体上保持了平稳增长的态势。高新技术产品产值为 8714.26 亿元,比上年增长 14.7%,在全市规模以上工业总产值中的比重达到 54.9%;高新技术产品出口值 794 亿美元,比上年增长 9.5%,占全市出口总值的 44.2%;高新技术产品增加值 2526.18 亿元,比上年增长 15.0%,占全市本地生产总值的 32.4%。高新技术产品净利润 479.75 亿元,纳税

301.22 亿元。全市具有自主知识产权的高新技术产品产值达到 5148.17 亿元，比上年增长 15.6%，占全市高新技术产品产值的 59.1%（见表 7-1 和图 7-1）。

在这一新的发展时期，高新技术产业出现了新的变化和趋势。一方面，以电子信息产业为代表的高新技术产业在总体上已经渡过初创期，正处于成长期；另一方面，一系列新的高新技术产业如生物技术、新材料、新能源、先进制造等产业处在创业与孵化阶段，将成为未来经济发展新的增长点。

从价值链上看，深圳市高新技术制造业逐渐从终端制成品向零部件、材料等技术含量高的环节发展；高新技术制造业逐步向高新技术服务业转型；高新技术制造业呈现出向周边空间转移的趋势。同时"总部经济"成为深圳市高新技术产业发展的新形态。

表 7-1　2001—2008 年深圳市高新技术产业主要经济指标

年份	2001	2002	2003	2004	2005	2006	2007	2008
高新技术产品产值（亿元）	1321.36	1709.92	2482.79	3266.52	4885.26	6294.00	7598.76	8714.26
占全市规模以上工业总产值的比重（%）	45.87	47.12	48.93	50.18	51.06	52.00	54.90	54.90
拥有自主知识产权的高新技术产品产值（亿元）	709.23	954.48	1386.64	1853.09	2824.17	3707.17	4454.39	5148.17
高新技术产品出口（亿美元）	110.21	156.86	251.55	350.60	471.00	613.50	725.45	794.00

资料来源：《深圳市科信局高新技术产业统计公报》。

（单位：%）

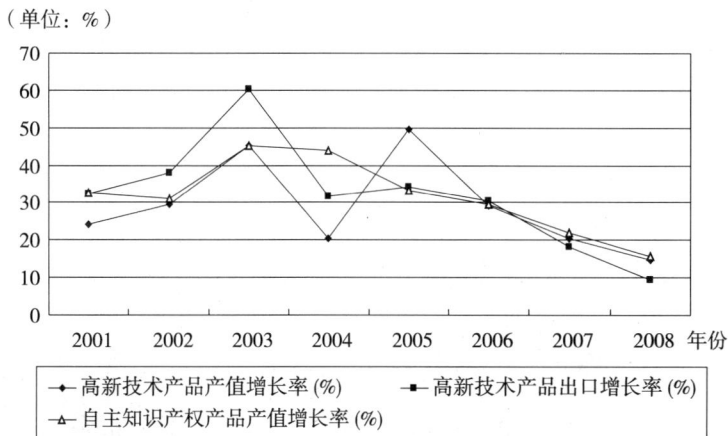

图7-1　2001—2008年深圳市高新技术产业主要指标增长率

资料来源:《深圳市科信局高新技术产业统计公报》。

第二节　深圳市高新技术产业的特点

深圳市高新技术产业表现出如下特点：

第一，支柱产业的先导和基础作用不断增强。深圳市高新技术产业经历了20世纪80年代中期到1992年的起步阶段、1992年到2000年的做强做大阶段、自2001年开始步入持续健康发展阶段。电子信息、生物技术、新材料、机电一体化、激光5个领域的高新技术产业迅速发展，成为全面提升深圳市产业结构和提高资源综合配置利用效率的主要途径，改变了深圳以"三来一补"等粗放型为主的经济结构和运行方式。

随着深圳市高新技术产业的迅猛发展,高新技术产品出口量迅速增加,出口额占全市外贸总额的比重连年增加,成为保持出口持续增长以及高新技术产业快速发展的重要推动力。1992年,深圳市高新技术产品的出口额仅有 1.92 亿元,占当年全市出口总额的 1% 弱。到 2007 年,深圳市高新技术产品出口已达 725.45 亿美元,占全市出口总额的 43.1%。2008 年,虽然受到金融风暴的影响,深圳市高新技术产品出口仍达到 794 亿美元。

第二,骨干企业迅速成长,民营企业比肩外资企业。在 20 世纪 90 年代初,深圳市的高新技术企业规模普遍较小,占主导地位的中外合资企业和外商投资企业的规模也不大,像华为、中兴通讯等企业规模均在 1000 万元以下。到 2000 年,深圳市工业产值过亿元的高新技术企业有 80 家,其中超 100 亿元的企业只有 1 家。截至 2008 年年底,全市共有市级高新技术企业 3086 家,国家级高新技术企业 395 家。已认定的高新技术企业开发、生产的高新技术产品品种多达 8032 种,比上年增长 31.2%。全市高新技术企业中高新技术产品产值过亿元的企业有 620 家,其中超 10 亿元的企业有 84 家,超 100 亿元的企业有 8 家,超 1000 亿元的企业有 2 家。① 民营科技企业专业化趋势十分明显,已形成一批同行业的领军人物,如华为、中兴通讯、腾讯、朗科、大族激光、迈瑞、赛百诺等。

第三,产业集聚方具雏形。深圳市已形成一批有规模的优势产业链,主要有:计算机及外设制造产业链、通信设备制造产

---

① 参见深圳市统计局:《深圳统计年鉴 2009》,中国统计出版社 2009 年版,第 274 页。

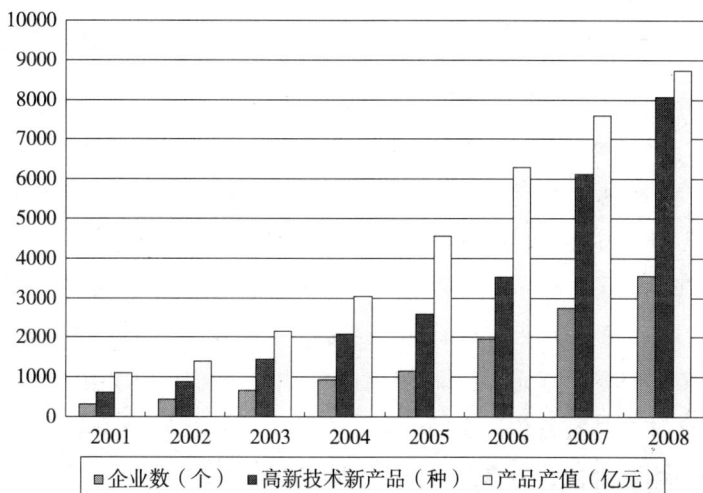

图7-2　2001—2008年深圳市高新技术企业发展规模

资料来源:2001—2008年《深圳市高新技术产业统计公报》。

业链、充电电池产业链、平板显示产业链、数字电视产业链、生物医药产业链等,成为本地企业扎根发展和吸引外地企业与外资来深投资的优势所在。

第四,研发走向自主创新。深圳市高新技术研发投入逐年增加。2008年,深圳市用于高新技术产品研究、开发的经费达到260.39亿元,比上年增长17.4%,占GDP的比重为3.3%。具有自主知识产权的高新技术产品产值达到5148.17亿元,比上年增长15.6%,占全市高新技术产品产值的59.1%。高素质的科技人员是高新技术产业创新的主要力量。2008年,全市从事高新技术产品研究开发的科技人员269594人,占长期职工总数的比重为21.0%。在已认定的高新技术企业中,从事高新技术产品研究开发的科技人员231632人,从事高新技术研发生产的人员中,博士3904人,硕士65848人,学士238253人。①

　　深圳的专利申请量和授权量近年来在国内大中城市中稳居前3位。根据国家知识产权局的统计数字,2006年,深圳市的专利申请总量为29728件,在全国大中城市中排名第2位。发明专利申请14576件,超过北京市和上海市,居全国第1位。PCT(专利合作条约)申请1604件;申请国外专利1470件,继续排在全国第1位。职务发明20111件。全市专利授权量11494件,发明专利授权量1263件,资助专利申请5659件,发放资助金2417.9825万元。深圳市所拥有的中国名牌产品和中国的世界名牌产品数量均居全国大中城市首位。截至2005年,深圳市的自主品牌达5万多个,被评为中国的"品牌之都"。

　　第五,企业成为研发主体。企业是深圳市发明与实用新型的主要申请人,这一点与深圳的经济产业结构相一致,而与其他城市不同。由于深圳大专院校、科研院所不足,深圳市形成了90%以上的研发机构、研发人员、研发资金、职务发明专利集中在企业的格局。产业科研活动的利益导向十分明显,科技投入/产出与市场机制直接接轨,研发成果大量集中在企业专有技术、专利和技术标准等可产生直接商业价值的形式上,科研成果商业化、产业化程度较高,企业标准意识较强。深圳是"重要技术标准研究"专项地方试点城市,深圳市企业主持制定或参与制定的国家标准有55项,行业标准有364项,地方标准及特区技术规范有16项,向各种国际标准组织提交国际标准提案有403件,采纳率达80%。

　　第六,电子信息产业一枝独秀。2008年,全市电子信息产

---

　　①　参见深圳市统计局:《深圳统计年鉴2009》,中国统计出版社2009年版,第274页。

业中的高新技术产品产值达到 7839.15 亿元,比 2007 年增长
13.4%,占全市高新技术产品产值的比重为 90.0%,占全市规
模以上工业总产值的比重达到 49.4%。

　　相比较而言,新材料及新能源、生物医药、光机电一体化等
高新技术产业虽然发展迅速,但其规模所占比重明显偏小。深
圳市 2008 年新材料和新能源产业中的高新技术产品产值为
420.45 亿元,比 2007 年增长 26.5%,占全市高新技术产品产值
的 4.8%。生物医药业中的高新技术产品产值为 66.10 亿元,
比 2007 年增长 35.5%,占全市高新技术产品产值的 0.8%。光
机电产业中的高新技术产品产值为 346.23 亿元,比 2007 年增
长 21.9%,占全市高新技术产品产值的 4.0%(见图 7-3)。

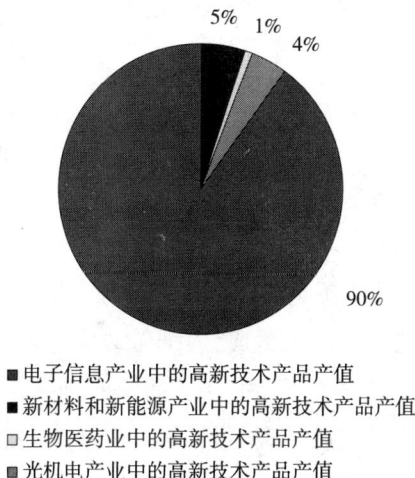

- ■电子信息产业中的高新技术产品产值
- ■新材料和新能源产业中的高新技术产品产值
- □生物医药业中的高新技术产品产值
- ■光机电产业中的高新技术产品产值

图 7-3　2008 年深圳市高新技术产品产值分布图

资料来源:《2008 年深圳市高新技术产业统计公报》①。

―――――――

　　①　参见深圳市统计局:《深圳统计年鉴 2009》,中国统计出版社 2009 年
版,第 274 页。

第三节　深圳市高新技术产业转型的必要性

从消极的方面来看,温特制导致国内外高新技术产业竞争愈加激烈。发达国家通过严格限制高技术流出、加大技术壁垒、向外转移低级产业以及挖掘他国人才等手段,不断拉大与发展中国家的技术、人才差距,以实现产业结构高级化——"两头在内、中间在外",达到发达"头脑"国家支配众多"躯干"国家的目的,发展中国家有可能一直处于从属地位,赶超发达国家的愿望将难以实现。这一状态本书已经通过"微笑曲线"形象地予以揭示[参见第一章之第三节之五(制定产品标准和游戏规划)的内容]。

目前,深圳市高新技术制造业正呈现出从产业价值链中段的低端制成品向零部件和材料等技术含量高的价值链高端环节移动、从引进技术进行加工制造向技术自主研发转向的趋势。然而从整体上分析,深圳市高新技术产业还处于"微笑曲线"的中段。虽然"深圳制造"已具有全球影响力,但深圳市高新技术产业的加工贸易比重约占9成,属加工装配性质的劳动密集型产品产值的比重超过60%,主导产品结构升级缓慢,高新技术主导产品中大多数仍属于20世纪90年代的"传统"高科技终端产品。深圳市高新技术产业结构中高端产品、核心零部件和关键设备相对缺乏,产品附加值偏低。高新技术产业没能抓住新一轮电子产业浪潮兴起的机遇,利用现有IT基础,及时进入具有更高利润率的产品领域并形成产业规模。深圳市企业所获得的利润远低于拥有核心技术和国际品牌的企业,高新技术产品产值的增长在很大程度上依赖人力资源的增加,职工人均产值只有 60 万元人民币左右,与发达国家的 60 万—70 万美元和中国台湾新竹科技工业园的 20 多万美元相去甚远。如果深圳市高新技术产业仅仅满足于凭借低成本优势进行 OEM 贴牌生产,只能在全球产业分工中一直处于末端和被动的地位,而且这一位置还将会被劳动力、土地成本更低的国家或地区取代。

此外,产业发展面临空间约束。深圳市面积只有约 2000 平方公里,高新区 11.5 平方公里的土地已经全部开发,2001 年新规划的高新技术产业带只有 50 平方公里能够用于高新技术产业发展,按照目前的发展速度,产业发展的空间极限很快就会到来。以上内外约束的条件表明,深圳市高新技术产业向高端化转型势在必行。

第四节　深圳市高新技术产业
高端化的问题与对策

通过上述分析可知,发展中国家当务之急是实施产业技术跨越战略,向微笑曲线高端移动,实现产业结构高级化。产业技术跨越战略(Technological Leapfrogging in Value Chain)是指形成产业上游零件品牌知名度,并创造市场价值,从而跨越价值链上的某些中间环节,超越下游最终产品的一种发展战略。传统的企业价值链定位通常是不跨越价值链中层层相系的阶层,使其仅仅关注最终产品的品牌创造,但跨越战略往往可使某些高技术企业或配套企业跨越某些中间界限同样获得成功,这是一种对传统价值链理论的颠覆。① 英特尔微处理器的"Intel Inside",脚踏车的Shimano变速器,均是有名的案例。② 发展中国家企业对于一些技术标准已经确立、重新创牌投资巨大的产业,可以依据自身的规模与成本优势,通过贴牌生产使自己成为价值链中不可或缺的一环。在确立自身比较竞争优势的同时,集中资源加强核心业务,加大产品自主知识产权的含量,通过跨越战略向价值链的高端和关键环节移动,继而在某一节点上创造出不可替代的品牌,直至控制整个产业链。

深圳市高新技术产业在实施技术跨越与自主创新战略,向高端化转型的过程中,自身还存在一些问题:

第一,技术创新体系存在结构性缺陷,基础研究不足。与北京、上海等城市相比,深圳市在人才、大学和科研机构上有较大的差距,缺少类似于硅谷附近的斯坦福大学以及中关村附近的北大、清华等一流大学,缺少国家级工程技术研究开发中心、重点实验室以及公共技术平台,难以形成以高水平基础研究与学术交流为有力支撑、以知识密集为主要特征的高智力区。由于在技术创新的上游缺乏涉及国计民生的高科技领域,深圳市很难成为国家战略性高科技城市。

第二,企业核心、关键共性技术的自主创新能力不足。深圳市高新技术产业中虽然成长起一批行业龙头和骨干企业,但绝大多数企业为小型民营科技企业,技术力量薄弱。此外,作为研发主体的企业,对关键性共性技术的研发缺乏动力与财力。深

---

① 参见刘莉:《从"深圳制造"到"深圳创造"——论高新技术产品自主品牌的创新之路》,《深圳大学学报》2005年第6期。

② 参见汤明哲:《战略精论》,清华大学出版社2004年版,第46页。

圳市高新技术的自主知识产权是在基础技术与共性技术的基础上二次创新获得的,以直接面向产品市场的应用研究为主,而缺少决定产业技术进步和发展方向的前瞻性、基础性、原创性的共性技术研究成果。

上述缺陷导致深圳市高新技术产业源头创新能力不足,组织开展国家重大科技项目、重大关键技术攻关的能力不足,高层次创新人才储备不足。再加上重大关键技术、核心技术很难通过技术市场收购,深圳市高新技术产业核心技术的供给与储备明显不足,在关键技术、专利和标准方面受制于美、日、欧盟等国家的跨国企业。

第三,产业配套服务、政府管理体制亟须改善。深圳市在高新技术产业技术市场、产权交易市场、咨询中介等配套服务方面还存在不足,阻碍了企业的核心竞争力的进一步提升。此外,外向型高新技术产业的资源配置模式与内向型政府管理体制之间存在矛盾。深圳市高新技术产业自身没有多少可依赖的资源,需要在全国乃至全球范围内进行资源配置,而深圳市的政府管理体制和运行机制的设计却是内向型的,两者之间的不协调将削弱深圳市高新技术产业的竞争力。

针对上述问题,深圳市高新技术产业应采取如下发展对策:

第一,加强基础创新,取得有重大影响的原创性成果,为高新技术产业持续发展提供新的创新源。办好深圳市属高等院校、大学城、各大学在深设立的研究院、虚拟大学园和重点实验室;支持高等院校和科研机构在深圳市建设或合建国家级工程研究中心、重点实验室和博士后流动站等创新平台;加强产业共性技术平台建设,攻克具有自主知识产权的产业关键技术和共性技术难题;充分利用香港的科技资源,与香港科研机构、大学、大企业、高科技人才合作开展创新研究;加快高新技术产业带与"深圳硅谷"的建设。

第二,形成人才引进的长效机制,实现人才培养本土化,构筑结构合理的高科技人才体系。创新人才的选拔与吸引机制,面向全球引进一批高新技术重点产业和项目的高端人才;鼓励和支持国内著名高校来深异地办学;实现深圳高等教育的跨越式发展,创办深圳本地的综合性创新型大学,使之成为国内甚至亚洲顶尖的科技型大学;建立与高新技术产业发展相适应的现代职业教育体系,加速现有人才的知识更新。

第三,健全区域创新系统,运用市场机制,通过官产学研联动,加强高新技术企业作为研发投入主体的创新能力。完善政府资金引导与企业投入相结合的创新投入体系,加大高新技术企业孵化器的公共服务平台共享设施投入;培育创业投资市场,充分利用中小企业创业板和香港等境外创业板,鼓励高新技术企业通过资产重组进入资本市场,探索高新技术企业的国际融资方式;培育为科技型中小企业服务的创新体系;完善科技成果转化和扩散的机制,培育为科技成果评估、交易、仲裁等提供专业化服务的科技中介机构;完善以保护知识产权为核心的科技法规体系;把深圳市建设成为知名的高新科技成果交易中心,办好中国国际高新技术成果交易会。

第四,促进高新技术向服务业、制造业的渗透与融合,全面加快金融、保险、电信、物流、旅游、会展等现代服务业的改造和升级,积极发展提供衍生服务的技术和知识密集型服务业。以绿色化和信息化为核心,推动传统制造业全过程的信息化。

第五,针对高新技术在不同产业中的不同特点和发展阶段,制定相应的政策,改变电子信息产业一枝独秀的局面。深圳市电子信息产业产值占全市高新技术产品产值近 9 成,一些产品已进入成熟期或衰退期,而生物医药、新能源等潜力产业的发展相对缓慢,产值加起来不足高新技术产业产值的 10%,产业结构存在风险,急需进行产业结构的调整,培育新的产业增长点,以保持深圳持续的城市竞争力。目前,从总体上看,深圳市电子信息产业已经渡过初创期,正处于发展期,产业发展政策最迫切的是解决产业加速发展的机制问题。而生物技术、新材料、新能源、先进制造等新的高新技术产业大多还处在创业阶段,这一时期需要解决的主要是创业与孵化机制问题。

第 八 章

深圳市文化产业的发展与转型

　　知识经济时代的到来,引发全球生产方式的深刻变革,并极大地影响着各个国家和地区的产业结构、产业布局和发展趋势。科技进步导致产品生命周期越来越短,福特制的大批量流水线生产方式开始向温特制的模块化、网络化生产方式转变;在产业类型由制造业为主导向服务业为主导转变的同时,产业进步也开始由技术创新为先导逐步向文化创意为先导转型。文化正在逐步超越土地、劳动和资本,成为新的重要的生产要素,其创造新思想和新表达形式的能力,正成为决定产业的全球化、知识化、服务化、生态化转型背景下区域竞争力的关键因素。随着全球范围内新一轮生产方式的演变和产业转型的扩散,文化产业从幕后走到台前,日益成为国家"软实力"的重要组成部分。

第一节　文化产业的定义、分类与特点

　　文化是人类群体适应自然与社会的生存方式。由于文化的特殊性,文化产业也是一个含义丰富的词汇。一方面,它可以理解为以人类精神才智为基本元素进行生产活动的产业的集合;

另一方面,它是科学技术发展推动下的人类文化生产的产业化形态,是对人类日益释放的精神需求的有效满足方式。纵观人类的发展史,我们可以看出,作为人类主体对自然客体的反应方式,文化越来越成为民族国家集体诉求的集中体现,成为其凝聚力和创造力的重要源泉。文化产业在全球范围的迅速崛起,是文化在人类历史进程中战略地位日益上升的突出表现,是人类在与自然相适应的过程中主体地位不断提升的直接产物。尤其是自工业革命以来,随着科学技术的飞速发展,人类不断地改变生产方式,提高生产力水平,进入到产业时代后,文化因素开始发挥出巨大的力量。从本质上讲,文化产业是人类在满足基本物质需求的条件下,向精神需求的满足迈进的产物。文化产业既体现了产业演进的自然规律,更体现了人类从攫取自然资源满足物质需求走向发挥文化创造力,实现人的全面发展,实现人与自然和谐共存的文明进程。

一、文化产业的定义

文化作为人类社会的一种本质特征和存在方式,具有非常丰富的内涵。因而人们对于文化的理解,则见仁见智,各有不同。当今世界关于文化的定义不下数百种,是一个非常宽泛的概念。文化概念的多样性与歧义性也影响到文化产业,因而文化产业也是一个含义十分广泛同时边界不甚明晰的概念,关于什么叫文化产业,世界各国、各种组织以及不同的学者却采用不同的称谓,给出不同的回答,影响较大的观点主要有以下几种:

(一)文化产业

1.联合国教科文组织在蒙特利尔会议上将文化产业定义为:按照工业标准生产、再生产、储存以及分配文化产品和服务的一系列活动;① 2.中国文化部于 2005 年 9 月将文化产业界定为:从事文化生产和提供文化服务的经营性行业;② 3.芬兰政府于 1997 年组建"文化产业委员会",1999 年,该机构发表了《文化产业最终报告》,将文化产业定义为"基于意义内容的生产活动";③ 4.20 世纪 80 年代,日本学者日下公人提出:文化产业的目的就是创造一种文化符号,然后销售这种文化和文化符号。④

(二)创意产业

1998 年,英国政府出台《英国创意产业路径文件》,明确提出创意产业的概念是:源自个人创意、技巧及才华,通过知识产权的开发和运用,具有创造财富及就业潜力的行业;⑤新西兰、新加坡、中国香港等地基本沿用了英国对创意产业的界定,只不过在具体分类上有所区别。

(三)版权产业

美国国际知识产权联盟于 2004 年发表的《美国经济中的版权产业》报告中,将版权产业分为四个部分:核心版权产业、交叉版权产业、部分版权产业及边缘支撑产业。核心版权产业指那些主要目的是为了受版权保护的作品或其他物品的创造、生产与制造、表演宣传、展示或分销和销售的产业;交叉版权产业指那些生产、制造和销售其功能主要是为了促进有版权作品的

---

① 参见历无畏编:《创意产业导论》,学林出版社 2006 年版,第 3 页。

② 参见张京成主编:《中国创意产业发展报告》,中国经济出版社 2007 年版,第 41 页。

③ 参见胡惠林:《文化产业学》,高等教育出版社 2006 年版,第 55 页。

④ 参见张京成主编:《中国创意产业发展报告》,中国经济出版社 2007 年版,第 43 页。

⑤ 参见王拓、陈新华编:《香港的文化产业》,海天出版社 2004 年版,第 4—8 页。

创造、生产或使用的设备的产业;部分版权产业是指那些有部分产品为版权产品的产业;边缘版权产业是指那些主要目的是为了便于受版权保护的作品或物品的宣传、传播、分销或销售但又没有被归为"核心版权产业"的产业。① 2001 年,澳大利亚"版权委员会"联合"版权研究中心"共同发表报告《澳大利亚版权产业的经济贡献》,将版权产业分为核心版权产业、部分版权产业和版权分销产业三个部分。核心版权产业是指那些将版权作品的创作作为其原始产品的产业;部分版权产业是指那些只有部分活动与版权作品的创作相关的产业;版权分销产业是指那些与版权产品的分销相关的产业。② 2004 年 3 月,加拿大文化遗产部发表的报告《加拿大版权产业对经济的贡献》中,对版权产业的定义为"那些主要目的是为了受版权保护的作品或其他物品的创造、生产与制造、表演、宣传、传播与展示或分销和销售的产业"。③

(四)文化创意产业

1. 2002 年,中国台湾借鉴英国经验,提出发展文化创意产业,将其界定为:源自创意或文化积累,透过智慧财产的形式与运用,具有创造财富与就业机会潜力,并促进整体生活提升之行业;④ 2. 北京市"十一五"规划中明确提出要发展文化创意产

---

① 参见叶新、樊文静编译:《2005 年美国版权产业简析》,《出版发行研究》2007 年第 2 期。

② 参见张京成主编:《中国创意产业发展报告》,中国经济出版社 2007 年版,第 33 页。

③ 参见张京成主编:《中国创意产业发展报告》,中国经济出版社 2007 年版,第 35 页。

④ 参见张京成主编:《中国创意产业发展报告》,中国经济出版社 2007 年版,第 47 页。

业,随后制定的《北京市文化创意产业分类标准》指出,文化创意产业是以创作、创造、创新为根本手段,以文化内容和创意成果为核心价值,以知识产权实现或消费为交易特征,为社会公众提供文化体验的具有内在联系的行业集群。①

(五)内容产业

1.1996 年,欧盟在《信息社会 2000 计划》中,把内容产业定义为制造、开发、包装和销售信息产品及其服务的产业;② 2.1998 年,经合组织在题为《作为新增长产业的内容》的专题报告中,将内容产业定义为"由主要生产内容的信息和娱乐业所提供的新型服务产业"。③

二、文化产业的两种解读

本书认为,对文化产业的定位与解读主要可以归纳在"共时性"(synchronic)解读与"历时性"(diachronic)解读两个维度上:分别从静态与动态、横向与纵向两种视角对文化产业的结构和形态进行考察。

(一)共时性解读:文化化产业

首先,文化产业可以被放在一个共时性的语态中,将其与金融产业、制造业、航天产业等其他门类的产业进行比较。在这样的情况下,"文化"应是一个形容词,意指"与文化相关的"、"加

---

① 参见陈冬:《北京市文化创意产业发展的实践与探索》,《北京社会科学》2008 年第 1 期。
② 参见李晓鹏、孙建军:《现代内容产业及其产业模式探析》,《情报资料工作》2008 年第 3 期。
③ 参见张京成主编:《中国创意产业发展报告》,中国经济出版社 2007 年版,第 51 页。

入了文化要素的"。它对应于英文的 Cultural Industries,是一系列具有上述特征的产业类型的总称,是一个复数概念,不仅包括一般意义上的生产文化产品的产业,还包括许多被注入文化、创意要素,从而提升了产业结构和产业价值的传统产业。①

在文化产业的概念尚未进入人们视野时,文化相关产业仅仅是第三产业中归属于现代服务业的一个不那么引人关注的部分。但随着文化产业迅速崛起,它在国民经济中扮演着越来越重要的角色,同时向外辐射,将其影响扩散到社会生活的每一个角落。在现代社会,产品竞争的实质越来越倾向于注重产品的文化内涵对公众意识的迎合与引导,即通过产品的文化内涵来加强产品的竞争力,因为产品之间在材料、功能等物质方面的差别已经越来越小,这方面的同质性竞争已经越来越趋于白热化。只有为产品注入特有的文化内涵,才有可能提升产品的被认可度。比如,现在非常流行的在食品包装袋上加一个小故事,或是一两句文化标语,将食品与某位名人联系起来,于是有了含着纪晓岚智慧的沧州小枣,刘三姐做豆腐失误而发明的白腐乳,甚至小李飞刀的最爱——酒鬼花生等。这些厂商在销售产品时,附带销售了一份文化概念,在产品质量差异不大的情况下,这样做更加容易博得消费者的好感。再比如,韩国近年文化产业势头强劲,在东南亚甚至世界范围内拥有一批影视、音乐方面的忠实追随者,他们由接受韩国文化,进而接受韩国的服装、饰品、数码产品等。② 由此可见,市场竞争的关键已经是文化的竞争。人

---

① 参见华夏、杨君游:《"文化产业"的两种解读》,《经济与社会发展》2009 年第 3 期。
② 参见历无畏主编:《创意产业导论》,学林出版社 2006 年版,第 29 页。

们认同了某种文化,自然认同这种文化下的各种产品。优秀产品的意义已经超出产品本身,变成了文化消费。①

当代社会的一个突出特征就是全球化趋势越来越明显,这已经深刻地影响和改变着世界经济的走向,同时也影响着人们的思想和文化观念。文化产业作为经济和文化的结合物,自然也在相当程度上经受着全球化的影响,这在美国、日本等文化产业大国身上有突出体现。有人将美国对世界文化的影响概括为"三片",即"代表美国饮食文化方式的'薯片',代表美国文化特征的好莱坞的'大片',代表美国现代信息科技文明的硅谷的'芯片'"。②

在全球化的形势下,就有了强势文化和弱势文化的区分,产生了不同文化之间的渗透与反抗。强势文化总是借助于其强大的文化产业的力量,把它的价值观念推行到其他文化中。而其他国家自然而然地会采取相应的国家文化政策来抵御外来意识形态对本国意识形态造成的负面影响。比如,法国政府就采取了限制进口美国文化产品、补贴本国文化产品的政策。1994年,法国政府颁布法令,要求所有法国电台播放的音乐节目中至少有40%是法语音乐。③ 无论是渗透或是反渗透,文化上的较量最终都会具体地体现在相关文化产业的发展程度上。文化产品的国际竞争,既实现了本国文化产品在国际市场上的占有率,

---

① 参见华夏、杨君游:《"文化产业"的两种解读》,《经济与社会发展》2009 年第 3 期。

② 参见张胜冰、徐向昱、马树华:《世界文化产业概要》,云南大学出版社2006 年版,第 14 页。

③ 参见侯聿瑶:《法国文化产业》,外语教学与研究出版社 2007 年版,第214 页。

也实现了本国、本民族文化对他国文化的影响力和控制力,或者说,至少是抵制了他国文化产品的影响力和控制力。正是基于这样的原因,世界各国尤其是发达国家的文化产业得以迅速发展。①

(二)历时性解读:文化产业化

由于文化产业是随着人类文化生产的发展不断嬗变的过程,我们也有必要从历史的层面对文化产业进行历时性的解读,这时,文化产业对应的是英文的 Culture industry,这一概念的使用源于法兰克福学派的霍克海默(Horkheimer)和阿多诺(Adorno),他们在 1944 年发表的《文化工业:欺骗公众的启蒙精神》(*The Culture Industry:Enlightenment as Mass Deception*)一文中,首次提出这一概念。其本意是,大众文化出现了单质化和一体化的问题,其原因是文化的商业化和工业化,大众文化的本质是资本主义社会有计划、受控制的工业生产部门,因此必然具有一般商品生产的特征,他们所谴责的是文化工业使文化成了一种彻底标准化了的、有组织的文化控制。所以在这里,Industry(产业/工业)一词使用的是单数,Culture(文化)也是使用了名词词性,这是一种对单一的工业化形态的比喻性说法。②

如果我们从另外的角度来看文化产业,文化产业就是文化产业化,文化生产市场化,它是文化生产的一种高级生产方式。正如布鲁诺·费莱在《当艺术遇上经济》一书中所说:"其实正

① 参见华夏、杨君游:《"文化产业"的两种解读》,《经济与社会发展》2009 年第 3 期。

② 参见华夏、杨君游:《"文化产业"的两种解读》,《经济与社会发展》2009 年第 3 期。

因为我们对市场运作模式有所误解才会促成'市场机制制造出劣质艺术'这个普遍概念的产生,而从实证主义的观点来看,这种观念也是不正确的。事实上,市场机制可以生产出高品质的艺术,甚至有可能是最高品质的艺术。若要了解这个论点,就一定要探讨'市场'背后的本质。市场只是反映需求的机制:如果说对劣质艺术有需求,劣质艺术应运而生——若对优质艺术有需求,优质艺术则应运而生。我们实在没有理由假定市场中对优质艺术的需求不存在"。①

而从整个人类史的角度来考量,人类从诞生之初就开始进行着文化生产。人类的文明史也可以看做是人类文化生产由小变大、由少变多、由精英到大众、从被动到主动直至产业化的一种发展历程。

人类诞生以来,在和自然界进行艰苦顽强的斗争中不断地改造着客观世界,同时也改造了人类自身及其群体组织,实现了从猿人到智人的转变,从原始人群到氏族部落公社的转变,这个转变过程同时又是早期人类进行文化生产的过程。在文化生产的原始阶段,由当时原始共产主义的生产方式和经济形态所决定,所有人都是文化生产的主体,人们共同生产,共同消费。然而,剩余产品的出现和阶级的产生,使得文化生产的主体发生了分化,文化生产与消费发生了错位,大部分的文化生产者处于被奴役和被剥削的地位,对文化产品的消费成了统治阶级的特权。文化消费具有了精英化、小众化的特质。文化生产主体的分化,一方面反映了社会阶级分化的情况,另一方面又在客观上促进

① [瑞士]布鲁诺·费莱著,蔡宜真、林秀玲译:《当艺术遇上经济——个案分析与文化政策》,台湾典藏艺术家庭股份有限公司 2003 年版,第 14 页。

了文化生产的繁荣。

科学技术的发展尤其是造纸术和印刷术的发明和广泛应用,使文化生产得以在较大的规模上进行并在更大的范围内传播,对于人类的文化生产具有划时代的意义,这又使得文化消费走出了迈向大众的第一步。

18世纪下半叶到19世纪上半叶,以英、法、德为代表的资本主义工业革命,把人类社会推进到工业化时代,社会现实对文化生产提出了新的要求。工业化使得社会能为更多的文化生产者提供生活资料,从而使文化生产者的队伍不断壮大。工业化的大生产为文化产品的生产提供了坚实的物质基础,文化生产得到了工业化的物质生产的强有力的支持。文化生产的规模和方式也发生着重大变化,文化产品可以大批量地复制,从而突破了时空的限制得以广泛地传播,这使得文化、科学和教育的普及成为可能。①

确实,文化成为产业必然会失去一定的多样性,但这种负面因素只是矛盾的次要方面。文化的产业化、文化成为商品是人类的进步,是人类的精神属性对物质属性的阶段性胜利。

人类天然地具有精神和物质的双重属性。在人类发展的初级阶段,由于要面对自然、面对生存,首先得到满足的是物质需求,精神需求是被压抑的。但随着人类社会的发展,物质产品不断丰富,人类逐渐开始释放和关心自己的精神需求。人类文化生产规模的一步步扩大,正是人类精神需求越来越得到重视的明证。而到了文化产业的时代,人类的文化需求越来越超越其

---

① 参见华夏、杨君游:《"文化产业"的两种解读》,《经济与社会发展》2009年第3期。

他的物质需求,人类第一次如此重视自己的愉悦体验和精神享受。①

从对文化生产历史的回溯中可以看到,科技发展是文化生产产业化的直接原因。科技的发展提高了人类的生产力水平,极大地丰富了人类的物质产出。在基本的物质层次得到满足的基础上,人们更多地关注文化上、精神上、心理上的需求。其次,科技发展使人类的必要劳动时间大大减少,从而将人类从生产劳动中进一步解放出来,人们可用较少的工作时间获得更多的劳动产出。由此带来的一个显而易见的结果,就是人们的闲暇时间普遍增多。为了对闲暇时间进行有效利用而不是无所事事地白白浪费,进行休闲娱乐活动自然是一个非常不错的选择。

总之,人们需要更多的文化产品,人类有时间来进行更大规模的文化消费,这两个主客观条件在科技发展下得到了满足。整个过程可以概括为:人类通过自己的智力来支配和运用物质,从而将自己被物质需求压抑的精神需求释放出来并且满足它,这是人类精神伟大的"自我解放"。

以上对文化产业的两种解读,相当于从共时性和历时性横、纵两个方向对文化产业进行定位:即在其他产业中加入文化的因素和直接将文化变成产业。需要明确的是,文化产业的这两个方面并不是截然可分的,甚至于是无法区分的。这一方面是因为"文化"一词具有开放性,关于文化产业的定义难以形成共识;另一方面,由于文化的概念会随着社会的发展不断地修正与

---

① 参见华夏、杨君游:《"文化产业"的两种解读》,《经济与社会发展》2009 年第 3 期。

嬗变文化产业也会随着历史的发展变动自身的分类与划界①。

三、文化产业的分类与特点

文化产业有多种分类模式,如纵向层面分类模式、横向层面分类模式、从宏观到微观分类模式、行业性分类模式等多种分类模式。② 那么,文化产业到底包括哪些? 不同的国家有不同的统计标准——欧盟的文化产业统计包括了建筑学;加拿大的文化统计包括了建设和设计;澳大利亚的包括了设计和体育;而美国,文化产业更是"巨无霸",是包括艺术、休闲和旅游、体育、信息和通信的"大文化",在国民经济中的份额能达到50%以上。为统一规范我国文化产业的统计口径,2004 年国家统计局颁布《文化及相关产业分类》(国统字[2004]24 号),将文化产业定义为"文化及相关产业",是"为社会公众提供文化、娱乐产品和服务的活动,以及与这些活动有关联的活动的集合"。按此分类,文化产业共有 9 大类和 24 个中类,包括国民经济行业中的 99 个小类,从而形成一套较为完整的分类标准。该分类标准是以我国现阶段的文化发展状况和发展方向为依据,以国民经济行业分类为产业基础,以活动的同质性和文化的自身特征为原则制定的。它首次从统计学意义上对文化产业概念和范围作出权威界定,从而为建立科学、系统、可行的文化产业统计制度,推动文化产业发展奠定了重要基础。

概括起来说,文化产业包括电影、广播电视、报刊、图书出

---

① 参见华夏、杨君游:《"文化产业"的两种解读》,《经济与社会发展》2009 年第 3 期。

② 参见欧阳友权主编:《文化产业通论》,湖南人民出版社 2006 年版,第 30—31 页。

版、音像、娱乐业、广告业等众多主体产业,还包括发行、印刷、金融、咨询、文化经纪人、教育培训等相关服务配套行业。

文化产业是由主体产业、相关产业,以及延伸产业所构成,是一个结构复杂的开放性系统。在组织上,文化产业包括了以政府部门、行业协会、管理咨询机构为主的行业管理系统;以记者、作家、艺术家、编辑、计算机技术人员、节目制作机构、印刷机构、拷贝机构为主的文化生产系统;以发行机构、专业商店、文化经纪人、广告公司、代理机构为主的商品推销系统;以相关设备制造机构、技术咨询机构、研究开发机构、舆论研究机构、数据统计机构、学术研究机构为主的技术支持系统等。

当然,各个国家或地区根据当地产业集群的实际情况,对于主体文化产业的界定是不一样的。根据深圳的产业集群的集中程度、市场化程度,本书认为,文化创意产业、动漫游戏产业、印刷产业、会展业、旅游业最能反映深圳文化产业的核心竞争力,故可视其为深圳文化产业的主体产业。

现代文化产业具有精神性、数字化、高价值、高增长、高环保的特点。精神性是指文化产业属于人类的创意与知识相结合的领域;数字化是指文化产业是数码技术发展与媒体相结合的一种扩大再生产;高价值是指文化产业是能够创造高附加值的服务行业的核心领域;高增长是指文化产业具备高增长的潜力;环保性是指文化产业是与环境具有亲和力的未来型产业。现代文化产业的这些特点,决定了文化产业在一个国家或地区的发展中占有举足轻重的地位,这也是各个国家和地区争相发展文化产业的原因所在。

第二节　世界文化产业发展的现状与趋势

　　随着经济全球化和知识经济的发展,文化已逐步提升到与资本、资源、管理等其他战略要素相同的地位,成为经济与社会发展中的关键要素之一。文化需求成为主导国家和城市发展的核心力量,文化产业和文化战略将在未来主导全球竞争,并导演和预示着长远的全球、国家和城市的发展趋势。文化产业所形成的“软实力”及其发展前景越来越为许多国家和地区所重视。

一、世界文化产业与创意经济的发展

　　约翰·霍金斯在《创意经济》一书中明确指出,全世界文化创意经济每天创造的产值为 220 亿美元,并以 5% 的速度递增。① 目前,世界主要国家的文化产业生机勃勃、充满活力,并且带来了巨大的经济效益,许多国家文化产业的产值已经占到了国民生产总值的相当比重,成为推动经济社会发展的重要动力。

　　(一)美国:版权产业雄霸全球。文化产业是美国最具国际竞争力的重要产业之一。美国文化产业的产值占到 GDP 的 18%—25%,约为 28000 多亿美元。美国的文化产业占据着 40% 的国际市场份额,控制了全球 75% 电视节目的生产和制

---

　　① 参见刘月超:《世界各国对创意文化产业的策略》,《高科技与产业化》2008 年第 5 期。

作,其电影产量占全世界的 6.7%,却占领了全球 50% 的放映时间。① 据统计,美国非营利性文化艺术产业每年直接或间接拉动的经济效益为 369 亿美元,提供 130 万个就业机会。文化艺术表演、艺术博物馆、影视、图书、音乐唱片等行业都保持了良好的发展势头。版权制度是维护美国国际竞争优势的重要工具之一。美国文化产业的发展依赖于知识产权制度,特别是版权制度的保护,版权产业又成为美国文化产业中的核心部分。

(二)英国:创意产业势头强劲。英国是世界公认的"创意产业"发源地。英国目前创意产业的规模与金融服务业相当,占经济的 7.3%,并以每年 5% 的速度增长。② 根据英国文化媒体体育部的统计报告,英国创意产业 2004 年创造的增加值达 529.74 亿英镑,其中产品大类为 291 亿英镑,占英国创意产业增加值的 55%,服务大类为 228 亿英镑,占 43%,艺术和工艺大类为 11 亿英镑,占 2%;英国创意产业的就业人数为 114.8 万人,已超过制造业对 GDP 的贡献率。2001 年的创意产业出口值高达 103 亿英镑,且在 1997—2001 年间每年约有 15% 的高增长率,而同期英国所有产业的出口增长率平均只有 4%。

(三)日本:动漫产业席卷世界。日本素有"动漫王国"之称,是世界上最大的动漫制作和输出国。在日本,动画片、电子游戏、漫画经常被视为一个经济载体,统称为动漫产业,形成了包括生产制作、出版播出、周边开发各环节在内的完整产业链条。目前,全球播放的动漫作品中有 60% 以上出自日本,在欧

---

① 参见《对话北京大学文化产业研究院教授王齐国》,《青岛日报》2007 年 8 月 6 日。

② 参见张晓明、尹昌龙、李平主编:《国际文化产业发展报告》第一卷 (2007),社会科学文献出版社 2007 年版,第 163—289 页。

洲上映的动画片中日本动画片占 80%。根据日本贸易振兴会公布的数据,2003 年,日本销往美国的动漫片以及相关产品的总收入为 43.59 亿美元,是日本出口到美国的钢铁总收入的 4 倍。广义的动漫产业的产值实际上占日本 GDP10 多个百分点,成为效益超过汽车工业的赚钱产业。日本的动漫产业以 230 万亿日元的年营业额,成为日本第二大支柱产业。

(四)韩国:网络游戏风行国际。现在人们提到网络游戏,会自然而然地联想到韩国。1997 年亚洲金融危机后,韩国大力调整经济结构,把文化产业作为 21 世纪发展国家经济的战略性支柱产业,提出"文化立国"的方针,最终目标是把韩国建设成为 21 世纪的文化大国、知识经济强国。在韩国政府的大力扶持下,短短的几年时间,韩国网络游戏就从默默无闻发展到举世瞩目。2005 年,韩国的游戏产业市场规模达到 43 亿美元。其中网络游戏已经成为游戏市场的主导,占整个市场的 62%。手机游戏持续快速发展,增长率达到 45%78。文化产品出口为韩国赚取了大笔外汇。2003 年,韩国文化产品出口总额为 6.3 亿美元,只占文化产业销售额的 1.7%。而 1 年后的 2004 年,仅对中国大陆、日本、泰国、中国香港和中国台湾地区的与"韩流"相关的商品出口,就达 9.18 亿美元,占韩国对上述 5 个经济体出口总额的 7.2%。①

二、世界文化产业的发展趋势

科学要求趋同,文化允许存异。"并存、互补、竞争、创新"将是未来世界文化产业发展的总体态势。随着国际文化市场竞

① 参见詹小洪:《韩流汗风》,社会科学文献出版社 2006 年版,第 223 页。

争的加剧,不同文化之间的碰撞和冲突将会激增,发达国家和发展中国家文化产业发展的不平衡将更加严重,世界文化产业发展将呈现出以下趋势:

(一)发展文化产业上升为国家战略,优势产业发展得到政府扶持。随着经济全球化步伐的加快和科学技术的快速发展,综合国力竞争日趋激烈,文化竞争力作为综合国力的主要内容,在一些发达国家开始扮演日益重要的角色。文化产业由于代表未来社会经济的发展趋势,因而被誉为全球最有前途的产业之一。世界各主要发达国家纷纷将发展文化产业上升到提高国家竞争力的战略高度,不断完善相关的政策措施,集中力量发展优势产业,并以此为龙头,全面提升其文化的国际竞争力。如美国的电影业和传媒业、动漫产业,韩国的网络游戏业,法、德的出版业,英国的音乐产业等,都得到了所在国家的强有力支持。如美国政府就经常利用世贸谈判等各种方式来要求外国开放本国的电影市场,为好莱坞产品长驱直入扫清道路。英国政府对音乐产业给予倾斜性税收政策支持。日本和韩国则分别将动漫产业和网络游戏作为重点发展对象,采取直接拨款和设立基金的方式予以支持,日本政府拨款 1000 亿日元作为动漫产业信息化、数字化建设与人才培养的专项基金,韩国政府成立游戏产业振兴中心,每年拨款 500 亿韩元用于新产品的开发,这些都有利于继续保持该产业在国际竞争中的优势地位。

(二)文化产业集约化、集团化程度不断提高,垄断化趋势日益显现。20 世纪 90 年代以来,随着经济全球化的发展,一些文化强国凭借强大的经济实力和信息技术带来的根本性变革,将不同的媒体加以整合,利用数字化、信息化的文化产业产品,运用科学的管理手段和灵活的政策措施,大力扶持本国优势文化产业发展和进行国际性扩张。各国文化产业壁垒不断被打破,跨行业、跨地区、跨国界企业重组和兼并的浪潮汹涌,在世界范围内形成了少数几个全球性的产业集团,覆盖了传媒、娱乐等诸多门类。集约化、集团化、规模化的结果是垄断化,当今世界文化产业由为数不多的"巨无霸"企业所把持。全球50家娱乐传媒公司占据了世界文化市场95%的份额。① 目前传播于世界各地的新闻,90%由美国等西方国家垄断,其中又有70%为跨国大公司所垄断。在拥有全球电影市场60%份额的美国电影公司中,82%的利润由时代华纳公司和哥伦比亚公司所创造。

(三)国际文化产业加速升级转型,创意文化催生创意经济。进入20世纪90年代之后,随着科学技术的发展,国际经济贸易进一步全球化和自由化,文化产业也随之加快了产业升级与转型的步伐。主要表现在:第一,文化产业正在经历内部的体制改革与产业升级,从有形的物质生产转向无形的服务性生产,从传统文化产业转向创意产业、内容产业,从在地产业、在场产业转向在线产业、在版产业,并通过转型与升级,增强文化产业的活力。第二,文化产业正在经历向创意经济、创意城市、创意产业链的外部的扩展,从而带动整个文化产业的升级换代。第三,通过采取横向联合和纵向一体化战略,提升文化企业的竞争力。第四,通过寻求与其他产业的最大融合,带动文化产业自身以及其他产业的发展。文化产业在经历了全球化、结构调整和重新整合之后,正在一个更高的层次上重新集结,并朝着规模化、集约化、垄断化的方向发展,进一步提高了文化产业的竞

① 参见吴忠泽:《科技创新:现代文化产业翱翔之翼》,《今日中国论坛》2006年第4期。

争力。

（四）高新技术融入文化产业，数字化、网络化、智能化主导业态发展。现代高新技术带来的数字化、网络化、智能化趋势，不仅极大地推进了文化产业的发展，而且使之成为高新技术与文化紧密结合的产物，体现了文化与经济互相渗透的趋势。20世纪以来，印刷复制、录音录像、电子排版、网络传输、数字化等技术在文化领域的广泛应用，使文化艺术品可以批量生产。高科技特别是信息产业的发展，使文化产业出现多种形态。最典型的就是互联网的出现使文化产业成为第四媒体，并由此产生了网上电影、网上出版、网上论坛等一系列新的文化形态。据统计，在全球 25 个互联网最普及的国家中，文化服务业所创造的价值比开通互联网前平均增加 17.5%，从业人员增加 43%。在美国，互联网普及之后，文化产业所创造的社会价值占社会总产值的比例，从过去的 20% 上升至 30% 以上，产值达到 9000 亿美元。①

（五）信息娱乐化，娱乐大众化成为文化产业发展的新潮流。随着个人电脑和互联网络的普及，信息时代已经来临。20世纪有一个新词"infotainment"出现在英语词汇中，它将英文的"信息"和"娱乐"合二为一，传达出西方社会文化产业转变的一个动向：信息娱乐化。随着信息技术和互联网在世界范围内的普及，一股高科技和娱乐接轨的潮流席卷全球。无论是电影、电视、网络，还是移动通讯平台如手机等文化产品载体，都在利用日新月异的技术进步谋求更新换代，而它最终的指向却是回归

---

① 参见董俊平：《国际文化产业发展趋势浅析》，《政策瞭望》2005 年第 9期。

"娱乐"。在世界主要发达国家中,无论是电影业、音像业、主题公园游乐业,还是动漫产业和游戏业,都是一种广义的娱乐业,这种服务于大众且为普通大众所喜欢和支持的大众文化产业得到了快速发展。

(六)文化产业的社会贡献日益显著。文化产业为各国创造了更多的潜在社会经济价值。据专家分析,文化创意产业每天都在为世界创造高达 220 亿美元的产值,并以每年 5% 的速度递增,一些经济发达国家和地区的文化创意产业产值对 GDP 的贡献率居各行业的首位。文化创意产业正在逐步成为各国 GDP 的重要组成部分。据统计,文化产业每年为加拿大提供大约 60 万个直接的工作岗位,为秘鲁提供 20 万个工作岗位,为墨西哥提供 200 万个工作岗位以及更多的临时就业机会。在 20世纪 80—90 年代,整个欧盟的文化产业就业人口无论是人数上还是所占比例上都呈强劲增长之势。进入 20 世纪 90 年代之后,与整个欧盟的就业形势相比,文化部门的就业仍保持比较稳定的增长趋势。到 2002 年,欧盟文化产业的就业人口达 416 万人,占总就业人口的 2.5%。正如欧洲委员会在《文化、文化产业和就业》(1998 年)中所指出的,对文化产业的投资不应被看做是纯粹的投资,文化领域的消费也不应被看做是简单的消费,而应被看做是一种中长期投资,这种投资不仅能推动经济发展,增加公共税收,而且有利于长期就业,并进一步促进社会稳定,增强区域和地方的活力。①

---

① 参见董俊平:《国际文化产业发展趋势浅析》,《政策瞭望》2005 年第 9 期。

第三节　深圳市文化产业的发展
现状与创新特色

作为经济特区,深圳市是我国改革开放的窗口。经过 30 年的发展和创新,深圳市由一个边陲的农业小镇发展成为国际知名的现代化大都市,创造了世界城市发展史上的奇迹。伴随着我国改革开放的历史进程和深圳市的城市发展,深圳市文化产业的发展也经历了从无到有,由小变大,由弱变强的历史嬗变,取得了长足进步,竞争力和整体实力进一步增强,对城市经济的贡献率进一步提高,逐渐形成一定的特色,已与高新技术产业、物流业和金融业一起并列为深圳市四大支柱产业,在全国处于相对领先的位置。在全球金融危机给许多国家和地区造成经济下滑的严重困扰下,深圳市的文化产业却逆势上扬,连续保持快速增长的态势。2008 年,深圳市文化产业增加值达 550 亿元人民币,增速高出全市经济平均增速 3.5 个百分点,比上年增长逾 12%,占全市 GDP 的 7%。[①] 在全球生产方式转型的大背景下,深圳市成为城市文化产业快速发展的典范。

一、深圳市文化产业发展的历史进程

在政府的强力引导下,深圳文化产业的发展经历了几次转型,走出了以市场化运作、与科技结合、重自主创新为特色的发

---

① 　参见易运文:《深圳文化产业缘何逆势上扬》,《光明日报》2009 年 3 月 9 日。

展之路。深圳市文化产业发展的经验证明,自主创新是文化产业发展之魂,市场化运作是文化产业发展之根,与科技结合是文化产业发展之本,而政府的积极引导则是文化产业发展之基。

(一)奠基:采取特别发展举措,加快文化基础性建设。深圳特区成立之初,文化基础设施很差,只有建于 20 世纪 50 年代和 70 年代的人民电影院、深圳戏院和深圳展览馆三个公共文化场所,①深圳市也由此被人们戏称为"文化沙漠"。特区成立初期的深圳市委、市政府立志"脱帽",提出要采取特殊措施加快文化发展,这些措施主要有三项:

第一,勒紧裤带搞文化,加大投资力度。从 1981 年至 1983 年,在经济条件还十分艰苦的情况下,市政府对基础文化建设的投资总额占地方财政基建投资的 33%。② 1983 年,市委、市政府确定新建图书馆、博物馆、大剧院、电视台、体育馆、深圳大学、新闻中心和科学馆 8 大文化设施,成为特区文化基础设施建设的奠基工程。③ 这些文化基础设施客观上为深圳市文化产业的未来发展打下了初步的基础。也正是在这一时期,深圳市的新闻出版、广播电视事业开始起步:1982 年 5 月 24 日,中共深圳市委机关报《深圳特区报》正式创刊④;1983 年,开始筹建深圳

---

① 参见李鸿忠等编:《深圳市志——教科文卫卷》,方志出版社 2004 年版,第 315 页。
② 参见陈宏在等编:《中国经济特区的精神文明建设(深圳卷)》,中共党史出版社 2003 年版,第 5 页。
③ 参见陈宏在等编:《中国经济特区的精神文明建设(深圳卷)》,中共党史出版社 2003 年版,第 5 页。
④ 参见深圳市史志办公室编:《深圳大事记(1979—2000)》,海天出版社 2001 年版,第 37 页。

广播电台和电视台①,1984 年 1 月 1 日,深圳电视台试播②;1984 年 9 月 24 日,海天出版社成立③。

第二,倡导"以文补文",开展经营活动。主要有两种方式:一是非营利的文化事业单位作为自身业务的延伸,开展一些营利性的业务经营活动,所得赢利用来补充解决原有非营利性业务的经费问题。二是社会部门和团体依靠吸引外资或社会集资等方式兴办文化企业,赢利部分除用于文化企业本身发展外,上缴部分用于非营利性或公益性的文化活动。"以文补文"活动为深圳市早期文化事业的发展提供了相当大的资金支持,积累了文化经营的经验。更为重要的是,这一活动使得部分文化部门及其管理者以及部分企业和投资者意识到,经营文化企业不仅可以取得社会效益,也可以获得经济效益。

第三,政策积极引导,鼓励"社会办文化"。为了调动社会各方面力量从事文化建设的积极性,同时也为了弥补政府投资办文化的不足,深圳市委、市政府明确提出,对于社会集体和个人投资兴办的健康的文化娱乐基础设施将给予大力支持,在土地使用及税收方面给以优惠。在这一政策的引导下,一大批服务型的群众文化设施和各种文化娱乐场所如雨后春笋般涌现出来。

(二)起步:创办文化企业,初现产业雏形。20 世纪 80 年代

---

① 参见李鸿忠等编:《深圳市志—教科文卫卷》,方志出版社 2004 年版,第 427 页。

② 参见深圳市史志办公室编:《深圳大事记(1979—2000)》,海天出版社 2001 年版,第 68 页。

③ 参见深圳市史志办公室编:《深圳大事记(1979—2000)》,海天出版社 2001 年版,第 90 页。

中期,文化与国民经济和社会发展的关系引起了国家有关部门的关注。1985 年 4 月 5 日,国家统计局发布的《关于建立第三产业统计的报告》中,将教育、文化、广播电视事业等作为第三产业的一个组成部分列入了国民生产统计项目,在一定意义上确认了文化具有"产业"的属性。①

在这一背景下,深圳市于 1985 年讨论制定《深圳经济特区社会主义精神文明建设大纲(试行草案)》,提出要把深圳市建设成为社会主义文化艺术的"窗口",继续提倡"社会办文化",主张控制营业性文化娱乐活动,大力发展服务性文化项目。②从 20 世纪 80 年代中期到 90 年代初期,深圳市政府一方面鼓励官办的文化部门兴办文化企业,使印刷业、动漫业、音像业以及文化旅游业得以崛起并迅速发展;另一方面,鼓励民间兴办各种文化相关企业并加强监管和规范力度,使得歌舞娱乐业等随着商品经济的发展和对外开放的推行而蓬勃兴起。

(三)转轨:推进文化体制改革,将文化与市场对接。进入20 世纪 90 年代,越来越多的国家和地区开始重视文化产业的发展。尤其是欧美等发达国家已经将"文化产品"转化成了经济资本,文化产业的学理性论争逐渐被强大的文化产业的发展现实带来的震撼和惊叹所取代。很多国家开始统计文化相关产业对于国民经济的贡献,得出了文化产业具有惊人的增长潜力的结论。

在国内,文化与经济也开始更加紧密地联系在一起。1992

---

① 参见《中华人民共和国国务院公报》,1985 年第 13 期。
② 参见王为理:《从边缘走向中心——深圳文化产业发展研究》,人民出版社 2007 年版,第 25—26 页。

年 6 月 18 日,国家颁布加快发展第三产业的方针政策,其中将
"文化卫生事业"列为"投资少、收效快、效益好、就业容量大、与
经济发展和人民生活关系密切的行业"之一。① 同年,国务院办
公厅综合司编著《重大战略决策——发展第三产业》一书,首次
使用了"文化产业"的概念,将文化产业明确列入第三产业的主
要行业。②

　　在这种大背景下,深圳市的领导层首先敏锐地意识到,文化
是可以作为一种产业资源来开发的。由此开始出台政策,引导
传统的国营文化事业单位逐步向产业型转变,成为初步适应市
场机制的文化生产组织;文化市场的发展拓宽了文化事业的投
资渠道,出现国家、集体、个人、外资等各种所有制并存的投资格
局。如以华侨城集团为代表的文化主题公园引领潮头,文化旅
游业出现了静态景观建设经营的新模式并取得了成功;以万科
集团为代表的一些企业开始涉足文化领域,直接投资文化建设,
把文化作为一种产业纳入企业的经营范畴。深圳印刷业承接国
际范围内的技术转移,引进一批先进技术,企业数量和产值都进
入快速扩张阶段,使深圳市初步成为全国闻名的印刷基地;平面
设计和工业设计开始与广告业和印刷业相脱离。1992 年,深圳
市的设计师自发举办了中国第一届平面设计专业展——《平面
设计在中国》,首次提出了"平面设计"的概念,同时也确立了深

---

① 参见王为理:《从边缘走向中心——深圳文化产业发展研究》,人民出
版社 2007 年版,第 55 页。
② 参见王为理:《从边缘走向中心——深圳文化产业发展研究》,人民出
版社 2007 年版,第 55 页。

圳设计在国内的领军地位和国际影响。① 新闻出版事业的产业化特征也开始体现。1993 年起,《深圳特区报》社开始自主经营,自负盈亏,当年广告收入超过 3 亿元;②《深圳特区报》和《深圳商报》提出创建报业集团的目标,开始向现代化、集团化、产业化、规模化迈进。③

（四）转型:从制造转向创造,建设现代文化名城。1995 年3 月 14 日至 16 日,在深圳市文化工作会议上,讨论了《深圳市1995—2010 年文化发展规划》(讨论稿),提出要把深圳市建成一个新兴的"现代文化名城"。④ 规划中确立了深圳市文化发展的战略目标是:"围绕建设多功能、现代化的国际性城市的目标,逐步使深圳市发展成为我国中外文化交流的窗口,文化商品的交易市场,现代文化产品的生产基地,文化精品和优秀文化人才荟萃的中心……努力把深圳市建设成为现代文化名城"。⑤

从 20 世纪 90 年代中期到末期,深圳文化产业开始形成一定的规模并取得显著的效益。1997 年,深圳市有关方面做过一个粗略统计,当年全市 GDP 为 1130 亿元,文化产业增加值总量规模约在 20 亿元左右,占全市 GDP 的 1.17%。⑥ 虽然文化产

---

① 参见余海蓉等:《"设计之都"助文化产业发展》,《深圳特区报》2004年 11 月 23 日。

② 参见李鸿忠等编:《深圳市志——教科文卫卷》,方志出版社 2004 年版,第 428 页。

③ 参见李鸿忠等编:《深圳市志——教科文卫卷》,方志出版社 2004 年版,第 428 页。

④ 参见深圳市史志办公室编:《深圳大事记(1979—2000)》,第 407 页。

⑤ 王为理:《从边缘走向中心——深圳文化产业发展研究》,人民出版社2007 年版,第 91—92 页。

⑥ 参见彭立勋主编:《文化体制改革与文化产业发展——2003 年深圳文化发展蓝皮书》,中国社会科学出版社 2006 年版,第 75 页。

业占国民生产总值的比例较低,但相对全国来说,已经处于较为领先的位置;文化产业发展的主体进一步向多元化推进,国有主体比例降低,社会自筹资金的文化建设已占据半壁江山;文化产业开始向规模化和集约化方向发展。

(五)提升:实施文化立市战略,打造新的支柱产业。进入21世纪以后,随着全球生产方式的知识化转型,深圳市委、市政府开始把文化产业提升到城市发展战略的高度来认识,出台了一系列推进文化产业发展的政策,深圳市文化产业开始进入高速发展的快车道。

2003年1月2日,深圳市委三届六次全会报告正式提出"要确立'文化立市'战略"。[1] 2003年2月27日的政府工作报告中强调要认真落实"文化立市"战略。[2] 2003年6月6日,深圳市委召开常委会,通过《关于实施"文化立市"战略的决定》。[3]

2005年1月13日召开的中共深圳市委三届十一次全体(扩大)会议上,深圳市委、市政府首次提出要重点发展"最有潜力成为第四大支柱的文化产业"。[4] 2005年1月21日印发的《中共深圳市委深圳市人民政府2005年工作要点》中进一步指出:坚持优先发展优势产业的发展战略,继续大力支持高新技术

① 参见深圳年鉴编委会:《深圳年鉴(2003)》,深圳年鉴社2003年版,第6页。
② 参见《深圳市人民政府工作报告》,《深圳特区报》2003年3月24日。
③ 参见郭祥焰主编:《深圳文史(第七辑)》,海天出版社2005年版,第7页。
④ 参见李鸿忠:《在中共深圳市委三届十一次全体(扩大)会议上的讲话》,《深圳特区报》2005年1月14日。

产业、物流业和金融业等现有支柱产业,加快发展文化产业,使我市产业发展形成"四大支柱产业"的新格局。①

2005年12月2日,深圳市委、深圳市政府出台《关于大力发展文化产业的决定》,提出要从落实科学发展观、建设和谐深圳效益深圳的高度出发,深刻认识发展文化产业的重要意义,增强责任感和紧迫感,像抓高新技术产业一样切实把文化产业放在突出位置抓好抓实,实现文化产业的快速发展。②

之后,深圳市委、市政府又陆续发布了一系列法规文件,提出不少创新举措,进一步促进深圳文化产业的发展创造了有利的条件(见表8-1)。

表8-1 深圳市其他文化产业相关政策条例

时间	文件
2005年12月28日	《关于加快文化产业发展若干经济政策》③
2005年12月28日	《关于建设文化产业基地的实施意见》④
2005年12月28日	《深圳市文化产业发展专项资金管理暂行办法》⑤
2005年12月28日	《关于扶持动漫游戏产业发展的若干意见》⑥

---

① 参见《中共深圳市委、深圳市人民政府2005年工作要点》,《深圳市人民政府公报》2005年第7期。

② 参见《中共深圳市委、深圳市人民政府关于大力发展文化产业的决定》,《深圳市人民政府公报》2005年第52期。

③ 参见深圳市人民政府:《关于加快文化产业发展若干经济政策》,深府[2005]217号文,《深圳市人民政府公报》2006年第5期(总第475期)。

④ 参见深圳市人民政府:《关于建设文化产业基地的实施意见》,深府[2005]218号文,《深圳市人民政府公报》2006年第5期(总第475期)。

⑤ 参见深圳市人民政府:《深圳市文化产业发展专项资金管理暂行办法》,深府[2005]220号文,《深圳市人民政府公报》2006年第5期(总第475期)。

⑥ 参见深圳市人民政府:《关于扶持动漫游戏产业发展的若干意见》,深府[2005]219号文,《深圳市人民政府公报》2006年第5期(总第475期)。

续表

时间	文件
2007 年 12 月 3 日	《深圳市文化产业发展"十一五"规划（2006—2010）》①
2008 年 1 月 11 日	《深圳市文化产业园区和基地认定管理办法（试行）》②
2008 年 3 月 11 日	《深圳市文化产业发展规划纲要（2007—2020）》③
2008 年 7 月 14 日	《关于加快文化产业发展若干规定》④
2008 年 7 月 15 日	《关于建设文化产业园区（基地）的实施意见》⑤
2008 年 10 月 14 日	《深圳市文化产业促进条例》⑥
2009 年 12 月 6 日	《关于促进创意设计发展的若干意见》⑦

---

① 参见深圳市人民政府文化产业办公室、深圳市发展和改革局：《深圳市文化产业发展"十一五"规划（2006—2010）》，深文产［2007］34 号文，《深圳市人民政府公报》2008 年第 2 期（总第 578 期）。

② 参见深圳市文化产业办公室：《深圳市文化产业园区和基地认定管理办法（试行）》，深文产［2008］1 号文，《深圳市人民政府公报》2008 年第 9 期（总第 585 期）。

③ 深圳市文化产业发展规划纲要（2007—2020）于 2008 年 1 月 3 日在深圳市政府四届八十三次常务会议审议通过。参见《原则通过首个文化产业发展规划纲要》，《深圳特区报》2008 年 1 月 4 日。

④ 参见深圳市人民政府：《关于加快文化产业发展若干规定》，深府［2008］157 号文，2008 年 7 月 14 日。

⑤ 参见《关于建设文化产业园区（基地）的实施意见》，深府［2008］160 号文，2008 年 7 月 15 日。

⑥ 参见《深圳市文化产业促进条例》，2008 年 7 月 22 日深圳市第四届人民代表大会常务委员会第二十次会议通过，《深圳市人民政府公报》2008 年第 40 期（总第 626 期），《深圳特区报》2008 年 11 月 18 日。

⑦ 参见《中共深圳市委、深圳市人民政府关于促进创意设计发展的若干意见》，深府［2009］15 号文，《深圳市人民政府公报》2009 年第 45 期（总第 679 期）。

　　这些文件从各个方面对深圳文化产业的创新发展进行了规范和指引,助推深圳市文化产业突破现有瓶颈,实现跨越式发展。

　　在市委、市政府文化立市战略的指引下,深圳市文化产业发展驶入了快车道。一些引领潮流的文化产业与高新技术结合日趋紧密,涌现了一批建立了现代企业制度、具有旺盛创新能力和强大竞争力的民营龙头文化企业。动漫游戏、印刷、旅游等行业都进一步巩固和发展了自己在国内乃至世界的领先地位。深圳市会展业更是得到迅速发展。在市委、市政府的大力支持下,"文博会"①落户深圳市,每年举办一届,规模和影响逐年扩大,对于展示深圳市文化产业发展的成果、推动文化产业走向世界起着重要的作用。

　　文化产业的发展,需要政府、企业及消费者三方的协调运作。通过对深圳市 30 年文化建设与文化产业发展的历程回顾,可以看出,在深圳市文化产业飞速发展的背后,政府起到了强力推动的作用。

　　文化产业的发展与文化发展截然不同。文化发展一般需要较长时间的磨合和积淀,与一个国家、一座城市的历史文化底蕴有着十分密切的联系,不是短期可以形成和改变的。但文化产业因其特有的产业属性,在一定条件下是有可能实现跨越式发展的,深圳市的实践证明了这一点。在我国这样一个市场经济还不十分发达,计划经济的影响在一些领域依然存在的情况下,政府在文化产业发展初期的引导和扶持作用是十分有效的。同

---

　　①　注:"文博会"为"中国(深圳)国际文化产业博览交易会"的简称。文博会由中华人民共和国文化部、国家广播电影电视总局、中华人民共和国新闻出版总署、广东省人民政府、深圳市人民政府共同主办。2004 年 11 月 18 至 22 日首届文博会在深圳举办,之后每年举办一届。

时,政府也要注意处理好"引导监督"与"亲历亲为"的界限,只有给文化企业提供明确的方向和自由竞争的环境,创造良好的成长空间,才能持续有效地推进文化产业的健康发展。

二、深圳市文化产业发展的现状与趋势

作为中国发展最快的城市之一,深圳市在过去30年取得了骄人的成绩,不仅国民经济保持了快速、良好的发展势头,社会领域也得到了全面而协调的发展。与此同时,深圳市高度重视城市文化发展,提出了"文化立市"的发展战略和将文化产业列为第四大支柱产业发展的目标。把文化产业定位为一大支柱产业,既是深圳市重视文化发展的集中体现,也是深入理解和把握世界文化产业发展态势的必然结果。经过30年的快速发展,深圳市已经拥有了一批较为先进的文化及其产业化设施,积累了较为充裕的文化发展资金,拥有了一些较有影响力的文化品牌,为文化产业的做大做强奠定了坚实的基础。

(一)深圳文化产业发展呈快速增长趋势,成为产业发展的热点和亮点。近年来,深圳市文化产业一直保持着快速增长的态势。特别是自2004年开始在全国率先实施"文化立市"的城市发展战略以来,短短几年间,文化产业的增长速度和总量连上新台阶,对地方经济增长的贡献日益显著(见表8-2),已成为深圳经济的四大"支柱"之一,并在这次国际金融危机冲击下逆势飞扬。2008年,深圳市文化产业增加值达550亿元,约占全市生产总值的7%,文化产业增速高出深圳市经济平均增速3.5个百分点。①

---

① 参见胡谋:《深圳文化产业逆势飞扬2008年增加值达550亿元》,《人民日报》2009年3月9日。

表 8-2　2003—2008 年深圳市文化产业发展情况

年份	文化产业实现增加值（亿元）	占全市 GDP 总量（%）
2003	135.30	4.73
2004	163.39	4.77
2005	300.46	6.10
2006	382.00	6.70
2007	460.00	6.80
2008	550.00	7.00

随着文化产业规模扩大、领域拓宽和业态创新，企业单位数和从业人员数均日益增加。据不完全统计，深圳全市文化产业经营单位已超过 10000 家，全市文化产业从业人员达到 25 万人①，占全市从业人员总数的 4.9%。以创意为核心的文化产业逐渐成为产业发展的热点和亮点，文化产业的集聚和辐射功能得到显著增强。

（二）文化产业门类齐全，产业功能初步显现，产业主体发育迅速。根据深圳市文化产业统计指标体系研究课题组的研究，深圳市的文化产业覆盖了 12 个大类，39 个子类，81 个细目，已经形成了门类齐全、功能完善，能够较好地满足广大市民多方面、多层面精神文化消费需求的文化产业体系。目前，深圳市已初步形成了以文化产业相关层为主体，核心层和外围层为新增长点的产业结构体系；形成了以新闻出版、广播影视、文化娱乐、印刷制作、图书和音像制品、文化旅游等为主体的行业与企业群

---

① 参见吕锐锋：《加强交流与合作，共促创意产业的发展与双赢》，新华网（广东频道），2008 年 5 月 18 日。

体;文化产品制造和销售、出版和版权服务、文化娱乐服务三大传统优势行业已成为文化产业的主要支撑力量,并保持良好的发展势头。

(三)依据高新技术产业的强力支撑,新兴文化产业门类齐全,显示出强劲的发展潜力和良好的发展前景。高新技术产业是深圳市的支柱产业,在计算机网络技术、数字技术、信息技术、多媒体技术、软件开发等方面具有很高的水平,这为深圳市大力发展"数字内容产业"和"创意产业"等新兴的文化产业提供了强大的技术支撑。依托高新技术和设计人才聚集的优势,以信息技术为载体的创意设计、动漫及网络游戏等与数字网络技术相融合的新兴行业发展迅速,成为深圳市文化产业中极具增长潜力的新亮点。数字电视、数字音乐呈现良好的发展势,产生了国内规模最大的数字移动电视、数字音乐、网络游戏研发、生产和服务企业。

(四)文化产业发展开始呈现集团化、规模化和集约化趋势,产业集群化发展的特征日益明显,文化产业集聚区对产业发展的带动效应逐步显现。集团化、规模化和集约化经营是文化产业面向市场、面对竞争的必要要求,通过重组、兼并、破产等形式,整合资源,盘活存量,优化资源配置,实现规模效益,提高抵御市场风险的能力。深圳市目前已经组建或正在酝酿组建的有报业集团、广电集团、出版发行集团、演艺集团和会展集团等;深圳市的新闻出版、广播影视、文化娱乐、图书和音像制品、印刷、会展、文化旅游等行业已经步入了规模化和集约化经营的发展道路。

(五)市场体系日臻完善,多元化投资主体结构逐步形成。在政府的积极引导和推动下,深圳市率先基本建立了社会主义市场经济体系和框架,文化企业按市场要求运作,各类文化市场日益走向成熟和规范。由于深圳市市场经济发育较早,市场化和产业化程度较高,一些民营资本和个人积极投身文化经营,将文化产业作为主要投资方向,涌现出一批规模较大、效益较好的文化企业。加上毗邻香港的地缘优势,港资投入比重较大,投资渠道和经营主体日益多元化,呈现出国家、集体、股份制、民营、个体及中外合作、深港合资、外商独资等各种所有制形式并存的发展格局,为文化产业的迅速发展增添了活力。

(六)初步形成文化产业促进体系,为文化产业发展提供支撑力量。近年来,深圳市从多个方面努力构建文化产业促进体系,为文化产业的发展提供各种支撑力量。深圳市委、市政府已在政策层面确定了文化产业作为城市发展第四大支柱产业的地位,并出台了一系列政策法规文件,为文化产业的发展提供政策保证。设立了深圳市文化产业发展专项资金,扶持文化产业发展,中国(深圳)文化产业博览交易会的创立和举办,不仅为中国文化产业的发展搭建起一个高起点、高规格的展示、交易、信息平台,而且使大量资金、项目、观念、信息、技术、人才在深圳会聚,成为推动深圳市文化产业发展的助力器。

三、深圳市文化产业发展的创新探索

深圳市文化产业之所以能够取得令人瞩目的成就,除了深圳市委、市政府的引导和推动,还离不开一大批思想先进、勇于创新、敢想敢为的企业和个人,他们奋斗在文化产业创新的第一线,为深圳市文化产业添上了浓墨重彩的印记。从获得全世界几乎所有印刷大奖、承担北京申奥和上海申博的报告印刷任务的雅昌集团,到不断开发新的文化旅游演艺项目、把自主知识产

权和企业品牌从深圳市大鹏湾扩散到湖南、山东、北京等省市的华侨城集团,再到努力开发新的商品油画生产模式、销售额连年增长的大芬村,深圳文化企业的发展证明了一个重要的规律:"创意和内容的开发是产业发展的动力之魂,技术和管理的创新是产业远航的浩荡风帆"。①

(一)坚持走创新之路,以创新提升价值。创新是企业的源动力和立足之本,对文化企业来说创新则显得更加重要。深圳市近年来发展迅速的文化企业多在创新上做足文章,如雅昌企业(集团)有限公司在经营中不断开拓新空间,把传统的印刷、IT互联网和艺术品有机结合起来,形成了一个新的文化产业,业内称其为艺术市场的"风向标"。

深圳市文化企业在市场的摸爬滚打中越来越体会到,创新是企业最大的资源,只有加快自主创新,提升产业素质,才能创造出最大化、最持久的价值,才能使自己不会因受制于人而付出代价。只有沿着自主创新的路走下去,才能在激烈的竞争中闯出新路,才能在新一轮的产业发展中不失先机,文化产业才有真正的明天。

(二)文化与市场对接,政府与社会对接。在国内,深圳市最早进入"市场",也最早将"市场"要素注入文化产业。2004年,深圳市首先从政府直属的传媒资源入手,将其整合为报业、广电、发行三大集团,推向市场。通过连锁经营、资本营运,参与竞争,积极扩张,报业集团取得了占据深圳平面媒体市场份额、市委机关报《深圳特区报》家庭订阅率的"两个90%";深圳电视

---

① 彭立勋主编:《城市文化产业与发展模式创新:2006年深圳文化蓝皮书》,中国社会科学出版社2006年版,第204页。

台 8 个频道在深圳地区的收视份额达 30.6%,超过在深圳落地的香港 16 个频道的总和。2008 年,深圳 447 场公益文化活动全部通过"招标采购",交由 46 家社团、企业承办。① 即使是最高规格的国际文化产业博览会,谙熟市场经济的深圳市同样选择了市场运作。面对市场经济,深圳市政府"既有所为、也有所不为",有所为的是规划、调控、引导、服务,有所不为的是具体运营。政府不为的部分,则是深圳市文化企业根据市场游戏规则,发挥自身特长的自由空间。有意识地角色转换,使得原来的"供养者"变为如今的"购买者",资源、企业、市场实现了相互匹配。

(三)文化与科技结合,创意与创新联姻。文化和科技结合,创意与创新联姻,是深圳市文化产业发展的基本经验与主要特色。文化要大发展大繁荣,文化和科技结合是一个基本的规律。这个规律,是整个文化发展史所证明的,从古代的四大发明引起文化的繁荣发展,到近代的工业革命对文化的推动,一直到现代通信信息革命对文化广泛传播的巨大提升和影响,无论是中国发展的路径,还是世界发展的历程,文化与科技的结合正是文化大发展的先决条件。而深圳市文化企业的发展实践也证明,凡是发展迅速的,都是那些使文化和科技结合得比较好,在文化创意和科技创新两方面都有独到见解,有所创新,在行业处于领先地位的企业。因此,文化与科技结合,即"文化+科技"的模式,是深圳市文化产业发展最突出的特征,它使文化产品在增加科技含量的同时,也产生出新的审美价值和文化价值,提高了文化产品的市场竞争力,增强了文化企业抵御风险的能力。

---

① 参见胡谋:《深圳文化产业逆势上场》,《人民日报》2009 年 3 月 9 日。

　　比如,深圳 A8 音乐集团是目前国内收入规模最大的数字音乐公司,从 2007 年起,该企业每年数字音乐的收入超过国际四大唱片公司在华收入的总和。A8 音乐集团通过移动运营商的无线网络及互联网推广音乐内容,并将音乐内容转化为手机铃声、彩铃等数字音乐形式后提供给手机用户而获得收益。音乐与高新技术的结合为 A8 音乐集团的快速发展注入了强大的动力,2008 年集团实现营业收入 7 亿元,净利润超①亿元,同 2007 年相比增长分别超过 100%。②

　　(四)文化与财富转换,生产方式创新。深圳市文化产业的突出特色,是通过生产方式的创新,实现文化与财富的转换。全球生产方式的演变,对深圳市文化产业的发展产生着重要影响,福特制、丰田制、温特制等生产方式都可在深圳市文化产业实现文化与财富转换的创新中找到案例。

　　1. 大芬油画村——以福特制生产方式生产油画

　　大芬村的成功秘诀是其生产方式。像生产汽车一样生产艺术品,将福特制的生产方式用于油画生产,大芬村做了前人从未有过的创新之举。一幅油画艺术品,在大芬村的画室中被解构为若干组成元素,每位画工只负责临摹其中的一个部分、一种形态,做到精熟于心,然后在油画生产的流水线上,完成自己的这道工序,形成整幅油画。大芬村的创新从某种程度上颠覆了纯艺术的精英属性,使其走向了大众化的道路,从而较好地解决了

---

　　①　参见胡谋:《"拓荒牛"垦出"文化绿洲"》,《人民日报》2009 年 3 月 24 日。

　　②　参见易运文:《深圳文化产业缘何逆势上扬》,《光明日报》2009 年 3 月 9 日。

文艺创作的独特性与大众文化产品的单一性的矛盾。大众化的产品,大众化的价格,使大芬油画村赢得了市场,同时作为生产方式创新的典型,成为闻名全国的文化产业基地。

2. 雅昌印刷——以丰田制生产方式进行精益生产

雅昌的成功之处在于其生产方式的领先性。雅昌将丰田制的生产方式应用于创意设计,首先是标准化生产,雅昌进行了一系列的标准化建设,材料标准化、设备标准化、产品类别标准化、生产作业标准化以及图像处理标准化等,形成了自己特有的艺术印刷专业标准体系,率先实现了传统印刷向数字化工作流程的转换。其次是精益生产,在开展全球技术战略合作,保持设备领先和技术领先的同时,以客户需求为导向,坚持技术创新,研制出领先国际的高、精、细的网线印刷技术,可按照客户的不同要求,满足其高质量精美画册、摄影作品的印刷需求。这也就是雅昌在高端艺术印刷领域,多次承担国家重大印制项目,制作出世界一流产品的奥秘所在。

3. 华侨城集团——以温特制生产方式进行模块化生产

华侨城集团作为深圳市乃至全国闻名的文化集团,主营项目是文化旅游业,其成功之处在于:在文化休闲娱乐服务的经营中坚持理念先行,主题开发,创新服务,模块化经营,以先进的生产方式打造一流的文化品牌。依靠其核心的研发优势,不断开发升级文化旅游演艺项目,将文化、旅游与高科技融为一体,用高科技支撑现代游乐设施,为游客打造全新的娱乐体验和虚拟现实体验的互动旅游平台,并模块化地进行复制生产,把自主知识产权和企业品牌从深圳大鹏湾扩散到湖南、山东、北京等省市。生产方式的创新是华侨城成功的主要原因。

第四节　深圳市文化产业发展和
转型的战略思考

　　深圳市文化产业发展和转型总的指导思想,是贯彻落实科学发展观,坚持以人为本、产业第一、优先发展的理念,按照"和谐深圳、效益深圳"和建设国际化城市、国家创新型城市的要求,大力实施"文化立市"战略,创新文化产业发展的理念、思路和体制,充分发挥政府的引导和扶持作用、市场配置资源的基础性作用、行业协会组织的自律协调服务作用和企业生产经营的主体作用,做精做强做大文化产业,提高文化产业对经济增长的贡献率,不断满足人民群众日益增长的精神文化需求,为中华文化"走出去"作出应有的贡献。[①]

一、深圳市文化产业发展和转型的总体战略

　　知识经济催生了文化产业的快速发展,也使深圳市产业转型的知识化走向,与世界产业发展转型的大势趋于一致。深圳市文化产业的发展,也正朝着创意化的方向发展。一方面,深圳市文化产业正在经历内部的体制改革与产业升级,从在地产业、在场产业向在线产业、在版产业转型与升级;另一方面,深圳市文化产业正在发挥自身的优势与特点,与高新技术产业融合发展,实现由有形的物质生产向无形的非物质化的内容产业和创

---

　　①　参见《深圳市文化产业发展"十一五"规划(2006—2010)》,《深圳市政府公报》2008 年第 2 期(总第 578 期)。

意产业转型,正在成为开拓新的产业领域并引领产业转型的航母与龙头,成为内容产业和创意经济产业链中的关键技术与核心内容。深圳市文化产业发展和转型的战略目标,是将文化产业发展成为举足轻重的支柱产业,把深圳市建设成为国内一流、亚洲领先、全球知名的文化产业先锋城市。

(一)强化自主创新,推进高科技产业与文化的融合。以建设创新型城市为契机,大力培育高端创意,强化自主创新,促进文化产业与高新技术产业的深度融合,运用高新技术促进产业升级,建立文化产业创新体系,增强深度开发能力、增值能力和市场营销能力,提高深圳市文化产业的科技含量和文化产品与文化服务的附加值,促使文化产业结构的高级化,实现文化资源数字化、文化管理网络化、文化事业信息化、文化产业市场化。

(二)构建与完善创意设计产业的发展链条。在文化创意产业的发展上,要重视发展研发设计、文化传媒、咨询策划、动漫制作等文化创意产业。同时,要加快工业设计、动漫游戏研发设计、软件设计、建筑与规划设计、新闻出版创意、广播电影电视及音像制作、广告与咨询策划、文艺创作与表演等领域的发展,构建与完善创意设计产业的发展链条,建设若干以高新技术为基础的文化创意产业基地。

(三)大力发展数字内容产业。以深圳具有比较优势的数字内容产业为主攻方向和突破口,加快发展网络文化产业、信息文化产业、在线文化娱乐业、咨询设计业、广告会展业等现代文化产业,大力发展与网络、数字、信息技术等高科技相结合的文化内容产业、数字文化产业、创意产业及其文化产品,如影视数字特技、影视动漫画、数字音像、电子出版物、多媒体教育软件、在线网络游戏、游戏软件、计算机虚拟建筑设计和计算机工业产品设计等,使文化产业真正成为深圳市经济发展的助推器和主导产业。

(四)建立多元化的投入机制。内容产业、数字文化产业、创意产业等文化产业具有高人才密集、高知识密集、高资金密集的特点。要建立多渠道的投资体制和有效的筹资机制,积极形成以政府政策为引导、企业投入为主体、市场融资为主力的多元化投入机制,大力发展文化产业基金组织、文化投资公司、文化融资公司等,拓宽融资渠道,鼓励民营资本进入。加强对创意设计项目作为风险产业的辅导、推动,改革和完善创意设计产业的投融资体制,鼓励投资人以商标、品牌、技术、科研成果等无形资产评估作价。依法出资组建创意设计企业,加大创意设计人才的引进和培养力度,设立创意设计人才的教学和培训基地。对风险创业投资+高科技+文化产业形成的文化产品,要按照高科技产品对待,享受相应的优惠政策,吸引境外的风险创业投资,大力发展高科技文化产业。

(五)建立高水平的开发平台(技术平台和环境平台),打造国家级文化创意产业园区。以文化项目和资金投入为依托,大力引进和培养能开发和创作融思想性与艺术性、知识性与趣味性、教育性与娱乐性为一体的原创性作品的高水平人才;或者直接引进高水平的原创性作品及其素材,开发和制作出市场化的文化产品。

(六)建设产业园区,形成产业集聚,实现集群发展。新建和"三旧"改造相结合,龙头企业和重大项目相结合,规划建设一批文化产业园区和文化产业基地,推动创建创意产业孵化器,加强文化产业公共技术、服务、信息平台建设,形成新的文化产业发展集群,形成产业集聚,实现集约化发展。

（七）实施项目拉动,吸引总部入驻。以重点文化项目为支撑,引进和发展有利于完善产业链的关键项目,着力引进和培育产业层次高,经济、生态和社会效益好的文化产业项目,在政策许可的框架内,吸引国内、国际知名文化企业(集团)、文化中介组织和研究培训机构,将其总部或地区总部、高附加值的制造环节、研发中心、采购中心和服务外包基地设在深圳。

（八）塑造品牌形象,打造知名品牌。抓住项目、产业链、产品、品牌、服务、管理等关键环节,努力提升深圳市文化产业品牌的影响力,塑造"文化深圳、魅力深圳"的城市形象。充分利用深圳市在设计领域和高新技术方面的优势,促进创意设计与制造业、服务业的链接,培育一批具有研发能力和自主知识产权的文化企业及文化产品和服务品牌。

（九）加强外拓合作,实施积极的"走出去"战略。利用文化产业国际转移的契机,积极承接较高层次国际外包业务的能力,积极参与高端分工。利用毗邻港澳的区位优势,深化深港合作,加强与珠三角和泛珠三角地区及国内其他城市的文化产业合作,构筑文化产业发展大平台,增强文化产业参与国际合作与竞争的能力,支持和鼓励文化产品和服务出口,形成自有文化品牌,提高深圳市文化产品在国际市场的占有率和影响力。

（十）构建人才高地,提高人才效益。树立"以人为本"的观念,加大文化产业人力资源的开发力度,积极创建文化产业人才交流的国际化平台,提高人才资源配置的市场化程度,建立和完善符合国际惯例的人才流动、引进、培养、使用、分配和服务机制,以建设创新型城市为载体,以释放人才潜能、提高人才效益为目标,造就一支适应深圳市文化产业发展需要的高素质的文化创意创作人才、文化产业经营管理人才和复合型人才队伍。

二、深圳市文化创意产业的发展现状与战略选择

创意产业发展最迅速的地方，往往既是商业最活跃之处，也是文化最繁荣之处。而深圳市作为社会主义市场经济的发源地、商业文明城市的典范以及得天独厚的地缘优势、兼容并蓄的文化开放的心胸，恰恰具备了这种优势。

（一）深圳市文化产业的发展现状与业态分析。2006 年，深圳市文化创意产业增加值近 382 亿元，比上年增长 25.9%，高出同期 GDP 增长率 10.9 个百分点，显示出这座年轻城市在文化创意产业领域的迅猛发展态势。目前，深圳市拥有各类影视制作机构近 60 家，动画制作机构 200 余家，工业设计则占据全国近 50% 的市场份额，拥有一支 2 万多人的专业设计队伍，从业人员达到 10 万人。全市有广告公司近 3000 家，广告从业人员近 2 万人，每年广告收入 50 多亿元。

深圳市还规划建设了文化创意产业园区，建筑面积 8 万多平方米，具备研发、投资、孵化、制作、培训、交易等功能。深圳市已制定发展创意产业的系列计划，包括设立文化产业专项资金，考虑对创意产业提供贷款贴息、奖励措施等。凡从事数字广播影视、数据库、电子出版等研发、生产、传播的文化单位，经认定为高新技术企业的，便可享受高新技术企业相应的税收优惠政策。深圳市计划用 3—5 年的时间把自身打造成名副其实的"设计之都"，①更远的目标是将创意产业打造成深圳市的优势产业。

---

① 注:2008 年 11 月 19 日，联合国教科文组织正式批准深圳加入联合国全球创意城市网络，并授予深圳"设计之都"称号，深圳成为全球创意城市网络的第 16 个成员，也是中国第一个加入该网络的城市。

（二）对深圳市文化创意产业发展和转型战略思考。

1. 制定并落实促进文化创意产业发展的配套政策，成立为文化创意产业服务的支持机构，发展各种中介服务。

2. 努力为文化创意产业的发展创造优越的政策环境和高效的公共服务。采取降低企业注册资金、放宽年检、简化审批手续、对初创企业进行贷款贴息等资金支持、加强版权保护等方法，降低创意企业发展的门槛，从税收、财政、金融、市场准入等各个方面，对文化创意产业的发展进行支持。

3. 加强文化创意产业园建设，以企业化、市场化方式运作文化创意产业园，整合社会资源，努力打造文化创意产业软硬件平台和风险投资平台。

4. 建立服务文化创意产业发展的技术服务支持平台，搭建公共技术平台、信息交流平台、公共数据库，实现资源共享、信息共享，降低文化创意企业的创业成本帮助文化创意企业开拓国内国际市场。

5. 把人才的引进和培养放在重要的位置，建立人才培训基地，利用多种途径，聚集人才资源，吸引高端人才。

三、深圳市动漫游戏产业的发展现状与战略选择

动漫游戏产业包括动漫软件平台的开发、动漫画、Flash、Cosplay 和游戏软件、以动漫游戏内容开发的衍生产品和服务。作为文化产业的重要组成部分，动漫游戏产业有巨大的发展潜力和增长空间，被视为21 世纪文化创意产业中最具发展潜力的产业。

（一）深圳市动漫游戏产业发展现状和业态分析。深圳市是全国最早的动画制作基地之一。从 20 世纪 80 年代起，深圳市就以其优越的地理位置，吸引了大批香港、欧美动画公司进

入,因而无论是技术水平还是管理水平都打下了良好的基础。①
经过 20 多年的发展,深圳市动漫游戏产业有了一定的规模,全
市经营动漫游戏类企业共 337 家,其中漫画经营企业 81 家,动
画经营企业 206 家,游戏经营企业 11 家,另有复合经营类企业
39 家,从业人员约 1 万人左右,②注册资本 4.5 亿元。2003 年,
全行业营业收入共计 5.27 亿元,其中,漫画企业营业收入
7379.16 万元,动画企业营业收入 4951.96 万元,游戏企业营业
收入 35209.34 万元,交叉类企业营业收入 5161.85 万元。每个
企业平均拥有 15 个设计开发人员,占平均企业人数 30 人的
50%。经过多年的发展,深圳市以低成本、国际性的加工能力,
成为全球动漫游戏产业重要的生产制作基地之一,已经具有雄
厚的漫画、二三维动画和游戏软件的加工能力,为欧美、港澳及
国内主流影视媒体加工制作了大量的动漫作品。

深圳市动漫游戏产业发展较快的原因,首先,深圳的动漫企
业均有强烈的原创意识,纷纷主动尝试漫画、动画片、游戏的原
创,也陆续推出了一些原创的卡通形象、动画剧集和各种电子游
戏。在相关的企业中,从事和尝试原创开发的企业占全部企业
的 77.4%。其次,深圳市动漫游戏产业具有人才优势,曾经拥
有全国 70%的动漫游戏产业人才。再次,各个公司有自己独立
的空间,适于艺术创作活动。与此同时,深圳市动漫游戏产业发
展也面临一些共同问题,比如原创能力不足,复合型人才缺乏,
投融资体系尚不完备,产品销售渠道难以整合,知识产权保护力

---

① 参见周群弟:《文化产业与深圳》,《消费导刊》2007 年第 12 期。
② 参见深圳市人民政府:《深圳市文化产业发展规划纲要》,2008 年 1 月
3 日深圳市人民政府四届八十三次常务会议审议通过。

度不够,缺少公共技术服务平台和产业"孵化器",产业链条较窄缺少衍生产品的生产环节等。因此,动漫游戏产业需要多方支持与配合,才能步入健康发展轨道,才能适应我国文化大发展、大繁荣的时代需求。

(二)对深圳市动漫游戏产业发展和转型的战略思考。

1.依托深圳市 IT 产业发展的优势和动漫游戏产业发展的基础,将高科技、文化与动漫游戏设计融为一体,走专业化的设计生产道路,突出民族文化特色,立足优势打造原创精品,抢占全国动漫游戏产业高地。

2.适应数字化动漫的发展趋势,借助完善的移动平台和互联网平台,将动漫游戏产业的发展与网络软件相结合,促进动漫游戏产业向3G领域移植和延伸。

3.利用毗邻香港的优势,与香港合作发展动漫产业。实施国际化发展战略,使深圳市动漫产品"走出去",拓展动漫产业的发展空间。

4.适应动漫节目定位的成人化趋势,转换原来动漫节目主要是针对儿童设计的理念,扩大目标观众的年龄范围。

5.政府投资支持公共技术平台建设和动漫游戏产业园区建设,支持动漫核心技术的研发,为动漫产业发展提供技术保障。

6.引入专业图书出版机构、电子出版机构和专业漫画期刊等,加强出版平台建设,为企业出版发行产品创造条件。

7.实施"长尾"战略,关注动漫产业的下游产业链的构建,对原创产品进行二度、三度开发,形成衍生产品生产链条,促进产业链条延伸。

8.重视动漫人才培养,增强动漫产业发展后劲。按照市场需求和动漫产业发展趋势,完善动漫人才培养成本分担机制,扩大人才培养规模,改革人才培养模式,积极利用职业教育、现代远程教育等方式大批量培养动漫人才。

四、深圳市印刷业的发展现状与战略选择

(一)深圳市印刷业发展现状和业态分析。

深圳市印刷业已经形成较为完整的产业链条和较为完善的配套体系,截至 2008 年年底,深圳市共有印刷企业 2140 家,年总产值约 300 亿元。[①] 对全市工业的贡献率超过 5%,以只占全国不到 1% 的企业数量,创造出占全国印刷产业 20% 的总产值,其中出口产值突破 90 亿元,占全国印刷业出口产值的 30%。而且制作了全国 60% 以上的高档印刷品,不仅成为全国的三大印刷基地之一,还成为全国最重要的高端精品印刷中心。[②] 深圳市印刷业产业升级势头明显,逐渐向高技术、多元化、综合性产业发展。

深圳市印刷业具有技术设备高起点,印刷质量高档化,产品服务外向化,产业配套齐全,技术保障完善,外商投资比重大,市场竞争充分,企业经营管理水平高等特点,具有一定的竞争优势。目前,深圳市印刷产业已经逐渐演变为高新技术装备下的多产业融合的现代文化产业,是高度信息化、创意化、多元化的印刷媒体产业,是具有强烈的集群效应和辐射功能的成长型产业,是资金、技术与知识密集的、产业链长且无污染的都市型产

[①]　参见陈威:《以科学发展观推动深圳新闻出版业发展》,《中国新闻出版报》2008 年 12 月 16 日。

[②]　参见汪治:《关于深圳市文化产业的定位与发展对策的思考》,《特区经济》2004 年第 12 期。

业,是具有高附加价值、为生产和消费服务的高新技术产业,并伴随着技术的进步,深圳市经济、社会和文化的发展而发展。从发展态势看,深圳市印刷业将继续保持在珠三角区域的龙头地位。

(二)对深圳市印刷业发展和转型的战略思考。

1.实施总部经济发展战略,通过业务链整体协作方式向异地发展,开拓内地市场,实现区域合作。

2.实施龙头带动战略,做大做强印刷产业。发挥龙头企业的带动作用,打造创新平台,实施"产业集群"战略,把包括设计创意、制版、生产、印后加工、交易、包装、仓储、物流等在内的系统功能整合起来,通过信息化的科学管理,形成一个环环相扣、优势互补的产业链,促使各个功能得到最大程度的发挥,形成良性循环,达到成本最小化、效益最大化和品牌最优化。

3.对中小印刷企业进行集约化整合,形成分工明确、优势互补、各具特色的中小印刷企业群,实现印刷企业总体规模的快速增长。引导中小型印刷企业适应市场需求,向"专、特、精、新、快、短"方向发展,实现多门类、多层次、多品种的全面发展。

4.重视技术创新,不断增强印刷企业的自主创新能力。以高新技术特别是数字化、网络化等技术推动印刷企业结构优化、产品升级,优先发展包装装潢印刷企业,重点发展大中型印刷企业和拥有核心技术的印刷企业,注意发展技术研发、创意设计、设备维修、原辅材料供应等短线企业,优化产业结构,增强企业素质,提高印刷技术,完善产业链,形成一个与国际接轨,具有规模经济效益,技术和管理先进,综合竞争能力较强的产业。[①]

---

① 参见《深圳印刷产业发展状况白皮书》,深圳市新闻出版局编印,2006年5月版。

5.进一步优化产业结构和产品结构。通过产业结构的调整和提升,增加高档产品的印刷能力,压缩一般产品的生产能力,淘汰落后的企业和产品,使劳动密集型产品逐渐向技术密集型的产品转化,产品的出口比重大幅度提高。传统产业中印刷产业的技术构成将大大提高,经营领域将不断拓展,整个行业逐渐向多元化、综合性产业的方向发展。

6.壮大和完善产业链。拓展出版、传媒、创意策划、艺术收藏、装帧设计等相关产业门类,逐步形成一个以印刷为主线的文化产业链,将生产性服务和创意性服务扩展到与印刷相关联的行业,并向高科技印刷业发展。继续发挥精装书籍印刷的优势和知名度,保持深圳市印刷业的品牌特色。

7.以循环经济观念引导产业的发展和转型。按照"生态、环保、节能"的高标准来建设产业园区和现代印刷基地。改变粗放经营模式,进入精细管理阶段。

8.参与标准制定,加入国际竞争。以市场为依托,以政府为主导,在行业协会的协助下,通过广大印刷企业的积极参与,按照国际先进标准筹备印刷技术及产品标准和测试中心,鼓励有实力的大型印刷企业设立技术研发中心。采用国际标准和国外先进标准,实现国内标准与国际标准的"对接",积极参与国际标准的制定、修订工作,及时了解国际相关行业标准的发展状况,站在全球化的高度,争取成为全国乃至世界印刷产业技术和服务的标准中心。

五、深圳市会展业的发展现状与战略选择

会展业是一门综合性、带动性强的新兴产业。在市场经济条件下,会展活动能会聚巨大的信息流、技术流、商品流、人才流

和资金流。据专业机构测算,会展业的产业带动系数为 1:9。会展业是全球增长势头最为强劲的新兴产业之一,已成为全球信息交流、技术进步和商品交易的重要载体。在展会内容方面,呈现专业化的趋势。在展馆建设方面,呈现大型化、智能化趋势。在办展机构方面,呈现展览公司集团化、国际化的趋势,国际会展业巨头向亚洲等发展中国家拓展的步伐进一步加快。会展业能耗小,无污染,附加值高,是绿色环保产业,除直接创造较高的经济效益,促进经济贸易合作,带动相关产业发展之外,还可以创造大量就业机会,有利于促进就业和社会稳定,是深圳市优化经济结构、转变经济增长方式、提升制造业水平的重要方式,是突破进一步发展面临的土地、人口、资源、环境"四个难以为继"的严重制约,实现城市经济与社会可持续发展,建设"和谐深圳、效益深圳"的必然要求。会展业还具有传播新的科技文化,交流知识信息,提高城市知名度的作用。大力发展会展业是深圳市建设国际化城市,不断增强城市辐射功能的战略选择。

(一)深圳市会展业的发展现状和业态分析。深圳市会展业起步于 20 世纪 80 年代末,依托优越的区位优势和雄厚的制造业基础,随着区域经济的持续健康发展,会展业也取得了长足进步。近年来,深圳市会展业持续健康快速发展,展会规模迅速增长;以高交会为首的品牌展会的影响力不断扩大;会展业市场化程度较高,除政府主办的高交会、文博会等展会外,其他展会都由民间举办,专业会展公司、行业协会已成为办展机构的主体;初步形成了结构合理、设施先进的展馆体系;建立了较为完善的会展业市场运行机制和政策扶持体系;基本形成产业与展会发展良性互动的格局;拥有较为完备的会展产业链。目前,全市展馆面积达 19 万平方米,标准展位 9000 多个,正式注册的展览企业有 200 多家,在全国会展行业中占有举足轻重的地位,深圳市已成为国内最重要的会展中心城市之一。品牌会展作为城市名片,对提升深圳市的城市知名度和国际影响力,建设国际化城市具有重要的战略意义。

(二)对深圳市会展业发展与转型的战略思考。深圳市会展业的发展,要以科学发展观为指导,以建设国际化城市、"和谐深圳、效益深圳"为目标,以市场化、专业化、国际化为导向,强化政府对会展业发展的引导和扶持,完善会展业管理体制,营造优良的会展业发展环境,依托区位优势和产业优势,大力培育、引进品牌展会,提升会展业整体规模和综合竞争力,促进深圳市会展业持续、快速、健康、跨越式发展。

1. 构建政府、展馆经营者、展览经营者、参展商"四个层次"的会展经济运行体系,按照各参与要素不同的功能定位,理顺参与会展经济各要素之间的关系,形成政府引导,有序竞争,优胜劣汰,自由发展的机制。

2. 实行会展市场的对外开放,引入国外会展公司进入深圳市场,促进会展中介组织的发展和完善,建立会展业培训体系,推进会展业的市场化,使其成为市场经济中的独立产业。

3. 改善整体环境,完善城市功能,提高深圳城市的国际化程度,积极培育"名牌展",不断提高办展水平。

4. 制定相关法律法规,进一步规范会展业市场,简化会展审批手续,逐步向国际通行的登记制转化,促使会展业真正成为一个规范的市场。

5. 解决多头管理问题,规范市场环境,支持行业协会出台自律性行规,创造公平、公正、规范的市场竞争环境。加强合作,推进同业战略联盟和资本经营,促成会展经营者的集团化运作。

六、深圳市旅游业的发展现状与战略选择

深圳市旅游业经过 30 年的发展,从无到有,从小到大,迅猛推进,已成为中国重要的旅游城市和旅游创汇基地。旅游业的快速发展,得益于深圳市作为对外开放的窗口和中外文化的交会处对国内外游客所具有的强大吸引力。大力发展高端旅游,积极推进循环经济,使深圳市作为中国旅游的重要目的地、客源地和出境游集散地的地位得到巩固,旅游业在全市国民经济发展中占有举足轻重的地位,已成为城市发展的重要增长点。国际旅游城市是深圳市未来城市发展的 5 个定位之一。2011 年,举办世界大学生运动会这一体育盛事,将为深圳市旅游业做大做强提供良好契机。

(一)深圳市旅游业的发展现状和业态分析。深圳市旅游行业不断创新理念、创新机制、创新产品,使旅游业发展突破了资源限制,走在全国前列。

1.产业框架颇具规模。深圳市旅游业的食、住、行、游、娱、购 6 要素配备齐全,日臻完善。深圳市及泛珠三角地区旅游市场的蓬勃兴起,带动了全市旅行社行业的迅猛发展。到 2007 年年底,全市共有 162 家旅行社,其中国际旅行社 38 家,国内旅行社 124 家。深圳市已基本形成一个具有地方特色、自然特色、文化特色的旅游景点体系,拥有位于深圳湾畔的锦绣中华、世界之窗、民俗文化村、未来时代、欢乐谷以及青青世界、野生动物园、银湖旅游度假村、香蜜湖旅游度假村、仙湖植物园、小梅沙海滨旅游中心、观澜湖高尔夫乡村俱乐部、东部华侨城等主要旅游景点、景区 50 多处,涵盖主题公园、自然生态、滨海休闲、都市风情、人文历史等多种类型,吸引着众多海内外游客。

2.旅游行业充满活力,各项经济指标均居全国前列,产业地

位不断提高。2008 年,雪灾、地震、金融海啸以及股市的深幅下挫,无不对旅游业发展构成重大考验。然而,深圳市旅游业却表现出了顽强的生命力,实现了逆势发展的良好格局。2008 年,全市旅游业客流量指标和收入指标依然实现正增长,全年接待游客总数为 6755.3 万人次,比上年增长 2.93%,其中,过夜游客 2659.3 万人次,增长 3.87%;旅游业总收入 517.83 亿元,增长 1.31%。旅游景区接待游客 2660.23 万人次,比上年增长 1.07%。其中,收费景区接待游客 1997.21 万人次,增长 1.17%。① 旅游总收入占深圳市全年 GDP 的 6.6%,占全国旅游业总收入的 1/16,占广东省旅游业总收入的 1/4。

3.旅游企业整体水平和服务质量较高。全市旅游从业人员逾 10 万人,各旅游企业都十分注重硬、软件的建设。深圳市每年都有多家旅游企业被评为全国先进或者获得各种称号,如"全国旅游行业文明窗口示范单位"、全国"五一劳动"奖章、全国青年文明号、全国 50 家最佳星级饭店、全国百家优秀星级饭店、全国外商投资先进饭店、全国国际旅行社百强或全国国内旅游百强旅行社等称号。

4.产品不断更新换代。世界之窗、民俗村、野生动物园、青青世界等景区,从挖掘丰富的文化内涵入手,借助高科技手段,使产品不断升级换代,以高档次的文化品位吸引回头客,保持了市场占有率。深圳市在旅游资源开发上,始终坚持高标准、高档次和可持续发展的原则,推出了大批环保、新、奇、特的产品,如东部华侨城的开发。但深圳市旅游业也存在着旅游资源的深度

---

① 参见《去年深圳旅游业迎难而上保增长》,《新浪财经》(商务部网站)2009 年 2 月 13 日。

发掘不够,旅游产品定位不清,旅游项目收费较高,旅游要素发展不协调,国际著名旅游企业投资缺乏,旅游城市形象宣传投入力度欠缺,国际知名度较低等问题。

(二)对深圳市旅游业发展和转型的战略思考。深圳市依山靠海,旅游资源丰富,应充分发掘旅游业的优势资源,重点建设东部滨海旅游圈、中部都市旅游圈和西部沿海生态文化旅游圈,把深圳市建设成为在亚太地区具有重要影响力的国际旅游目的地和游客集散地之一,打造全国旅游综合改革示范区。

1. 依托现有的基础和旅游资源,以文化为主线,以运动休闲型的文化旅游为亮点,以主题文化公园旅游和滨海度假型旅游为支撑,构建都市娱乐和东部滨海休闲两大主流业态,"动"、"静"结合构成深圳市旅游业态的基本格局。

2. 推进资源重组和主体多元。让旅游资源的占有从离散化转向集约化,让旅游投资主体从集约化转向离散化。由市政府牵头进行统一规划,对全市重要的旅游资源进行必要的整合与重组,营造多元化的投资态势。

3. 推进旅游产业向规模化和专业化方向发展。组建较大规模的旅游企业集团,加上外资和民营力量的积极介入,形成深圳市旅游企业的规模化和专业化经营格局,产生更多的在国内甚至国际有影响力的旅游企业,为深圳市旅游业大发展构建良好的企业运作平台。

4. 推进深港两地旅游业合作制度建设,开放旅游中介市场。

5. 全面实行区域联动和产业联动。通过旅游业与房地产业、旅游业与会展业、各大旅游景点、酒店和旅行社相互之间的合作联动,共同推动旅游业的发展。

6.实现旅游品牌精品化和国际化。建立市场竞争机制，加强宏观管理，全面提高旅游业的服务质量，塑造深圳文化旅游的核心形象，打造高端化、多样化、生态化、信息化的现代旅游之都。

第 九 章
深圳市住宅产业生产方式的变革

自古以来,居住就和衣、食、行并列为人类生存与发展的基本要件。居住状况关涉人的尊严、安全和生存权利,是建设公平、正义、和谐社会的重要因素,是展现人类发展水平的重要表征,因而住宅建设引起世界各国政府和社会组织的高度关注。

住宅产业还具有巨大的经济功能。住宅产业对经济增长的拉动作用,对相关产业的带动作用,以及对于消费和投资的促进作用,使其成为很多国家的支柱产业。在世界各国,住宅市场和证券市场的跌宕起伏,成为反映经济景气状况的显性指标。

然而,人类建造住宅的历史虽然漫长,住宅产业的功能虽然强大,但相对于机械制造业,其生产方式的演进却显得过于迟滞,技术改进的步伐非常缓慢,生产过程以手工操作为主,机械化程度和劳动生产效率低下。直到20世纪中叶,住宅产业的生产方式才发生重大变革,且澎湃如潮,遂成大势,那就是住宅产业化。

本书将系统地梳理全球住宅产业生产方式的变革过程,总结和借鉴美、日、中国香港等发达国家和地区住宅产业化的经验,并通过实地调研和问卷调查的方式,摸清和掌握深圳市住宅产业现代化的问题和瓶颈,结合实际提出住宅产业化的战略目标和对策建议,为将深圳市建成我国首个住宅产业现代化试点城市提供科学依据。

第一节　全球生产方式演变下的住宅产业化

住宅产业化(Housing Industrialization)是指采用工业化的方式生产住宅,其主旨是通过改变机械化程度不高和粗放式生产的传统住宅产业,大幅度提高住宅建设、管理的劳动生产率,降低住宅生产和使用的成本,全面提升住宅质量。住宅产业化的本质就是住宅生产方式的变革。

住宅产业化的含义包括五个方面的内容:一是住宅体系标准化。二是住宅商品化。三是住宅产业生产工业化。四是住宅生产经营一体化。五是住宅协作服务社会化。[①]　其中,工业化住宅建造是住宅产业化的核心,其他几个方面以住宅的工业化建造方式来组织实施。[②]

住宅产业化的高级阶段和现代形式,也被称为住宅产业现代化(Housing Industry Modernization),它指的是在工业化的基础上,采用新技术、新材料、新工艺、新设备,提高科技进步对住宅产业的贡献率,全面改善住宅的使用功能和居住质量,满足节能、节水、节材、节地和环保(四节一环保)需求,高速度、高标

[①]　参见李忠富:《住宅产业化论:住宅产业化的经济、技术与管理》,科学出版社 2003 年版,第 18 页。

[②]　参见 Gann, D. M. (1996). Construction as a manufacturing process: Similarities and differences between industrialized housing and car production in Japan. Construction Management and Economics. 14,437—450.

准、高效率地建设符合市场需求和现代生活方式的高品质住宅。为了避免混淆和不必要的解释,除非特别强调,本书统一使用住宅产业化这一概念。

住宅产业化是一个不断演化的动态过程,不同时期的重点和内容亦有所不同。相应地,住宅产业化这个概念的内涵和外延也在不断丰富和扩充,只有将住宅产业化置于全球生产方式演化的大背景中,系统考察住宅产业生产方式的发展过程,通过历史方法与逻辑方法的统一,才能真正理解住宅产业化的本质。

一、住宅产业化的启幕:标准化、规模化、工业化

20 世纪爆发的第二次世界大战(1939—1945),造成了大量房屋建筑的毁坏,加之战前城市化导致的城市人口激增和战后人口出生率的增长,出现了严重的住房短缺。为解决居住问题,受工业化积极影响的一批现代派建筑大师开始考虑以工业化的方式生产住宅。法国现代建筑大师勒·柯布西耶曾构想房子也能够"像汽车底盘一样工业化成批生产"。[①] 日本丰田公司在跨越汽车行业开始涉足住宅产业时,其领导人就明确提出"要像造汽车一样造房子"。[②] 正是在这种背景下,西方发达国家纷纷探索用工业化的方式大规模地生产住宅,由此开启了住宅产业化的序幕。

在欧美国家语境中,住宅产业化基本等同于采用工业化方

---

① [德]傅克:《欧洲风化史·资产阶级时代》,辽宁教育出版社 2000 年版。

② 参见楚先锋:《国内外工业化住宅的发展历程之二——日本篇》,《住区》2008 年第 6 期。

式生产住宅。住宅的工业化生产是指在住宅建造过程中,以集中的大工业生产方式代替过去分散的、落后的手工单件生产方式。它包括住宅设计标准化、现场施工机械化与住宅构件和部品生产的工厂化。

住宅设计标准化是指对各式住宅采用相同的标准设计和制作,实现构件和部品的统一化、系列化,提高其通用性和可互换性;模数化则是建筑设计标准化、系列化和工业化的前提,可使材料、设备与建筑结构良好匹配。

现场施工机械化,就是在住宅的生产施工中,采用适当的机械设备,替代手工现场作业,以提高住宅质量和生产效率。

构件、部品生产的工厂化,是将原来在现场完成的构配件加工制作和部分部品的现场安装活动,相对集中地转移到工厂中进行,改善工作条件,实现快速、优质、低耗的规模化生产。工厂化生产的关键,是将住宅拆分成许多可以在工厂预制的构件,又可以在现场通过便捷的方式组装起来。预制构件的使用,从小型的楼板、门窗过梁、楼梯、平台逐渐扩展到梁、柱、板、屋面板等。预制构件的使用比例,反映住宅生产工业化的程度。

住宅产业化不仅带来巨大的经济效益,还会带来显著的社会效益和生态效益。鉴于此,欧、美、日等发达国家从 20 世纪中叶开始致力于工业化住宅建设,高质量和全生命周期低成本的工业化住宅已经成为解决中低收入阶层住房保障的主要途径,住宅建造的工业和技术体系高度发达。

住宅产业化早期的核心内容是标准化和大规模工业化生产,它在全球生产方式演变中的对应形态是福特生产方式。住宅产业化可以说是福特生产方式在住宅产业中的扩展和延伸,鉴于汽车产业在生产方式变革中的先导作用,有人形象地说,住

宅产业化就是像生产汽车一样生产住宅。同样,住宅产业化犹
如汽车产业的福特革命,其对经济社会发展的贡献将不可估量。

二、能源环境危机下的住宅产业生态化

20 世纪 70 年代,两次石油危机的不期而至,自然资源的稀
缺性和不可再生性顿时凸显,以耗竭自然资源和损害环境为代
价的传统住宅产业生产方式难以为继。西方各国纷纷提出城市
和建筑的可持续发展,出现了生态化住宅、绿色住宅等诸多概
念,住宅产业开始由大规模生产向生态化转型。

住宅产业的生态化转向,类似于汽车业由福特制向丰田制
生产方式的演进,是住宅产业的反生态性特征日益削弱、生态性
特征逐渐加强的过程,具体来说就是实现节能、节水、节材、节地
和环保(四节一环保)。在这一阶段,住宅产业的绿色制造成为
核心内容。

绿色制造是一种在保证住宅的功能、质量和成本的前提下,
综合考虑环境影响与资源效率的现代生产方式。它要求从设
计、生产、装修、使用到废弃处理的整个生命周期,对环境的危害
最小,利用资源的效率最高。住宅生产的目标不再限于产品在
功能上满足用户的需要,而是在生产和消费两个方面都承担起
节约资源和保护环境的功能。

绿色制造包括绿色设计、绿色建材、绿色工艺和绿色装修等
多个环节。

绿色设计是绿色建造的关键。它不仅包括新住宅设计,也
包括生产过程和居住小区环境的设计,因而决定了建筑布局、户
型、建材、工艺、装修和产品寿命终结后处理的绿色性。绿色设
计是对传统设计的扬弃。传统设计只关注人类居住的功能性需

求,绿色设计则要求在保证产品的功能和质量的同时,考虑住宅及其使用的环境与生态属性。绿色设计包括:(一)节能设计。尽量降低住宅生产和使用过程的能耗,如通过先进的外墙维护材料和新型的门窗材料,或在户型设计时做好每户的自然通风设计,达到节能效果;(二)节水设计。园林绿化的场地要尽可能采用透水地面材料,使水资源尽可能储存在土壤中,以此来减少绿化种植用水量;对于规划面积较大的小区,要考虑建设雨水收集系统,如建造地下蓄水池收集雨水,用于绿化浇灌,减少传统水源的消耗。(三)绿色环境设计,即对住宅区的设计不仅要节约土地,还要结合地形做好每一栋住宅的布置,尽可能使每栋房子都有良好的日照和自然通风。另外,当住区靠近较大的噪声源时,还应该做噪声计算机模拟分析。(四)面向可维护性的设计,即尽量延长住宅的使用寿命,如果寿命提高一倍,对资源的消耗则可能减少一半。

住宅产业中的绿色建材,是指采用建材卫生生产技术生产的无毒害、无污染、无放射性、有利于环境保护和人体健康的建筑和装饰材料。绿色建材包括但不限于以下内容:(一)绿色墙材:如环保墙纸、无甲醛的涂料、空心砖和低放射性瓷砖等。(二)绿色地材:如实木地板、强化地板(复合地板)、低放射性的花岗岩、大理石、瓷砖等。(三)绿色板材:如铝塑复合板、防火板、低甲醛胶合板、密度板等。(四)绿色门窗:如木、铝门窗,保温、低噪的塑钢门窗等。(五)绿色照明:如节能灯,阻燃、耐高温的开关、插座、电线管材等。(六)绿色给排水设备:如塑料管材、节水马桶等。

绿色工艺是指在住宅建造施工过程中,尽量采用能耗、废弃物和环境污染最小以及物料最少的工艺方案,包括:(一)加大工厂化生产的预制构件比例,减少现场湿作业。(二)改造施工设备,将原料、能源和水的消耗量,以及废物产生量和噪音减到最低程度。

绿色装修是绿色建造的重要一环。它包括:(一)实现全装修成品住宅供应,全面取消毛坯房。全装修住宅能够充分体现节能、节水、节材及提高室内居住环境质量的主张,是住宅产业化的重要内容。(二)适度装修。类似于其他消费品的绿色包装,在满足方便、美观、适用等功能的条件下,避免过度装修。(三)装修材料对人体和生物无毒无害,易于重复利用,或易于回收再生,装修废弃物可降解腐化,不形成永久垃圾。

三、以模块化为基础的大规模定制生产

住宅产业化之前,住宅建造通常采取的是定制性的单件生产方式。这种生产方式优缺点均十分明显,其优点是可根据客户的要求设计生产,产品具有唯一性,可满足用户的个性化需求。缺点是不能进行大规模生产、不能满足市场对住宅的大量需求。

住宅产业化初期,由于采用了以福特制为特征的标准化设计和工厂化生产,得以高效率、大规模地生产住宅,但却以丧失住宅产品的多样性为代价,住宅产品造型单一,结构相似,功能雷同,不能满足客户的个性化需求,在宏观尺度上,则损害了建筑所承载的美学与文化功能。20 世纪后期兴起的温特制——大规模定制生产方式,则可把单件定制与大规模生产的优点兼收并蓄,将这两种看似对立且长期竞争的生产方式综合起来,以大规模生产的效率和价格,实现新产品多样化和个性化的定制生产。

　　住宅产业实现大规模定制,既可与工业化、社会化大生产方式协调,改进住宅质量、降低成本、提高住宅产业生产水平,又可以最大限度地满足客户对住宅产业的个性化、多样化需求。如住宅朝向、户型结构、通风状况、光照程度、露台款式、装修风格和小区景观等,在设计时可采用三维动态模拟技术进行测算,消费者能够亲身体验并提出改进建议。

　　大规模定制可分为产品和过程两个维度。住宅产品中的各种部品可分为通用部品和定制部品两大类,产品维度的优化是尽可能增加通用部品数,减少定制部品数。过程维度则包含批量生产与定制两个环节,其优化方式则是尽可能增加大批量生产环节,减少定制环节。①

　　实现大规模定制的基础,是建立能配置成多种最终产品的模块化构件。模块化概念最初来自软件业,是指在解决一个复杂问题时自顶向下,逐层把软件系统划分成若干模块,每个模块完成一个特定的子功能,所有的模块按某种方法组装起来,成为一个整体,完成整个系统所要求的功能。后来模块化方式被其他产业借用,指一种产品的功能通过组合不同的和相对独立的零部件来加以实现,这些零部件之间的嵌合是根据一套接口标准进行设计的,从而确保零部件的可替代性。②

　　在模块化住宅生产方式中,墙体、框架、房顶、门窗等,绝大部分部件均为由工厂流水线生产出的标准模块,同带有固定接

① 参见李忠富:《住宅产业化论:住宅产业化的经济、技术与管理》,科学出版社 2003 年版,第 174 页。

② 参见 Kirsten Foss,LINK. The Modularization of Products and Organizations:Improving Lead-Time in Product Development. April 20,2001.

口的支撑立柱、拉固部件等组合而成模块化住宅。建造住宅时，要预先打好地基，修好地下室以及水处理存储系统，然后将模块运送到房屋所在地，利用吊装设备按组装程序进行现场组装。其原理类似儿童的拼插玩具，可由有限的构件、部品，组合出丰富多样的住宅形态。

目前，美国、加拿大、日本等国已建设了大量模块化住宅，也有人称之为集成化住宅，它是在钢结构和木结构别墅的基础上开发研制的。日本等发达国家的"Skeleton and Infill"住宅建造和装修的方式，实际上就是一种模块化生产方式。Skeleton（结构体）主要指承重墙体和公用立管等住宅骨架，采用大规模、高精度、高质量、模块化的工厂化预制生产，施工现场采用"干法作业"装配而成。Infill（填充体）主要指内装修、设备管线和外装饰部品，采用系统整体设计的方法，进行顾客参与的菜单式装修，避免结构破坏和二次装修。这项技术不仅保证了住宅的高质量，还可以实现房间的折叠开合，消费者能够根据家庭成员的增减来改变房间数量，增强了住宅的可变性功能。

厨房和卫生间是住宅中各类器具密集、结构最为复杂、技术含量和专业化程度较高的部件，是住宅产业化的关键。在模块化生产体系中，将厨房和卫生间设定为几种标准模块，安装和更换产品都更加方便，还可减省装修材料、设备、构件及工时，并确保工程质量。

模块化住宅与传统住宅相比，具有多方面优势：第一，可根据客户要求，提供定制服务，满足多样化、个性化市场需求。第二，缩短建造周期。从设计到最终完成，只需要短短几个月的时间，而传统方式建造的住宅至少需要一年或者更长的时间。第三,质量有保证。生产和建造模块化住宅的工厂都有很严格的质量标准,所选用的原材料出厂前都要经过严格检验,以确保雨雪、高温等恶劣气候不会对其产生影响。第四,可减少建筑垃圾排放量以及对环境的污染(噪声)。第五,可减小工人的劳动强度和户外作业时间。正因为有如此多的优点,模块化在发达国家已成为主流的住宅生产方式。

模块化生产方式还推动住宅生产组织方式的变革,表现在住宅部品构件企业按照模块化生产需要产生分层,企业组织形式从垂直型结构走向水平型结构,产业价值链被拆分为单个独立的节点,各专业化企业只专攻产业链上的某个节点,由此出现一批为完成特定任务而高度专业化分工的企业。住宅部品、构件的生产供应商通过集成整合生产,系统地开发模块产品,开拓适应模块化住宅的市场,形成自己的竞争优势,由此改变住宅部品、部件产业的市场结构与竞争状态,并形成可按一定的"模块"加以分割、生产和组合的产业链构造方式。

总之,从生产方式变革的角度来看,住宅产业化大致遵循以下演化路径(见图9-1)。①

四、住宅产业化的经济基础

住宅生产方式的变革,以经济发展为基础。同样,发达国家住宅产业化的三个阶段,与经济发展水平之间存在非常紧密的关联性(见图9-2)。

(一)"数量阶段"。西方许多国家为了解决第二次世界大

---

① 参见张玉岩、王蒲生:《我国住宅产业生产方式和技术创新过程模式的演变分析》,《科学学与科学技术管理》2009年第5期。

战后的居住短缺问题,采取工业化生产的方式建造了大量的住宅。[①] 根据美国著名经济学家钱纳里关于人均经济总量与工业化发展阶段关系的研究,此时发达国家人均 GDP 范围在 4900—9500 美元之间(按 1998 年购买力平价标准折算)。[②] 强大的工业技术体系成为住宅产业变革的有力支撑,由于建设速度快、效率高、质量可靠,工业化造房成为这一特殊时期的最佳选择,迅速实现了大规模住宅生产。

(二)"质量和性能阶段"。20 世纪 70—80 年代以来,随着世界经济和社会的快速发展,住宅工业化技术不断提升,住宅建造数量迅速增加,住宅供需矛盾得到缓解,人们已不再满足于有房可住,而是要求住得更舒适,工业化住宅重点转向解决居民"住得好"的问题。此时,发达国家人均 GDP 范围在 9500—12200 美元之间(按 1998 年购买力平价标准折算)。政府主导对加速住宅工业化作用明显,通过出台工业化住宅建设计划、加大新技术研发投入、制定技术标准体系、建设示范园区、完善立法、健全财政与金融体系等措施,既集中了分散的生产资源与市场,又提高了工业化住宅的质量和性能。

(三)"生态环保高级阶段"。20 世纪 90 年代后,受两次能源危机的影响,人们环保意识增强。为了缓解全球气候变暖,降低温室气体排放,发达国家走上可持续发展的道路,一方面,工业化住宅技术水平达到新高度,科技含量提高,在技术上可以实现一定程度的生态环保;另一方面,能源危机影响、全球气候变

---

① 参见李忠富:《住宅产业化论:住宅产业化的经济、技术与管理》,科学出版社 2003 年版,第 42 页。
② 参见胡长顺:《对中国工业化阶段的判断》,《经济管理》2003 年第 5 期。

住宅生产方式演变　　　　　　　全球生产方式演变

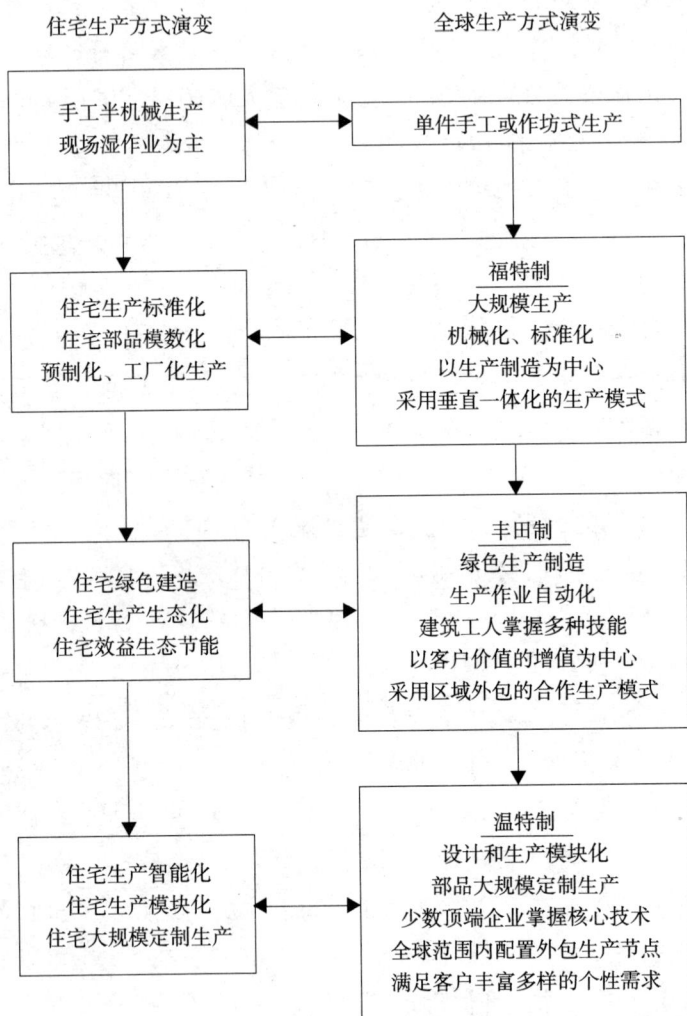

图 9-1　住宅产业生产方式演变趋势

暖、环境状况恶化,迫使人类必须解决"生态居住"的问题。此时,发达国家已经由工业化阶段转入发达经济阶段,人均 GDP

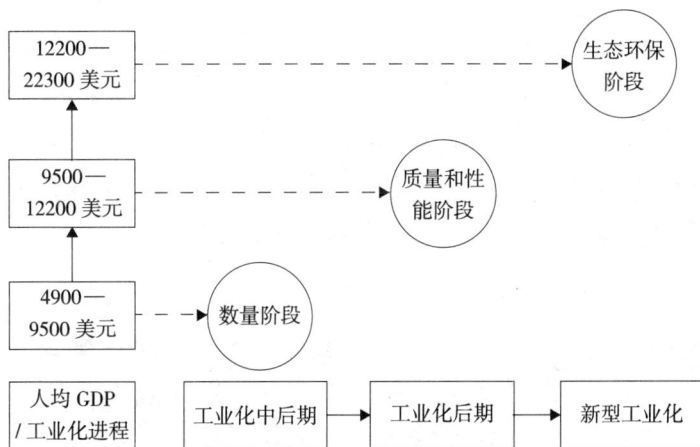

图 9-2　住宅产业化发展的三阶段特征

范围在 12200—22300 美元之间（按 1998 年购买力平价标准折算）。政府推进住宅产业化的重点是：节能，降低住宅的物耗和对环境的负荷，促进资源的循环利用，加强生态环保，注重资源节约，不断提升住宅科技含量，发展智能化住宅。

五、政府在住宅产业化进程中的作用

住宅产业化蕴含着先进的住宅生产技术，不但可以提高住房质量，还有极大的生态环境效益，具有明显的正外部性。若完全按照市场运作，无法实现资源最优配置，因而需要政府大力干预和引导，不可过度依赖市场。这也是住宅产业生产方式变革与机械制造业的不同之处。发达国家和地区如美国、日本、中国香港的住宅产业化，无不得益于政府的合理引导和大力推动。

（一）设置专职机构。在国家层面成立专职机构是政府这只"看得见的手"直接干预和促进住宅产业化的组织保障。

美国在 1965 年将住房财政所（Housing and Home Finance Agency）升级为住房与城市发展部（Department of Housing and Urban Development），隶属内阁管理，下辖 7 个职能部门，从工业化住宅建设计划、财政金融政策、技术研发和标准设定等方面入手，推进住宅产业化（见图 9-3）。

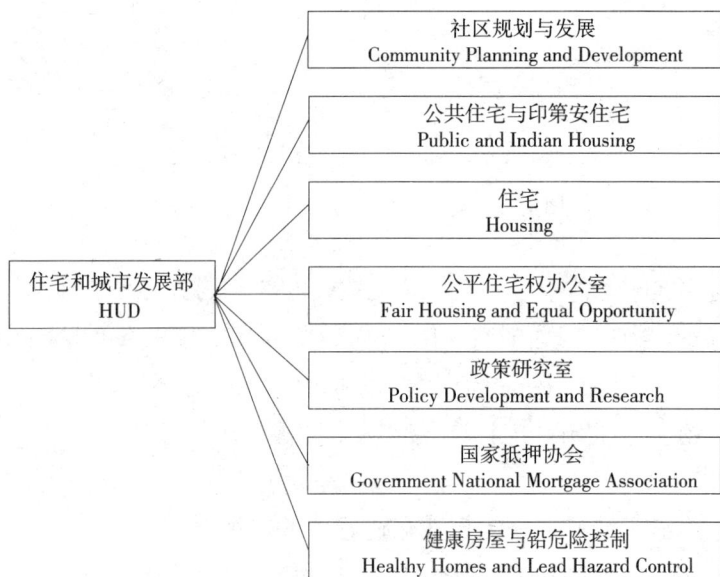

图 9-3 美国住宅与城市发展部下属办公机构

日本则由经济产业省（原通产省）和国土交通省（原建设省）共同推进住宅产业化的发展。经济产业省主要从产业结构调整的角度入手，制订和实施住宅产业化目标计划。国土交通省主要从住宅工业化技术角度入手，引导技术研发和标准设定（见表 9-1）。

表 9 – 1　日本经济产业省和国土交通省的职能与作用

部门	职能	作用
经济产业省	促进国内与外贸经济健康发展,确保矿物资源与能源高效供给。	着力于产业结构的调整,设立课题,实施政府补贴,鼓励企业的研发。
国土交通省	国土综合开发与利用,整合社会资本,推进交通政策,健全气象业务,保卫领土安全。	着重住宅工业化体系的建设,政策、标准制定与实施。下设住宅局和住宅研究所,分别负责住宅行政(公有住宅、私有住宅、住宅品质、居住环境)、建筑行政(建筑基本法、节能、抗震性能)和住宅技术研发、住宅产业研究。

香港的住宅产业化由政府主动发起,首先在公屋建设上采用了工业化建造方式,具体建设和管理由 1973 年成立的房屋委员会负责。房委会成员具有多元化的社会和专业背景,房委会下辖不同的常务小组委员会,分别负责处理策划、建筑、投标、商业楼宇、财务及资助房屋等事务。小组成员除包括房委会委员外,还邀请各界人士担任,广泛代表不同的专业领域和社会层面,以确保房屋政策的研究和制定,能反映社会不同阶层的意见。另外,房委会还聘用了专业房屋事务经理处理房屋适宜。2001 年,香港人口 670 万,香港居民住在私人楼宇公司建造的永久性房屋内的占 49%,住在公营租住房屋内的占 31.9%,住在房委会资助的出售单位内的占 16.1%,也就是说,近一半的住房是香港房委会建造的,房委会称得上是香港最大的房地产投资机构。①

① 参见陈振基、吴超鹏、黄汝安:《香港建筑工业化进程简述》,《墙材革新与建筑节能》2006 年第 5 期。

(二)立法保障推动。依法推动住宅产业化进程是发达国家和地区的鲜明特色,不断完善的法律法规,不断规范的市场游戏规则,为住宅产业化提供了强制性的制度支持。

美国先后在 1937 年出台《住宅法》、1949 年出台《住宅法案》、1968 年出台《住宅与城市发展法案》、1976 年出台《国家工业化住宅建造及安全标准法案》等法律,有力地推进了住宅产业化(见表 9 - 2)。

表 9 - 2　美国住宅工业化法律法规

时间	政策或纲领标题	内容与作用
1937 年	住宅法	意图推进廉租房的建设,但是效果并不理想,实际上演化为对中产阶级购房贷款的资助。
1949 年	住宅法案	鼓励并支持私有企业尽量满足住宅需求,倾向于利用住宅产业来刺激整体经济的发展。
1968 年	住宅与城市发展法案	1968—1978 年建造 2600 万套住宅,其中 600 万套面向低收入与中等收入群体。扩大公共房屋财政支出。防止贫民窟形成,鼓励建造分散的、低层住宅单元。鼓励创新,开辟解决住宅问题的新途径。
1976 年	国家工业化住宅建造及安全标准法案	HUD 标准。唯一的国家级强制性建筑标准,对设计、施工、强度、持久性、耐火、通风、节能、质量等进行了规范。
2000 年	工业化住宅安装标准	工业化住宅部品或构件的最低初始安装标准。对于没有制定安装标准的州区,将作为强制性标准。

日本先后在 1951 年出台《公营住宅法》、1955 年出台《日本住宅公团法》、1966 年出台《城市住房计划法》、1998 年出台大幅修正后的《建筑基准法》、1999 年出台《住宅品质确保法》等法律。

除此法律层面外,发达国家还有相当多的行政法规来保证工业化住宅的健康发展。如美国的节能之星住宅性能认定制度、日本的住宅性能保证制度和住宅优良部品管理制度等(见表9-3)。

表9-3 日本住宅认定制度内容①

时间	认定名称	认定组织机构	内容
1974年	住宅性能认定制度	日本建筑中心	认定对象为批量生产的工业化住宅,基本认定领域为结构安全、防火性、易老化性、维护管理、热环境、空气环境、光和视觉环境、声音环境、对高龄者的考虑。包括防火、隔热、隔声、采光、节能等指标,每个指标划分为2~5个等级。
1974年	优良住宅部品认定制度	优良住宅部品认定中心	综合审查部品的外观、质量、安全性、耐久性、使用性、易施工安装性、价格等方面,将合格的部品贴上"BL部品"标签,有效期为5年。

与发达国家相比,香港政府专门针对住宅产业化的政策法规虽然不多(见表9-4),只有预制外墙、通过ISO质量认证和征收建筑垃圾费三项强制政策,但措施有力,效果明显。

表9-4 香港住宅产业化相关政策和内容

时间	措施
20世纪90年代	香港的公屋建造强制性使用预制外墙。
2005年	开征建筑废物处置费,每吨125港元。
2006年	所有预制部件的生产厂家必须通过ISO质量保证体系认可,使用的配套材料必须经过认证。

---

① 参见文进希:《日本住宅产业化考察报告》,深圳市国土资源和房产管理局内部资料2008年。

（三）技术研发行动。发达国家和地区高度重视住宅产业技术研发和标准设定,鼓励积极采用新技术、新材料、新工艺和新设备。

美国将住宅生产与技术进步作为解决住房城市问题的重要突破口,在 1969 年发起了卓有成效的"突破行动",研发工业化住宅建造的新方法(见表 9 - 5);用工业化住宅的示范基地来宣传新方法;将最成功的方法付诸应用,形成了较完善的工业化住宅体系。

表 9 - 5　美国 1969 年突破行动

突破行动(Operation Breakthrough)	
目的	促进大规模工厂制造住宅产品,满足高集中度的市场。为所有收入阶层的民众,尤其是以前未能享受合适住房的人提供住房。
任务	建立可自我维持、可持续发展的产业机制,实现快速、大规模住宅产品生产。突破行动分为三个阶段: 第一阶段研发工业化住宅建造的新方法。 第二阶段用工业化住宅的示范基地来宣传新方法。 第二阶段将最成功的方法付诸应用,满足市场需求。
途径	劳动者、消费者、私有企业、州政府与联邦政府加强协作。
措施	向工业界征集大规模生产的技术提案,包括以前难以实施的方案。 鼓励对传统住宅技术进行改造和升级的研发。 建立集中的住宅市场,包括房屋需求与土地供给市场。 鼓励州与地方政府修改建筑与区域标准,避免非通用、高成本、难流通的产品生产。 实施财政政策,包括联邦住宅管理局的保险申请。 更高效地利用劳动力。 实施检验与评估,为住宅系统标准的制定打好基础。
支持	运用现代生产、营销、管理技术。

日本在 20 世纪 60 年代实施"住宅建设工业化设想"行动，进行建筑材料和构配件的工业化生产技术的研发，使现场作业转移到工厂，极大地提高了生产效率。60 年代末提出住宅性能标准、材料、设备标准、结构安全标准，全面推行工业化住宅的标准化。70 年代开展工业化住宅技术方案竞赛制度，实施工业化技术开发长期计划等（见表 9-6）。①

表 9-6　日本住宅技术方案竞赛制度的内容

时间	内容
1970—1971 年	《试验性住宅技术方案竞赛》，侧重中低层单体住宅。
1972—1973 年	《用工业化方法建造芦屋洪高层住宅方案竞赛》，侧重高层住宅小区，1979 年建成试点建筑。
1976 年	《新住宅供应体系项目竞赛》，侧重降低成本、高度工业化，1980 年开始供应此项目产品。
1980—1982 年	《百年住宅体系（CHS）技术方案竞赛》，侧重耐久性住宅的整体建造过程（设计、生产、供应、物业维修管理）。
1985—1989 年	《新型城市集合式住宅体系开发项目竞赛》，侧重应对老龄化、信息化、生活方式多样化，节约资源和能源。
1990—1995 年	《中高层住宅生产供给高度化项目竞赛》，侧重高生产效率、易施工、住宅内部可变、适应居民多种不同需求。

香港工业化住宅技术研发的脉络十分清晰，主要体现在公屋的预制构件和结构设计方面。公屋的预制构件生产遵循了从简单到复杂的原则，大致分为三个阶段：第一阶段为 20 世纪 80 年代后期，公屋建设中开始预制洗手池和厨房灶台。第二阶段

---

① 参见童悦仲：《中外住宅产业对比》，中国建筑工业出版社 2005 年版。

为 20 世纪 90 年代,房委会加大预制装配式工法的推进力度,把施工现场最浪费模板、最耗费工时的楼梯进行预制,接着又推行更大尺寸的预制构件,将传统的砌筑内隔墙改为预制条形墙板。第三阶段为 21 世纪以来,房委会开始在公屋建造中使用预制外墙板。香港公屋的设计也主要经历了三种模式的变化:20 世纪 80 年代,香港公屋初期的板式平面布局作为第一种设计模式,几乎是千篇一律的内走廊、两边排列居室的板式平面布局。90 年代以来,公屋的设计方案改进为电梯间在中间,每个单元均有阳台和洗手间的高层井式平面布局,这种设计方案在香港被命名为"和谐式"设计,作为第二种设计模式一直影响着香港的高层住宅设计。和谐式公屋在不断改进的基础上演变成为康和式公屋,在套型布局上,空间动、静分区,功能合理配置更加科学,代表着第三种设计模式。香港公屋"预制构件装配化+住宅设计标准化"的建造模式,使得香港工业化住宅的规模化生产成为现实。

法国、瑞典、丹麦等国家也在住宅产业的通用部品体系和模数化等方面取得显著成效。[1] 值得注意的是,尽管企业是技术创新的主体,但发达国家政府在工业化技术研发和标准设定等方面不仅起到了组织和实施作用,还直接投入大量资金支持住宅工业化的技术研发。许多科研院所也积极参与,不断开发新技术、生产新产品,加速将科技成果转化为生产力。

(四)金融和财税等优惠政策鼓励。工业化住宅生产和销售的主体是企业,新技术研发和应用推广背后是企业大量的研

---

① 参见许溶烈、林太珍:《丹麦、瑞典住宅建筑与混凝土工艺技术》,《建筑技术》1981 年第 7 期。

发投入。实施积极的财政和金融补贴,降低企业的风险,提高企业的竞争力,才能实现住宅生产与市场的良性、可持续发展。住宅是高价商品,往往要消耗一个家庭数年的收入才能支付。工业化住宅推向市场,政府应当提供财税方面的优惠,使消费者真正受益。因此,发达国家和地区政府除积极落实技术研发方面的资金投入和优惠政策外,还通过建立针对不同收入阶层的住房政策,特别是设立针对中低收入阶层的住房金融信贷制度来鼓励民众买房,以扩大内需。①

美国政府面向低收入群体,主要实施了购房信贷保险、税收减免和租金补贴等优惠措施(见表9-7)。

表9-7　美国推进住宅产业的财税政策

财政政策	税收政策
购房信贷保险制度。 面向低收入群体住宅租金补贴制度。 房产经纪人制度。	美国的住宅减免税政策,主要适用对象是中低收入阶层自用住宅贷款。 减免财产税。 低收入阶层税金信用计划。发行低利率抵押债券。

日本政府出台了促进补贴制度,政府在技术开发计划中提出的课题,通过公开招标后向承担企业提供一定的研究经费或补贴。根据《企业合理化促进法》,企业为其生产合理化而制定的研究开发课题,经审查后可以得到政府提供的补贴(见表9-8)。

---

① 参见韩琦:《中国住宅产业化存在的问题及对策研究》,华中师范大学硕士学位论文,2007年。

表 9-8　日本住宅工业化研发补贴制度①

时间	名称	内容
1972 年	住宅生产工业化促进补贴制度	鼓励技术项目的研发。
1974 年	住宅体系生产技术开发补助金制度	对批准开发的项目提供 50% 的研发经费。如住宅研究所 2001 年从国土交通省获得工作经费和科研开发费用共计 2408 兆日元。

香港政府对公屋建设最大的资助是免费拨地给房委会,集中用面积较大和密度较高的土地来发展公屋。而且建设资金充足、稳定,来源主要有两个:一是政府免费拨地、拨出资本和贷款提供资助;二是房委会通过出租公屋及其附属商业楼宇、出售自置居所单位,以获得维护及兴建公屋所需的资金。香港的工业化住宅在私营领域的进展不如公屋那么快。为鼓励私营领域发展工业化住宅,特区政府在 2001 年、2002 年发布了《联合作业备考第 1 号》及《联合作业备考第 2 号》,其中规定,凡采用露台、空中花园、非结构预制外墙等环保措施的项目,将获得一定程度的面积豁免,也就是提高容积率,多出的可售面积部分抵消了发展商工业化住宅成本的增加。在该优惠措施的积极影响下,私人楼宇也开始大量使用预制构件。香港公私营领域的预制混凝土构件应用比例进一步提高,不过不同的预制构件使用比例还有所差异(见表 9-9)。

---

① 参见梁小青:《日本住宅产业发展的主要政策及措施》,《中国建设信息》2004 年第 23 期。

表 9 - 9　预制构件使用比例

应用量排序	综合		公屋		私人楼宇	
	构建类型	百分比	构建类型	百分比	构建类型	百分比
第一位	预制外墙	43%	预制外墙	47%	预制外墙	32%
第二位	预制楼梯	19%	预制楼梯	18%	预制楼梯	21%
第三位	半预制楼板	7%	半预制楼板	8%	半预制楼板	18%

香港的成功经验表明,住宅产业化的推动也许不必出台大量全面的法规、金融、财税优惠政策,关键是措施有效,实施到位。

第二节　住宅产业化:从传统到现代的必由之路

一、我国住宅产业的勃兴与忧患

在我国,因长期受政治和经济体制的影响,住宅产业兴起至今不过 20 余年。然而,由于人口长期快速的增长和城市化进程的加速,形成了巨大的住宅需要,加上 1998 年起全面停止实施福利住房分配的制度,使得住宅产业在其后十多年时间里异军突起,蒸蒸日上,成为发展最为迅猛的产业之一。

近年来,全国城乡住宅每年竣工面积达到 12 亿—14 亿平方米,住宅投资额超过 1 万亿元,约占全社会固定资产投资的 20% 左右,年增长额保持在固定资产投资增长额的 30%。大城市的房地产对 GDP 的拉动作用更大,以住宅为主的房地产业已经成为国民经济的支柱产业。住宅产业链条很长,与 40 多个产业部门、成百个行业,成千上万种产品相关联,有强大的带动作用。根据我国的统计数据,住宅产业的诱发系数为 1.93(美、日等国为 1.5—2 之间),即住宅建设投入 1 万元,可以诱发相关产业产出 1.93 万元。住宅产业 100 个人的就业,可以在其他部门增加 200 人的就业;住宅产品 100 元钱的消费,可以拉动其他产品 130—150 元钱的消费。①

然而,我国的住宅产业发展时间不长,尚处在幼稚时期,外强内虚,茂而不壮,其内在缺陷和弊端日益突出。

(一)科技含量低,生产方式落后。我国住宅产业的科技进步贡献率只有 30% 左右,尚不到发达国家的一半;生产过程仍以"砖头加水泥"的手工操作和现场湿作业为主,生产效率低下,只相当于发达国家的 1/5—1/6。不仅施工周期长,建筑质量低,还造成建筑成本和住宅价格的提升。与此相应,相关企业技术研发能力较弱。如日本积水房屋公司从 1978 年到 2009 年期间共获得 4546 项专利,形成了强大的专利引证网络,而我国最大的建材公司北新建材在 1993 年至 2009 年间,仅获得 34 项专利,在中国房地产市场份额中排名第一的万科公司总共也只有 7 项专利。我国住宅领域的技术研发实力与发达国家的差距显而易见。

(二)反生态性显著。我国的住宅产业仍采用高耗能、高耗材、高污染的粗放式发展模式,住宅生产过程造成的资源浪费和环境污染十分严重,单位能耗高出发达国家 2—3 倍,水耗高出 30%,钢耗高出 20%。② 目前,住宅建设用钢占到全国总用量的

---

① 参见谢家瑾、顾云昌:《1998—1990 年城、镇住房制度对宏观经济的影响》,中国经济改革研究基金会国民经济研究所内部资料。

② 参见王治宪:《国内外住宅节能发展现状及其可持续发展对策分析》,《建筑经济》2008 年第 1 期。

20%,水泥占到18%,城市水资源的32%在住宅生产和使用过程中消耗,城市建成区用地的30%用于住宅建设,住宅总能耗占全国总能耗的20%左右,如果加上建材生产和制造过程中的能耗,住宅总能耗占全国总能耗的37%。[①]

(三)工业化生产水平低,因建筑规范缺失造成大量的房屋质量问题。包括:开发商为"偷面积"而在验收后改变整体结构;楼板和墙体裂缝,卫生间漏水和窗台板、外墙渗水;水电管道安装、消防设施安装不规范,铝合金门窗、塑钢门窗制作安装不规范,封闭性能差;室内高度不均、面积不符等。住宅产品劣价高。住宅质量和安全问题,已危害到社会的和谐稳定。

(四)毛坯房比例过高。毛坯房属非成品住宅,购房者要花大量精力和钱财进行装修,造成水、电、材料的浪费和噪音污染。更可怕的是,住户或使用单位在装修中任意改变原有房屋结构,如随意拆墙、改变水、电、气管道位置等,留下大量安全隐患,其危害性随着时间的推移将逐渐暴露。

总之,我国住宅产业在发展方式上,仍属外延式增长,内涵式提升不足。这种状况,与国家倡导的科学发展观以及政府厉行的节能降耗方针相抵触,成为建设现代产业体系的"短板"。很难想象,这样的产业形态可以作为国民经济的支柱产业而持续发展下去。

二、住宅产业化势在必行

我国当前的住宅产业虽属落后产能之列,但由于住宅这种

---

① 参见刘志峰:《大力推进住宅产业化 加快发展节能省地型住宅》,《安装》2005年第8期。

产品属不动产,无法通过贸易获得,只能在当地生产、当地消费,因而只能想方设法促其优化和升级,提高产业水平。而推进住宅产业化恰是实现住宅产业标本兼治,促进住宅产业健康和持续发展的唯一途径。

我国当前仍处在城市化快速发展阶段,大量农村人口不断涌入城市,在未来一段时期仍存在着对住宅的大量需求,加之我国资源短缺、生态环境日益恶化,推进住宅产业化势在必行,刻不容缓。

我国的住宅产业进程始于 20 世纪 90 年代后期。1995 年,以科技进步为主题的"国家 2000 年小康城乡住宅科技产业工程"全面实施,构建了中国住宅产业发展的总体框架,为住宅产业化拉开了序幕。1999 年,国务院办公厅转发建设部等 8 部委出台的《关于推进住宅产业现代化,提高住宅质量的若干意见》,内容完备,思路明确,标志着我国住宅产业化的正式启动。由于法律法规不健全、体制机制不配套、技术标准不完善、产业链条不完整、思想认识不到位、财税政策不合理,住宅产业化步履维艰,困难重重。10 年来虽然成就不小,但只是局部有所进展,整体没有改观。

由于住宅产业化前期投入较大,需要一定的技术、设备和人才投入,实力较弱的企业很难自觉进行相关的探索,即使实力强大的企业,也会因相对成本提高而面临巨大风险。因此,住宅产业化不能靠单个企业来实施,而应由企业、政府、消费者共同推进。其中政府在初期的政策激励和引导,起着至关重要的作用。在当前国家政策和体制尚不完备的情况下,体制创新的任务更多有赖于地方政府完成。① 深圳市再一次被推向了率先探索住

---

① 参见梁小青:《住宅产业化应从体制改革入手》,《中华建设》2009 年第 3 期。

宅产业化路径的前台。

第三节　深圳市率先实现住宅
产业化的优势与困境

　　住宅产业化是住宅产业生产方式系统演进的过程,是住宅产业的技术水平、劳动力素质、组织管理理念等要素与当地经济水平、产业基础、资源禀赋、体制机制等诸多变量有机结合的产物。因此,要推进住宅产业化,就有必要对深圳市住宅产业相关的内部要素与外部环境进行全面的分析和把握,并作为住宅产业发展战略选择的前提。

一、实现住宅产业化的优势

　　(一)区位条件优越,易于借鉴香港的成功经验。深圳位于中国最具发展活力的珠三角经济区的前端,"港—深—穗"经济走廊的中心,与亚洲四小龙之一的香港毗邻。深圳与香港是世界上距离最短的两座城市,并且一直保持着良好的合作互动关系。改革开放以来,深圳市的快速发展深受香港产业转移及其知识、资金、人才、信息和技术流入的积极影响。香港也一直是深圳市产业与社会发展的重要参照物。香港的住宅产业化特色鲜明,成效显著,深港在这种天然地缘环境中形成的经济、文化和生活方式的交互作用,使深圳政府和民众从行为到思想都容易学习借鉴香港的成功经验,从而有利于深圳市住宅产业化的实施。

　　(二)经济实力雄厚,工业化住宅的消费潜力巨大。深圳市

2008 年 GDP 达到 7806.5 亿元,增幅为 12.1%,高出全国平均水平 3.1 个百分点,人均 GDP 达到 13153 美元,继续稳居国内大中城市之首①,成为内地首个人均 GDP 超过 1 万美元的城市。居民生活水平和质量不断提高,消费潜力进一步增强,改善居住条件和居住环境的愿望强烈。根据发达国家住宅产业化的发展阶段划分来看,深圳市已经处于同时追求"质量和性能"的第二阶段(人均 GDP 范围在 9500—12200 美元之间)。也就是说,深圳市已经具备开发高质量的工业化住宅消费市场的条件。问卷调查也显示,深圳市消费者对工业化住宅均有较高的认同度,愿意体验使用工业化技术建造的房屋的消费者占 73.43%。

(三)体制机制灵活,具备推进住宅产业化的良好外部环境。深圳市是我国经济体制改革先行先试的"试验田",最早形成了竞争有序的现代市场体系和高效灵活的行政体系。生产要素易于优化配置,创新资源易于重组整合,产业发展生机蓬勃,充满活力。同时,由于深圳市拥有特区立法权,利用这一政策优势进行创制性立法,可以突破住宅产业化推进中的制度障碍,建立健全推进住宅产业化的地方性法规。

(四)住宅产业基础坚实,龙头企业率先而为。多年来,香港工业化住宅的建造促使深圳市周边区域产生了几十家预制构件厂。这些企业采用香港的科学管理手段和严格的质量保证体系,预制构件的生产工艺和技术水平已经成熟,完全有条件为深圳市提供数量充足、质量可靠的预制构件。同时,深圳市拥有万科、中海等一批国内龙头房地产开发企业,技术实力雄厚,是住

_____

① 参见深圳市统计局:《深圳统计年鉴 2009》,中国统计出版社 2009 年版,第 21 页。

宅产业化推进的市场主体。特别是万科,2006 年荣获"国家住宅产业化基地"称号,成为国内第一个企业联盟型住宅产业化基地,并自行成立建筑工业化研究中心,专门从事住宅产业化技术开发及相关研究。2007 年,万科又推出第一个集合工业化生产资源的市场化项目——"上海新里程",这是中国真正意义上的第一套工业化住宅,在中国真正实现了像造汽车一样造房子的愿望。①

(五)政府引导有力,住宅产业化起步较早。2002 年 12 月,深圳市成立了住宅产业化领导小组,专门负责协调推进住宅产业的发展,完整的组织体系框架已经形成。2006 年 11 月,深圳市被国家建设部列为我国首个"住宅产业现代化综合试点城市",住宅产业化工作进入一个新阶段。2007 年 12 月,深圳市住宅产业现代化办公室成立,一个专职的管理机构开始有效运作。此外,市政府出台了《深圳经济特区循环经济促进条例》,将住宅产业化的推进纳入法制轨道,并通过实施《深圳生态文明建设行动纲领(2008—2010 年)》,科学地规划和落实深圳市住宅产业化的阶段性任务。

(六)示范基地建设初见成效,示范效应明显。深圳市遵循示范先行,逐步推广的工作思路,已建成振业城等多个"循环经济示范小区",以及梅山苑、高新公寓等多个"住宅产业化示范基地"。这些住宅产业化示范基地,以"四节一环保"——节能、节水、节地、节材和环境保护为目标,采用"四新"——新工艺、新技术、新方法、新材料,引进屋顶绿化、雨水回收、中水处理、垃

---

① 参见《万科地产工业化生产模式剪影》,万科(东莞)住宅产业化基地内部资料。

圾处理、太阳能、智能化等技术和项目进行试验和推广,为全市推进循环经济、发展节能省地型住宅提供了很好的示范。

二、实现住宅产业化的劣势

(一)缺乏专门的法律法规。发达国家住宅产业化发展历史较长,相应形成了完善的法律和配套的制度,成为住宅产业化持续推进的制度保障。香港政府出台的少量针对性的强制规定,亦有明显成效。深圳市缺乏住宅产业化方面的法律和法规,政府工作无法可依,得不到法律法规的保障和支持,仅限于在小范围内的试点基地、示范工程开展住宅产业化工作,政府的职能作用尚不能充分发挥,很难对市场进行必要的引导与合理的干预。

(二)政府部门间的协作机制亟待建立。住宅产业化涵盖了规划设计、建造施工、验收运行等住宅生产和使用的全过程,涉及的政府部门较多,单一政府部门只负责其中的部分环节,迫切需要建立务实高效的协作机制。深圳市虽然已经成立了相关工作机构,专门负责协调推进住宅产业化工作,形成了相应的组织框架体系,但因职能有交叉、权责不明确,部门之间的沟通协作存在一定困难。为此,要进一步完善统筹全局、统一协调的领导决策机制和工作机制,明确各自在推进住宅产业化工作中的目标和任务。

(三)技术标准有待完善。标准化体系的建立是住宅产业化就的基础,没有标准化,住宅产业化就难以顺利推进。只有加快建立住宅的标准规范体系,才能建立住宅产业的技术保障体系,提高施工效率,保证施工质量,降低住宅价格,为住宅产业化体系建设打好坚实的物质基础。2002年至今,全市已经组织编写和颁布了 30 多项技术标准文件,但还没有专门针对住宅产业化的具体技术标准规范,使得深圳市在推进住宅产业化的进程中缺少设计、生产等环节的技术标准,住宅产业化的推进难度较大。

(四)土地、财税、金融、技术等相关政策缺失。1. 在土地出让中明确提出住宅产业化的要求,是推动住宅产业化工作的源头"抓手"。深圳市土地出让采用的是"价高者得"的英国式拍卖模式,现有法规和制度中没有明确提出住宅产业化的要求,没有规定土地出让中工业化住宅的比例,不利于住宅产业化的推进,而香港政府公屋用地的土地出让模式,值得深圳在推进住宅产业化中学习借鉴。2. 缺乏支持住宅产业化的针对性的财税和金融政策。由于融资渠道狭窄,银行贷款和自筹资金是主要资金来源,其中银行贷款占绝大部分,信贷成本偏高,因而不少开发商担忧成本上升会影响销售,对住宅产业化有抵触情绪。消费者也因当前不合理的财税政策,不愿购买全装修住宅和工业化住宅。3. 缺乏相应的产业技术政策。在与住宅产业化先行者万科集团的座谈中了解到,企业希望政府推动住宅产业关键技术的研发与应用,得到高新技术企业资格的认定,并能享受到类似香港工业化住宅部分面积豁免等优惠措施。因此,深圳市需要出台必要的土地、财税、金融、技术等优惠政策,以利于住宅产业化工作的推进。

(五)装修市场混乱无序,一次性装修楼盘比例偏低。通过"深圳市装修市场"专题调研发现,全市只有 140 多家登记在册的家装公司,更多的是没有资质的"装修游击队"。由于准入门槛低,监管不力,正规家装公司与装修游击队并存,处于混乱无序的竞争状态。2007 年,深圳市装修企业上报产值为 6.7 亿元,实际市场份额估计为 20 亿元,装修游击队占到装修市场份额的 70%—80%。总体来讲,深圳市装修市场的特征可以概括为"两多两差":家装公司多、游击队多;装修质量差、售后服务差。经过对"2008 深圳秋季房地产交易会"全部新售的百余个楼盘的统计发现,一次性装修楼盘数量和装修建筑面积占全部楼盘与全部建筑面积的比例都只有 26% 左右,与上海、北京、广州等城市差距较大。这一问题,已引起相关部门的高度重视,计划将一次性装修作为要求写入土地出让合同之中,政府保障性住房作为示范,全部进行一次性装修,但正式措施尚未出台。

三、实现住宅产业化的机遇

(一)国家大力推行节能减排的战略机遇。建筑行业粗放型发展的模式,造成的能耗高、浪费大、效益差等问题日益突出,已不适应经济社会发展的需要。2004 年的中央经济工作会议上,胡锦涛同志明确指出,要大力发展"节能省地型"住宅,全面推广和普及节能技术,制定并强制推行更严格的节能、节材、节水标准。2005 年的政府工作报告中,中央明确提出,鼓励发展"节能省地型"住宅和公共建筑节能,要求把这项工作作为建设领域贯彻落实科学发展观,促进经济结构调整,转变经济增长方式的重点来抓。近年来,国家高度重视节能减排工作,将其作为经济发展的约束性指标。国家"十一五"规划也明确提出了节能减排要达到的目标:到 2010 年,单位 GDP 能耗消费在 2005 年的基础上降低 20%,主要污染物下降 10%。国家宏观调控措施和低碳经济的时代要求,客观上迫使住宅产业必须转变生产方式,提高科技含量,真正建设"节能省地"型住宅,追求住宅建造和使用的"四节一环保"。深圳市推行住宅产业化符合国家政策和时代发展的客观要求,与构建国家生态文明城市和国家创新城市的发展目标相一致。抓住这一重大机遇,用好这一重大机遇,有利于开创深圳市住宅产业化工作的新局面。

(二)珠三角现代产业体系构建的重大机遇。2008年年底,国务院颁布的《珠江三角洲地区改革发展规划纲要(2008—2020年)》,首次从国家层面赋予深圳市"一区四市"的重要定位,并要求建立产业结构高级化、产业发展集聚化、产业竞争力高端化的现代产业体系。构建现代产业体系,需要从多个方面采取有效措施,其中最重要的就是坚持走科技含量高、经济效益好、资源消耗低、环境污染少、人力资源优势得到充分发挥的新型工业化道路。就住宅产业而言,住房属于不动产,无法通过贸易获得,只能在当地生产和消费,而且住宅产业又属于劳动密集型产业,对于解决珠三角地区大量外来务工人员的就业问题起着重要作用,很难直接实施产业和劳动力的"双转移",只能通过推动住宅产业化来促进整个产业生产方式的转变和科技含量的提升。

(三)深圳市保障性住房大规模建设的重要机遇。从国际经验看,保障性住房建设通常是实现住宅产业化的开端。为应对金融危机,扩大内需,保障民生,国务院将"加快建设保障性安居工程"列在"十大拉动内需措施"之首,计划用3年时间,投入9000亿元建设200万套廉租房,400万套经济适用房,以及完成220多万户林业、农垦、矿区的棚户区的改造。这是一项促进经济增长的重要举措,也是一项切实解决中低收入家庭住房困难的"民心工程",体现了国家对保障性住房的高度重视。深圳市政府积极响应,计划在2009年投入资金46.27亿元,建设保障性住房2.57万套,建筑面积134.3万平方米。其中,经济适用住房0.84万套,建筑面积49.5万平方米;公共租赁住房(含廉租住房)1.73万套,建筑面积84.8万平方米。与往年保障性住房的建设类似,2009年的经济适用住房以政府直接建设为主。政府在保障性住房的资金保障、土地出让和技术要求等方面具有决定作用,可以将住宅产业化的要求明确到保障性住房建设之中,率先开展工业化方式建造、一次性装修等示范试点工作。一旦取得成功,将对深圳市住宅产业化工作起到显著的推动作用。

四、实现住宅产业化的困境

(一)土地和水资源短缺,环境承载压力大。深圳市地域狭小,行政辖区内土地面积约为1953平方公里,仅为北京市的1/8、上海市的1/3,但常住人口却与京、沪两市相差不大。深圳市人口密度高达每平方千米7169人,已超过香港,成为我国人口密度最大的一线城市。目前深圳市可建设用地约760平方公里,全市剩余可建设用地约200多平方公里,土地资源十分紧张。按现有的开发速度,再过10年时间,深圳市将面临无地可用的局面。[①] 如果再不加快推行住宅产业化,随着住宅用地的迅速减少,新建住宅量随之减少,推广工业化建造技术和其他产业化技术的空间也越来越小,住宅产业化带来的生态环境效益将难以充分体现。近两年深圳市小产权房的建设明显加速,"城中村"的农民房或其他私人自建房已占全市住房总量的

---

① 参见卢彦铮:《城市化与农地冲突系列调查之一:深圳农地国有化"特例"》,《财经》2006年第171期。

49%。随之而来的既有建筑改造,"城中村"住宅的改造涉及拆迁补偿等,问题的复杂程度远超过新出让土地的住宅建设,推进住宅产业化的难度会进一步加大。同时,深圳市还是全国7个严重缺水城市之一,人均淡水占有量仅为全国人均占有量的1/5。传统住宅建造对水资源消耗较大,如不尽快采取工业化生产方式,水资源紧缺的矛盾也会更加突出。

(二)房屋质量问题频发,影响到社会的和谐与稳定。近年来,住宅市场过于火暴,投资投机现象严重,住房价格居高不下。在高房价背景下,深圳市住房质量问题更加突出,一些楼盘被业主打出类似"质劣价高,开发商骗人,买房坑人"等标语,不少业主采取上访等手段进行维权,对政府正常工作和构建和谐社会产生了消极影响。特别是2009年年初,深圳市桃源村三期经济适用住房,自元旦正式交付使用以来,陆续出现卫生间、房间墙根渗水等质量问题,引起业主集体投诉,造成了严重的社会影响。由于政府及时采取有效措施对业主进行赔偿和安抚,并对出现质量问题的房屋进行维修,才避免了事态的蔓延。但这只是冰山一角,还不能排除其他住宅潜伏的质量隐患。住宅质量问题的出现,虽然也与工程招标、规划设计和建筑材料乃至腐败工程等诸多因素有关,但采用传统的钢筋加混凝土现场湿作业的生产方式,难以保证施工的质量和房屋的质量,应是主要原因之一。工业化生产方式由于技术上的先进性和质量监控上的可靠性,能够解决传统住宅生产难以根除的质量通病,不仅可以大量减少维修成本,而且也会减少因住宅质量问题引起的社会事件。

第四节　深圳市住宅产业化的效益评估

一、住宅产业化的经济效益

1998 年,我国开始全面推行住房改革。深圳市作为改革试点的先锋,房地产业(包括住宅、办公楼、商用房等)率先进入快速发展阶段,投资逐年大幅上升(见图 9－4)。其中住宅投资作为房地产投资的主体,投资额占到房地产全部投资的 70%。

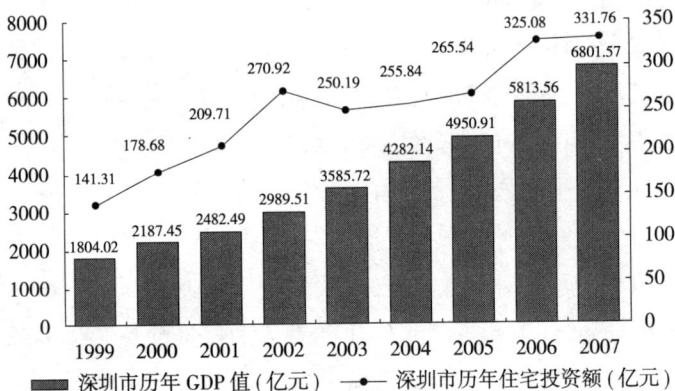

图 9－4　深圳市历年 GDP 与住宅完成投资额对比图

数据来源:《深圳统计年鉴》(2000—2008 年)。

实现住宅产业化,将强化房地产对经济增长的拉动作用。本书采用线性模型、双对数模型、对数模型、指数模型、二次回归等多种数学模型,对深圳市住宅产业化的经济效益进行测算,测算结果比较(见表 9－10)。

表 9‒10　模型测算结果比较

数学模型	R^2	$\bar{R}^2$	T	Prob (t-statistic)	F	Prob (F-statistic)
线性函数	0.8945	0.8795	-3.107652 7.705612	0.0171 0.0001	59.37645	0.000116
双对数函数	0.9086	0.8955	-0.605290 8.342064	0.5641 0.0001	69.59003	0.000070
对数函数	0.8110	0.7840	-4.796095 5.481288	0.0020 0.0009	30.04452	0.000925
指数函数	0.9548	0.9484	41.33933 12.16287	0.0000 0.0000	147.9355	0.000006

本书选取最优的指数函数模型来研究 1999—2007 年深圳市住宅产业投入与经济增长之间的关系。计算工具采用 Eviews 软件包。具体模型如下：

$$\ln(GDP) = 0.007391 * Invest + 6.3558$$

模型中 Invest 的参数为 $\ln(GDP)$ 对 Invest 的弹性，它的经济学含义是，住宅投资每增长 1%，$\ln(GDP)$ 增长 0.007391%。计算结论：1999—2007 年，深圳市住宅投资年均增长 10.255%，增加的住宅投资年均可直接带动 $\ln(GDP)$ 增长 0.07236189%。时间序列中，$\ln(GDP)$ 年均增长 2.0580447%。由此可得：1999—2007 年，深圳市住宅投资对经济增长的直接拉动为 4.04%。

若采用工业化方式建造，以现阶段平均每平方米增加造价 500 元计算，年均住宅投资增加 12.89%，代入指数函数模型，测算出深圳市住宅投资对 GDP 的直接拉动为 4.56%。相对于传统住宅建造方式，工业化住宅可以直接拉动 GDP 增长 0.52 个百分点，对经济的拉动效益十分显著。

住宅产业化带来的效益，不仅体现在对传统 GDP 的贡献上,更体现在对绿色 GDP 的贡献上。所谓绿色 GDP,也被称为可持续收入,是从现行统计的 GDP 中,扣除由于环境污染、自然资源退化等因素引起的经济损失成本,从而得出真实的国民财富总量。节能、节材、节水、节地和环保是住宅产业化的主要目标,具有明显的生态环境效益,完全符合绿色 GDP 这一发展方向。由于统计资料、计算方法和指标设置的限制,住宅产业化对绿色 GDP 的贡献还只能处于探索状态,进入实操层面尚待时日。目前仅从局部的生态环境效益来推演,其对绿色 GDP 的贡献将十分显著。

二、住宅产业化的社会效益

(一)传统的住宅生产方式带来诸多质量通病。这些质量通病主要集中在住宅裂缝、渗漏、装修以及其他细节方面。

第一,裂缝问题。包括楼板和墙体裂缝。现有住宅在裂缝方面的主要表现有:梁、板裂缝,墙体开裂,外墙抹灰裂缝,砖砌体砌筑质量较差,混凝土质量差、钢筋断裂,蜂窝、麻面,底板钢筋露筋、锈蚀,梁板挠度变形过大,阳台维护墙体与承重墙体有脱开现象,构造柱裂缝,混凝土受火损伤碳化等。[①] 产生住宅裂缝问题的原因主要是,假冒伪劣和不符合标准的产品充斥建材市场,带来许多质量隐患。如市场上的各种"轻体墙板"普遍易裂造成墙体开裂,劣质外墙涂料由于质次在老化后容易粉碎等;另外,建设方追求短期经济利益,施工方的质量保证体系不健全,也容易导致住宅裂缝质量问题。

---

① 参见建设部住宅产业化促进中心:《中国住宅工程质量——现状剖析、国际借鉴、未来对策》,中国建筑工业出版社 2007 年版,第 20—21 页。

第二,渗漏问题。包括楼板、屋面的漏水,窗台板、外墙的渗水等。目前主要存在防水涂料不合格,散水开裂较为严重,卫生间、浴室、地下室积水等渗漏问题。[①] 主要原因在于劣质防水材料的防水性能和耐久性较差,以及建设方为加快工期忽视质量标准,施工人员文化素质偏低,责任心不强,管理松懈,难以保证质量的稳定性和可靠性。

第三,装修质量问题。包括由此带来长时间的装修噪音和水管破裂等问题。根据国家建筑工程质量监督检验中心的检测报告,由二次装修带来的住宅质量和室内环境问题主要表现在:苯超标,氨超标,甲醛超标,氡超标,总挥发有机化合物(TVOC)超标,地面砖空鼓、平整度差、开裂,木门扇变形、倒翘、不平整,采暖进出存在安全隐患,排水管无存水湾导致卫生间有异味,铝合金窗框外密封胶开裂、渗漏,地面倒泛水,墙体和固定框及石膏顶线之间裂缝,木装修粗糙、裂缝,油漆漏刷、厚薄不均匀、流坠,外墙涂料掉色等。[②] 该类质量问题,主要是由于部分建材不过关,以及在第二次装修的过程中部分住户任意改变房屋原有结构所致。

第四,建筑规范缺失问题。包括水电管道安装、消防设施安装不规范,铝合金门窗、塑钢门窗安装制作不规范,封闭性能差,室内高度不均、面积不符等诸多问题。目前主要表现是:存在负弯矩钢筋配置不足,混凝土强度不足,砂浆强度不足,基础垫层

---

① 参见建设部住宅产业化促进中心:《中国住宅工程质量——现状剖析、国际借鉴、未来对策》,中国建筑工业出版社2007年版,第20—21页。

② 参见建设部住宅产业化促进中心:《中国住宅工程质量——现状剖析、国际借鉴、未来对策》,中国建筑工业出版社2007年版,第20—21页。

厚度不够,未按要求设置圈梁,钢筋保护层厚度不符合要求,地基承载力不足,墙体定点垂直度有偏差,抗震设防不符合要求,箍筋没有加密,梁柱配筋量不足,日照时数不足,采光性能不合格,传热系数不符合规定,内外表面温度不符合规定,保温层厚度不合格,保温材料干密度和导热系数不合格;气密性差,水密性差,型材质量不合格,安装质量不合格;隔声性能差等质量问题。① 传统住宅建设规范缺失的原因是多方面的,包括部分单位的设计人员执行规范不严谨或违反强制性标准,在设计过程中考虑不周全或存在漏项,对建筑规范和计算程序的要求不熟悉;不少监理单位人员素质偏低,行为不规范,监理不到位,使得"独立第三方"的作用形同虚设;对短期经济利益和施工进度的盲目追求,导致建设方无法对工程质量管理的薄弱环节进行严格控制;施工人员质量意识和规范意识较差,容易酿成严重的质量隐患。

(二)传统的住宅生产方式造成诸多社会问题。由于住宅领域生产方式落后,住宅质量难以保持较高的稳定性和可靠性,导致很多社会问题的产生。

第一,住宅结构的安全性常被人为地降低和破坏。而对于住宅结构的破坏,将大大降低住宅承载力及抵抗风、地震等自然灾害的能力。2008 年汶川大地震,震区内 80% 的住宅粉碎性倒塌,大部分人员伤亡为住宅倒塌所致。因此,深圳这样的高人口密度城市,理应更加重视住宅结构的安全问题。

第二,装修浪费和环境问题严重。由于深圳市大部分销售

---

① 参见建设部住宅产业化促进中心:《中国住宅工程质量——现状剖析、国际借鉴、未来对策》,中国建筑工业出版社 2007 年版,第 20—21 页。

的是毛坯房,且大部分住宅装修由资质缺乏的"装修游击队"来完成,无法实现装修的规模效益和统一进度,不仅保证不了装修质量,也造成大量装修材料的浪费,以及严重的噪音扰民等问题。此外,住宅装修过程中产生的各类有害气体都普遍超标,有的甚至超过国家标准4—5倍,长期生活在有害气体严重超标的环境中,容易致癌或者引发白血病、贫血等其他疾病。

近年来,深圳市住宅市场尤为火暴,价高质劣的问题更加突出,因住宅质量问题导致的消费者投诉、上访屡见不鲜,群体性事件高发,这些已经严重影响到和谐社会的构建。例如,2009年2月,深圳市桃源村三期经济适用房因大面积渗漏水,墙壁脱落、裂缝,引发群体性事件,充分暴露出我国房地产市场的混乱现象和严重的质量问题,造成的社会影响十分恶劣。

(三)住宅工业化的生产方式不仅有效避免了传统住宅的质量通病问题,还能够显著提升住宅的性价比。

第一,预制工厂内生产标准化的预制构件,可以较好地贯彻质量管理和 ISO 9000 质量保证体系。预制内墙板还可以加快施工速度,增加使用面积,节约人工和材料,减少建筑垃圾。

第二,预制混凝土外墙板通过现浇结合部与框架结构主体连接,既不用考虑外墙承重,又不用考虑蒙皮效应对结构的影响,完全是外挂式,能够突出预制装配的优越性。同时预制混凝土外墙板解决了框架填充砌块外墙的渗漏问题。使用预制外墙板后,窗框在预制构件厂直接预埋、浇筑在混凝土内,杜绝了窗框与墙体之间的缝隙渗漏问题。

第三,工业化装修是将工厂中生产的住宅装修材料和部品,进行集成化装配。它主要由菜单式设计、工厂化生产和集成化供应三个主要的部分构成。消费者根据"菜单",依照自己的消费水平来选择产品的颜色款式,能很好地满足业主的个性需求,同时摒除了现场装修施工的噪声和环境污染等众多弊端。目前,更为先进的住宅结构与内装修分离技术(SI技术)体系,通过对日常使用的相关生活系统与住宅结构体的各自独立处理,使住宅在装修时不影响结构体,在提高装修质量的同时,保证了良好的室内环境并延长了住宅的使用寿命,也使得隔音、保温等功能较为容易实现。

第四,工业化住宅消除了施工现场人为因素对工程质量的影响。在传统建造模式下,工程质量与建筑工人的技能水平关系很大,加上现场施工技术规范不严谨,全过程控制也难以做到,导致住宅质量不稳定、不可靠。而工业化住宅部品质量稳定可靠,建筑工人只要通过安装标准及操作规程等培训,就可以科学合理地完成所有操作。这样既实现了建筑工人向产业工人的转变,又降低了劳动强度,提高了劳动效率和安全保障。

三、住宅产业化的生态效益

在深圳市能源、资源短缺和环境约束压力进一步加大的情况下,实现住宅产业化,可有效改变传统住宅产业"粗放落后"的形象,具有明显的生态效益。

(一)深圳市住宅产业化示范社区的生态效益明显。通过对深圳市三类住宅小区的水、电、燃气户均月度消耗量进行统计分析(一类社区为高档住宅生活社区;二类社区为一般社区和经济适用房社区;三类社区为梅山苑等住宅产业化示范社区),发现住宅产业化示范社区生态效益较为明显(见图9-5和9-6)。

一类社区能源消耗状况。一类社区的统计数据反映出该类

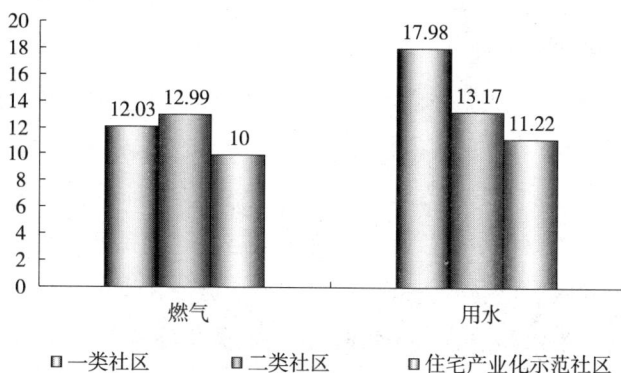

图9-5　各类社区户均月度水、燃气耗量对比图

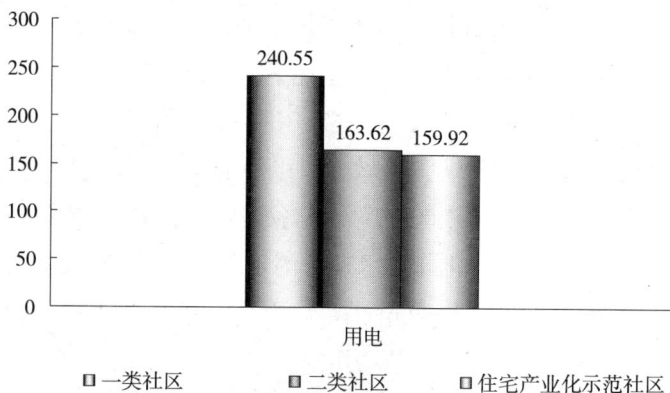

图9-6　各类社区户均月度用电量对比图

社区居民能源消耗较大,比较符合该类社区居民的特点。家用电器齐全、设施多是该类社区能耗大的原因,而且高档社区居民业余生活比较丰富,居家时间不稳定又是造成能耗数据波动的主要原因。

二类社区能源消耗状况。二类社区的统计数据反映出该类社区居民能源消耗具有稳定性,各年每户能源使用量月均值差距不大,从基础数据中能较为明显地看出居民电耗在夏季达到峰值,其余季节居民用电量基本稳定,可以忽略较小的数据误差影响。

住宅产业化示范社区。该类社区居民的能源消耗明显小于前两类社区。接受调查的梅山苑和振业城等住宅产业化示范社区的居民收入和消费水平较高,家用电器和设施也较为齐全,然而能耗量却比前两类社区低(由于振业城入住率较低、入住居民不稳定、住宅空置率较高等原因,采用梅山苑的数据进行统计),一定程度上说明该类社区在住宅使用过程中较好地实现了"四节一环保"的目标。由于深圳市的住宅产业化示范社区较少,在样本数量和数据统计量上还不充足,到底在多大程度上实现了"四节一环保"的效益,有待于进一步调查研究。

社区实施住宅产业化的效益。以深圳市 1200 万人口为基数,平均 3 人一户,共计 400 万户来测算:假如全市有 5% 的住户居住在采用住宅产业化新技术建设的示范小区内(按照上述住宅产业化示范社区节能数据计算),则全市每月共计节约燃气 40.6 万—59.8 万立方米,节约用水 39.0 万—135.2 万立方米,节约用电 0.74—16.13 兆瓦时,节能减排、降低能耗的示范效果十分可观。

(二)深圳万科工业化住宅的生态效益明显。住宅建造领域资源消耗量大(见表 9 - 11),但尚未引起足够的重视。国家推进节能减排应以此为重要的突破口,采取先进的生产方式提升资源使用效益。

表 9 – 11 传统的住宅建造方式资源能耗消耗水平

项目	建筑业现状	资料来源
建筑建造和使用能耗占全国总能耗	30%	建设部 2005 年公布资料
建筑施工能耗占全国总能耗	1.50%	国家统计局 2005 年公布数据估算
住宅使用用水量占城市总用量	47%	建设部 2005 年公布数据
建筑施工用水量占城市总用量	5% — 10%	《工业用水定额》
建筑钢材用量占城市总用量	30%	建设部 2005 年公布数据
建筑施工钢材损耗占城市总用量	0.6% — 1.35%	据 PKPM 工程量计价软件估算
建筑水泥用量占全国总用量	25%	建设部 2005 年公布数据
建筑施工混凝土损耗占全国总用量	0.75%	据 PKPM 工程量计价软件估算
建筑木材用量占全国总用量	40%	《中国林业发展报告》2005 年版
建筑施工木材损耗占全国总用量	2.40%	据 PKPM 工程量计价软件估算
建筑施工垃圾占城市垃圾用量	30% — 40%	北京中建建筑科学技术研究院《我国建筑垃圾的现状与综合利用》
住宅装修垃圾占城市垃圾总量	6%	中国建筑装饰协会 2007 年估算

工业化建造方式与传统建造方式相比,生态环保的优势明显。万科集团是我国工业化住宅技术研发与应用的领头羊,其工业化住宅在节能、节材、节水和减排方面效益显著(见图 9 – 7)。

2007 年,深圳全市商品房销售面积 555 万平方米,假设其

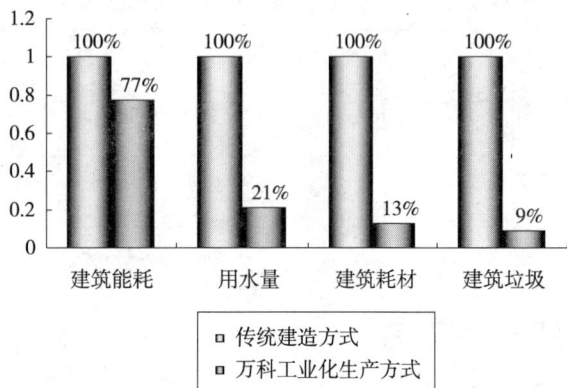

图 9-7　万科工业化与传统建造方式节能减排对比

中 10% 的住宅采用工业化方式建造,每年将节约用水 8.817 万吨,按深圳市居民生活用水定额标准计算(22 立方/户·月),相当于 4007 户居民一个月的生活用水量。每年将节约电量 1120480 千克标准煤,即 2773465 千瓦时,相当于中等发达城市 27734 户居民一个月的用电量(按中等发达城市居民生活用电为 100 千瓦时/户·月,1 千瓦时 = 0.404 千克标准煤计算)。每年将节省人工 139.43 万个工日,按正常年工作日 250 天计算,相当于同时多开 390 家 100 名工人规模的工厂。每年减排的垃圾量为 2.19 万立方,相当于减少了一个 28 平方米的垃圾填埋场,可以缓解目前垃圾填埋场场地缺乏的问题。年减排的污水量为 6.449 万吨,可以有效地减少资源浪费和环境污染,减轻城市污水处理的压力。

　　总之,通过推进住宅产业化,利用科学技术改造传统住宅产业,实现以机械化建造体系为基础,以标准化、通用化、模数化的部品体系为依托,以节能、节水、节地、节材和环保为目标,在提高经济效益的同时提升社会效益和生态效益,最终实现住宅产业健康和可持续发展。

第五节 深圳市住宅产业化的公众意向

住宅产业化在我国还是一个新生事物,需要经过技术推动和市场需求拉动的阶段,才能逐渐成形和固化。在此过程中,公众会依据各自的标准,来判断住宅产业化是否满足、在何种程度上满足自己的需求。本书中的公众是指由住宅企业和消费者构成的群体①,也是住宅市场的主体要素。他们对于住宅产业化的体察、认知和判断,是住宅产业化能否建立良性市场运行机制的关键,是政府建立正确实施机制的前提。为此,本书就企业和消费者对住宅产业化的理解以及关键性制约因素,进行了问卷调查和分析研究。

一、开发商视野中的住宅产业化

企业是技术创新的主体,技术创新能力的强弱直接影响企业的技术水平和整体产业的竞争力。企业是否选择新技术的根本原因在于预期是否获得可观的经济效益。住宅产业是传统行业,住宅产业化是这个传统行业生产方式转变的一次新革命。

---

① 注:公众是指社会群体,这种社会群体具有明显的类别性,既包含了个人、群体,也指社会组织,如企业。公众很容易被理解成"社会上的多数人",实际生活中不少人则更把公众与大众、群众同样看待,这样的认识是不准确的。只有公众成员间面临共同问题、共同利益和共同要求,才形成某种公众群体。参见赵向标:《神奇的PR——商用公关手册》,人民出版社1998年版。

住宅产业化是否成功,作为市场经营主体的企业起着重要的决定作用。为此,需要充分了解和研究的是:开发商如何看待住宅产业化? 开发商为住宅产业化开展了哪些活动? 通过问卷调查和统计分析发现,从开发商的角度看,制约深圳住宅产业化的关键问题如下:

(一)开发商对住宅产业化的了解程度。调查结论:83.69%的开发商对住宅产业化有所了解,不清楚的占 15.96%,完全不知道的为数极少。值得注意的是,很清楚住宅产业化的仅有10.64%(见图9-8)。以上说明深圳市开发商对住宅产业化的认识不够深入,需要继续加大宣传和引导的力度。

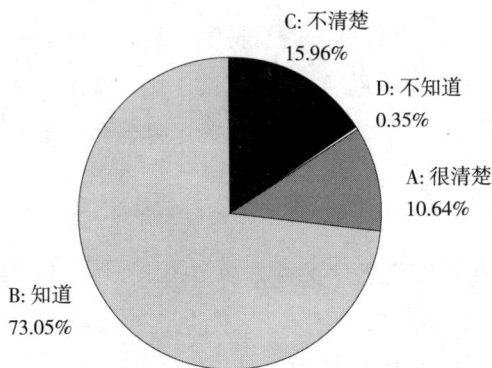

C: 不清楚 15.96%
D: 不知道 0.35%
A: 很清楚 10.64%
B: 知道 73.05%

图 9-8　开发商对住宅产业化的了解程度调查

(二)开发商是否愿意进行住宅产业化技术体系研发。调查结论:53.05%的开发商愿意建立技术研发体系,但没有能力建立;40.5%的开发商愿意建立,但有待具体实施。表明大多数开发商主观上愿意建立技术研发体系,只是由于自身技术创新能力不足而受到制约,极少数开发商不愿意建立技术研发体系。

但目前的现实是,只有 3.94% 的开发商已经建立了技术研发体系(见图 9-9)。以上说明深圳住宅产业化技术研发体系亟待建立,但难度较大。

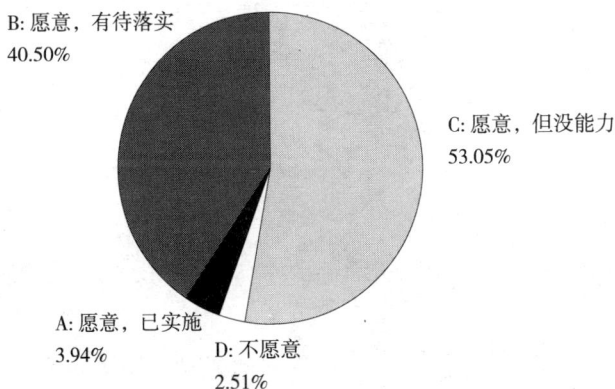

图 9-9　开发商进行住宅产业化技术体系研发的意愿调查

(三)开发商对住宅骨架+内装修(S-I)技术的了解程度。调查结论:虽然 54.64% 的开发商对"四节一环保"的理念和技术表示非常关注,但对一些新技术的了解却比较欠缺,如仅有 19.64% 的开发商对对住宅骨架+内装修(S-I)技术有一定了解(见图 9-10)。说明深圳市开发商对先进的内装修(S-I)技术还缺乏了解,对新技术的敏感度不强。

因此,深圳市房地产开发商必须成为技术创新的技术主体和投资主体,应做到自主决策、自主筹资、自担风险和自求发展。要在充分认识到开发创新重要性的基础上,制定技术创新规划和具体措施,特别是大中型住宅企业都要建立健全技术开发中心及相应的机构,同时加强高端人才引进,力争成为住宅产业技术创新的骨干。要遵循市场经济和技术创新的客观规律开展创

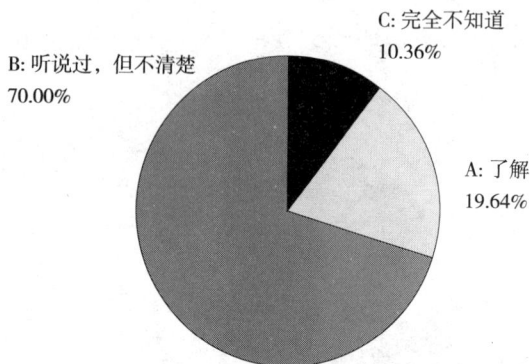

图 9 - 10　开发商对住宅骨架+内装修（S—I）技术了解程度的调查

新工作,把市场、科研、生产和营销各个环节紧密联系起来,按照系统工程的方法组织技术创新工作。要加大技术创新的投入力度,提高 R & D 投入占销售收入的比例,加速培育有自主知识产权的主导产品和核心技术;或采取有效措施确保 R & D 经费逐年递增,使企业的技术创新实现自我积累、自我发展的良性循环。

二、消费者视野中的住宅产业化

消费者一般会从物质的角度来评价技术,即技术是否改善了物质生存状况。具体来讲,个体经济实现是消费者最先考虑的因素,它要求以最小的投入产生最大的收益。住宅产业的消费者都希望以尽量低的价格买到质量优良、性能完备、设施齐全、包含高新技术、文化氛围浓、环境舒适的住宅商品。因此,住宅的性价比对于消费者来说是最重要的评价指标。从技术创新的过程来看,技术的最终选择是消费者的选择,住宅产业化能否

普遍推行的根本在于以消费者的选择偏好。通过问卷调查和统计分析发现,从消费者的角度看,制约深圳住宅产业化的关键问题如下:

(一)消费者对"四节一环保"住宅的重视程度。调查结论:84.73%的消费者将"四节一环保"作为选择住房的参考,真正注重"四节一环保"性能的只有10.83%(见图9-11)。说明"四节一环保"住宅生态节能效益还未能被普遍认可。

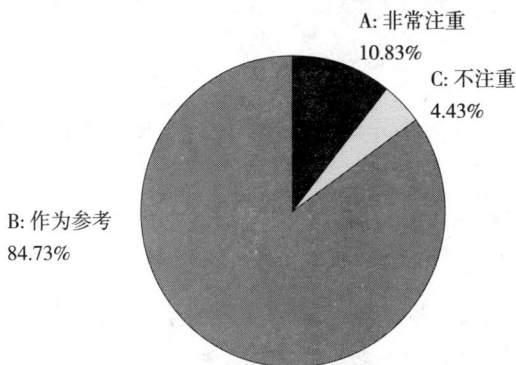

A:非常注重 10.83%
C:不注重 4.43%
B:作为参考 84.73%

图9-11　消费者购房时是否注重"四节一环保"性能调查

(二)消费者是否愿为质量优良的工业化住宅多付钱。调查结论:34.97%的消费者愿意为质量优良的新型工业化住宅多付钱,而高达51.74%的消费者选择不一定,要看看(见图9-12)。在未能掌握性价比指标来比较传统住宅与工业化住宅的优劣时,消费者的态度是谨慎的。这一方面表明个体对经济利益的重视,另一方面也为住宅产业化技术指明了发展方向:提高住宅产品的性价比。这样的消费者态度是合乎情理的,说明大部分消费者对工业化技术住宅充满期待,但又不十分了解工业化住宅的性能好坏及判断标准。

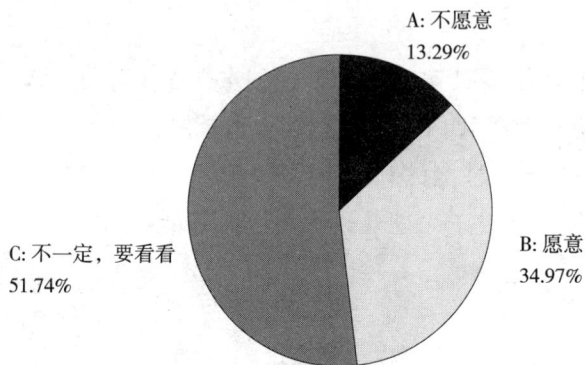

图 9 - 12　消费者是否愿为质量较好的工业化住宅多付钱

（三）消费者是否赞成 2010 年年底前实现销售住宅实行一次性装修。调查结论：70.65% 的消费者赞成该项政策，同时认为实现有困难（见图 9 - 13）。这同样表明了在住宅产业化推进过程中，消费者容易出现摇摆不定的态度。

（四）部分消费者选择毛坯房的原因。调查结论：消费者选择毛坯房的主要原因是个性化装修（29.68%），其次是装修维护有保障（22.60%），另外是可以省钱（21.04%）（见图 9 - 14）。说明在一次性装修住宅的政策中，尚未突出一次性装修住宅可提供全菜单模式装修，装修维护有保障，以及长期平均成本较低的优点，导致消费者在长期以来的定势思维之下被误导。

在现代生活中，随着消费者物质消费水平的日益提高，其不断增长的住宅需求业已成为住宅产业化发展的推动力和牵引力。现代生活中的消费者需要质量更为优良、性能更为完备、设施更为齐全、拥有高新科技和浓重文化氛围、环境舒适优美的住

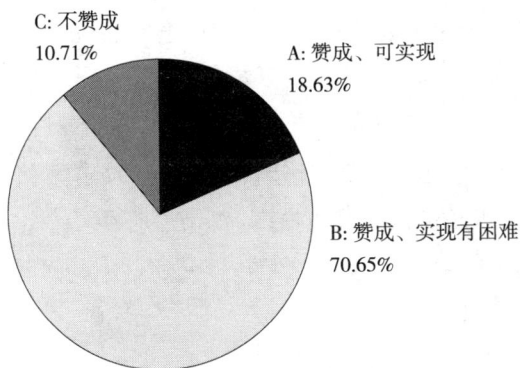

图 9 - 13　消费者对 2010 年年底前实现一次性装修态度的调查

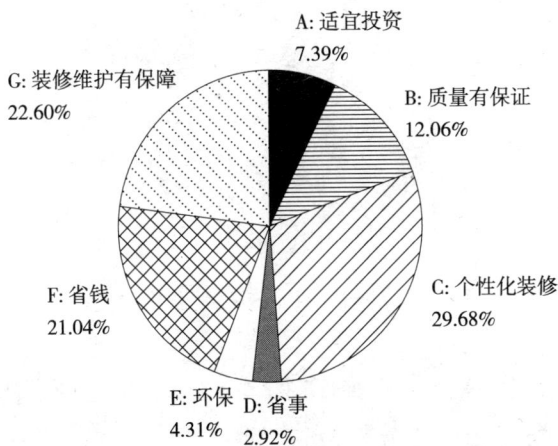

图 9 - 14　部分消费者选择毛坯房的原因

宅。因此,在以市场需求为导向的现代社会,市场需求决定了住宅产业今后的发展方向,也为住宅产业现代化提供了更为广阔的发展空间。

三、消费者和开发商认为政府应承担的责任调查

关于推进住宅产业化的调查问卷统计显示,消费者和开发商认为政府应主要承担以下责任:

(一)开发商视野中推动"四节一环保"住宅的主体。调查结论:根据市场调查分析报告,绝大多数接受调查的开发商(88.97%)认为宣传推广"四节一环保"住宅的主体是政府(见图9-14)。在推广"四节一环保"住宅的过程中,政府应担负起市场引导者的重要职责。

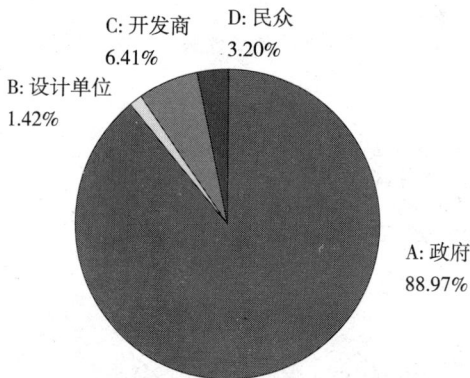

图9-15 宣传推广"四节一环保"住宅的主体调查

(二)消费者视野中推广"四节一环保"住宅的主体。调查结论:根据市场调查分析报告,绝大多数接受调查的消费者(89.69%)认为宣传推进"四节一环保"住宅的主体是政府(见图9-15)。广大消费者期望在推广"四节一环保"住宅的过程中,政府负有引导市场、引领住宅购买趋势的责任。

(三)开发商视野中影响消费者选择一次性装修住宅的原因。调查结论:根据市场调查分析报告,开发商认为影响消费者

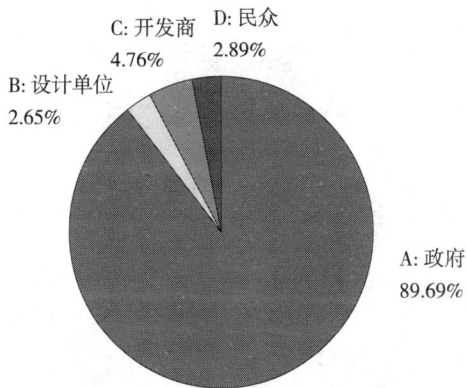

图9-16　宣传推广"四节一环保"住宅的主体调查

选择一次性装修住宅的主要因素,分别是产品质量(31.08%)和整体价格(27.14%)(见图9-17)。说明政府在一次性装修标准制定、质量监控以及税收优惠等方面的政策和措施,将影响一次性装修住宅的供应量。

(四)消费者对一次性装修住宅的顾虑。调查结论:37.55%的消费者认为一次性装修住宅的效益不够明显,31.77%的消费者认为一次性装修住宅导致房价提高,30.68%的消费者认为政府给予的政策优惠不够(见图9-18)。说明政府应在建立良好宣传渠道的基础上,提供相应的优惠政策,对一次性装修住宅的推广产生积极效应。

(五)开发商视野中影响消费者购买"四节一环保"住宅的主要原因。调查结论:大多数开发商(40.63%)认为主要原因是政府给予的优惠政策不够(见图9-19)。说明政府应适当给予财税、容积率等方面的政策优惠。

开发商普遍认为,目前制约一次性装修住宅和"四节一环

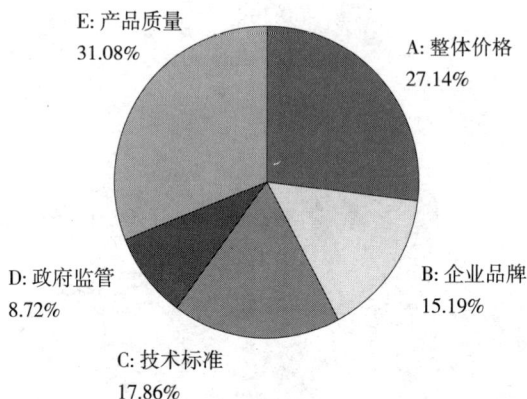

图 9 - 17 开发商认为影响消费者选择一次性装修住宅的主要原因

E: 产品质量 31.08%
A: 整体价格 27.14%
B: 企业品牌 15.19%
C: 技术标准 17.86%
D: 政府监管 8.72%

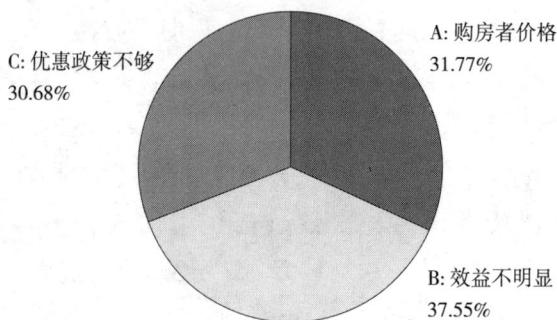

图 9 - 18 消费者对购买一次性装修住房的顾虑

C: 优惠政策不够 30.68%
A: 购房者价格 31.77%
B: 效益不明显 37.55%

保"住宅发展的主要因素是,政府尚未出台相关的鼓励政策(包括加大推广力度、降低税率等),缺乏规范的一次性装修住宅的质量技术标准,如何解决一次性装修带来的短期成本增加问题,如何满足消费者的个性化需求,以及施工周期延长,售后服务难度加大等。

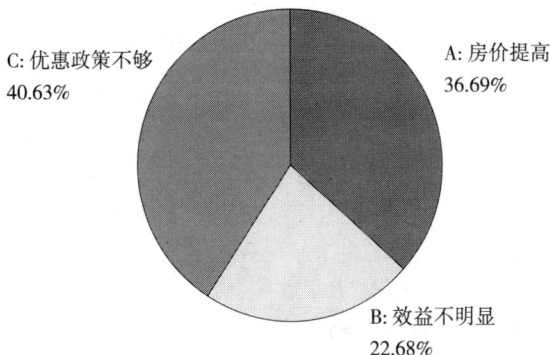

图9-19 开发商认为影响消费者选择"四节一环保"住宅的主要原因

消费者普遍认为,在推进一次性装修住宅和"四节一环保"住宅的过程中,政府应承担起引导者、宣传者和管理者的职责,及时出台相关促进政策,并适时颁布相关优惠政策,使得技术创新的成果能够及时为社会所用,使开发商和消费者以及整个社会都能从中获利。

总之,通过问卷调查分析可以看到,公众对于住宅产业化的认识深度还不够,围绕住宅产业化的政策法规、技术标准、研发能力、优惠措施、宣传引导方面同样存在不足。今后,深圳市住宅产业化要坚持以市场为导向,努力构建政府政策鼓励、开发商创新跟进、消费者积极响应的运行体系和机制。

第六节 深圳市住宅产业化的战略对策与突破口

住房产品不同于一般商品,具有社会性、外部性、产权的复杂性和准公共物品等特殊属性,住房市场还存在着不完全竞争性、供求非均衡性、消费者的层次性、投资与投机并存性等特征。政府干预住宅市场和住宅产业是应有之义,已成国际惯例。深圳市作为第一个"国家住宅产业化综合试点城市",虽然建立了相应机构,并在实践中取得了一些成效,但深入推进住宅产业化还存在诸多困难,需要制定和采取更有效的政策措施。

一、住宅产业化的战略对策

(一)尽快出台专门法规,编制规划纲要。健全的法律法规是推进住宅产业化的坚实保障。美国和日本等发达国家出台了多项有关住宅产业化的法律,政策效果十分显著,而我国针对住宅产业化的相关立法至今仍是空白,深圳市尤其缺乏可操作性强、有约束力的法律法规。当务之急是出台专门的住宅产业化的国家法律或地方法规,为政府推进住宅产业化工作提供法律依据。同时,需要制定《深圳市住宅产业现代化发展纲要》,在《珠江三角洲地区改革发展规划纲要(2008—2020 年)》的框架指导下,配合循环经济的发展和现代产业体系的构建,确立深圳市住宅产业化发展的总目标和阶段目标,完成从住宅产业化试点城市到示范城市的转变,保证住宅产业化工作推进的前瞻性和有序性。

(二)理顺组织和领导机制。住宅产业化工作涉及部门多,交叉职能多。深圳市政府已经成立了由 14 个职能部门的行政首长组成的住宅产业化工作领导小组,全面协调全市住宅产业化工作。领导小组下设深圳市住宅产业现代化办公室,负责住宅产业化的日常工作,但运行中存在沟通与协作等困难。需要进一步强化领导组织机构,明确相关部门的职责和分工,定期召开住宅产业化领导小组会议,审议发展规划纲要,分解和落实各相关主管部门的任务。

(三)健全和实施基本制度。要根据发达国家和国内住宅产业化先进城市的经验,制定和实施住宅性能认定制度、优良部品推荐制度和住宅产业化意见书及备案制度,作为政府推进住宅产业化日常工作的基本抓手。住宅性能认定制度的要点是,房产和建设等主管部门应对全市新开工的住宅进行性能认定,认定的结果登记在住宅使用说明书内,住宅销售时由开发企业向购房者提交相应的标识材料,载明住宅性能等级,促进住宅性能的提高。住宅优良部品推荐制度的要点是,房产和建设等主管部门应开展住宅部品论证发布工作,定期发布优良部品目录,引导消费者选择质量可靠的住宅部品,促进房屋质量的提高和住宅部品市场的规范。住宅产业化意见书及备案制度的要点是,国土规划、房产和建设等主管部门在住宅建设前期,向开发方提出住宅产业化意见书,载明住宅性能等级、新技术要求、装修方式、工业化程度等"四节一环保"指标,写入招标文件和土地出让合同,并在住宅交付使用时对照意见书要求进行验收和备案。

(四)逐步构建技术标准体系。住宅产业化技术标准体系涉及面广、内容丰富,不同地区也有不同的特点。总体而言,目前需要出台工业化住宅生产技术标准体系、全装修技术标准体系和"四节一环保"社区建设标准体系。首先,工业化生产是住宅产业化的关键,推动工业化生产需要尽快制定和实施工业化生产的技术标准,实现工业化住宅和部品生产的模数化和标准化。其次,实施住宅全装修是推进住宅产业化工作的重要内容。当前全装修住宅的市场份额不断扩大,确保住宅全装修从设

计、施工到验收均有标准依据,是推进全装修住宅良好发展的
必要保障。最后,"四节一环保"住宅是住宅产业化的根本效
益目标。深圳市政府通过创建"四节一环保"的住宅产业化示
范社区的试点,已经取得了明显的生态效应和引导作用。要
继续完善涵盖规划设计、生产施工、竣工验收的技术标准,加
大和深化住宅产业化示范社区的创建力度,同时引导作为市
场主体的开发商积极参与住宅产业化示范工程和项目的
建设。

(五)制定扶持和激励政策。土地优先出让政策:在商品房
建设用地招、拍、挂时,对采用先进工业化技术、全装修方式的予
以优先考虑。工业化住宅优惠政策:对工业化方式生产的住宅,
借鉴香港等地的做法,给予一定的建筑面积豁免,以及屋顶绿化
可计入绿化总面积等优惠。发达地区的经验表明,只要措施得
力,可以有效解决工业化住宅推行初期建安成本较高的问题。
全装修税费优惠政策:契税征收部门应当考虑对住宅装修部分
减征或免征房产交易契税。启用新版购房合同,对全装修房将
房价和装修金额分开填写,物业单位仅按房价收取维修基金,装
修部分免收维修基金,以一套装修费用 10 万的房子计算,业主
可节约支出 2000—3000 元。节能环保技术利用优惠政策:对运
用屋顶成套种植技术,节能门窗技术,建筑遮阳技术,太阳能光
电、光热技术,厨卫成套技术,雨水、中水收集回用技术,垃圾资
源化回收利用技术,住宅智能化技术等住宅产业化成套技术的
项目,视投资额度给予开发商一定的补贴。住宅产业化专项推
进基金:每年从土地出让金中提取一定的专项基金,用于示范项
目奖励、政策研究和表彰先进单位及个人等。

(六)加强成果展示和宣传引导。办好一年一度的深圳"住

博会"，创新展会模式，建立和完善"住博会"的宣传网络，集中展示住宅产业化的成果，使之成为深圳市与国内外住宅产业化接轨的重要窗口。建立深圳市住宅科技研发与展示园区，以"技术研发转化、成果展示交易、人才技能培训"为基本功能定位，长期开展关键技术研发与转化，技术成果展示与交易，人才技能培养与输出等工作。2009年2月，光明新区作为深圳市发展的新亮点，将成为珠三角经济走廊上的产业高地、绿色城市示范区和国际性城市"新窗口"，深圳住宅产业化科技研发与宣传展示，可以首先在光明新区进行探索试点。

二、保障性住房作为战略突破口

以保障性住房建设作为深圳市继续推进住宅产业化的战略突破口和有力抓手。如果率先在保障性住房建设与住宅产业化实施之间形成良性互动机制，不仅能够推动深圳市住宅产业化工作取得"质"的突破，还将对全国产生显著影响和示范作用。战略突破口选择理由和具体措施如下：

（一）国家大力推进保障性住房的战略机遇。2008年年末，为应对金融危机，国务院及时出台了扩内需、促增长的十项措施。其中保障性住房列为十项措施之首，国家计划在不到3年的时间内投入4000亿元，解决现有747万户城市低收入家庭住房困难的问题。《深圳市国土资源和房产管理局2009年度公共服务白皮书》指出，2009年深圳市保障性住房建设用地将达30万平方米，加快53个保障性住房项目建设进度，规划建设2.57万套保障性住房，着力解决低收入家庭住房难题。深圳市在保障性住房提供方面还处于粗放型阶段，表现为"四低二高"：工业化水平低、成套技术集成度低、劳动生产率低、住宅的综合质量低;资源消耗高、住宅生产造成的污染程度高。粗放型的住宅生产方式,不适合可持续发展、走新型工业化道路的要求,不适应改善居民住宅质量的需要。

(二)将住宅产业化嵌入保障性住房,既可高质量地完成保障性住房建设任务,又可极大地推进住宅产业化工作。政府主导保障性住房,能够从源头的土地出让、规划设计到建造施工、验收维护等各环节进行全过程的控制。而市场主导的商品房建设以"利润最大化"为目的,在技术、金融等政策缺失的状况下,完全依靠市场推进住宅产业化的难度很大。发达国家和近邻香港的发展经验也充分表明,将住宅产业化与国家或地区保障性住房建造相结合,是住宅产业化发展初期的关键举措。因此,在深圳市住宅产业化发展过程中,要充分发挥政府保障性住房项目在住宅产业化方面的示范和推广作用。

(三)保障性住房推动住宅产业化产生良好的规模效益。住宅产业化的规模效益能否充分体现,是决定住宅产业化成功与否的重要因素。当前,国家把保障性住房建设计划提到前所未有的高度,为住宅产业化发展提供了最佳机遇。保障性住房的建设规模巨大,标准化程度较高,用户的个性化需求相应较低,要充分把握保障性住房的这一特点,把标准化、系列化、工业化的设计和生产方式应用进去,实现保障性住房的标准化、规模化、工业化生产,从而为住宅产业化提供难得的市场机遇和发展空间。[①] 而且发达国家和香港的经验也表明,中低收入者的住宅产品大多是工业化方式生产的,充分说明保障性住房是适合

[①]　参见李忠富:《试论推进保障房走产业化道路》,《中国建设报》2009 年 3 月 18 日。

工业化、产业化发展趋势的。

（四）将保障性住房的住宅产业化要求纳入法制轨道，并逐步提高应用比例。在政府部门提交市人大常委会讨论审议的《深圳市保障性住房条例（草案）》中，明确要求："保障性住房出租和出售前，应当按照环保节能、经济适用的原则进行一次性装修，以满足基本的居住要求。"然而，仅仅是这方面的规定还不能涵盖住宅产业化的全部内容。因此，要从建设保障性住房入手，全面推进住宅产业化。深圳市要从保障性住房建设为契机，强力推行住宅产业化，为市民提供高品质的住房，并借此促进住宅产业的升级和改造。尽快出台《深圳市保障性住房条例》，明确规定保障性住房产业化的配套制度和具体要求，每年确定一定比例（并逐年提高）的保障性住房，提出住宅产业化的要求，采用标准化、预制化和工厂化方式进行生产和装修，以实现住宅质量与生产方式的同步提升。

第 十 章

产业转型下的深圳市装备制造业发展策略

　　装备制造业是指为国民经济各部门进行简单再生产和扩大再生产提供生产工具的生产制造部门。[①] 目前,中国尚未有对装备制造业的统一定义和统计口径。比较通用的观点是,按照国民经济行业的分类,装备制造业包括金属制品业、普通机械制造业、专用设备制造业、交通运输设备制造业、电气机械及器材制造业、电子及通信设备制造业、仪器仪表及办公机械制造业等7大类中扣除消费类产品制造业小类后的 186 个小类。相当于欧洲国家的"资本货物制造业"。按照装备功能和重要性,装备制造业主要包括三方面的内容:重大的先进的基础机械,重要的机械、电子基础件,国民经济各部门科学技术、军工生产所需的重大成套技术装备。[②]

　　由于具有范围广、门类多、产业关联度高、产品链条长、带动能力强,以及高技术、高就业、节约资源、高附加值等特点,装备

---

　　① 参见国家发展计划委员会产业发展司:《中国装备制造业发展研究报告(上册)专题篇》,国家发展计划委员会产业发展司内部资料 2002 年版,第 1 页。

　　② 参见邹十践:《以信息化带动我国装备制造业的发展》,《建筑机械化》2002 年第 1 期。

制造业是一个国家或地区工业化水平与经济、科技总体实力的重要体现,是事关国家经济安全与综合实力的基础性、战略性产业。2006 年 2 月,国务院颁布了《关于加快振兴装备制造业的若干意见》。党的十七大报告中提出,要用高新技术和先进适用技术改造传统产业,大力振兴装备制造业。振兴和发展装备制造业,也是深圳市调整产业结构,走新型工业化道路的重要举措。

本书在对深圳市装备制造业态势分析的基础上,深刻把握装备制造业的现状和未来发展趋势,提出切实的发展战略与政策,推动深圳市装备制造业从加工基地向制造和服务基地的转变。

第一节　深圳市装备制造业的现状分析

在 20 多年时间内,深圳市装备制造业通过积极接纳国际产业转移实现了快速发展。"十五"期间,全市装备制造业总产值从 2000 年的近 1000 亿元发展到 2005 年的 3757 亿元,五年时间总产值增长了 276% ,超过全国装备制造业的年均增速,装备制造业总规模仅次于上海市。

总体而言,深圳市装备制造业具有以下主要特征:

(一)成为国际上有竞争力的装备制造业基地。深圳市有全球最大的金属集装箱、数字万用表生产基地,全球最集中的复印机、打印机生产基地,国内最大的程控交换机、压铸机生产基地和微电机出口生产基地。按市场占有份额,深圳市的交换设备、电子计算机整机、外部设备、电真空器件、电子元件、电池、电子工业专用设备、半导体器件及复印机制造业9个行业排在全国前两位。据深圳市机械行业协会统计，除电子及通讯设备制造业之外的6大类装备制造业企业中，全市约有1100家企业拥有自有品牌，其中30家企业的产品为省级以上名牌产品，"CIMC中集"牌集装箱、"力劲"牌压铸机是世界知名品牌。

（二）涌现出一批具有行业影响力的龙头企业。华为、中兴通讯已成为国内主要的电子及通讯设备供应企业；中集集团的集装箱产量自1996年以来一直保持世界第一；震雄集团是我国注塑机行业的龙头企业，注塑机产量亚洲第一；德昌电机、泰丰电机等企业的微电机产量约占全球同类产品的10%；理光、东芝、爱普生、柯比雅、施乐等国际知名公司在深圳市生产的办公自动化设备产值约占全球同类产品的21%。这些龙头企业带动了深圳市装备制造业的快速发展。

（三）电子及通信设备制造业一枝独秀。深圳市电子及通信设备制造业工业增加值占装备制造业工业增加值的80%以上，装备制造业中属于高新技术产业的电子及通讯制造业的产值占全部高新技术产品产值的90%以上，交换设备等的技术装备和产品水平居国内领先地位。深圳市已成为以电子及通讯设备制造业为主体的高技术装备制造中心。

（四）装备制造业已成为深圳市经济发展的支柱，且外向型经济特征显著。2005年，深圳市装备制造业工业总产值3757亿元，同比增长26%，占全市规模以上工业总产值的39.3%。产品涉及装备制造业的7个行业大类，企业数量达到1万多家，从业人员超过80万人。全市的装备制造业产品以出口为主，2005年的产品出口总额已突破300亿美元，在装备制造业总产值中的比重达到64%，占全市出口总额的30%以上，成为深圳市出口的最大产品种类之一。

随着我国产业结构调整、技术改造和设备更新的力度加大，基础设施和城镇化建设的步伐加快，以及居民消费结构从温饱型向小康型的转变，我国国民经济发展为装备制造业提供了巨大的市场空间。装备制造业已经成为新的经济增长点，并将保持较高的增长速度。从国际产业转移趋势来看，全球制造业正加速向我国转移，其中装备工业成为产业转移的主要部分。从装备制造业技术发展趋势来看，以信息技术为代表的高新技术迅猛发展，将会推动传统装备制造业的信息化改造和升级，带动通信设备、数控机床等现代装备制造业和制造服务业的繁荣。深圳市装备制造业的特色为其抓住机遇，在新一轮国内外竞争与分工中占有一席之地提供了坚实基础。但是，与国内老工业基地相比，深圳市在大型装备制造领域几乎是空白。此外，深圳市装备制造业在产业结构、产业组织、自主创新能力等方面都存在一些问题，主要表现为：

（一）产业结构不合理，产业链有待完善。深圳市装备制造业是在接纳国际产业转移的过程中发展起来的，虽然一些产品的产量位居世界前列，但主要是处于产业链低端环节的劳动密集型和资源消耗型产品，缺少集成电路、平板显示器等技术密集型、高附加值产品。产业链的关键环节缺失，核心元器件不能就地配套，集成电路、芯片等关键元器件的研发和生产远远滞后于整机制造，重大装备和成套设备依赖进口。装备制造业没有充分利用主业的优势，进一步向数字化装备领域扩展。作为产业链、产品链上重要一环的生产性服务业没有得到重点扶持。有些电子信息产品的密集度已趋饱和，出现资源分配紧缺和恶性竞争的局面，对产业链、产品链的有机构成造成负面影响。

（二）产业集中度偏低。深圳市装备制造业企业规模较小，中小企业占95%以上。中小企业产值比重高于50%，规模经济效益不突出。除华为、中兴通讯等电子及通讯设备制造企业外，2004年，深圳市机械工业排名前五位的企业分别为：深圳南方中集、理光（深圳）工业、富士施乐、佳能科技、东芝复印机。这五个企业产值合计195.3亿元，约占深圳市机械行业总产值的16%。产业集中度远低于上海、广州等城市。

（三）核心技术缺乏，产品开发和技术创新能力较弱。尽管技术装备和产品水平居国内领先地位，但装备制造业在核心技术和关键产品方面仍然受制于人。除交换设备、电子测量仪表、集装箱、照明器具工业设备以自主创新为主外，大多数产品的关键和核心技术需从国外引进。电子计算机外部设备、通信终端设备、广播电视设备、电子工业专用设备、蓄电池、电真空器件、电子元件等行业以技术引进、消化吸收为主，电子计算机整机、平板显示器、集成电路、复印机等行业消化吸收能力较弱，没有掌握核心技术，主要从事加工制造。装备制造业是技术和资金密集的行业，对研发投入的需求较大。除了中兴通讯、华为等企业外，大部分企业规模过小，没有能力支付昂贵的研发费用。据抽样调查，样本企业中仅有14.3%的企业有专门的研发机构，且大部分采取独立建设模式。90%以上的企业研发人员比例低于10%，70%以上的企业研发人员比例低于5%。企业研发经费的比例偏小，近80%企业的研发经费占销售收入的比例在2%以下，仅有约六分之一的企业拥有一至两项专利或知识产权。

（四）经济效益不高。与上海、苏州、大连、天津、北京等城市相比，深圳市装备制造业工业增加值率、产值利税率、人均利税率等指标均处于劣势。据统计,2005 年,全市装备制造业主营业务利润率仅为 4.3%,其中通信设备制造业最高,主营业务利润率达到 8%,文化、办公机械制造最低,仅为 3.1%,甚至低于全市工业的平均水平。这表明,如果不掌握核心技术和高附加值的关键元器件制造技术,不拥有自主知识产权的高、精、尖产品,深圳市装备制造业的产业规模可以在全国处于前列,但却不能带来相应的经济效益。

(五)民营企业发展有待引导和扶植。目前,三资企业在深圳市装备制造业中占据主导地位,品牌和市场大多掌握在外资手中。民营企业主要从事加工、组装等产业链中的低端制造工序,企业内部治理结构不健全,管理水平较低,名牌企业和名牌产品偏少,总体发展质量不高。企业发展的外部环境也需要进一步改善,尤其是在银行贷款、土地使用、经营领域的准入等方面,对民营企业的限制颇多,企业融资渠道不畅。由于装备设备生产周期长,资金需要量大,用户采购时付款周期长,资金拖欠现象十分普遍,极易造成生产制造企业资金紧张。由于国内银行没有开展买方信贷采购方式,使国内装备制造企业在与外资企业的竞争中失去了资金优势。同时,由于民营风险投资机构偏少,主板市场融资门槛过高,银行贷款条件要求过多,导致企业发展与融资产品供给短缺之间的矛盾比较突出。

此外,深圳市装备制造业还存在产业布局不合理、缺少专业化的产业聚集基地、高级技工奇缺等问题。从外部环境看,深圳市装备制造业的发展形势也不容乐观。首先,来自跨国公司的竞争。加入 WTO 以后,我国装备制造业关税大幅度下调,取得中国制造许可证的国外企业逐年增加,本土制造企业的低成本优势不再,一些中小企业面临倒闭、被并购的局面。同时,发达

国家仍在一些关键技术和核心技术上对我国实行封锁,以保持
其垄断地位。其次,随着区域之间的竞争加剧,作为深圳市工业
和进出口主体的外商在华投资出现北移趋势。目前,外商投资
正由以珠江三角洲地区为核心的东南部沿海地区,逐步向以长
江三角洲地区为核心的中部沿海地区转移扩散。再次,深圳市
水资源匮乏,土地资源紧缺。经济发展必须规避资源消耗高、环
境污染严重、单位面积产出低的产业,注重发展节约资源、高效、
环保的装备制造业,实现清洁生产、绿色制造。这些问题与矛盾
如果不能得到解决,将严重制约深圳市装备制造业的发展。

第二节　深圳市装备制造业的定位与发展战略

　　基于上述现状,深圳市装备制造业的定位应体现其特色和
优势,即发展以电子及通信设备制造业为主体的装备制造业。
理由如下:

　　第一,电子及通信制造业发展前景广阔。电子及通信设备
制造业是国家在今后相当长时间内重点发展的产业,目前作为
我国制造业中的第一大产业,是国民经济的支柱产业。尽管受
国际金融危机影响,2009 年规模以上电子信息制造业仍然实现
收入 51305 亿元,同比增长 0.1%;利润 1791 亿元,同比增长
5.2%;电子信息产业收入有所下滑,但在全国工业总产值中的
比重依然达到 10% 左右;电子信息自强实现主营业收入接近 1
万亿元,增长 2%,利润也保持正增长,均好于行业平均水平,其
中主营业收入超过 1 百亿的企业占 1/5。虽然不确定因素依然
较多,但未来产业发展形势总体向好。2010 年,3G 建设和商用

全面推进,基于 3G 网络的新业务开发将大幅扩张,通信领域的系统集成和软件服务市场前景看好。① 2007 年,我国电子信息产业实现销售收入 5.6 万亿元,增长 18%;增加值 13000 亿元,增长 18.2%;产业规模继续在国民经济各行业中位居领先,销售收入占全国工业产值的比重为 12%,增加值占全国 GDP 的比重达 5.27%。全行业对外贸易额达到 8047 亿美元,同比增长 23.5%,占全国外贸总额的 37%。①这样的发展态势将会持续相当长一段时间。

第二,电子及通信制造业是把深圳建设成国际化高科技城市的支柱。深圳市装备制造业中属于高新技术产业的电子及通讯制造业的产值占全部高新技术产品产值的 90% 以上,占绝对主导地位。电子及通信制造业可以为深圳市高新技术产业的发展提供生产装备和技术支撑,是推进深圳市信息化战略、实现"数字深圳"的物质基础、技术基础和经济基础。同时,电子及通信制造业向"数字化、服务化"方向延伸,并适度重型化,将会优化深圳市的产业结构。

第三,深圳市装备制造业的特色优势明显,避免了地区产业结构趋同化。作为新兴的工业城市,深圳市按照市场经济规律,实现产业聚集,成为具有国际竞争力的电子及通信设备制造业集中地,产业结构特色明显。而产业结构趋同化是多年来我国地区经济发展中存在的难题。如果深圳盲目追求产业结构的多元化、重化工化,将有可能失去这一独特优势,甚至走入困境。

---

① 数据来源:参见工业和信息化部,2009 年电子信息产业经济运行公报。[EB] http://www. miit, gov. cn/n11293472/n11294132/n128584621/13009463. html。

第四,实施可持续发展战略的需要。电子及通信设备制造业是信息技术的载体,是高新技术产业的主要组成部分。高技术产业具有技术密集、附加价值高、资源消耗少、污染轻、单位占用土地产出率高等特点。深圳市缺水、少地、没有其他资源,发展以电子及通信设备制造业为特色的装备制造业,比较适合当地的自然条件,有利于深圳市可持续发展。

因此,深圳市装备制造业的发展战略是:明确以电子及通讯设备制造业为主体,用高新技术带动装备工业的发展,大力发展高附加值、高技术含量的数字化装备和为主业提供支持的基础装备,重视发展延伸的现代制造服务业,实现产业结构优化;将自主创新与技术引进相结合,完成装备制造业技术水平的全面提升;坚持择优扶强、重点突破,培育一批有自主创新能力的龙头企业,发展产业集群;大力培育原材料制造业与最终产品制造业之间的零部件、元器件和中间材料制造业等中场产业。通过这一战略的实施,使深圳市成为以电子及通讯设备制造业为主导、以数字化装备制造业和现代制造服务业为两翼的国际化高技术装备研发基地、制造基地、出口基地和服务中心。

具体而言,深圳市装备制造业应重点发展以下领域:一是电子及通信设备制造业,包括计算机整机及外设高性能服务器、通信设备、电子元器件。二是数字化装备制造业,包括汽车电子、数字化医疗设备、仪器仪表、办公设备。三是基础装备和新型装备制造业,包括电子工业专用设备、机器人及其自动化成套设备、塑料机械、物流设备、环保设备、模具、电工器材及微电机、高档数控机床、设备及其功能部件。四是现代制造服务业,包括改造和提升传统装备制造业的软件,应用支撑软件(中间件、平台软件)及典型应用软件,以及为装备制造业产品生命周期服务的服务业。

第三节　深圳市装备制造业的发展政策

因势利导的产业政策有利于落实发展战略,弥补市场失灵的缺陷,实现产业资源优化配置,增强产业国际竞争力。近年来,德国、日本等经济强国纷纷采取措施加强制造业的基础产业地位,日本专门颁布了《振兴制造业基础技术基本法》。结合自身实际,深圳市装备制造业发展政策需要抓住以下几个方面:

(一)组织引导。成立政府相关职能部门组成的深圳市装备制造业发展委员会,研究确定全市装备制造业发展战略,制定发展规划、政策、产业导向目录,认定重点装备制造业企业,协调解决重大项目建设的有关问题。聘请国内外装备制造业知名专家、知名企业家以及产业政策研究专家组成深圳市装备制造业专家咨询委员会,增加决策的科学性。扶植行业协会发展。将一部分政府职能转移给行业协会,充分发挥其在信息交流、政策研究、咨询评估、行业自律等方面的作用,使之成为沟通政府与企业之间关系、实施宏观调控的得力助手。行业协会通过建立市场供求、生产能力、技术经济指标等信息的定期发布制度和行业风险预警制度、救助制度,向政府行政主管部门及时反映行业动向,提出政策建议,帮助企业协调解决发展中的问题。

(二)产业集聚。形成以优势企业为龙头的产业集群,如以华为、中兴为龙头的通信设备制造集群,以中集为龙头的物流设备制造集群,以比亚迪为龙头的葵涌新型电池制造集群,以德昌电机为龙头的沙井微电机制造集群,培育数字化仪器仪表、汽车电子、模具、平板显示器、复印机、集成电路、高档数控机床等产业集群。按照"土地集约、产业集聚"的原则,发展若干个装备制造业特色工业园。鼓励企业在深圳市建立运营管理、研发、资金结算及产品销售中心,培育装备制造业总部经济。把装备制造业产业链的关键环节和缺失环节作为招商引资的重点对象,实施定向招商,提供项目用地、资金扶持和税收优惠等政策措施。鼓励企业走研发制造与提供增值服务并重之路,培育一批具有设备工程总包能力的企业,为市场提供从系统设计、工程施工到成套设备安装调试及后续运行管理等全过程的增值服务,带动产业链的共同发展。

(三)技术创新。支持重点装备制造企业与大学、科研机构合作,建立国家级或省级工程技术研发中心。重点资助对行业有带动作用的关键、共性技术研发活动。借鉴中国台湾工业技术研究院等模式,建立集工程技术开发、中试、成果转化及产业化为一体的公共研发平台。优先考虑建设集成电路设计、封装和检测技术研发平台、新型显示器研发平台、汽车电子技术研发平台、数字化装备关键技术研发平台、制造业信息化平台。鼓励国外大企业在深圳市建立研发中心。积极支持企业以并购、参股国外研发和制造企业等方式,取得国外先进技术、产品的知识产权、市场销售渠道及后续的创新能力。加强装备制造业知识产权保护工作,鼓励并资助企业在国内外进行商标注册、专利申报,参与制定行业及产品标准,争创名牌。

(四)人才建设。建立深圳市重大装备制造业人才库。加大人才引进力度,以各项优惠政策和措施吸引技术人才前来落户和创业。对企业急需的优秀技术与管理人才,人事、劳动部门优先为其办理调入手续。向为深圳市装备制造作出突出贡献的个人提供政府津贴。将认定的装备制造企业的高级技术与管理人才纳入深圳市创新型人才奖励政策的范围,并在其住房与子女落户、就学方面予以优先安排。积极鼓励职工参加在职培训和继续教育,对在职职工参加技能培训并取得相应规定证书的,给予一定补贴。有针对性地增加职业教育培养专业,扩大招生人数。鼓励院企合作、校企合作,跨地区定向培养有一定理论基础、重实际操作的专用人才。争取国家教育部门的支持,与中西部地区合作建立对口的人才协作关系,由行业协会牵头,在中西部地区选定一批技工学校和高等职业学院,为深圳市企业定向培养专业对口的高级技工。

（五）扶持措施。设立装备制造业发展专项资金,主要用于企业研发费用补助、行业技术研发平台与公共服务平台建设、重大专项扶持、新建项目或技改项目贷款贴息、首台（套）设备及关键部件补贴等。对经认定的重大装备制造企业,在项目用地、专项资金支持、会展摊位、企业融资上市、政府采购等方面给予优先扶持,在项目审批、外事、海关、劳动、人事、人员出入境等方面提供便捷的绿色通道服务,缩短审批时限。广交会摊位指标向重点装备制造企业倾斜。装备制造企业参加国际展览会、境外投（议）标开拓国际新兴市场的,可以优先获得相关的资金补贴。鼓励各金融机构与装备制造企业签订银企战略合作协议,提供买方信贷等多种金融产品。鼓励企业通过上市融资、发行企业债券、吸引风险投资等方式筹集资金。组建深圳市重大装备租赁担保公司,建立重大装备融资、保险与再保险的联动机制,为装备制造企业的产品顺利进入市场提供融资担保和保险服务。

第十一章

深圳市传统产业转型的
共性技术平台构建

　　经过改革开放 30 年来的发展,深圳市的传统产业实现了从来料加工到自主生产,从小型分散到规模集约的生产经营方式转变,工业结构形成了高新技术产业和优势传统产业并重的产业格局。机械、服装、钟表、珠宝、家具、包装印刷等优势传统产业的规模较大,集中度较高,拥有一定自主知识产权和自主品牌,在国内外具有较高的市场占有率和知名度,形成了模具、服装、钟表、家具、黄金珠宝、内衣、汽车电子、家电、自行车 9 个产业集聚基地。尽管深圳市的发展已经融入了全球市场体系,但传统产业在全球的产业价值链中仍处于低端位置,多数企业只是加工组装厂,有生产能力,没有研发能力,属于"订单主导型"而非"技术研发主导型"。针对传统产业核心竞争力不强的现状,政府部门采取了建立区域创新系统、增加资金投入等多项措施,大力改造、升级传统产业,但收效并不明显。其中一个很重要的原因,是对产业共性技术的特点、对产业层面技术研发与企业层面技术创新之间的区分认识不够。

　　对共性技术的基础性、共享性等特点进行分析,可以发现产业共性技术与企业专有技术是两个层次的概念,产业共性技术研发是提升传统产业核心竞争力与企业专有技术创新能力的重要手段。由于对上述区分以及共性技术的外部性、风险性、集成性等特点认识不清,科技创新平台体系中传统产业共性技术平台存在缺失,传统产业急需的共性技术研发与供给不足。政府主导、利益相关者参与将是平台构建的主要模式。深圳市传统产业共性技术平台案例表明,地方研究机构平台与行业协会平台是两种可行的组织形式,但也存在平台升级等问题。

第一节 共性技术在提升产业技术体系中的作用

1992 年,美国国家标准与技术研究院(NIST)的高级经济学家乔治·泰奇(Gregory Tassey),提出一个以技术为基础产业的"黑箱"模型,并在 1997 年的专著 *The Economic of R & D Policy*(研究与开发政策的经济学)中,将理论进一步扩展为以技术为基础的经济增长模型(见图 11 - 1)。这一在"黑箱"模型基础上发展起来的产业技术演进过程模型,通过揭示国家基础科学转换为商业上可行的技术的过程,清楚地表明了基础科学和技术在经济增长中的地位和作用。

乔治·泰奇将技术分为三个层次和类型:基础技术、共性技术和专有技术。① 基础技术(Infrastructure Technology)主要包括硬件系统和软件系统两个方面,硬件系统指技术基础设施,软件

---

① 参见 Gregory Tassey. Infratechnologies and Economic Growth [A], in M. Teubal et al. (eds), Technological Infrastructure Policy [M]. Kluwer Academic Publishers, 1996.

系统指技术标准体系,包括技术产品质量标准、环保质量标准、技术测试标准和方法等。共性技术(Generic Technology)是建立在科学基础和基础技术平台之上,具有潜在市场应用价值的一类阶段性技术或产品,与其他技术组合后可广泛应用于诸多产业领域,能对一个产业或多个产业的技术进步产生深刻影响。共性技术研究阶段始于基础研究成果,止于实验室原型。专有技术(Proprietary Technology)则被界定为企业产品领域的技术,完全为公司或企业专属,拥有自主知识产权。

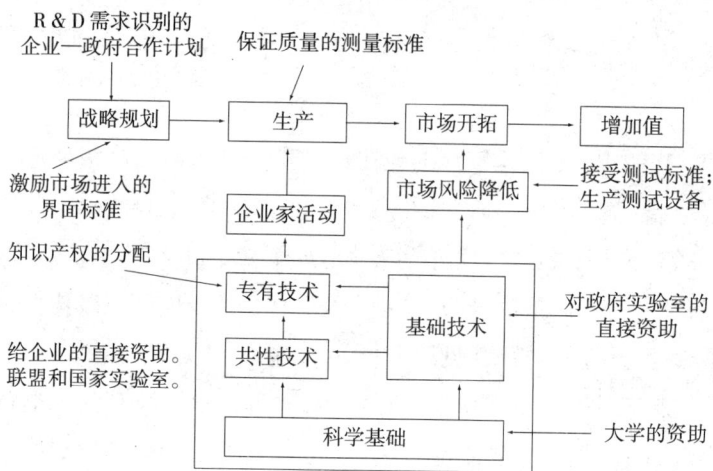

图 11-1　与 R & D 有关的政策机制①

　　共性技术概念的提出,表明产业共性技术研发与企业专有技术创新是两个层次的概念。共性技术基础性、共享性的特点,揭示了产业共性技术研发对升级和改造传统产业、提高企业专

---

　　① 参见［美］乔治·泰奇,苏竣、柏杰译:《研究与开发政策的经济学》,清华大学出版社 2002 年版,第 110 页。

有技术的创新能力,具有重要的基础作用。

(一)基础性。根据泰奇等人观点,共性技术和基础技术构成技术基础设施(technology infrastructure),是企业专有技术开发、商品化和市场化的基础。从研发过程来看,共性技术在产业技术体系中具有承上启下的作用,相对于企业专有技术属于"竞争前技术",也是基础科学研究成果迈向市场应用的第一步。一般来说,某产业的共性技术在其关联产业部门中是处于比较基础和关键的位置的,只有在共性技术得到较为成功的解决后,其他技术才能在它的推动下一起迅速实现新产品、新工艺的创新。[1] 共性技术能够迅速提高整个产业的技术水平层次,推动企业间形成合理的分工机制,促使企业由生产能力跨越到创新能力。企业基于产业共性技术平台,根据自身生产或产品的需要,进行后续的商业开发,最终形成具有自主知识产权的专有技术和产品,提升其核心竞争力。

(二)共享性。产业共性技术是为产业中多个企业而不是单个企业服务、共享的开放平台。共性技术研发成果可在一定范围和领域通用和共享,并对一个或多个产业、企业和用户的技术进步产生深刻影响,对整个行业的技术水平、产业质量和生产效率起到迅速带动的作用,具有巨大的经济效益和社会效益。产业共性技术的开放性直接决定其应用的深度和范围,也是决定其能否真正达到实用化,能否真正转化为现实生产力的基础。[2] 开

---

[1]　参见李纪珍:《产业共性技术供给体系》,经济科学出版社2004年版,第54页。

[2]　参见马名杰:《政府支持共性技术研究的一般规律与组织》,《中国制造业信息化》2005年第7期。

放性的基础在于标准化,能够减少用户的寻找和协调成本。

深圳市传统产业的结构性矛盾十分突出,很多企业只是加工厂或组装厂,没有掌握核心技术,产品科技含量较低,装备现代化程度不高;技术进步对经济增长的贡献率低,且技术进步主要依靠技术引进。众多中小企业普遍存在着有生产能力却没有研发能力、竞争靠降低成本而不是提升技术等问题。相当一部分市场急需的高技术含量和高附加值的产品,以及一些关键技术和重大技术装备,不得不依靠进口来解决。

因此,通过构建面向传统产业的共性技术平台,企业能够低成本地获得共性技术,并在此基础上通过技术集成实现创新,避免产业结构趋同所带来的严重资源浪费,从整体上提高传统产业的技术水平与装备水平。

第二节　政府在共性技术平台建设中的角色

继泰奇之后,共性技术研究得到进一步发展,美国商务部长唐纳德·爱文斯(Donald L. Evans)在分析社会资本投向基础研究、技术开发与技术商业化运作的过程中,发现了科技投资链的变化曲线,并把在基础技术和共性技术领域出现的因投资收益递减而形成低谷的现象,称之为科技投入的"死亡谷"(valley of Death)。[①] 共性技术市场失灵的现象,证伪了技术作为生产要

---

① 参见 Donald L. Evans. The Advanced Technology Program: Reform with a Purpose. The February 2002 report from the Secretary of Commerce. http://www. atp. nist. gov/secy_rept/contents. htm.

素是纯粹私人产品,完全由市场配置和调节,企业会自发地给予关注和投入,应尽可能减少国家干预的传统理论。这一传统理论体现在美国总统科学顾问万勒瓦·布什(Vannevar Bush)向总统递交的一份研究报告《科学——无止境的前沿》(Science：The Endless Frontier)中。[①] 该报告认为:基础科学研究是国家的事业,联邦政府应该承担资助科学进步的责任。而技术作为经济活动的资产是纯粹的私人产品,政府无须用纳税人的钱去惠及特定企业。

产业共性技术的外部性、风险性与集成性特点,是导致共性技术研发出现投资市场失灵现象的原因所在。

(一)外部性。共性技术研究成果比应用研究成果更无形,容易被模仿,难以用专利或商业秘密等措施给予知识产权保护。这类技术在某些方面具有公共物品特性,表现为技术经济学上的外溢性,一旦开发成功就能扩散或溢出到其他部门和领域,为社会所公有,研究开发产业共性技术的个体不能独占产业共性技术成果及其带来的全部收益。

(二)风险性。由于产业共性技术往往涉及多个技术领域,使得共性技术开发周期较长,研发资金投入规模较大,预期收益波动大,投资具有很大的不确定性,需要有一定的预见能力和风险承担能力。

(三)集成性。产业共性技术大多不是某个单一的技术,更多的是由一组成套关联的技术集成。无论是产业共性技术的内部技术构成,还是上下游产业的共性技术之间,都是紧密关联

---

① 参见 Vannevar Bush. Science：The Endless Frontier[R]. Washinnton D. C：National Science Foundation,1945.

的。技术成果凝聚着多学科的知识以及多个产业部门所包含的技术,关键共性技术的突破需要多学科研究人员的联合攻关,许多产业共性技术水平的提高往往受益于相关产业技术进步的扩散效应。

由于共性技术具有外部性与风险性,单个企业不愿意或很少投资于产业共性技术研究;由于共性技术的集成性,单个企业不具有多学科研究能力的特点。因此,如果完全依靠市场机制,会导致产业共性技术研究的投入严重不足。共性技术研发投资出现的"市场失效"现象,引起人们对以下三个问题的关注:1. 如何从理论上正确认识和理解不同技术类型的本质和特点;2. 政府在技术进步的过程中应发挥什么作用;3. 如何提高政府财政的科技支出的边际效益。[①] 共性技术"准公共产品"的特点表明,政府应对基础技术、共性技术予以直接支持。

第三节　传统产业共性技术平台的建设模式

国外政府支持共性技术研发的模式主要有两种:政府引导型、政府主导型。政府引导型以美国、欧盟、加拿大为代表,这些国家共性技术的研究主要依靠高度发达的市场机制,政府只负责引导,企业起主导作用;政府主导型以日本、韩国为代表,这些国家长期实施技术追赶战略,需要政府动用行政力量,通过各种计划、政策推动官产学研结合,实现从引进模仿向自主创新的

---

① 参见关韶峰、田新民、康力:《产业共性技术组织与开发的实施方案研究》,《科技进步与对策》2006 年第 11 期。

转变。

深圳市传统产业的共性技术研发对政府的依赖程度很高。由于企业不具备共性技术的研发实力,传统产业所需的共性技术主要由科研院所供给。随着企业化转制的推进,科研院所不可避免地要以追求利润最大化来指导自己的研发活动,无暇顾及共性技术这类相对没有近期经济效益的技术研发活动。于是,传统产业中单个企业提供共性技术的固有缺陷,与由单个企业承担共性技术研发平台职能的现状之间产生了相当严重的矛盾,导致科技创新平台体系中传统产业共性技术平台的缺失,以及共性技术供给的匮乏。因此,政府必须加强共性技术的研究开发与平台建设,为共性技术向传统产业特别是地方中小企业扩散创造条件。政府主导、利益相关者参与将是传统产业共性技术平台建设的主要模式。

(一)针对重要程度不同的产业共性技术,政府采取不同的平台组建形式。根据重要程度,产业共性技术可以分为关键产业共性技术、基础产业共性技术和一般产业共性技术。关键产业共性技术是对整个国民经济健康发展有重大影响,能够提高产业装备水平,加强产品竞争能力,提升产业结构的技术。基础产业共性技术包括测量测试和标准等行业平台技术。一般产业共性技术是上述两种技术之外的产业共性技术。政府针对不同的共性技术,应当组建不同的平台模式:一是通过建立国家研究院(所),支持关键共性技术、基础共性技术的研发,类似于美国的 NIST、加拿大的 NRC 和日本的 AIST 等。国家研究院全部或大部分经费由政府提供,政府只对研究机构采用企业会计审核制度,不要求自负盈亏。二是以行业公共技术平台形式支持一般共性技术的研发。各省市地方政府可根据区域产业发展特色,设立地方研究院、企业联盟或产学研联合体,如深圳市行业协会平台和地方研究院平台。

(二)平台定位为非营利性组织,政府对平台的支持以项目资助方式为主。从建立产业共性技术平台的目标来看,就是要利用平台的带动作用发挥共性技术的溢出效应。如果平台由企业盈利性部门承担,就很难实现公共性目标,而如果由政府部门实施,又会因政府远离创新前沿以及管理理念与方式不适应,如果难以实现平台自我运作、持续创新的目标。因此,选择非营利性组织是一个较为合适的定位。日本工业技术研究院、韩国产业技术研究院、德国弗朗霍夫应用技术研究协会等应用技术公共研发机构,均是世界著名的社会非营利性组织。在产业共性技术平台建设初期,政府给予资金、场地、政策等方面的扶持;在平台发展步入正轨后,政府主要为共性技术研发项目提供资助,通过政府采购和研发服务,实行合同管理、项目绩效评估,促进研发成果的推广、扩散。

(三)吸收利益相关者,引入多元投资主体,整合区域社会资源。产业共性技术研发主体除了企业、高校、科研机构外,还包括行业协会、产业技术联盟、工程技术研究中心等利益相关者。共性技术研发平台的基础与核心是技术,高校、科研机构、工程技术研究中心有大量的研发资源和科技人才,而行业协会、企业对共性技术有着迫切的需求。以平台建设为接口,加强利益相关者的联合,可以使现有资源得到充分、合理的利用;以平台建设为契机,对不同部门筹建的技术相关、功能相似、服务相近的机构进行整合,有利于集中政府资源,避免重复建设,提高平台建设效益。同时,建立有效的资金引入机制,吸收社会各界投资,充实建设资金,缓解平台建设前期运作费用紧缺的状况。

　　(四)从技术、设备引进走向自主研发是平台的升级方向。产业共性技术研发平台着眼于技术引进,让更多的企业尽快掌握行业成熟的技术和工艺,是发挥后发优势、提升行业国际竞争力的一条捷径。但是,必须清醒地认识到,引进技术设备并不等于引进创新能力,共性技术研发平台的持续发展最终还是要靠自主创新。在研发平台的发展初期,可以实施跟踪战略,对引进技术进行二次创新。但随着自身研发实力的增强,需将其功能定位在关键共性技术的研发上,真正发挥其支撑产业发展的作用。

第四节　深圳市传统产业共性
技术平台案例分析

　　深圳市传统产业的结构性矛盾比较突出,劳动密集型中小企业占大多数,产品附加值低,没有自主知识产权,处于全球产业价值链的低端。由于缺乏共性技术平台,产业低水平重复建设,高端设备依靠进口,不仅耗费大量外汇,而且与先进国家技术研发水平的差距不断拉大。2002年,深圳市政府在全市优势传统产业内开展试点,以传统产业企业为服务对象,建设产业共性技术平台,开国内先河。

　　2002年,深圳市政府在全市优势产业内试点,以劳动密集型中小企业为服务对象,建设公共技术开发平台,又是国内首创。截至2007年年底,深圳市已建成服装、家具、钟表、电子、材料、电气、设计、珠宝8个行业公共技术服务平台。2004年开始筹建的深圳市珠宝首饰研发推广中心,于2007年完成了二期项目的建设(见表 11 - 1)。

表 11 - 1　深圳市行业公共技术服务平台

名　称	筹建时间	运营时间
深圳市服装研究开发中心	2001 年	2003 年
深圳市家具研究开发院	2001 年	2002 年
深圳市钟表研究开发服务中心	2001 年	2002 年
深圳市电子产品质量检测中心	2001 年	2002 年
深圳国家 863 计划材料表面工程技术研究开发中心	2002 年	2003 年
深圳市电气产品质量检测中心	2001 年	2002 年
深圳市工业设计促进中心	2002 年	2004 年
深圳市珠宝首饰研究开发推广中心	2004 年	2005 年

　　根据筹建主体不同,深圳市传统产业共性技术平台有协会平台和研究院平台两种建设模式。协会平台依托服装、家具、钟表、珠宝等行业协会建设。研究院平台依托研究院、研究所、各类检测中心或其他专业研究机构建设,有电子产品质量检测中心、材料表面分析检测中心、电气产品质量检测中心等。平台属于企业化运作、非营利性、自负盈亏的社团法人组织,功能定位于以先进大型公用仪器、设备为用户提供检测认证、试验等方面的服务。建设资金以政府投入为主,实行定期审计监督。

　　深圳市共性技术平台为促进本地传统产业发展发挥了很大的作用。平台购置的先进检测试验设备,为企业产品研发、质量检测提供了很大的方便,改变了某些检测认证依赖国外或外地的现状,节省了企业的时间和费用;平台为企业技术进步、产品研发、管理咨询、人才培训、信息共享等方面提供全方位服务,增加了企业产品的附加值,使深圳市优势传统产业的整体效益明显提升,产业环境不断改善,吸引了一些外国和外地企业来深圳市落户。这两种平台建设模式都取得了较好的效果,实践证明是可行的。

但是,从提升传统产业的重要程度来看,深圳市共性技术平台是面向一般共性技术服务的公共技术服务平台,属于较低层次的产业共性技术平台。从服务功能来看,平台以技术推广、设备共用、信息服务、管理咨询、人员培训为主,研发只是辅助功能,而且研发是以实用技术而不是共性前瞻技术、关键技术或高新技术为对象。此外,虽然各平台配置的检测设备都具有国际先进水平,但只要资金充足,其他地方同样能拥有相同的先进设备,平台的检测认证等服务功能没有一项在市场竞争中独具优势。

因此,深圳市传统产业共性技术平台迫切需要提高自身的核心竞争力,依托本行业、产业的发展,提高其共性技术的研发能力,进一步升级为产业基地平台和区域性基础平台。深圳市政府可以将平台建设与产业集聚基地建设予以统筹考虑,这不仅有助于完善集聚基地的配套能力和服务能力,也有助于行业平台的发展,解决平台用地等问题。协会平台可与深圳市政府授牌的服装、黄金珠宝、钟表、内衣、家具和模具6个产业集聚基地融合发展,随着这些优势传统产业的区域优势日渐突出,发展成为竞争力较强的产业基地平台。电子产品质量检测中心等研究院平台可通过提升研发与服务水平,使业务范围突破初期的几个行业的局限,发展成区域性基础平台。

第十二章

深圳市产业转型的总体战略思考

　　深圳市作为经济特区,对产业的优化调整和升级转型反应最为敏捷,是我国生产方式演变和产业发展转型的晴雨表。经过 30 年的发展,深圳市产业结构不断优化,初步实现了从初级传统加工产业为主到高新技术产业为主的转型,从小型、分散生产经营到规模化、集群化生产经营的转型,从受托加工到自主研发生产的转型,从劳动密集型到技术密集型、资本密集型和知识密集型的转型,产业体系建设取得了明显成效,产业发展的整体水平在全国拥有明显领先的优势。但同时也要看到,深圳市经济增长方式仍具有粗放型特征,经济持续快速发展面临土地、资源、人口、环境等瓶颈性制约;产业结构相对单一,产业的核心竞争力有待加强,产业优化、升级、调整、转型的形势依然严峻。特别是国际金融危机的爆发,使国内外经济形势发生了深刻变化,经济全球化进程进一步加快产业结构调整和转型进一步加速,国家确定的"一区四市"①的城市定位,为处于产业转型和生产

---

　　① 注:国家发展和改革委员会 2008 年 12 月发布的《珠江三角洲地区改革发展规划纲要(2008—2020)》中指出:"深圳市要继续发挥经济特区的窗口、试验田和示范区作用,增强科技研发、高端服务功能,强化全国经济中心城市和国家创新型城市的地位,建设中国特色社会主义示范市和国际化城市。"这段话是国家赋予深圳"一区四市"城市定位的原初表述。

方式转变机遇期、攻坚期的深圳市进一步发展指明了方向。深圳市产业发展转型既面临着严峻挑战,也孕育着重大机遇。

在全球生产方式演变这一大背景下,深圳市必须顺应国际产业发展的规律,发挥经济特区的优势,实现产业的全球化、知识化、服务化、生态化转型,努力打造以"高端化、集群化、总部型、创新型"为主要特征的现代产业体系,在创新中转型,在转型中跃升,完成国家在改革开放新起点上赋予深圳市建设国家综合改革试验区、全国经济中心城市、国家创新型城市、中国特色社会主义示范市和国际化城市的伟大历史使命,开创科学发展的新局面。

第一节 深圳市产业转型的全球化维度

产业全球化,从本质上说是在全球范围内进行产业分工和资源优化。发达国家正在凭借其既有的优势,以大型跨国公司为依托,在全球范围内抢占产业高地,扩张自己的产业版图。深圳市是我国的经济特区和产业重镇,"一区四市"的目标要求,实际上是国家赋予了深圳市作为国家队参与全球产业竞争与合作的历史重任。因此,深圳市产业的全球化转型,是肩负重任,势在必行。

一、抓住机遇,融入全球产业版图

在全球生产方式演变的大背景下,国际上正在进行着新一轮的产业转移。这次产业转移主要是从制造业向服务业特别是向高端服务业转移,金融、物流、会展、软件、外包等知识性服务业成为这次产业转移的重点领域。同时,国际金融危机也对发达国家经济发展造成重挫,经济发展整体向好的中国引发了世界的关注,而深圳市所在的珠三角地区又恰好成为新一轮国际产业转移的一个主要目的地。这对于深圳的产业转型来说,无疑是一次很好的契机。

在产业发展之初,由于投资、技术、市场营销等核心要素主要来自外部,属于一种外生外向型的产业经济模式,深圳市的经济一开始就参与了全球产业分工,有很高的外向度,经济的外向型和产业链的全球化是深圳市产业的一个重要特征。同时也要看到,由于这种外生外向型的中小资本具有高度逐利性的一面,造成许多企业根植性不强,产业发展分散,且主要以轻型加工制造业等低端生产环节为主,属于"两头在外、大进大出"的外源型加工贸易经济,在全球产业版图中处于边缘地带,导致高速度没有带来高效益,外向型经济却缺乏产业全球化转型的内源动力等问题。经过以发展高新技术产业为导向的升级转型,深圳市的产业水平有了一定的提升,出现了如华为、中兴这样的大型公司,开始参与产业全球化进程,但整体的产业结构是一种多元并存的构架,企业结构与管理模式仍然以内向型为主,在产业分工上始终处于产业价值链的中下游。全市支柱产业的支撑与配套不足,企业核心竞争力不强,国际竞争力较弱,尚处于加工设备制造(OEM)阶段,劳动密集型的高新技术产品的生产加工企业居多。实现产业全球化转型,深圳市需要完成三个转变。

(一)紧紧抓住世界研发中心和消费中心向亚太地区转移的新机遇,以承接国际高端产业转移为重点,推动深圳市产业在国际产业分工体系中的战略升级,促成更多的企业由从事一般加工业为主的劳动密集型产业向技术、资本、知识密集型产业转型,实现产业结构战略性调整和优化升级。

(二)从出口导向型、订单主导型、单向贸易型向技术与知识主导型、生产者主导型、双向贸易型的转变,向产业价值链的高端进军,抢占国际产业发展的制高点,构建以国际化为导向、信息化为支撑、城市化为契机、市场化为手段、法制化为保障的产业体系,提升产业的国际竞争力。[①]

(三)从"制造"向"创造"转变,从一般代工型企业向温特制的全球研发营销型企业升级,从本地企业向跨地区企业、跨国公司转变,提高产业整体竞争力和应对金融危机的能力,形成具有国际竞争力的高端化、集群化、总部型、创新型的现代产业体系,积极参与国际分工体系并取得优势地位,融入全球生产方式演进的产业版图。

二、参与国际分工,用好全球产业资源

在新时期、新目标、新任务面前,需要进一步发挥深圳市作为经济特区的"窗口"作用,大力推进对外开放,全面加强与世界主要经济体的经贸关系,积极主动参与国际分工和全球产业资源配置,通过产业转型,率先建立全方位、多层次、宽领域、高水平的开放型产业发展格局。

(一)提高利用外资水平,配置全球产业资源。推动利用外资从外延的简单扩张转向内涵的深化拓展,鼓励现有外资企业开展产业升级和高端延展。抓住应对金融危机和承接新一轮国

---

① 参见深圳市人民政府:《深圳市国民经济和社会发展第十一个五年总体规划》(2006 年 3 月 26 日深圳市第四届人民代表大会第二次会议审议批准),深圳市发展和改革局编印(内部资料),2006 年 5 月。

际产业转移的契机,结合深圳市经济发展和产业结构调整的要求,加大招商引资工作力度,拓展外资的来源。调整利用外资的领域,在巩固和推动外商投资高新技术产业和物流业等优势产业的基础上,引导外资流向能源、交通、环保、旅游等重点发展产业,促进外资参与金融、物流、商贸和商务服务等现代服务业。实施总部经济策略,吸引跨国公司设立投资性公司(地区总部)、研发中心、采购中心和生产基地。促成国外商务服务机构、科研及技术服务机构的投资。继续扩大城市公用事业领域的对外开放,积极开展教育、医疗、文化等领域中外合资、合作的试点。积极引导和鼓励海外优秀人才前来创业、投资。利用外资从资金为主提升到以先进技术、管理经验和高素质人才为主,从制造业为主转向制造业与服务业并重,提升全球产业资源的利用水平。①

(二)加快实施"走出去"战略,实现产业链向全球的延伸。鼓励有条件的企业在国外建立生产基地、营销中心、研发机构和经贸合作区,开展境外资源合作开发、国际劳务合作、国际工程承包。收购国外掌握关键技术的中小企业、研发机构和营销网络。多元化开拓国际市场,加快培育本地成长起来的跨国公司。积极参与东盟自由贸易区的合作,扎实推进中国·越南(深圳·海防)经贸合作区建设。鼓励企业开发利用境外资源,建立境外资源供应基地。鼓励有实力的企业到境外建立生产基地,开展境外加工贸易,带动国内商品、技术、原材料和零部件出

---

① 参见深圳市人民政府:《深圳市现代产业体系总体规划(2009—2015年)》,深府〔2009〕131 号文,2009 年 6 月 24 日,《深圳市人民政府公报》2009 年第 26 期(总第 660 期)。

口。通过"走出去"提高全球资源的利用水平,实现产业链向全球的延展,提高深圳市产业的国际化水平。①

三、以品牌化战略参与国际产业竞争

品牌是产业参与全球化的入场券,品牌战略是产业在国际竞争中占据产业价值链高端位置,从而获取高额利润的关键。所谓品牌化战略,就是坚持自主创新,实现从产品经营向品牌经营的转型,增强产业综合实力,提升国际竞争力,攀占产业价值链的高端。

深圳市是中国的"品牌之都",在中国十大"品牌之都"城市中名列首位②,现拥有"中国世界名牌"3 个,"中国名牌产品"80个,"中国驰名商标"25 个,在销往世界各地带有"中国制造"的产品中,"深圳制造"占有相当比例。但就生产方式的演化和产业发展阶段而言,深圳市目前尚处于产品经营阶段,主要表现为企业品牌意识不强,不少企业仍然以贴牌生产来牟取微利,本市产业品牌在国际市场上的竞争力不够强,影响力还不够大。因此,深圳市产业的全球化转型,需要通过实施品牌战略参与国际竞争。

(一)强化品牌观念,实现从产品经营向产业品牌经营的转型。企业要强化品牌观念,通过持续的技术创新、质量管理、市场推广、售后服务等树立良好的品牌形象,加强品牌经营。在做

---

① 参见深圳市人民政府:《深圳市国民经济和社会发展第十一个五年总体规划》(2006 年 3 月 26 日深圳市第四届人民代表大会第二次会议审议批准),深圳市发展和改革局编印(内部资料),2006 年 5 月。

② 参见《十大品牌之都深圳居首》,《深圳商报》2008 年 6 月 18 日。

优做强支柱产业的基础上,努力形成产业集群优势,把产品品牌升级为产业品牌。可按照以企业为主体,市场认可、政府推动、中介辅导的品牌培育原则,建立共担投入、共享利益、协调运作的产业品牌培育市场化运作机制,营造知名品牌的良好发展环境,引导企业强化品牌意识和商标意识,争创名牌产品。

(二)增强自主品牌意识,完成从贴牌加工到自创品牌的转型。坚持自主创新以提升产业的技术含量与知识含量,提高自主品牌的市场拓展力,把自主品牌推向国际市场。政府积极鼓励和支持企业走品牌经营之路,以自主品牌开拓国际国内市场,着力创建国际品牌,培育一批知名品牌和一批龙头企业。加大对本地的中国名牌、世界名牌的培育与保护力度。鼓励企业在境外注册商标,开展自主品牌经营,打造具有自主知识产权的国际品牌。①

(三)打造国际名牌,实现从国内品牌经营到国际品牌经营的转型。深圳市的企业要实现由制造向创造的转变,必须把打造国际知名的产业品牌作为参与国际竞争,攀占价值链高端的重要目标任务。促进集体品牌或集体商标、地理标志产品、原产地注册商标等地区品牌的发展。支持企业管理机制和运行机制的现代企业制度改造,按照合理化、集约化、集团化和国际化的战略步骤,梯次推进重点企业做优做强,努力培育世界级跨国公司。在高端服务、高新技术、先进制造和城市文化领域着力培育一批著名品牌和龙头企业,鼓励境外商标注册,打造国际品牌。通过制订年度名牌建设和推进计划,建立名牌企业数据库,注册

---

① 参见:《深圳市"十一五"规划前期研究报告》,深圳市发展和改革局编印(内部资料),2005年6月。

推广名牌产品,打造深圳市的品牌产业群,形成一批在全国乃至全球具有显著竞争力和重要影响力的名牌产品和产业品牌。

四、以总部经济战略提升国际化水平

总部经济(Headquarters Economy)属于产业价值链的高端,是经济全球化背景下经济中心城市一种快速高效发展的模式。所谓总部经济,即将企业高端功能与中低端功能部分在空间上进行分离,高端功能部分在一个中心区域内集聚,形成一个个企业总部,包括管理总部、研发总部、销售总部,甚至随企业总部集聚而在中心城市形成一个个总部基地。① 中低端功能部分分散到周边地区,由此实现不同区域的分工协作、资源的优化配置。由于企业总部本身就是企业价值链中含金量最高的区段,因此总部经济对所在区域的产业发展具有较强的拉动作用。从新加坡、中国香港、首尔等城市的发展经验来看,总部经济对产业升级转型的带动作用显著,在推进区域发展和城市国际化进程中也起着重要作用。经过多年的发展和积累,深圳市已具备了向高端化发展的条件和需求。深圳市发展总部经济,是城市产业升级、功能和形象提升,走向国际化的动力引擎,是一种必然的战略选择。

深圳市高度重视总部经济在产业发展转型中的作用,2008年出台《关于加快总部经济发展的若干意见》的政府 1 号文件中,提出将发展总部经济提升到产业发展和城市发展的战略高

---

① 参见《加快深圳企业区域合作与总部经济发展》,《深圳特区报》2006年 2 月 20 日。

度予以强力推进。[①] 实施总部经济发展战略,深圳市需要做好以下几方面的工作:

(一)抓住产业的全球化转型机遇,充分利用特区地理区位、市场体制、投资环境等方面的优势,主动承接新一轮国际产业转移,完善总部经济服务体系,整合总部经济发展资源,营造良好的投资环境和人文环境,吸引国内外知名大企业集团来深设立总部、地区总部、研发中心、采购中心、营销中心等。

(二)坚持"内聚外联"的发展策略,以"内聚"形成一批总部企业,以"外联"促进区域间互利互动,以建设四大支柱产业的总部企业为重点,积极引进跨国公司的先进技术、管理理念、经营方式、组织形式,促进深圳市产业的全面提升,发挥总部经济对技术创新和市场扩张的引领功能,加快产业集聚基地总部功能区的规划和建设,进一步完善和延伸优势产业链条,优化产业配套环境,提高总部机构业务与本地产业的融合度,增强总部经济的根植性。

(三)积极发展本地总部企业,支持国有企业重点打造优势企业集团,鼓励民营企业实施名牌战略和质量战略,并鼓励本地优势企业特别是具有品牌优势和规模优势、发展态势良好的企业扎根深圳市,加速成长壮大。

(四)坚持"产业第一"的发展策略,走总部经济与支柱产业发展以及产业结构调整相结合的道路。充分发挥深圳市高新技术、现代金融、现代物流和文化产业的发展优势,吸引、扶持和培

---

① 参见深圳市人民政府:《关于加快总部经济发展的若干意见》,深府[2008]1号文,2008年1月3日,《深圳市人民政府公报》2008年第2期(总第578期)。

育一批四大支柱产业的总部企业,加快形成具有比较优势和核心竞争力的产业集群。

(五)支持和鼓励香港大型或知名企业在深圳市设立国内总部,本地企业在香港设立国际或者亚太总部,共同形成"深港总部经济圈"。引进香港高端服务人才和先进运作模式,形成集聚和扩散效应。①

五、创新机制,推进与港澳台的产业合作

毗邻港澳台的区位优势是深圳市产业发展的重要资源,借助与港澳台的合作走向国际化是深圳市产业全球化转型的捷径。因而,深圳市在产业转型中应把与港澳台合作摆在突出位置,按照"分工合作,有序有利,共同受益"的原则,在 CEPA 合作机制和深港"1+6"合作协议及深澳合作协议的基本框架之下,推进与香港、澳门的产业合作关系,提升对台贸易合作水平。

(一)加快构建"深港都市圈"。积极推动深港在港口机场及口岸建设、环境保护等领域的交流与合作,共同构建"深港都市圈",建设"一城两市、双核互动"的国际大都会和产业创新发展圈。加强深港共同推介和招商引资合作,借助香港在世界上的知名度和成熟的招商引资经验,开展两地在海外的联合招商。

(二)深化深港服务业合作。把香港发达的国际金融业、现代服务业优势与深圳市高科技制造业的优势结合起来,促进深港两地产业发展的互利双赢。借助香港的国际贸易中心、金融

①　参见深圳市人民政府:《深圳市现代产业体系总体规划(2009—2015年)》,深府〔2009〕131 号文,2009 年 6 月 24 日,《深圳市人民政府公报》2009 年第 26 期(总第 660 期)。

中心和物流商务平台的优势,主动承接香港现代服务业的带动、辐射和转移,推动现代服务业的协作共赢。深化深港两地金融、物流、商贸、科技、人才等方面的交流与合作,共同建设国际化高端服务业平台,全方位加强深港在银行、证券、保险等金融领域的合作,吸引香港国际证券投资基金参与深圳市资本市场的投资和交易,争取香港金融机构将其金融灾难备份中心、数据处理中心、软件开发中心、理财中心、培训中心等设在深圳,促进深港金融业的融合。互相开放中介服务市场,深化商贸服务业合作。充分发挥深港两地的优势,加强深港会展业的合作。联通两地物流网络,加强物流业的合作。加大银行、证券、保险、评估、会计、法律、教育、医疗等领域从业资格的互认力度,为服务业合作创造条件。加强出版、影视、工艺、服装设计等文化创意产业的合作与交流,吸引香港的金融业、会计审计、法律服务、管理咨询、市场营销等中介行业以及教育、医疗等领域的机构来深圳投资合作。推进两地旅游业合作制度建设,开放旅游中介市场,统一规划开发旅游资源并合力进行推广,加强两地旅游信息共享系统建设,加强旅游管理机构的合作与协调。实现深港产业发展上的互补融合、互利双赢,促进深港两地的优势互补和共同发展。

(三)推动"深港创新圈"建设。充分利用深港两地的创新资源和优势,坚持上下游错位发展,以信息技术、生物制药、新材料技术、海洋技术等高技术产业为重点,在研发、制造、服务、营销等环节进行合理分工,在两地间建立紧密联系的技术创新体系。协调两地高科技产业布局,建设深港两地创新资源互动、产业链紧密合作的跨城市、高聚集、高密度的产业聚集带。

(四)推动与澳门、台湾的产业合作。依托深圳市现有台资企业,进一步扩大对台经贸合作,拓展合作领域。支持建立多种交流机制,加大协会、商会等民间交流力度,鼓励开展经贸洽谈、合作论坛和商务考察。加强与台湾在经贸、高新技术、先进制造、现代农业、旅游、科技创新、教育、医疗、社保、文化等领域合作。大力吸引高素质的台湾企业来深投资,扩大投资规模,加大与台湾的经贸交流。认真落实深圳市与澳门签署的关于金融、经贸、文化、旅游、家禽检疫领域的多项合作协议及备忘录。①

六、互惠共赢,融入珠三角区域经济一体化

深圳市地处中国最具发展活力的珠三角经济区的前端,居于珠三角"港—深—穗"经济走廊的中心部位,这为深圳市产业转型提供了良好的城市支撑体系平台。深圳市在实现产业转型的过程中,需要主动适应经济全球化和区域经济一体化的发展,按照政府推动、市场主导,资源共享、优势互补,平等协商、共同推进,协调发展、互惠共赢的原则,创新合作机制,优化资源配置,加快珠江三角洲区域经济一体化的进程。

(一)推进深莞惠三市紧密合作。空间制约是深圳市产业未来发展的瓶颈之一,而增长极理论②和点—轴理论③为深圳市

---

① 参见深圳市人民政府:《深圳市现代产业体系总体规划(2009—2015年)》,深府〔2009〕131 号文,2009 年 6 月 24 日,《深圳市人民政府公报》2009 年第 26 期(总第 660 期)。

② 注:增长极理论由法国的费朗索瓦·佩鲁(Prancois Perroux)提出,见《新发展观》一书,华夏出版社 1987 年版。

③ 点—轴理论的核心是中心地理论和生长轴理论,由德国地理学家克里斯特勒(W. Christallar)和规划学家沃纳·松巴特(Werner Sombart)提出。中心地理论认为城市的作用从中心点向外围递减。生长轴理论认为区域经济会沿交通干线这一生长轴吸引人口、资本等要素,从而获得更快发展。

破解空间难题提供了一种启示性的思路。所谓"增长极",就是能够引领周边发展的创新元素聚集区。所谓"点—轴理论",就是以创新元素聚集区为中心,以交通线为轴线,吸纳人口和资本,向外扩延发展。依照这种理路,深圳市作为深莞惠区域的中心,首先要成为创新元素聚集区——"增长极",然后借助交通轴线对人口、资本的带动作用,以大鹏展翅之势向两翼延伸辐射,轴向发展。即以交通开路,扩大产业合作,打破与周边近邻城市的行政边界,建立一种资源共享、优势互补、互利互惠、共同发展的区域一体化战略合作关系。而这种点—轴式发展战略也得到了政策面的支持。国务院近期出台的《珠江三角洲地区改革发展规划纲要(2008—2020 年)》所确定的区域总体发展目标,就是在积极推进珠三角区域经济一体化的总体框架下,打破行政体制障碍,创新合作机制,促进要素合理流动,优化资源配置,重点加强深莞惠三市在区域发展规划、产业发展、区域创新、基础设施建设、环境治理、生态保护、社会公共事务管理等方面的紧密合作,全面提高区域整体竞争力和辐射带动力。因此,推进产业协作,根据三市的资源禀赋和产业结构及发展定位,逐步在三市之间形成生产要素合理流动、资源优化配置、产业协调发展的新格局,可谓得天时、享地利。应按照优势互补、协调发展、互惠共赢的原则,加快深莞惠一体化的步伐,将建设全球电子信息产业基地、世界先进水平的特大型石油化工基地,培育和壮大新能源、新材料、环保、海洋、精细化工、生物等产业,形成区域经济新的增长点并以此作为产业合作的重点。从政府层面上应鼓励三市企业在高新技术产业、先进制造业、优势传统产业以及金融、商务会展、物流、科技服务、信息服务、文化创意、旅游等现代服务业领域开展合作,协调产业调整和转移的政策,推进产业结构优化升级,构建区域服务和创新中心。

(二)建立珠江三角洲区域合作机制。以科学发展观为统领,以体制机制创新为动力,以交通一体化为先导,建立与珠江三角洲地区各城市的多种形式合作机制,与珠江三角洲地区各城市联手推进基础设施、产业发展、环保生态、城市规划、公共服务的一体化,实现珠三角地区协调、有序、可持续发展。积极稳妥地实施规划,加强统筹协调,构建错位发展、互补互促的区域产业发展格局,推进产业协同发展。围绕珠三角地区优势产业链和共性技术开展联合攻关,形成珠三角地区产业协作和战略联盟,促进要素集聚和集约化发展,提升综合竞争力。

(三)带动环珠江三角洲地区加快发展。依托珠江三角洲地区完善的基础设施网络和产业梯度转移机制,以产业转移和劳动力转移为依托,积极融入和推动区域发展与合作,鼓励和引导传统产业向周边地区转移,推动深圳市产业高端化和区域工业化。健全产业转移的政策引导,完善产业转移的服务机制,推进产业转移园的合作开发,实现"双转移"①与区域合作的"点面"结合,统筹协调现有产业转移园的发展,建设示范性产业转移工业园。

七、打开两条通道,拓展国内产业发展空间

由美国次贷危机所引发的国际金融危机,使深圳市的产业

---

①　注:2008 年 5 月,广东省委、省政府颁布《关于推进产业转移和劳动力转移的决定》,明确提出将"双转移"作为破解广东科学发展难题的战略突破口,鼓励珠三角地区的劳动密集型企业向东西两翼和山区转移;而东西两翼及山区的劳动力,一方面向当地第二、第三产业转移,另一方面其中的一些较高素质的劳动力,向发达的珠三角地区转移。

发展面临严峻的形势。由于深圳市经济的外贸依存度高达260%,且主要出口市场集中在美、日、欧等发达国家和地区,因此受国际金融危机和市场萎缩的冲击更直接、更强烈。国际金融危机的出现也使深圳市受益匪浅。为了应对金融危机,深圳市需要打开两条通道,即在面向世界推进国际化的同时,也要面向全国,以服务创造开拓新的发展空间。应对金融危机,要着力危中寻机,一方面,要抢抓经济不景气时发达国家对中低端产品消费倾向增强的契机,利用自身出口产品成本较低的优势,积极抢占国际市场;另一方面,要抢抓国家扩大内需的契机,利用深圳市产业基础较好的优势,全面拓展国内市场。从另一个角度看,深圳市的快速发展得益于全国的支持,未来的可持续发展更应该在全国的科学发展中谋篇布局,全面落实国家统筹区域协调发展战略,充分发挥经济中心城市的辐射和带动作用,为国家富强和区域协调发展作出新贡献,同时通过服务全国和加强产业合作,创造深圳市产业发展的新空间。

(一)积极融入"泛珠三角"区域合作。立足于泛珠三角区域宽领域、深层次的合作与发展,坚持优势互补、务实互利、开放互动的原则,推动和形成以项目带动合作、以合作促进发展的良好合作机制和共同发展模式。鼓励和支持深圳市有实力的企业开展产业项目合作,扶持本市大型零售连锁企业在泛珠三角区域开设分店,推动"珠洽会"深圳市签约项目的落实。以国家生物医药基地建设为契机,促进区域内生物医药和医疗器械产业合作。建立泛珠三角区域高科技农业基地,建立农产品相互认证制度。利用深交所开设的中小企业板和创业板,促进泛珠三角区域中小企业和创业投资机构的发展,组织深圳市有实力的资本市场中介服务机构和上市公司到泛珠三角区域进行宣传推介、交流培训。①

(二)加强与长江三角洲、京津冀两大经济圈的产业发展合作。鼓励和支持双方优势企业开展各种形式的跨区域合作,促进两地产业结构优化和升级。积极参与和推动商品贸易、服务贸易和贸易投资便利化,加快促进和形成一体化的商贸体系,在优势互补的基础上激发区域内的潜在消费需求与生产供给。充分利用深圳证券交易所和上海证券交易所两个融资平台,加强两地金融资本市场的合作交流,建立自由流通的区域资本市场。打造开放的资源库,实现两地人力资源、信息资源、资本资源等资源共享,以及两地人流、物流、资金流、信息流的顺畅流动。通过与长江三角洲、京津冀经济圈等经济较发达地区的合作,实现强强联合,提升产业发展水平。

(三)增强辐射带动能力。强化深圳市作为全国经济中心城市和国家创新型城市的地位,积极参与西部大开发、振兴东北老工业基地和中部崛起战略的实施,进一步拓宽与国内产业的合作领域,推进基础设施、技术研发、物流贸易、金融市场、资源能源和民生服务等领域的合作。鼓励和引导传统产业向内地转移,积极发展深圳市的异地工业园。积极推动与内地开展商品贸易、服务贸易和贸易投资,开拓国内市场,发挥窗口作用。充分发挥深港两个证券交易所的互补作用,南联香港,北依内地,探索和推动形成"香港—深圳—内地"互动的资本运营市场。大力发展总部经济,延伸产业和价值链条,增强深圳市对内地的

---

① 参见深圳市人民政府:《深圳市现代产业体系总体规划(2009—2015年)》,深府〔2009〕131 号文,2009 年 6 月 24 日,《深圳市人民政府公报》2009 年第 26 期(总第 660 期)。

带动力和辐射作用。形成优势互补、务实互利和开放互动的总部经济外联发展态势,全面打造具有深圳市产业发展特色的经济腹地。①

第二节　深圳市产业转型的知识化维度

深圳市产业转型的内在动力是自主创新。只有在自主创新的推动下,深圳市的经济发展才能实现从要素驱动向创新驱动转变,从粗放型向集约型转变;产业结构才能从劳动密集型向技术密集型、资本密集型、知识密集型转变;产业形态才能实现从物质生产向非物质生产转变;"深圳制造"才能实现向"深圳创造"转变。

一、坚持技术创新,推进高新技术产业高级化

产业的高级化是指处于产业价值链的高端位置,由技术创新引发的产业链结构的高知识化、高技术化、高加工度化和高附加值化的动态过程。

目前,作为深圳市高新技术产业主体的高新技术制造业,正呈现出从终端制成品逐渐向零部件、材料等技术含量高的价值链高端环节移动,从引进加工制造向自主研发转变,向高新技术服务业转型,以及向周边空间转移的趋势,初步体现了温特制背

---

① 参见深圳市人民政府:《深圳市现代产业体系总体规划(2009—2015年)》,深府〔2009〕131 号文,2009 年 6 月 24 日,《深圳市人民政府公报》2009 年第 26 期(总第 660 期)。

景下全球高新技术及其产业发展的新变化。[①] 但从产业整体上看,深圳市高新技术产业还处于相对粗放型的发展阶段。在产业链结构中,表现为高端产品、核心零部件和关键设备相对缺乏,产品附加值偏低。深圳市高新技术产业的加工贸易比重约占 9 成,属加工装配性质的劳动密集型产品产值所占比重超过60%,主导产品结构升级缓慢,高新技术主导产品中大多数仍属于 20 世纪 90 年代的传统高科技终端产品,高新技术产品产值的增长在很大程度上依赖人力资源的增加,在全球产业分工中仍处于末端和被动的地位。因此,深圳市高新技术产业需要向高级化转型。

(一)实施自主创新战略,大力发展高新技术产业。加快推进"一芯一片"(即超大规模集成电路和大尺寸平板显示)、通讯、半导体照明等高新技术产业项目以及下一代网络、新能源、新材料、生物医药、海洋经济等新兴产业的培育和发展。

(二)加大科技创新基础设施的建设力度,提高源头创新能力。在确立自身比较竞争优势的同时,大力推进科技研发领域的自主创新,加强基础创新,加强产业共性技术平台建设,强化高新技术产品的研发和设计,力争在科技创新上取得新突破,攻克具有自主知识产权的产业关键技术和共性技术难题,为高新技术产业持续发展不断提供动力和保障。

(三)形成人才引进、人才培养的长效机制,构筑结构合理的高科技人才体系。创新人才选拔与吸引机制,面向全球引进一批高新技术领域、重点产业和重点项目方面的高端人才。

---

① 参见李平、王蒲生、杨君游:《温特制生产方式下的深圳高新技术产业转型研究》,《中国科技论坛》2007 年第 11 期。

（四）健全区域创新系统。加快资本平台、智力平台、知识平台、中介平台和科技条件平台建设，通过官产学研螺旋联动，加强企业作为研发投入主体的创新能力；完善政府资金引导与企业投入相结合的创新投入体系；完善科技成果转化和扩散机制，培育为科技成果评估、交易、仲裁等提供专业化服务的科技中介机构；完善以保护知识产权为核心的科技法规体系；通过新技术的开发、引进、应用、扩散，推进高新技术产业从劳动密集型向资本密集型、技术密集型、知识密集型的方向不断发展，提高其资金、产值与劳动力之间的比重，使高新技术产业向上游延伸产业发展链条，增强产业发展后劲。①

（五）促进高新技术向服务业、制造业的渗透和融合，推进高新技术服务业的转型。用高新技术加快金融、保险、电信、物流、旅游、会展等现代服务业的改造和升级，积极发展提供衍生服务的技术和知识密集型服务业。巩固和提升先进制造业的基础地位和发展水平。以绿色化和信息化为核心，提升传统制造业。对传统产业进行高新技术改造，提升其技术含量，实现产业结构高级化。

（六）实施技术跨越战略，掌控产业链关键环节。对于一些技术标准已经确立、重新创牌投资巨大的产业，可依据自身的规模与成本优势，通过贴牌生产成为价值链中重要的一环。在确立自身比较优势的同时，集中资源加强核心业务，加大自主知识产权的含量，通过跨越战略向价值链的高端上游和关键环节移

---

① 参见深圳市人民政府：《深圳市现代产业体系总体规划（2009—2015年）》，深府〔2009〕131 号文，2009 年 6 月 24 日，《深圳市人民政府公报》2009 年第 26 期（总第 660 期）。

动,继而在某一节点上创造不可替代的品牌,直至控制整个产业链。①

二、关注科技发展趋势,培育新兴战略性产业

国际金融危机对世界经济影响深远,对深圳市的经济发展和产业转型既是机遇也是挑战。历史经验表明,全球每一次大的经济危机都会伴随着科技的新突破,进而推动产业革命,催生新兴产业,形成新的经济增长点。当今世界,一些主要国家为应对这场危机,都把争夺经济和科技的制高点作为战略重点,把科技创新投资作为最重要的战略投资,把发展高技术及产业作为带动经济与社会发展的战略突破口。这预示着全球科技将进入一个前所未有的创新密集时代,重大发现和发明将改变人类的生产方式和生活方式,新兴产业将成为推动世界经济发展的主导力量。面对全球新一轮科技革命的挑战,作为国家创新型城市的深圳,完全有能力也应该在若干关系国家长远发展的领域抢占经济与科技的制高点,使产业发展走上创新驱动、内生增长的轨道。

2009 年 9 月 22 至 23 日,在国务院召开的新兴战略性产业座谈会上,温家宝总理指出,世界经济发展史表明,那些在危机中善于抓住机遇的国家,往往会率先复苏并占据新一轮发展的制高点。发展新兴战略性产业,是我们立足当前渡难关、着眼长远上水平的重大战略选择,既要对我国当前经济与社会发展起到重要的支撑作用,更要引领我国未来经济与社会可持续发展

---

① 参见李平、王蒲生、杨君游:《温特制生产方式下的深圳高新技术产业转型研究》,《中国科技论坛》2007 年第 11 期。

的战略方向。选好关键核心技术,定准新兴战略性产业,直接关系到我国经济社会发展全局和国家安全。选对了就能跨越发展,选错了就会贻误时机。新兴战略性产业要真正掌握关键核心技术,否则就会受制于人;要具有广阔的市场前景和资源消耗低、带动系数大、就业机会多、综合效益好的产业特征;要充分利用现有和潜在的优势,促进产学研结合,促进科技与经济结合,促进创新驱动与产业发展结合。选择新兴战略性产业,要兼顾一、二、三产业和经济社会协调发展,统筹规划产业布局、结构调整、发展规模和建设时序,在最有基础、最优条件的领域率先突破。温家宝强调,我们要以国际视野和战略思维来选择和发展新兴战略性产业,着眼于提高国家的科技实力和综合实力,着眼于引发技术和产业变革。为此,必须做好战略决策储备、科技创新储备、领军人才储备和产业化储备,这4项储备决定未来。①

关于深圳市新兴战略性产业的选择,有两点值得重视:

首先,需要紧紧把握国家中长期科技发展规划和科技发展趋势,大力发展计算机与通信、软件、集成电路、生物医药与医疗器械、平板显示、化合物半导体、新材料、新能源、大型先进装备制造业、生态高新技术农业10大产业,加快培育生物工程、新材料、光机电一体化等新兴产业。生物技术领域重点发展基因组、基因治疗、生物芯片等关键技术的应用与产业化;新材料技术领域,以纳米技术为基础,大力发展信息材料、光材料和电池材料;光机电一体化领域重点发展自动化、智能化制造设备,自动化数字仪器仪表、医疗器械、光学仪器等产品。积极扶持新兴环保产

---

① 参见:《温家宝:以战略思维发展新兴战略性产业》,《证券时报》2009年9月23日。

业、高科技农业和海洋产业,鼓励高技术军工产业的规模化,力争实现高新技术产业新的跨越式发展。①

其次,关注高新技术与各产业领域相交叉融合的新兴产业。进入21世纪以来,信息技术与数字技术和文化产业、高端服务业加快融合发展、交互发展,催生着新兴战略性产业,已成为新世纪产业发展的主流。在深圳市的产业发展转型中,要重视跟踪高新技术发展与各产业领域融合的趋势,运用科技成果推动产业转型,特别是重视信息技术、网络技术与数字视听技术、光电子、创意设计、软件的内在关联,充分发挥自身的优势,重点发展以文化数字业、文化信息业、网络服务业为特征的融合性产业,使那些看来属于周边产业的新兴产业,与高新技术产业形成一条滚动开发、融合创新的技术链,并逐渐培植出新的特色产业。结合国内外新兴的市场空间,重点扶植网络信息内容服务产业、网络游戏服务产业、动漫产业、数字电视业、流动多媒体产业、印刷产业、现代文化产品物流服务业的发展。

三、实施标准化战略,推进知识化转型

随着生产方式由手工作坊到福特制,到丰田制,再到温特制的发展演化,市场和产业发展的主导者也先后发生了由产品到技术,到服务,再到标准的转变。由于温特制生产方式上升为主导性的先进生产方式,标准也自然成了产业发展的主导者。发达国家的一些跨国公司依靠掌控标准的制定权而获取超额利

---

① 参见深圳市人民政府:《深圳市现代产业体系总体规划(2009—2015年)》,深府〔2009〕131号文,2009年6月24日,《深圳市人民政府公报》2009年第26期(总第660期)。

润,深圳的产业发展也必须高度重视标准的作用,积极参与产业规则和标准的制定,以标准化推进产业的知识化转型,以知识产权战略提升产业的核心竞争力。

(一)实施标准化战略,建立覆盖技术、市场、管理和经营的多层次的标准化体系,实施标准提升工程,推动企业采用国际标准和国外先进标准组织生产,促进企业核心技术和专利技术向标准转化,提升产业的核心竞争力。

(二)引导企业建立研发与标准化同步机制,参与国际标准、国家标准和行业标准的制定,培育一批能将自主知识产权与技术标准有机结合的骨干企业,鼓励支柱产业和优势传统产业的企业结成技术标准联盟,形成产业事实标准。推动行业技术标准联盟,抢占产业制高点。充分发挥科研机构、行业协会、中介组织在标准化战略中的作用,大力推进标准化研究和服务的市场化、产业化经营。

(三)积极推进国家高新技术产业标准化示范区建设,支持研制自主知识产权的国际标准和国家标准,建立标准信息公共服务平台,完善企业技术创新的标准技术支持和以原创作品为基础的版权产业链,在创意设计、工业设计、软件、数据库、动漫游戏等领域,扶持一批骨干版权企业,培育若干"版权兴业"示范基地。建设标准信息馆,提高应对对外贸易技术措施的快速跟踪和预警能力。鼓励企业在积极采用国际标准和国外先进标准的同时,注重建立和完善技术性贸易壁垒预警体系和防范机制。

(四)积极引进国际标准组织和国际论坛,争取有更多的TC/SC①秘书处落户深圳市。争取国际标准组织和国际论坛的

――――――――

① 注:TC/SC:为标准化技术委员会/分技术委员会的英文字母略写。

落户,努力使深圳市成为国际标准组织和国际论坛的高地①。

（五）建立以专利、商标、版权、商业秘密为主要内容的知识产权体系,建立以行业协会为主导的国际知识产权维权援助机制,提高企业应对 WTO/TBT 协议②的能力,以有效保护企业的创新权益。实施专利战略,推进"三大转变",专利保护从离散保护向组合专利保护转变,专利申请从国内申请为主向国内外申请合理布局转变,专利类型向外观设计、实用新型和发明专利并举的发展转变。③

四、用信息化提升传统产业:从劳动密集向知识密集转型

以信息产业为代表的新技术产业的崛起和发展,促进了产业活动的信息化,即信息产品的广泛使用,网络技术的深刻介入,使得几乎所有的产业都越来越依靠信息技术和网络系统。高度发达的信息技术和网络系统,极大地改变了各个产业发展的技术环境和经营条件,也改变了产业竞争的业态基础和商业模式。

（一）利用信息化技术改造传统产业,推进系统集成化、生产自动化、产品智能化和生产技术网络化。鼓励企业对产品的

---

① 参见深圳市人民政府:《深圳市现代产业体系总体规划(2009—2015年)》,深府〔2009〕131 号文,2009 年 6 月 24 日,《深圳市人民政府公报》2009 年第 26 期(总第 660 期)。

② 注:WTO/TBT 协议是《世界贸易组织贸易技术壁垒协议》(*Agreement on Technical Barriers to Trade of The World Trade Organization*)的简称。

③ 参见深圳市人民政府:《深圳市知识产权战略纲要(2006—2010 年)》深府〔2005〕214 号文,2005 年 12 月 26 日,《深圳市人民政府公报》2005 年第 4 期(总第 474 期)。

设计、制造、管理、服务等全过程实行信息化,推广三维 CAD 和 CAE 应用、产品数据管理(PDM)或产品生命周期管理(PLM)、虚拟设计、计算机集成制造系统(CIMS)、企业资源计划(ERP)、远程监测和远程服务等技术运用。以信息化和绿色化为核心,研发具有高技术含量,具备产品制造、能源转换和大宗社会废弃物资源化三项功能的新一代制造流程及相关工艺。针对传统产业发展中的薄弱环节,高起点、有重点地引进国内外先进技术及装备。支持企业加强对引进技术的消化吸收和再创新,促进外源技术的内源化,用信息技术带动工业化,走新型工业化道路。

(二)充分发挥高新技术产业的渗透作用,利用信息技术、新型节能环保技术改造和提升优势传统产业,推进产业的高级化,实现传统产业的升级和换代。积极引导传统行业向加工与设计相结合转变,提高设计、工艺水平,提高产品的科技含量、附加值和市场竞争力,促进传统工业的优化和升级。大力提升机械、服装、钟表、家具、印刷包装、黄金珠宝 6 大传统优势工业的生产水平,培育一批具有技术先导示范作用的企业群和产业聚集基地。积极培育和发展自主品牌,着力培育一批著名品牌和龙头企业,形成在全国、全球具有竞争力的区域品牌。

(三)实施知识产权战略,拓展产业增量空间,促进产业升级和转型。以品牌化、集约化为方向,以技术创新、管理创新、整合资源为手段,从产业实际出发,切实有效地推进传统产业向集约型、节约型、生态型、环保型发展,提高企业自主研发、设计的水平,努力把优势传统产业改造成为先进制造业,提高优势传统产业的竞争力。积极推进高新技术产业与传统产业的融合渗透,加强传统产业的配套建设和产业技术研发,培育一批龙头企业和龙头产品,打造具有国际影响力的"深圳品牌"。

（四）建设集约化的产业园区。以电子信息产业为依托，以共性技术平台及产业基地平台、区域性基础平台为支撑，以集群化、品牌化为方向，全面提升优势传统产业的竞争力。[1] 按照布局集中、产业集聚、土地集约的原则，加快建设生态型集约化的产业园区，推进加工工业向管理规范化、产业链条化的现代工业园区集中，促进产业的集群化和品牌化。发展传统产业簇群，加快运用高新技术和先进适用技术改造传统产业的步伐，建设优势传统产业集聚基地，形成产业发展的集群优势。积极培植大企业集团，鼓励企业加强研发，提高企业的核心竞争力，进一步推动深圳市的制造业由劳动密集型向技术密集型、资金密集型和知识密集型转变，由加工装配（OEM）向研发制造（ODM）转变，由"深圳制造"向"深圳创造"转变。

第三节　深圳市产业转型的服务化维度

在全球生产方式的演变中，产业的服务化转型，特别是向以知识经济为主导的高端服务业转型的态势日趋明显。珠江三角洲地区已成为世界大的跨国公司进行服务业转移的首选区域之一。面对全球生产方式发展演变的大趋势和区域产业服务化转型的新态势，深圳市需要抓住机遇，以发展高端服务业和构建现代服务业体系为着力点，实现产业的服务化转型。同时，实施高新技术产业与现代服务业"双轮驱动"，推进第二、第三产业的

---

[1]　参见李平、王蒲生、杨君游：《传统产业共性技术平台构建模式研究》，《自然辩证法研究》2007 年第 9 期。

协调发展。坚持以高新技术产业和先进制造业为基础,高端服务业为方向,形成第二、第三产业相互协调发展的现代产业结构,构筑和完善若干优势产业链,拓展产业发展空间。紧紧抓住国际服务业转移机遇,强力推进高端服务业和总部经济的跨越式发展。积极应对全球金融危机,树立科学发展观,变压力为动力,实现产业的协调与持续发展。

一、发展高端服务业,推进产业"软化"和"非物质化"

高端服务业具有科技含量高、人力资本投入高、附加值高、产业带动力高、开放度高、资源消耗低、环境污染低等特征,这种具有"软化"和"非物质化"特点的产业,适合高增长和紧约束条件下深圳市产业转型的需要。

(一)抢占高端服务业发展的制高点,推进产业结构的战略性优化。在全球生产方式演化的背景下,深圳市需要抢占承接新一轮国际高端服务业转移的制高点,加快构建立足本地、服务全国、融入世界的高端服务业体系,转变经济增长方式,推进产业结构的战略性优化与调整,提升现代服务业的规模、层次、能级和竞争力,向产业价值链的上游进军,培育和发展一批在国内乃至国际市场具有核心竞争力的高端服务业品牌,完善和提升城市集聚、辐射、创新与引领功能,力争形成第二、第三产业良性互动、协调发展格局,促进高端服务业实现跨越式发展,使高端服务业成为深圳市经济发展新的"火车头"和增长极。①

---

① 参见深圳市人民政府:《关于加快我市高端服务业发展的若干意见》,深府[2007]1号文,2007年1月1日,《深圳市人民政府公报》2007年第2期(总第532期)。

（二）发挥自身优势,促进高端服务业与高新技术产业的紧密结合。深圳市高端服务业的发展,需要充分发挥高新技术产业优势,鼓励高端服务业领域的科技研发,大力发展拥有自主知识产权的共性技术和关键领域技术,加快软件、宽带无线移动通信、下一代网络等核心技术的研发步伐,增强先进技术对高端服务业的推动力。通过知识创新、技能创新和管理创新,培育知识密集型高端服务业,提供具有高技术含量、高人力资本含量、高附加值的高端服务业产品,抢占高端服务业发展制高点,提升高端服务业的市场竞争力。

（三）推进现代服务业与知识经济融合,实现服务业向高端化、知识化、软化、非物质化的转型。在资源条件紧约束和知识经济大发展的背景下,深圳市产业转型要和服务化转型及知识化转型结合起来,引领产业发展由传统的劳动密集型的低端服务业向现代技术密集型和知识密集型的高端服务业转型,由物质资源耗费型产业向非物质化的资源节约型产业转型,由硬件依赖型的产业向软化主导型的产业转型。以高端服务业为重点,大力发展现代金融、现代物流、现代商贸、科技服务、商务会展、服务外包、文化创意、信息服务、专门专业、总部经济等现代服务业,加快形成与国际化城市相配套的集生产、消费、公共服务为一体的城市服务功能体系,全面打造具有国际影响力的服务业基地。

二、以现代金融和现代物流为主体,大力发展现代服务业

现代金融业和现代物流业作为两大战略性服务业,构成了深圳市现代服务业的主体。因此,在深圳市现代服务业体系的

构建中,要着力推动这两大战略性服务业的发展和转型。

(一)促进深圳市金融业的发展转型,重在创新发展。作为国家综合配套改革的创新城市,深圳市金融业发展很快,并且是我国唯一拥有主板、中小板和创业板的城市。深圳市应大力推进金融改革创新综合试验区的建设,鼓励金融机构进行机制创新、产品创新和服务创新,促进资本市场、货币市场、保险市场的对接,努力构建多层次的资本市场体系和多样化、比较完善的金融综合服务体系,把深圳市建设成为我国的区域金融中心。

(二)促进深圳市现代物流业的发展,重在体系构建。以现代综合交通运输和网络信息为平台,以海空"两港"运输、物流配送和电子商务为主体,以国际物流、区域物流、城市物流为支撑,鼓励国内外大企业在深圳市发展采购中心、物流配送中心、批发代理市场和连锁商业,形成国际化现代综合物流体系。以海港和空港为龙头,大力发展国际采购、国际中转、国际分拨以及国际配送业务,把深圳市建设成为在亚太地区具有重要影响力的物流枢纽城市和国际供应链服务基地。支持现代物流企业拓展网络服务体系,发展骨干型物流企业,形成以第三方、第四方物流企业及供应链服务企业为主体的物流产业群。大力发展内贸集装箱运输,积极推进深圳机场与国内外各大机场尤其是香港、广州机场的战略合作。持续扩大深圳市物博会的国际影响力,发展骨干型物流企业,支持现代物流企业拓展网络服务体系,发挥"物联网"建设的辐射和带动能力,逐步完善物流公共信息平台建设。推进物流园区建设,完善和提升物流园区功能。

三、培育新兴专业化服务业,打造新的经济增长点

与非常丰富的生活服务业相比,与市场经济体制相适应的

产业服务业在深圳市的发展则显得远远不够,应着力培育与产业发展有着密切关系的会展业、信息服务业、科技服务业、商务服务业,如各种形式的中介服务,代理、代办、经纪、拍卖等代理性服务,律师、会计、评估、统计、审计、广告、计算机、市场调查等专业性服务等,大力发展法律服务、会计、咨询、知识产权、公共关系、经纪与人才猎头、产权交易等专业性服务业。建立健全"法律规范、政府监督、行业自律"的管理制度,构建种类齐全、分布广泛、运作规范并与国际接轨的专业化服务体系。支持符合国家有关法律法规和政策规定的专业机构承接企业财务审计、资产评估以及法律意见报告等业务。打造现代服务业新的增长点。

(一)科技服务。以科技咨询业、技术贸易服务业、知识产权服务业、科技孵化业、科技风险投资业等为发展重点,坚持政府引导与市场机制相结合,建设孵化器网络、科学仪器协作共用网络、技术贸易服务网络。鼓励和支持专业性科技服务机构和企业发展壮大,为现代产业发展提供委托研究服务、公共技术服务和生产性技术服务。依托高校、科研院所和企业建设公共技术平台,为企业提供产业共性技术服务。鼓励社会力量投资兴办各类科技服务机构,吸引国内外知名科技服务机构来深设立分支机构,构建社会化、网络化科技服务体系,为科技创新和成果转化提供专业化服务。

(二)商务会展。引进和发展一批优秀的商务机构,促进商务服务产品创新,形成专业化、高水平的商务服务体系。充分发挥深圳市高交会和文博会的品牌效应和带动作用,积极扶持电子、通讯设备、珠宝、家具、服装等专业会展品牌。鼓励外商投资会展业,吸引国际大型会展公司、著名会展服务公司以及国外专业机构到深圳市举办各种类型的会展、会议和论坛。

（三）服务外包。以建设国家服务外包示范城市为契机，积极承接软件开发、研发设计、网络管理、技术培训等信息技术外包（ITO）和金融结算、财务处理、跨国采购、客户关系管理等商务流程外包（BPO）。支持并资助服务外包企业申请国际资质认证，鼓励服务外包企业进行技术改造，培育自主品牌，提高企业承接服务外包的能力和水平。加强服务外包基地建设，努力将深圳市建设成为全球服务外包的重要基地。

（四）信息服务。加快发展互联网、软件与系统集成、信息技术、数字与网络增值、电信与广电运营等服务。加快推进电子政务、电子商务、公众信息网、社区信息网建设，大力扶持关键技术和项目，在信用认证体系、在线支付体系以及信息安全等领域实施信息服务关键技术攻关，支持网络增值服务的研发和产业化项目。推广电子商务的应用和以网络互联协议为基础的再售服务，开展远程教育、远程医疗、网络银行、网络广告、网上图书等服务。促进各种信息网络的互联互通、资源共享。①

四、改组和改造传统服务业，提升服务水平

重视运用现代经营方式和服务技术，改组和改造传统服务业，特别是商业餐饮业、交通运输业、信息服务业等，提高其技术水平和经营效率，实现由生产型经济向服务型经济的转变，使生产性服务业成为建设现代化、国际化、生态化城市的重要产业基

---

① 参见深圳市人民政府：《深圳市现代产业体系总体规划（2009—2015年）》，深府〔2009〕131号文，2009年6月24日，《深圳市人民政府公报》2009年第26期（总第660期）。

础。大力发展旅游、商业零售、酒店餐饮、房地产、社区服务等消费性服务业,提高市民"衣、食、住、行"的消费水平。

（一）充分发掘旅游业优势资源,重点建设东部滨海旅游圈、中部都市旅游圈和西部沿海生态文化旅游圈,大力发展新兴的邮轮、游艇产业,把深圳市建设成为在亚太地区具有重要影响力的国际旅游目的地和游客集散地之一,打造全国旅游综合改革示范区。

（二）加快推动加工贸易企业的转型和升级。继续探索并完善"不停产原地转型"模式。继续壮大商贸服务业,适度发展大型购物中心,鼓励发展新型业态,大力发展连锁经营、网络服务、专业化的零售商业体系。积极打造现代商贸业,推动商业贸易龙头企业的规模化、网络化、品牌化经营,打造一批具有国际竞争力的大型流通企业集团,构建现代分销和批发体系,形成面向全国、连接海外的重要的集散、采购、代理、分销、配送、商业品牌营运中心和商业模式创新中心,规划建设具有国际知名度的城市商业中心。

（三）提升餐饮酒店业的质量和水平,推进专业化经营和多样化发展。积极引进国际著名连锁企业,推动酒店的功能化和特色化建设。鼓励引导本地餐饮企业提升管理水平,走品牌化、连锁化、集团化的发展道路。

（四）促进房地产业健康发展,完善以市场为主导,多渠道、多层次的住房供应体系,满足不同收入层次居民的合理住房需求。

（五）坚持政府引导、企业资助、社会兴办相结合,鼓励发展社区家政服务、就业服务、便民零售、文化娱乐、体育健身、医疗保健、信息咨询、慈善互助、养老托幼等社区服务业,开发社区消费潜力,推进社区服务的规范化经营。①

五、建设产业服务平台,服务产业发展

实现深圳市产业的服务化转型,需要进一步强化产业化优势,促进创新资本和创新产业良性互动,为产业发展提供良好的服务环境。

(一)信息化平台建设。以 IPv6 技术为支撑,建设下一代互联网信息基础设施,提升城市网络信息服务能力。实施先进适用技术推广计划,大力扶持高新技术产业、先进制造业和优势传统产业的信息化改造与应用,在生产和服务的各个环节提高自动化、智能化和现代化管理水平。在电子政务、电子商务、数字内容、软件与系统集成、信息应用、电信与广电增值服务等领域,培育互联网信息服务的新业态,支持腾讯、迅雷、杠果网、网域(中国游戏中心)等一批重量级的领军企业的发展和门户网站的建设。充分挖掘利用各种信息资源,加强对高耗能、高污染行业的监督管理,促进节能减排,控制污染,保护环境。

(二)交易平台建设。积极推动创业板市场建设,探索建立非上市公司的柜台交易市场,建设高新技术企业股份转让代办系统,推动具备条件的高新技术企业进行股份转让。支持深圳市产权交易中心、高新技术产业交易所、中国(华南)国际技术产权交易中心的建设,建立区域性产权交易市场体系。创建知识产权交易中心,完善创新成果交易制度。

---

① 参见深圳市人民政府:《深圳市现代产业体系总体规划(2009—2015年)》,深府〔2009〕131 号文,2009 年 6 月 24 日,《深圳市人民政府公报》2009 年第 26 期(总第 660 期)。

（三）投资服务平台建设。设立深圳市创业投资政府引导基金,实施创业投资企业发债工程。结合总部基地规划,加快创业投资大厦、私募基金大厦建设,促进创业投资发展。设立高端服务业发展引导基金,重点扶持创新金融、网络信息、服务外包、创意设计等领域的项目。鼓励金融机构加大对创新企业的服务力度,探索建立信保贷联动机制,搭建专门服务于中小型创新企业的贷款担保平台。

（四）债券交易平台建设。加快制定《深圳市重点民营企业贷款风险补偿暂行办法》相关操作规程,鼓励金融机构为重点民营企业提供大额中长期贷款。加快融资担保体系建设,设立融资担保增信专项资金,用于集合发债担保增信、担保机构风险补偿,鼓励担保机构为企业融资担保。培育和发展企业债券市场,利用深交所债券交易平台,扩大企业债券发行规模和流通规模。①

第四节　深圳市产业转型的生态化维度

根据科学发展观的要求,结合深圳自身的资源禀赋和战略定位,深圳市产业的生态化转型,应以建设资源节约型和环境友好型的国家生态城市为目标,以推动节能降耗减排和发展循环经济为核心,以建设生态产业园区为载体,建构低消耗、低污染、

---

① 参见深圳市人民政府:《深圳市现代产业体系总体规划(2009—2015年)》,深府〔2009〕131号文,2009年6月24日,《深圳市人民政府公报》2009年第26期(总第660期)。

节约型、清洁型的产业结构和"资源——生产——消费——再生资源"的物质代谢模式,实现物质、能量的循环利用,解决产业高速发展与资源日益紧缺的矛盾,实现经济发展方式由高消耗、高污染、低产出向低消耗、低污染、高产出的转变,推进产业生态化改造,逐步建立起以减量化、再利用、资源化为特征,集清洁企业、循环生态工业园区和节约型城市于一体的循环经济体系和节约型社会,努力建设好全国循环经济试点城市。

一、大力发展循环经济,构建生态化产业体系

循环经济是一种以资源的高效利用和循环利用为核心,以"减量化、再利用、资源化"为原则,以低消耗、低排放、高效率为基本特征,符合可持续发展理念的经济增长模式,是对"大量生产、大量消费、大量废弃"的传统增长模式的根本变革。从本质上讲,循环经济就是一种产业生态经济,是可持续发展理念的具体体现和实现途径。它要求遵循生态学规律和产业发展规律,合理利用自然资源和环境容量,以"减量化、再利用、再循环"为原则发展产业,按照自然生态系统物质循环和能量流动的规律重构产业系统,使产业系统和谐地纳入到自然生态系统的物质循环过程之中,实现产业活动的生态化,以期建立与生态环境系统的结构和功能相协调的生态型产业系统。

(一)加快推进国家循环经济试点城市建设,实施能源和资源节约、资源综合利用等循环经济工程。制定重点行业清洁生产技术指引,推进产业园区、集聚基地及上下游企业的清洁生产示范项目。实施清洁生产示范企业工程,通过电子、能源、生物医药、印染和化工等行业清洁生产示范企业的探索,制定行业清洁生产工作指南,推广具有行业共性的清洁生产关键技术,确定

一定数量的企业进行废水"零排放"示范。推动产业链关联企业之间构建"物流和能量流"的闭环流动模式,促进产业之间和产业内部产业生态的不断优化。

(二)从末端治理上升到源头控制,实现资源的节约化。在产业流程中尽可能减少资源投入,并且系统地避免和减少废物。以自主创新和科技进步为动力,在减少资源消耗和减少废物产生的基础上,在产品生产周期的全过程实施循环经济的 3R 原则:Reduce(减量化),Reuse(再利用)和 Recycle(再循环),逐步建立与产业生态化和循环经济发展相适应的技术创新机制和支撑体系,实现从末端治理到源头控制的跨越,从利用废物到减少废物的飞跃,最大限度地提高资源利用效率,减少环境污染。

(三)推行循环型生产模式,实现产业的生态化。制定产业生态化发展行动纲要,引导产业的生态化发展;全面实施产业生态化,重点推进电子通讯、能源、建筑、电镀和纺织印染等行业实现生态化转型;坚决淘汰严重耗费资源和污染环境的产业,从源头减少废物排放,实现由末端治理向污染预防和生产全过程控制的转变;加大政府对节约资源和发展循环经济重大项目的支持力度,在重点行业、重点企业和产业园区进行循环经济试点,鼓励节能降耗技术的研发和产业化,发挥节约型生产方式的示范作用,扶持一批资源节约和综合利用的技术开发和改造项目,培育一批产业生态化示范生产企业和资源节约型园区。

(四)实施技术创新,建设生态化循环型产业体系。大力实施技术创新,逐步建立与循环经济发展相适应的技术创新机制和支撑体系,增强科技推动循环经济发展的能力;提高技术进步对发展循环经济的贡献率,发展资源综合利用产业、节能产业和环保型产业,建设生态化循环型产业体系;提高资源利用效率,实现经济增长方式由高消耗、高污染、低产出向低消耗、低污染、高产出的转变。

二、大力推进清洁生产,建设生态示范园区

清洁生产在循环经济体系中占有重要地位,它将对环境的破坏降到最低程度,并且最大限度地利用资源,因而大大降低了经济发展的生态成本和社会成本,有利于产业的可持续发展。

(一)全面推行清洁生产,形成低投入、低消耗、低排放和高产出、高效率的产业发展方式。

(二)制定清洁生产推行规划,指导和督促企业实行清洁生产。积极探索有利于资源节约和循环经济发展的地方性价格和财政政策,建成一批符合循环经济发展要求的工业园区,形成资源高效利用、循环利用的产业链。鼓励生产和使用节能节水节材产品、可再生产品和节能环保汽车,形成健康文明、节约资源的生产方式和消费模式。

(三)在典型引路的基础上,通过对产业聚集区的生态化改造,建设生态示范园区。在集约利用土地,集中供水、供能,集中处理污染物,垃圾回收等方面统一规划,资源共享,形成更具竞争力的绿色制造业基地。

(四)按照循环经济和工业生态学原理,做好工业园区的生态规划,制定相应的政策和措施,按照产业生态链的内在要求,科学筛选和确定入园企业和项目,完善水,电供应、资源能源有效利用和垃圾回收利用等系统,使各企业之间形成闭环型资源循环利用的产业链条。

(五)结合产业结构的调整,在电子通讯、能源、建筑、电镀和纺织印染等重点行业大力推行清洁生产,解决产业的结构性

污染和区域性污染,推进产业园区生态化的协调发展,实现各产业集聚基地的生态化改造和功能调整,建设集中治污和废弃物资源化的综合型生态化工业园区。

三、依靠科技进步,积极发展现代农业

在深圳市产业发展中,农业所占比重虽然不大,在保证产业可持续发展中却具有不能低估的作用。因此,保护基本农田,稳定都市农业生产,充分发挥绿色农业的环境生态功能和食品安全保障功能,是深圳市可持续发展的长久大计。

(一)实行严格的耕地保护制度和节约用地制度,严格执行土地利用总体规划和年度计划,切实落实耕地和基本农田保护目标,提高资源节约化和集约化利用水平,加强环境保护和生态建设,增强区域可持续发展能力,率先建立资源节约型和环境友好型社会。

(二)按照高产、优质、高效、生态、安全的要求,加快转变农业发展方式,优化农业产业结构,建立具有深圳特色的都市型、绿色化现代农业产业体系,率先实现农业现代化。

(三)依靠科技进步,提升农业的层次和水平,扶持以企业为主体的农业科研和开发,大力推广农业科研成果应用,建设各具特色的生态农业园区。

(四)推动深圳市农业生物技术的发展,以解决农业生物技术产业化的关键性应用技术为突破口,建立综合性的农业生物技术产业化创新平台。促进科技成果与产业经济的紧密结合,加速科技成果转化,实现深圳市农业生物技术产业化发展的高起步和跨越式发展,从整体上将深圳市现代化农业技术提高到一个新水平。

（五）利用园区集聚资金、人才、技术和管理资源的优势，推进农业产业化、规模化、集约化经营，提高农业生产效率和土地产出率。加强农业生产、农产品标准化和农产品质量安全监测的管理，建立健全"从田间到餐桌"的农产品及食品的生产规范、质量安全监督管理体系及产品可追溯制度，建设安全的农产品生产基地。

（六）大力发展农业观光旅游业，加强生态农业园区的建设，逐步完善生态农业结构，使之成为集现代化农业生产、农业科技研发与推广、科普教育及旅游观光于一体的生态农业示范区，将深圳市建设成为华南重要的高科技绿色都市农业生产基地。

四、科学利用海洋资源，打造蓝色生态产业

海洋是自然资源的富聚区，有着丰富多样的海水资源、矿产资源、生物资源、空间资源等，是人类的"蓝色聚宝盆"。对海洋资源的充分开发和利用将大大改善人类的生存现状，拓宽人类的生存空间。深圳市濒临中国海洋生物多样性最高的南海，海域面积达 1145 平方公里，海岸线总长 257.3 公里，是全国陆地靠深海最近的大城市，拥有大鹏湾、大亚湾、深圳湾、珠江出海口等"三湾一口"，滨海资源丰富，港口资源优良，发展海洋产业具有得天独厚的优势条件。海洋是深圳市城市发展的重要依托。充分利用海洋资源，加快发展海洋产业，有利于最大限度地发挥深圳市作为滨海城市的潜能和区位优势，突破资源"紧约束"，拓展城市发展的空间；有利于寻求新的经济增长点，完善和优化产业体系，占据产业体系价值链的高端环节，继续赢取发展先机；有利于构建可持续发展的蓝色产业体系的新格局，更深程度

地参与国际竞争,获取更多的资源、市场和技术,进一步增强深圳市的综合实力和国际竞争力。①

目前,深圳市已基本形成以海上交通运输、滨海旅游、海洋油气、海洋渔业和临海工业等为代表的海洋产业发展新格局,2007 年,深圳市海洋经济生产总值已经达到 1106.2 亿元,占全市 GDP 的 16.3%,每公里海岸线创造产值 4.25 亿元,海洋产业已经成为深圳市的重要产业之一。②

(一)坚持科学发展观,以建立现代产业体系为目标,大力发展海洋产业,合理利用海洋资源,有效保护海洋环境,建设海洋强市。以规划为先导,以科技进步和体制创新为动力,加强海洋基础设施建设和环境保护,拓展海洋资源利用范围和深度,实现海洋资源集约化利用,丰富海洋产业内涵,延长海洋产业链,培育发展新兴海洋产业,扩大海洋经济总量,通过存量调整和高端产业要素的引入,优化海洋产业的结构和布局,逐步实现深圳市海洋产业由资源依托为主向服务依托为主的转变,提高海洋经济的可持续发展能力。

(二)坚持"海陆统筹、规划先行、纵深开发、科技兴海、生态和谐、体制创新",充分利用深圳市的创新资源、产业资源,开展产学研合作,创建国家深海科学与工程研究基地,积极推进海洋科学与工程的研究,发展海洋利用技术,提高海洋科学开发利用、综合管理和自主创新能力,提高海洋产业的附加值,形成海洋经济新的增长点,努力打造"数字海洋、生态海洋、安全海洋、

---

① 参见《深圳 2020 年建成具国际竞争力的海洋强市》,《深圳商报》2008 年 10 月 31 日。

② 参见《深圳海洋总值逾千亿》,《深圳商报》2008 年 8 月 26 日。

和谐海洋",推动海洋生态产业的大发展,为深圳市产业的长远发展拓展新空间,开发新资源,打造新优势,增添新动力。

(三)统筹兼顾,抓住重点,大力发展海洋油气业、港口交通业、海洋旅游业、临海工业、远洋渔业、海洋生物产业6大行业。港口交通业方面,继续实施"大港向强港转变"战略,延伸深圳港功能并建设新型"内陆喂给港",提高港口综合服务水平,增强区域竞争力;积极发展现代海洋渔业和现代海水养殖业,鼓励发展水产品精深加工业,打造深圳市水产品知名品牌;加快发展邮轮旅游等新兴的海上旅游产品,加快发展滨海休闲观光和海洋文化产业,提升城市品牌形象;合理开发利用海洋能源,集约发展临海工业,大力发展海洋生物产业,增强海洋产业的发展后劲;实施科技兴海战略,加大海洋科技人才的培养和引进力度,增强深圳市海洋产业的竞争力;加强海洋生态与资源保护,建立健全保障机制,实现海洋可持续利用,推进海洋产业良性发展。

(四)建设海洋经济产业群。重点培育海洋工程装备制造业,力争在海洋油气钻采平台、油气生产平台、海上工程船舶和油气存储设施设备的制造等方面取得突破,支持重点企业不断提升海洋装备制造的技术水平,尽快形成海洋石油采、储、运成套装备的制造能力。大力发展邮轮和游艇产业,引进国际游艇先进制造技术,鼓励研究开发具有自主知识产权的高端游艇产品。

(五)大力发展海洋养殖业,规划建设现代化的远洋渔港、远洋水产品交易市场及专用冷链,扶持企业建立现代化远洋船队,引导和鼓励企业向远洋渔业加工、运输、冷链配送和品牌销售等方面发展,将深圳市建设成为华南重要的远洋水产品生产、加工和集散中心。[①]

五、统筹兼顾，实现产业发展与环境保护协同并进

作为一个产业强市，深圳市产业的快速发展和自然资源短缺之间必然构成一对矛盾，从而对产业转型形成瓶颈制约，这就需要更加理性地强调生态环境保护与产业发展相互适应、相互促进、相互协调这种生态化、绿色化的产业发展之路，正确处理产业发展和环境保护二者之间的关系，确保经济、社会、环境的协调和可持续发展。产业的生态化转型，要求我们进一步落实科学发展观，在产业发展与生态保护之间保持协调发展思想的指导下，按照物质能量层级利用的原理，把自然、产业、社会和环境作为一个系统进行统筹考虑，立足于生态环境保护，着眼于产业发展，强调产业发展必须重视生态资本的投入效益，认识到生态环境不仅是产业活动的载体，也是重要的生产要素，更是不可替代的重要资源，从而努力实现产业发展、资源节约、环境保护、人与自然和谐这四者的相互协调和有机统一。

（一）牢固树立产业发展与生态环境保护相辅相成、有机统一的思想观念，立足于在产业发展中保护生态环境，在生态环境保护中推进产业发展，在生态环境保护和产业发展中形成新的增长点。

（二）大力发展绿色经济，推进节能环保产业的发展。以低碳经济、环保产品、环保技术等为抓手，使绿色环保经济成为拉

---

① 参见《深圳市人民政府关于深圳市加快海洋产业发展建设的若干意见》，深府〔2008〕254 号文，2008 年 11 月 21 日，《深圳市人民政府公报》2008 年第 44 期（总第 631 期）。

动经济快速发展的引擎,从而优化产业结构,开拓新的发展途径,使产业发展与生态环境保护在新的高度得到融合。

(三)加大节能减排力度,实行严格的环境准入制度,提高水、土地、能源的节约利用和综合开发水平。通过产业准入推进绿色经济,通过产业集聚扩大绿色产业园区,实现产业发展的适应性、协调性和可持续性。

(四)加快形成以循环经济为特征的产业可持续发展新模式,推进资源节约、节能降耗和清洁生产,实施产业、人口和布局的联动调整,促进经济社会的一体化、安全性、可持续发展。

(五)落实《深圳市工业结构调整实施方案(2008—2010)》,对优先鼓励类的高产值、低耗能、环保型产业加大扶持力度,进行扩笼壮鸟;对改造提升类的产业用高新技术和绿色技术进行改造、优化、升级、转型;对有序转移类产业加强引导,结合深圳异地产业园建设,使其有序、平稳、可控地向周边或中西部地区实现梯度转移;对依法淘汰类产业则要坚决实行强制淘汰,以法律和行政手段责令其关停并转,进行腾笼换鸟。通过淘汰一批落后企业,转移一批劳动密集型企业,提升一批优势企业,培育一批潜力企业,推动企业组织结构调整和产业转型。

参 考 文 献

1. 鲍健强、苗阳、陈锋：《低碳经济的发展模式研究》，《中国工业经济》2008 年第 4 期。

2. 陈美华：《汽车帝国风云录》，广州出版社 1996 年版。

3. 苏波：《深圳市第三产业现状及发展战略研究》，《工业技术经济》2008 年第 9 期。

4. 苏东水主编：《产业经济学》，高等教育出版社 2000 年版。

5. 楚先锋：《国内外工业化住宅的发展历程之二——日本篇》，《住区》2008 年第 6 期。

6. 褚可邑：《从深圳的发展看人口与经济增长的关系》，《特区理论与实践》2000 年第 4 期。

7. 许溶烈、林太珍：《丹麦、瑞典住宅建筑与混凝土工艺技术》，《建筑技术》1981 年第 7 期。

8. 陈宏在等编：《中国经济特区的精神文明建设（深圳卷）》，中共党史出版社 2003 年版。

9. 陈大红：《中国产业结构与就业结构的关联性研究》，《产业与科技论坛》2007 年第 3 期。

10. 陈冬：《北京市文化创意产业发展的实践与探索》，《北京社会科学》2008 年第 1 期。

11. 陈振基、吴超鹏、黄汝安：《香港建筑工业化进程简述》，《墙材革新与建筑节能》2006 年第 5 期。

12. ［日］大森实:《汽车大王福特》,中国经济出版社 1991 年版。

13. ［日］佃律志著,滕永红译:《图解丰田生产方式》,东方出版社 2006 年版。

14. ［英］彼得·迪肯:《全球性转变——重塑 21 世纪的全球经济地图》,商务印书馆 2007 年版。

15. 邓伟根等编著:《产业转型:经验、问题与策略》,经济管理出版社 2006 年版。

16. 邓聚龙:《灰理论基础》,华中理工大学出版社 2002 年版。

17. ［奥］曼弗雷德·费希尔、［德］贾维尔·迪亚兹、［瑞典］福克·斯奈卡斯:《大都市创新体系:来自欧洲三个都市地区的理论和案例》,上海人民出版社 2006 年版。

18. 冯之浚:《知识经济与中国发展》,中共中央党校出版社 1998 年版。

19. ［瑞士］布鲁诺·费莱,蔡宜真、林秀玲译:《当艺术遇上经济——个案分析与文化政策》,台湾典藏艺术家庭股份有限公司 2003 年版。

20. ［德］傅克:《欧洲风化史·资产阶级时代》,辽宁教育出版社 2000 年版。

21. 冯昭奎:《日本经济》,高等教育出版社 1998 年版。

22. 葛洪:《深圳高新技术产业发展的特征与启示》,*SOUTHERN FO-RUM* 2008 年第 4 期。

23. 关韶峰、田新民、康力:《产业共性技术组织与开发的实施方案研究》,《科技进步与对策》2006 年第 11 期。

24. 郭祥焰主编:《深圳文史(第七辑)》,海天出版社 2005 年版。

25. 侯聿瑶:《法国文化产业》,外语教学与研究出版社 2007 年版。

26. 胡艳:《深圳产业结构变动对经济增长影响的实证分析》,《价值工程》2005 年第 6 期。

27. 黄卫平、朱文晖:《温特制:美国新经济与全球产业重组的微观基础》,《美国研究》2004 年第 2 期。

28. 胡惠林:《文化产业学》,高等教育出版社 2006 年版。

29. 胡长顺:《对中国工业化阶段的判断》,《经济管理》2003 年第 5 期。

30. 黄敏:《新加坡产业结构变化与经济发展》,《东南亚南亚信息》1997 年第 8 期。

31. 华夏、杨君游:《文化产业"的两种解读》,《经济与社会发展》2009 年第 3 期。

32. 韩琦:《中国住宅产业化存在的问题及对策研究》,华中师范大学硕士学位论文,2007 年。

33. [美]库兹涅茨:《各国的经济增长——总产值和生产结构》,商务印书馆 1999 年版。

34. 金芳:《产业全球化及其对中国产业发展的影响》,《世界经济研究》2004 年第 9 期。

35. 刘晓君:《福特制(Fordism)的百年》,《自然辩证法研究》2001 年第 3 期。

36. 李平、王蒲生、杨君游:《温特制生产方式下的深圳高新技术产业转型研究》,《中国科技论坛》2007 年第 11 期。

37. 李平、王蒲生、杨君游:《传统产业共性技术平台构建模式研究》,《自然辩证法研究》2007 年第 9 期。

38. 李善同:《凸显新经济特点——世界服务业发展趋势》,《国际贸易》2002 年第 3 期。

39. 刘秀莲:《印度经济增长模式的喜与忧》,《世界经济与政治》2007 年第 6 期。

40. 厉无畏、王振:《转变经济增长方式研究》,学林出版社 2006

年版。

41. 历无畏编:《创意产业导论》,学林出版社 2006 年版。

42. 李延振:《从香港看国际性大都市产业结构的演变规律》,《经济前沿》2001 年第 5 期。

43. 刘国芬:《香港产业结构的演变与出路》,《特区经济》2006 年第 3 期。

44. 李晓娣:《新加坡产业结构转换对我国产业结构发展的启示》,《东南亚纵横》2006 年第 4 期。

45. 李秋燕、肖平:《深圳市产业结构调整与可持续发展探讨》,《国土与自然资源研究》2006 年第 4 期。

46. 李罗力:《转型:产业调整与经济社会发展的双谐变奏》,中国经济出版社 2006 年版。

47. 李竞能编著:《现代西方人口理论》,复旦大学出版社 2004 年版。

48. 李通屏等编著:《人口经济学》,清华大学出版社 2008 年版。

49. 刘莉:《从"深圳制造"到"深圳创造"——论高新技术产品自主品牌的创新之路》,《深圳大学学报》2005 年第 6 期。

50. 李鸿忠等编:《深圳市志——教科文卫卷》,方志出版社 2004 年版。

51. 刘月超:《世界各国对创意文化产业的策略》,《高科技与产业化》2008 年第 5 期。

52. 李忠富:《住宅产业化论:住宅产业化的经济、技术与管理》,科学出版社 2003 年版。

53. 梁小青:《日本住宅产业发展的主要政策及措施》,《中国建设信息》2004 年第 23 期。

54. 梁小青:《住宅产业化应从体制改革入手》,《中华建设》2009 年第 3 期。

55. 李纪珍：《产业共性技术供给体系》，经济科学出版社 2004 年版。

56. 李晓鹏、孙建军：《现代内容产业及其产业模式探析》，《情报资料工作》2008 年第 3 期。

57. 罗肇鸿：《高技术与产业结构升级》，上海远东出版社 1997 年版。

58. 刘志峰：《大力推进住宅产业化　加快发展节能省地型住宅》，《安装》2005 年第 8 期。

59. 马名杰：《政府支持共性技术研究的一般规律与组织》，《中国制造业信息化》2005 年第 7 期。

60. 苗东升：《系统科学精要》，中国人民大学出版社 2006 年版。

61. ［日］苔莎·莫里斯—铃木，Tessa Morris-Suzuki：《日本的技术变革》，中国经济出版社 2002 年版。

62. 欧阳友权主编：《文化产业通论》，湖南人民出版社 2006 年版。

63. 蒲艳萍：《产业结构变动对就业增长影响及国际比较》，《现代财经》2005 年第 2 期。

64. 彭立勋主编：《城市文化产业与发展模式创新：2006 年深圳文化蓝皮书》，中国社会科学出版社 2006 年版。

65. ［法］费朗索瓦·佩鲁（Prancois Perroux）：《新发展观》，华夏出版社 1987 年版。

66. ［日］若松义人、近藤哲夫：《丰田生产力》，机械工业出版社 2008 年版。

67. 芮明杰主编：《产业经济学》，上海财经大学出版社 2005 年版。

68. 孙敬水：《美国集约型经济增长方式的经验及借鉴》，《世界经济与政治》1997 年第 6 期。

69. ［韩］宋丙洛：《全球化和知识化时代的经济学》，商务印书馆 2003 年版。

70. 隋映辉、赵琨:《科技产业创新与区域产业结构》,《环渤海经济瞭望》2008 年第 1 期。

71. 史忠良:《产业经济学》,经济管理出版社 2005 年版。

72. 史忠良、何维达等著:《产业兴衰与转化规律》,经济管理出版社 2004 年版。

73. 邵洁笙、吴江:《科技创新与产业转型的内涵及其相关关系探讨》,《科技管理研究》2006 年第 2 期。

74. 田春生:《经济增长方式研究》,江苏人民出版社 2002 年版。

75. 滕光进、区和坚、刘兴政:《香港产业结构演变与城市竞争力发展研究》,《中国软科学》2003 年第 12 期。

76. 陶青:《深圳高新技术产业发展的研究与对策分析》,《特区经济》2008 年第 8 期。

77. 佟新:《人口社会学(第三版)》,北京大学出版社 2006 年版。

78. 童悦仲:《中外住宅产业对比》,中国建筑工业出版社 2005 年版。

79. [美]乔治·泰奇,苏竣、柏杰译:《研究与开发政策的经济学》,清华大学出版社 2002 年版。

80. 汤明哲:《战略精论》,清华大学出版社 2004 年版。

81. 王蒲生:《轿车交通批判》,清华大学出版社 2001 年版。

82. 王蒲生:《轿车与消费主义》,《道德与文明》1998 年第 6 期。

83. 万长松:《丰田生产方式的产业哲学基础》,《自然辩证法研究》2006 年第 12 期。

84. 王述英、姜琰:《论产业全球化和我国产业走向全球化的政策选择》,《世界经济与政治》2001 年第 10 期。

85. 王丽霞:《提高自主创新能力,促进深圳市高新技术产业发展》,《中国高新技术企业》2009 年第 6 期。

86. 王元地、朱兆琛、于晴:《试论自主创新对产业结构升级的作用机理》,《科技管理研究》2007 年第 12 期。

87. 王拓、陈新华编:《香港的文化产业》,海天出版社 2004 年版。

88. 王为理:《从边缘走向中心——深圳文化产业发展研究》,人民出版社 2007 年版。

89. 汪治:《关于深圳文化产业的定位与发展对策的思考》,《特区经济》2004 年第 12 期。

90. 王治宪:《国内外住宅节能发展现状及其可持续发展对策分析》,《建筑经济》2008 年第 1 期。

91. 王慧炯、李善同:《21 世纪全球产业结构演变的展望》,《技术经济与管理研究》2007 年第 3 期。

92. 文进希:《日本住宅产业化考察报告》,深圳市国土资源和房产管理局内部资料 2008 年。

93. 谢富胜、黄蕾:《福特主义、新福特主义和后福特主义——兼论当代发达资本主义国家生产方式的演变》,《教学与研究》2005 年第 8 期。

94. 肖智军、党新民、刘胜军:《精准生产方式》,海天出版社 2002 年版。

95. 谢家平:《生产方式变革》,上海财经大学出版社 2007 年版。

96. 谢植雄:《深圳经济增长与产业结构演进分析》,《地域研究与开发》2003 年第 8 期。

97. 杨校美:《科技进步是转变经济增长方式的关键》,《统计与咨询》2007 年第 1 期。

98. 杨公朴、夏大慰:《现代产业经济学》,上海财经大学出版社 1999 年版。

99. 袁奇、刘崇仪:《美国产业结构变动与服务业的发展》,《世界经济研究》2007 年第 2 期。

100. 于金富:《生产方式理论:马克思主义经济学的科学范式》,《当代经济研究》2008 年第 4 期。

101. 袁易明等:《资源约束与产业结构演进》,中国经济出版社 2007 年版。

102. 闫红玉:《深圳产业结构的现状及其对社会经济影响的分析》,《经济特区》2007 年第 3 期。

103. 闫小培、林耿、普军:《大珠江三角洲的产业升级与国际竞争力》,《经济地理》2007 年第 6 期。

104. 袁望冬:《对科技创新促进产业创新的哲学探析》,《自然辩证法研究》2007 年第 5 期。

105. 杨中新主编:《中国人口老龄化与区域产业结构调整研究》,北京社会科学文献出版社 2005 年版。

106. 叶新、樊文静编译:《2005 年美国版权产业简析》,《出版发行研究》2007 年第 2 期。

107. 张良友:《面向二十一世纪的生产模式及其先进生产制造技术》,《机械设计与机械工程》1997 年第 3 期。

108. 张辅群:《福特主义、丰田方式和温特主义之比较研究》,《现代财经》2006 年第 9 期。

109. 张宇燕等:《全球化与中国发展》,社会科学文献出版社 2007 年版。

110. 朱之鑫主编:《国际统计年鉴 2000》,中国统计出版社 2000 年版。

111. [美]詹姆斯等,沈希瑾等译:《改变世界的机器》,商务印书馆 1999 年版。

112. 张三蓉:《我国产业结构变动对经济增长影响的经济分析》,湖南师范大学硕士论文,2006 年。

113. 曾国屏、高亮华:《产业哲学研究评述》,《科学技术与社会》2006 年第 7 期。

114. 曾国屏:《唯物史观视野中的产业哲学》,《哲学研究》2006 年第 8 期。

115. 张继红:《关于我国的人口结构对社会经济发展的影响分析》,《甘肃科技》2006 年第 1 期。

116. 周天勇主编:《新发展经济学(第二版)》,中国人民大学出版社 2006 年版。

117. 张建武、宋国庆、邓江年:《产业结构与就业结构的互动关系及其政策含义》,《经济与管理研究》2005 年第 1 期。

118. 张京成主编:《中国创意产业发展报告》,中国经济出版社 2007 年版。

119. 张胜冰、徐向昱、马树华:《世界文化产业概要》,云南大学出版社 2006 年版。

120. 张晓明、尹昌龙、李平主编:《国际文化产业发展报告》第一卷 (2007),社会科学文献出版社 2007 年版。

121. 周群弟:《文化产业与深圳》,《消费导刊》2007 年第 12 期。

122. 张玉岩、王蒲生:《我国住宅产业生产方式和技术创新过程模式的演变分析》,《科学学与科学技术管理》2009 年第 5 期。

123. 邹十践:《以信息化带动我国装备制造业的发展》,《建筑机械化》2002 年第 1 期。

124. Bernard A. Weisberger, The Automimobilebile Arrives, The National Geographic Society, Ed We Americans: AVolume in the Story man, 1975, p. 31.

125. J. C. Westland. Global Innovation Management: A Strategic Approach [M]. Palgrave Macmillan, 2008, p. 46.

126. Dr Matias Ramirez & Dr Peter Dickenson, Knowledge Workers and Knowledge Flows in China's ICT sector, p. 12.

127. D. Gale Johnson, Population and Economic Development, China

Economic Review, Vol. 10 (Spring1999) , pp. 1 – 16.

128. Gann, D. M. (1996). Construction as a manufacturing process: Similarities and differences between industrialized housing and car production in Japan. Construction Management and Economics. 14, pp. 437 – 450.

129. Gregory Tassey. Infratechnologies and Economic Growth [A], in M. Teubal et al. (eds), Technological Infrastructure Policy [M]. Kluwer Academic Publishers, 1996.

130. Jeffrey A. Hart, Sangbae Kim. Explaining the Resurgence of U. S. Competitiveness: The Rise of Wintelism [J]. The Information Society, Vol. 18, 2002 (1).

131. Neil Hood and Ewen Peters: Globalization, corporate Strategies and Business service. In Neil Hood and Stephen Young, ed. 2003, The Globalization of Multinational Enterprise Activity and Economic Development, Macmillan Press Ltd. pp. 81 – 105.

132. Sunit Mani and Henny Romijn, Innovation, Learning and Technological Dynamism of Developing Countries(2004) , pp. 3 – 4.

133. UK Energy White Paper: Our energy future-creating a low carbon economy, 2003.

134. Vannevar Bush. Science: The Endless Frontier [R]. Washinnton D. C: National Science Foundation, 1945.

后　记

　　本书以全球生产方式演变和深圳市产业转型为主线,汇集了深圳市发改局和规划局课题——"全球生产方式演化下的产业发展转型研究"、深圳市哲学社会科学"十一五"规划一类重点规划课题——"深圳率先实现经济增长方式根本转变战略研究"和重点规划项目——"深圳文化产业创新研究"、深圳市国土资源和房产管理局课题——"深圳市住宅产业现代化发展战略研究"、深圳市科信局软科学课题——"深圳市公共技术开发平台发展现状与规划研究"、深圳市发改局课题——"深圳市装备制造业发展政策研究"等研究成果的相关内容,是清华大学深圳研究生院产业哲学方向的教师和研究生集体研究的产物。

　　本书各章写作的分工如下:前言　王蒲生;第一章　王蒲生、李平、杨君游;第二章　王蒲生;第三章　张宇、王蒲生;第四章　龙叶先、杨君游;第五章　曹绪奇、王蒲生;第六章　张宇、王蒲生、李平;第七章　李平、王蒲生;第八章　杨君游、华夏、刘晓明;第九章　张玉岩、王蒲生、张帆;第十章　李平、王蒲生;第十一章　李平、王蒲生;第十二章　杨君游。

　　本书是作者多年研究积累的成果,部分内容已在相关刊物发表。由于作者的能力和视野所限,错误和不足在所难免,希望读者予以惠正。此外,本书力求遵守学术规范,注明所引用的和参考过的他人成果,如有遗漏,敬希指正,我们将会在公开出版物上予以纠正。

本书的研究和写作的全过程均得到蔡德麟教授的悉心指导,得到曾国屏教授的关怀和帮助,戴吾三教授对部分章节的内容提出了具体意见,研究生程庆伟和李丽博士参加了本书的校对和格式修订,博士生孙喜杰参加了部分章节的讨论,在此深表谢意。

国务院发展研究中心的李善同教授、国家发改委副秘书长杨伟民教授、国家发改委产业研究所副所长杨玉英研究员、深圳市社会科学院院长乐正教授、深圳市委宣传部副部长吴忠教授、深圳市职业技术学院经济管理学院院长查振祥教授、深圳大学中国经济特区研究中心副主任袁易明教授、深圳市综合开发研究院副院长郭万达教授、深圳市城市规划设计研究院副总工程师牛慧恩教授、中国城市规划研究院深圳分院研究中心主任普军博士、清华大学科学技术与社会研究中心副教授高亮华等,为本书的研究工作提供了建设性帮助和支持,在此表示衷心的感谢!

2010 年 8 月

责任编辑:方国根

图书在版编目(CIP)数据

全球生产方式演变下的深圳产业转型/王蒲生 杨君游 李平 著.
-北京:人民出版社,2010.12
(深圳社会科学文库. 第5辑)
ISBN 978-7-01-009370-3

Ⅰ.①全… Ⅱ.①王… ②杨… ③李… Ⅲ.①产业结构-研究-
深圳市 Ⅳ.①F127.653

中国版本图书馆 CIP 数据核字(2010)第 202567 号

全球生产方式演变下的深圳产业转型
QUANQIU SHENGCHAN FANGSHI YANBIAN XIA DE
SHENZHEN CHANYE ZHUANXING

王蒲生 杨君游 李平 著

人民出版社 出版发行
(100706 北京朝阳门内大街166号)

北京集惠印刷有限责任公司印刷 新华书店经销

2010 年 12 月第 1 版 2010 年 12 月北京第 1 次印刷
开本:880 毫米×1230 毫米 1/32 印张:14.5
字数:310 千字 印数:0,001-3,000 册

ISBN 978-7-01-009370-3 定价:37.00 元

邮购地址 100706 北京朝阳门内大街166号
人民东方图书销售中心 电话 (010)65250042 65289539